국제형사재판소법강의

김 영 석

法 文 社

하나님의 영광과 공의를 위하여

개정판 서문

처음 이 책이 출판된 지 10여 년의 세월이 흘렀다. 그동안 국제형사재판소는 많은 사건을 다루게 되었고, 2010년에는 우간다의 캄팔라에서 재검토회의가 개최되어 그동안의 숙원이었던 침략범죄에 관한 개정조항을 채택하였다. 또한, 전쟁범죄에 대한 개정조항도 함께 채택이 되었다. 이번 개정판은 이러한 국제형사재판소의 발전 사항을 반영하기 위해 작성하였다.

한편 국내적으로도 "국제형사재판소 관할 범죄의 처벌 등에 관한 법률"이 2007년 제정 공포되었다. 이번 개정판은 이 법률의 내용도 포함하고자 노력하였다.

이번 개정판을 출판하게 된 것을 매우 기쁘게 생각하면서, 여러분들에게 감사를 드리고자 한다. 저자의 스승이신 미국 일리노이대 법학전문대학원의 프랜시스 보일(Francis A. Boyle) 교수님, 국제형사재판소의 송상현 소장님, 구유고전범재판소(ICTY)의 권오곤 재판관님, 외교부의 신각수 대사님과 김영원 대사님의 관심과 배려에 감사드린다. 아울러, 저자가 근무하고 있는 이화여대 법학전문대학원의 전효숙 원장님을 비롯한 교수님들의 도움과 우의에도 감사드린다.

이 책의 출판에 도움을 준 김명우 석사와 책의 편집과 출판을 맡아준 법문사의 여러분들에게도 감사한다.

다음으로 저자를 돕고 지원하여준 사랑하는 아내 김세영 교수와 이제는 훌쩍 큰 세 자녀 현정, 태윤, 은택에게 고마움을 전한다.

하나님의 한없는 은혜와 사랑에 감사드리며, 성경의 한 구절을 인용하면서 이 글을 마치고자 한다.

"공의와 인자를 따라 구하는 자는 생명과 공의와 영광을 얻느니라."

(잠언 21:21)

2014년 2월 10일

이화여자대학교 법학전문대학원 연구실에서

저 자

서   문

이 책은 저자가 영문으로 출판한 책인 The International Criminal Court: A Commentary of the Rome Statute(2002년, Wisdom House Publication, England)의 내용을 간략하게 우리말로 정리하기 위하여 시작한 책이다. 그러나 이 책을 쓰다보니 영문 책에는 없는 내용도 일부 포함되어야 할 필요가 있어 그러한 내용도 추가하였다. 짧은 시간에 제한된 지면에서 글을 쓰다보니 여기저기 미흡한 점도 눈에 띈다. 여러 독자분들의 따가운 충고와 가르침을 기다린다.

이 책에서 발견되는 오류와 잘못에 대한 모든 책임은 저자에게 있음을 밝히면서도, 이 책이 세상에 출판되기까지는 많은 분들의 도움이 있었음을 밝히지 않을 수 없다. 저자의 은사이신 서울대학교의 백충현 교수님, 이상면 교수님과 이 책에 관한 조언을 아끼지 않으신 서울대학교의 정인섭 교수님, 국제형사재판소의 설립을 위한 로마회의 등에 우리나라의 대표단으로서 저자와 함께 참석하며 많은 가르침과 도움을 주신 한양대학교의 최태현 교수님께 감사드린다. 또한, 저자의 박사학위논문 지도교수였던 미국 일리노이대학교의 프란시스 앤서니 보일(Francis A. Boyle)교수님과 외교통상부의 신각수 조약국장님 등 저자가 외교통상부에 근무할 때에 많은 도움과 가르침을 주신 외교통상부의 여러분들, 저자가 현재 근무하는 아주대학교 법학부의 조미경 교수님 등 여러 교수님들께 이 기회에 깊은 감사를 전하고자 한다.

이 책의 편집과 교정 작업 등을 맡아준 아주대학교 석사과정의 김원희 군과 출판을 승낙하여준 법문사 여러분들에게도 감사한다. 또한, 이 책은 아주대학교의 교재개발비 지원을 받아 작성된 것을 밝힌다.

다음으로 이 책을 쓰는데 저자를 돕고 이해해준 사랑하는 아내와 세 자녀 현정, 태윤, 은택에게 감사한다.

끝으로, 국제형사재판소의 설립 목적을 잘 표현하고 있다고 생각하는 성경 구절을 인용하면서 이 글을 마치고자 한다.

"오직 공법을 물 같이 정의를 하수 같이 흘릴지로다"(아모스 5: 24).

2003년 1월 11일

아주대학교 연구실에서

저   자

차 례

제 4 장　국제형사재판소 규정에서의 형법의 일반원칙 (119~150)

부 록(Annex)   (267~527)

찾아보기   (529~536)

제1장
서   론

제 1 장 서 론

제 1 절 책의 목적과 범위

이 책은 국제형사재판소(The International Criminal Court, ICC 또는 재판소로 약칭)에 관한 이해를 제고하기 위하여 1998년 7월 17일 채택되고 2002년 7월 1일부로 발효한 국제형사재판소 규정(The Rome Statute of International Criminal Court, 로마규정 또는 ICC 규정)을 중심으로 국제형사재판소법의 분석과 평가를 하려는 것이다. 국제형사재판소는 국제법상의 범죄를 범한 개인을 처벌하기 위한 상설국제형사재판소로서의 의의를 가진다. 국제법의 발전과정에서 평가한다면 19세기말 20세기 초의 국제법은 국가간의 법으로서 국제법의 위반에 대해 국가만이 책임을 지고 개인은 직접 책임을 지지 않는다는 입장을 취하였다. 그 후 인류는 독일 나치정권과 일본의 군국주의 정권이 자행한 끔찍한 범죄를 목격하게 되었고 2차 세계대전 후에 이러한 범죄를 저지른 개인을 처벌하기 위한 뉘른베르그재판소와 동경재판소를 설립하여 이들을 처벌하였다. 이 두 재판소는 국제범죄를 저지른 개인을 국제재판소가 직접 처벌한 사례로서 국제법이 개인에게 국제법 위반행위에 대한 책임을 직접 추궁한 사례로서 의의가 있었다. 그러나 이 두 재판소는 상설재판소가 아닌 전쟁 후에 임시로 설립된 임시재판소로서 "승자의 정의(Victor's Justice)"이며 "사후처벌"이라는 비판이 제기되었다. 또한, 1990년대에 일어났던 구유고지역과 르완다에서의 종교적, 인종적 갈등과 학살은 세계 인류에게 앞으로 이러한 범죄를 저지른 개인을 처벌하고 잔혹한 범죄가 다시 발생하지 않게 하기 위하여 상설국제형사재판소를 설립하게 하였다. 따라서 상설국제사법재판소는 임시재판소의 한계로서 여겨졌던 사후처벌의

문제를 극복하면서 개인의 국제법상 형사책임을 국제재판소에서 직접 추궁
하는 국제기구로서의 의의를 가진다고 할 수 있다.

이 책은 이러한 상설국제형사재판소의 설립과 관련된 많은 쟁점들과 문
제점을 소개하고 이에 대한 해답을 제시하여 보려고 시도하였다. 또한, 이
책에는 필자가 로마규정이 채택되었던 로마에서의 UN 외교회의(로마회의)
에 우리나라 대표단의 일원으로서 참가하고 그 후의 준비위원회(Preparatory
Commission)와 당사국총회(Assembly of States Parties)에도 대표단의 일원으로 참
가하면서 관찰하고 정리했던 많은 내용도 포함하고 있다. 따라서 이 책은
로마규정의 교섭경위를 교섭참가자가 기록한 책으로서의 의의도 가진다고
할 수 있다.

로마규정은 현재의 국제법(international law), 특히 국제형사법(international
criminal law), 국제인권법(international human rights law)과 국제인도법(international
humanitarian law)에 기초하고 있으며 또한 이들 법분야들 중 국제관습법의 영
역에 있던 내용을 명문화함으로써 발전시킨 의의도 있다고 할 수 있다. 로
마회의시 120개국이 로마규정을 찬성하였고 규정채택 이후 139개국이 로마
규정에 서명하였으며 60개국 이상의 비준으로 2002년 7월 1일부로 발효하
였고, 현재 122개국이 동규정의 당사국이라는 사실은 로마규정이 현재의
국제법을 충실히 반영하고 있고 각 국가가 이를 수락 가능한 것으로 인정
하고 있다는 것을 입증하는 것이라고 할 수 있다.

로마규정은 물론 완벽한 것도 아니고 각 국가의 타협의 산물인 점도 부
인할 수 없다. 그러나 로마규정과 이에 따라 설립된 국제형사재판소는 미
래의 세계가 가장 잔혹한 국제범죄인 집단살해죄, 인도에 반한 죄, 전쟁범
죄와 침략범죄에 대항하여 싸우는 유용한 수단이라고 필자는 생각한다.

제 2 절 국제형사재판소 설립의 의의

I. 국제형사재판소설립을 위한 로마규정의 채택

1998년 6월 15일에서 7월 17까지 이태리 로마의 UN 식량농업기구(FAO)에서는 UN 총회결의 52/160(1997년 12월 15일)에 따라 "국제형사재판소(ICC) 설립에 관한 UN 전권외교회의"(로마회의)가 개최되었다. 이 회의에는 160개국이 참가하였으며, 31개 기구와 136개 비정부간기구(NGO)가 참관자로 참여하였다.1) 1998년 7월 17일, 로마회의는 국제형사재판소에 관한 로마규정(로마규정)과 로마회의 최종의정서(Final Act)를 채택하였다.2)

미국을 비롯하여 이락, 이란, 중국, 인도, 이스라엘 등 7개국이 로마규정 채택에 반대하였으나 세계 120개국이 규정채택에 찬성하였고 21개국이 기권하였다.3)

코피 아난(Kofi Annan) 전 UN 사무총장은 "우리는 보편적 인권과 법의 지배를 향한 기념비적인 진전을 이루었다. 국제형사재판소는 이전 세대가 겪었던 끔찍한 범죄들로부터 보호받을 수 있다는 희망의 선물이다…"라는 말로 국제형사재판소 채택을 치하하였다.4)

로마규정 채택 후 UN은 ICC 설립준비위(Preparatory Commission)를 계속 개최하면서 ICC 설립을 위한 구체적인 후속작업을 계속하였다. 준비위원회는 국제형사재판소 설립을 위한 로마외교회의의 최종의정서(Final Act)5)의

---

1) Establishment of an International Criminal Court: Note by the Secretary-General, U.N. GAOR 53rd Sess., Agenda Item 153, UN Doc. A/53/387(1998).

2) Id.

3) 拙稿, *The Crime of Aggression in the International Criminal Court: Searching a New Way to Deter and Punish Old Crime*, 서울국제법연구 제7권 제2호(2000), p. 46.

4) Kofi Annan, *At last, a Court to Deter Despots and Defend Victims*, International Herald Tribune, July 28, 1998, p. 8.

5) 국제형사재판소 설립을 위한 로마외교회의의 최종의정서(The Final Act of the UN Diplomatic Conference of Plenipotentiaries on the Establishment of an International Criminal Court, UN Doc. A/CONF.183/10 (1998))[이하 "최종의정서"라 한다].

결의 F와 UN총회 결의 53/105(1998년 12월 8일)에 의해 설립되었다. 최종의
정서는 준비위의 설립 목적을 "국제형사재판소가 부당한 지연이 없이 운영
되도록 보장하고 재판소의 기능 시작에 필요한 준비를 하기 위한 것"이라
고 하고 있다.[6] 또한 최종의정서는 UN 사무총장이 가능한 빠른 시일 내에
준비위를 소집할 것을 요청하였다. 이 요청에 따라 제1차 준비위가 1999년
2월 16일에서 26일까지, 제2차 준비위가 1999년 7월 26일에서 8월 13일까지,
제3차 준비위가 1999년 11월 29일에서 12월 17일까지, 제4차 준비위가 2000
년 3월 13일부터 31일까지, 제5차 준비위가 2000년 6월 12일에서 30일까지,
제6차 준비위가 2000년 11월 27일에서 12월 8일까지 뉴욕 UN본부에서 개
최되었다. 2001년에는 제7차 준비위와 제8차 준비위가 각각 2월 26일부터 3
월 9일까지와 9월 24일부터 10월 5일까지 뉴욕 UN본부에서 개최되었다.

2002년에는 제9차 준비위가 4월 8일부터 19일까지, 제10차 준비위가 7월
1일부터 12일까지 뉴욕 UN본부에서 개최되었고, 제1차 당사국 총회가 9월
3일부터 10일까지 뉴욕 UN본부에서 개최되었다.

준비위는 절차 및 증거규칙(Rules of Procedure and Evidence)과 범죄구성요
건(Elements of Crimes)의 초안 작성, 국제형사재판소와 UN간의 관계협정
(Relationship Agreement), 재판소 본부협정에 관한 기본원칙, 재판소의 재정규
칙(Financial Regulations and Rules)과 첫 회계연도의 예산안, 재판소의 특권과
면제협정(Agreement on Privileges and Immunities), 당사국총회의 절차규칙(Rules of
Procedure of the Assembly of States Parties)과 침략에 관한 규정안 등을 준비할
임무를 부여받았다.[7]

최종의정서는 이 중 절차 및 증거규칙과 범죄구성요건의 초안은 2000년
6월 30일까지 완성되도록 하였으며,[8] 이 지침에 따라 준비위는 제5차 회의
에서 절차 및 증거규칙과 범죄구성요건의 초안을 완성하였다.[9]

---

6) 최종의정서 결의 F.
7) 최종의정서 결의 F.
8) 최종의정서 결의 F 제6항
9) 절차 및 증거규칙과 범죄구성요건은 2000. 6.30. 채택되었으며, 절차 및 증거규칙은 UN Doc.
  PCNICC/2000/1/Add.1 (2000.11.2), 범죄구성요건은 UN Doc. PCNICC/2000/1/Add.2 (2000.11.2)의
  UN문서에서 발견할 수 있다.

준비위는 재판소 규정이 60개국의 비준으로 발효될 때까지 UN 총회가 정하는 적절한 기간 동안 소집되며, 규정이 발효되면 당사국 총회가 준비위의 작업결과를 고려하고 적절하게 채택하게 된다.10) 따라서 준비위는 당사국 총회의 첫 번째 회의 종료시점인 2002년 9월 10일까지 존재하였다.

II. 국제형사재판소의 설립 필요성

1. 국제사회의 국제인권 보호 노력

국제형사재판소 규정은 20세기에 인류가 군국주의 일본, 나찌 독일, 구유고, 르완다 등에서 목격한 대량학살, 인종청소 등 비인도적 만행에 대한 반성을 반영하고 있으며, 앞으로는 그러한 참혹한 범죄가 다시 발생하지 않도록 예방하고, 만일 그러한 범죄를 저지른 자가 있다면 반드시 정의의 심판을 받도록 하자는 목적에서 출범한 것이다. 2002년 7월부터는 국제형사재판소가 네덜란드 헤이그에서 설립되어 사건을 맡게 되었다. 우리나라도 이러한 국제사회의 노력에 적극적으로 참여하는 것이 국제적 및 국내적 인권보호 노력에 기여하는 일이 될 것이다.

2. 국제범죄의 예방에 기여

상설적인 국제형사재판소가 집단살해, 인도에 반한 죄, 전쟁범죄, 침략범죄를 범한 개인을 처벌한다면 이러한 잔혹한 범죄에 대한 효율적인 사전예방효과를 기대할 수 있으며, 제2차 세계대전 이후 동경재판이나 뉘른베르그 재판과 같이 사후적이고 임시적인 국제재판소의 한계인 사후처벌의 문제도 회피할 수 있을 것이다.

3. 국제적 · 국내적 인권보호 효과

중대한 국제인권 침해 범죄를 효과적으로 처벌함으로써, 국제범죄를 예방할 수 있을 뿐만 아니라, 궁극적으로 국제적 · 국내적 인권을 보호하는

---

10) 로마규정 제112조 제2항

효과를 가져올 수 있을 것이다. 또한 국제적, 국내적 인권관련 법규의 실효성 보장에도 국제형사재판소는 많은 기여를 할 것으로 판단된다.

4. 국내형법 등의 보완

국제적 인권위반행위나 국제인도법의 위반행위에 대해서 그러한 행위가 발생한 국가 등 관련국가가 속지주의 또는 속인주의 원칙에 따라, 각국의 국내 형법 등에 따라 처리하는 것이 바람직하다. 그러나 관련국가가 이러한 잔악한 인권침해범죄에 대해 처벌할 의사나 능력이 없을 경우에는 국제형사재판소가 이러한 국내법 체계의 실패를 보완하는 것이 필요하다. 따라서 소위 "보충성의 원칙"에 따라 국제형사재판소는 관련 국가가 중대한 범죄를 저지른 개인을 처벌할 능력이 없거나 의사가 없는 경우에만 관할권을 행사하게 된다. 만일, 관련국가가 범죄인을 처벌하지 않고, 이를 보완할 국제형사재판소가 없다면, 범죄인은 무처벌(impunity)의 상태로 남아있게 되고, 이 점은 과거 국제사회 경험을 볼 때 명확해진다. 그 예로서 일본의 군대위안부 관련 범죄자의 사례, 캄보디아의 킬링필드 관련 범죄자의 사례를 볼 때, 이들 범죄자를 국제사회와 국내사회에서 형사처벌한 것은 대단히 미흡하다고 할 수 있다. 국제형사재판소는 앞으로 이러한 중대 범죄자들이 무처벌 상태로 남아있는 것을 방지하는데 도움이 될 것이다.

5. 범죄피해자에 대한 구제수단 보완

중대한 국제인권법 위반행위자들을 처벌함으로써, 국제형사재판소는 범죄피해자와 그 유족들에 대한 구제수단이 될 수 있을 것이며, 나아가, 국제사회전체의 정의구현에도 크게 기여할 수 있을 것이다.

Ⅲ. 우리나라가 로마규정을 국내적으로 이행할 때 발생가능한 주요 문제점과 해결방안

1. 국제형사재판소 관할대상 범죄정의와 우리 형법과의 문제

(1) 문제 제기

로마규정은 제5조에서 ICC의 관할대상범죄로서 네 가지 범죄를 규정하고 있다. 이 네 가지 범죄는 "집단살해죄"(crime of genocide), "인도에 반하는 죄"(crimes against humanity), "전쟁범죄"(war crimes)와 "침략범죄"(crime of aggression)이다. 이 중 침략범죄는 로마에서 개최된 유엔전권외교회의(로마회의)에서 참가국가들간의 이견으로 그 정의규정은 채택되지 못하고 ICC의 관할대상범죄로만 규정되게 되었다.[11] 즉, 침략범죄에 대해서는 범죄의 정의와 관할권을 행사하는 조건을 정하는 조항이 채택될 때까지는 ICC가 관할권을 행사할 수 없도록 하였다.[12] 그러나 2010년 우간다의 캄팔라에서 개최된 재검토회의(Review Conference)에서 침략범죄의 정의와 관할권 행사요건이 ICC규정의 개정(Amendment)으로 채택됨에 따라 2017년 이후에 침략범죄에 대해 ICC가 관할권을 행사할 수 있는 가능성이 있게 되었다. 한편, 집단살해죄, 인도에 반하는 죄와 전쟁범죄는 각각 로마규정 제6조, 제7조, 제8조에서 자세한 범죄의 정의규정을 두고 있다.

이와 관련하여 로마규정의 범죄의 정의규정이 우리 형법과 차이를 보이는 내용이 있을 수 있다. 예를 들어, 로마규정 제6조의 집단살해죄는 우리 형법에 명시적 규정이 없고 다만 살인죄로 처벌가능할 뿐이다. 그러나 집단살해죄는 일반살인과 다른 범죄구성요건을 가지고 있고, 더 중하게 처벌하고 있다. 또한, 로마규정 제7조의 인도에 반한 죄는 강간죄 이외에도 "성

---

11) 자세한 회의교섭경위 등은 제4절 참조.
12) 로마규정 제5조 2항, 이 항은 "재판소는, 침략범죄를 정의하고 재판소가 이 범죄에 관하여 관할권을 행사하는 조건을 정하는 조항이 제121조 및 제123조에 따라 채택되는 경우, 이 범죄에 대하여 관할권을 행사한다. 그러한 조항은 국제연합헌장의 관련규정과 양립하여야 한다."고 규정하고 있다.

적 노예화, 강제매춘, 강제임신, 강제불임, 또는 다른 형태의 이에 상당하는 중대한 성폭력”을 규정하고 있다. 이러한 다양한 성범죄의 유형은 우리 형법에 명시적 규정이 없다. 따라서 국내 형법에 근거규정 없이 국제형사재판소 규정을 비준한 후 이 규정만으로 범죄인을 처벌하려할 경우, 죄형법정주의 위반이라는 비판을 받을 수 있다.

(2) 해결 방안

우리 형법과 차이를 보이는 내용을 찾아내어 개별법령에 반영하는 방법과 가칭 “국제형사재판소규정 이행에 관한 법률”을 제정하여 국내 형법과의 차이점을 특별법우선의 원칙에 따라 해결하는 방안을 강구할 수 있을 것이다. 필자의 의견으로는 후자의 방법이 보다 편리할 것으로 판단된다. 즉 범죄의 정의규정과 다음에 설명하는 여러 가지 절차규정도 포괄하는 별도의 법률을 제정하는 것이 바람직하다고 판단된다. 이러한 의견이 반영되어 우리나라는 2007년 12월 21일 “국제형사재판소 관할범죄의 처벌 등에 관한 법률”을 법률 제8719호로 제정, 공포하였다.

또한, 로마규정의 제6조의 집단살해범죄는 우리나라에 대해 1951년 12월 12일자로 발효한 집단살해범죄방지 및 처벌에 관한 협약의 정의규정을 그대로 사용한 것이며, 인도에 반한 죄를 규정한 로마규정 제7조는 인도에 반한 죄의 개념을 가장 최근의 국제법을 반영하여 권위 있게 정의하고 있고, 제8조의 전쟁범죄 규정은 우리나라에 대하여 1966년 8월 16일 발효한 1949년의 4개 제네바협약 등에 근거하고 있다. 따라서 “국제형사재판소 관할범죄의 처벌 등에 관한 법률”을 제정하더라도 이는 우리나라가 이미 준수해야할 국제적 조약상 의무에 합치하는 것으로 볼 수 있다.

2. 사형제도와의 문제

(1) 문제제기

로마규정 제77조는 국제형사재판소가 사형을 부과하지 않도록 하고 있기 때문에 사형제도를 인정하는 우리 국내법 체계와 충돌하는 것이 아닌가하는 문제가 제기될 수 있다.

(2) 해결 방안

사형제도의 문제는 로마회의시 많은 논쟁이 있었던 문제였다. 따라서 로마규정은 제80조에서 "이 부의 어떠한 규정도 국가가 자국법에 규정된 형을 적용하는 데 영향을 미치지 아니하며, 또한 이 부에 규정된 형을 규정하고 있지 아니한 국가의 법에 영향을 미치지 아니한다."고 규정하여 우리나라가 사형제도를 유지하는 것에 대해 로마규정이 영향을 미치지 아니함을 명확히 하고 있다. 따라서 우리나라가 로마규정을 비준하고 로마규정의 이행법률을 제정하더라도 사형제도폐지 여부와는 관련이 없다.

3. 공적 지위와의 무관련성 문제

로마규정 제27조는 ICC의 관할범죄를 범한 개인의 공적 지위는 그 사람의 형사책임을 면제시키지 않도록 하고 있어 우리 헌법 제84조의 대통령의 면책특권과 충돌하는 것으로 보일 수 있다. 이에 대한 자세한 논의는 제4장 제6절에서 후술한다.

4. 시효제도와의 문제

(1) 문제제기

로마규정 제29조는 "재판소의 관할권에 속하는 범죄는 공소시효의 대상이 아니다"라고 하여 집단살해죄, 인도에 반한 죄, 전쟁범죄에 대해서는 공소시효가 없음을 명확히 하고 있다. 따라서 과거 일본의 군대위안부 관련 범죄 등을 국제형사재판소가 심판할 수 있고, 이에 따라 여러 가지 법률문제를 야기하는 것이 아닌가하는 문제가 제기될 수 있다.

(2) 해결 방안

로마규정은 제11조 1항에서 재판소는 이 규정의 발효 후에 범하여진 범죄에 대하여만 관할권을 가진다고 하여 국제형사재판소의 시간적 관할권을 제한하고 있다. 즉 이 조항에 따라, 국제형사재판소는 로마규정이 발효하는 2002년 7월 1일 이후에 발생하는 집단살해죄 등의 범죄에 대하여만 관할권을 가진다. 따라서 과거 발생한 일본의 군대위안부에 대한 성적노예화 범죄 등의 혐의에 대해서는 국제형사재판소가 관할권을 행사하지 않는다. 그러나 군대위안부에 대한 일본군 등의 행위가 강제실종에 의한 인도에 반한 죄 등이 될 수도 있기 때문에 이러한 혐의에 대해서는 ICC가 관할권을 행사할 수 있다.

5. 여러 가지 절차상의 차이 문제

(1) 문제제기

로마규정은 관할대상범죄의 정의 외에도 범죄인의 수사 및 기소, 재판, 형벌, 국제적 협조와 사법공조, 집행에 관한 절차를 규정하고 있다. 이러한 절차는 우리나라의 형사소송법, 범죄인인도법, 국제형사사법공조법 등과 차이를 보여, 상호 충돌할 가능성의 문제를 제기한다.

(2) 해결방안

상기 "국제형사재판소 관할범죄의 처벌 등에 관한 법률"은 특별법으로서 위와 같은 충돌문제를 해결할 수 있을 것으로 보인다. 예를 들어 동법률 제19조는 우리나라의 범죄인인도법을 국제형사재판소에 대해 범죄인을 인도할 경우에 준용하도록 하고 있고, 범죄인인도법과 국제형사재판소 규정이 충돌할 경우에는 후자가 우선하도록 하고 있다.

6. 결 론

이상으로 국제형사재판소규정의 국내적 이행과 관련된 주요 문제를 간략히 살펴보았다. 위에서 본 바와 같이 국제형사재판소는 국제적·국내적 인권보호를 위해 많은 기여를 할 수 있을 것으로 판단되며, 국제형사재판소규정상의 관할 범죄의 정의 및 범죄구성요건도 기존의 집단살해방지협약, 1949년 전시상병자보호를 위한 4개 제네바협약, 뉘른베르그 헌장 등 국제조약, ICTY 규정 및 ICTR 규정 등 UN 헌장에 근거한 UN 안전보장이사회의 구속력 있는 결의, 그리고 국제관습법에 충실히 기초하고 있기 때문에 우리나라가 2002년 11월 13일 국제형사재판소규정을 비준한 것은 바람직하다고 판단된다.

위에서 본 바와 같이 국제형사재판소규정이 국제조약과 국제관습법 등 기존의 국제법에 충분한 근거가 있고, 더구나 우리 헌법 제6조 1항이 "헌법에 의하여 체결·공포된 조약과 일반적으로 승인된 국제법규는 국내법과 같은 효력을 가진다"고 규정하고 있으며, 이 헌법 조항에 따라 우리나라는 이미 UN 회원국으로서 조약인 UN 헌장을 준수할 의무가 있는 점과 일반적으로 승인된 국제법규 즉 국제관습법(customary international law)의 국내법적 효력을 인정하고 있는 점 등을 고려할 때, 우리나라가 국제조약과 국제관습법에 충실하게 근거하고 있는 로마규정을 국내적으로 이행하기가 어렵지 않을 것으로 보인다.

제 3 절   국제형사재판소의 역사적 배경

I. 제2차 세계대전 이전의 국제형사재판소

바시우니(M. Cherif Bassiouni) 교수는 첫 번째 임시 국제형사재판소로서 1474년 독일 브라이지흐(Breisach)에 설립되었던 재판소를 제안하였는데 이 재판소에서 27명의 신성로마제국 판사들이 피터 폰 하겐부시(Peter von Hagenbach)를 그의 군대가 무고한 민간인을 강간하고 살해하며 재산을 약탈하도록 허용하여 "하나님과 인간의 법"을 위반하였다는 이유로 심판하였다.13) 1919년, 베르사이유조약 제227조는 빌헬름(Wilhelm) 2세를 전쟁을 일으킨 혐의로 기소하기 위하여 임시 국제형사재판소 설립을 규정하고 있었

---

13) American Bar Association(ABA), Report of the Task Force on an International Criminal Court (1994) p. 42.

다.14) 그러나 빌헬름(Wilhelm) 2세는 그의 사촌이 왕으로 있는 네덜란드로 도피하였고 그에 대한 범죄인 인도청구는 거부되었다.15) 1937년, 국제연맹은 국제형사재판소 설립을 위한 협약을 채택하였으나 2차 세계대전 이전에 이 협약을 비준한 국가는 인도 1개국에 불과하여 발효되지 못하였다.16)

II. 제2차 세계대전 이후의 국제형사재판소

1. 뉘른베르그 재판

1945년 8월 8일, 런던에서 미국, 프랑스, 영국과 소련은 국제군사재판소 헌장(The Charter of the International Military Tribunal, 흔히 뉘른베르그 헌장으로 통칭)을 부속서로 하는 런던협정에 서명하였다.17) 뉘른베르그 헌장 제6조는 "평화에 반한 죄(Crimes against peace)", "전쟁범죄(War crimes)"와 "인도에 반한 죄(Crimes against humanity)"를 처벌대상범죄로 규정하였다. 뉘른베르그 재판소는 재판결과 12명을 교수형에, 3명을 종신형에, 2명은 20년형에, 1명은 15년형에, 1명은 10년형에 처하였고 3명은 석방하였다. 또한 4개 단체가 범죄단체로서 처벌되었다. 평화에 반한 죄 등을 이유로 사형판결을 받았던 헤르만 괴링(Hermann Gaering)은 자살하였다.

2. 동경재판

극동국제군사재판소 헌장(The Charter of the International Military Tribunal for the Far East)은 뉘른베르그 헌장과 실질적인 차이는 거의 없었다. 다만, 동경헌장은 침략범죄와 관련하여 "선언되거나 선언되지 않은 침략전쟁(*declared or undeclared* war of aggression)"의 표현을 사용하고 있으나 이탤릭체의 표현은 뉘

---

14) M. Cherif Bassiouni, *From Versailles to Rwanda in Seventy-five years*, 10 Harvard Human Rights Journal 12(1997).

15) 拙稿, *The Cooperation of a State to Establish an Effective Permanent International Criminal Court*, 6 J. Int'l L. & Prac. 157, 158(1997).

16) Id. p. 159.

17) The Charter and Judgment of the Nuremberg Tribunal: Memorandum submitted by the Secretary-General, p. 3, UN Doc. A/CN. 4/5(3 March 1949).

른베르그 헌장에는 없는 내용이었다. 이는 극동에서의 전쟁이 미국과 일본이 전쟁선언 없이 오랜 기간 교전행위를 했던 상황을 반영한 것이었다. 도조(Tojo) 전 일본수상도 침략전쟁을 일으켰다는 혐의 등으로 사형판결을 받았다.

3. 뉘른베르그 헌장과 판결의 원칙 형성

뉘른베르그 재판과 동경재판은 국제법을 위반한 개인의 형사책임을 추궁하겠다는 국제사회의 결연한 의지를 보여주었다. 또한 뉘른베르그 헌장과 판결에서 나타난 국제법원칙들은 1946년 12월 11일자 UN 총회 결의 95(I)에서 만장일치로 확인되었다.18) 그 이후로 뉘른베르그 원칙은 침략범죄, 인도에 반한 죄와 전쟁범죄를 범한 개인의 형사책임을 추궁해야 한다는 국제관습법(customary international law)을 권위적으로 확인하는 것으로서 일반적으로 간주되었다.19)

4. 국제형사재판소 설립의 지연

UN 총회 결의 177(II)에 따라, UN 국제법위원회(International Law Commission, ILC)는 "인류평화와 안전에 반한 범죄규정 초안(Draft Code of Offenses Against the Peace and Security of Mankind)"작성과 국제형사재판소 규정 초안 작

---

18) Francis A. Boyle, Defending Civil Resistance under International Law 62 (Transnational Publishers) (1987). 총회결의 95(I)은 다음과 같다.

Affirmation of the principle of international law recognized by the Charter of the Nuremberg Tribunal.

The General Assembly, Recognizes the obligation laid upon it by Article 13, paragraph 1, subparagraph a of the Charter, to initiate studies and make recommendations for the purpose of encouraging the progressive development of international law and its codification; and Takes note of the Agreement for the establishment of an International Military Tribunal for the prosecution and punishment of the major war criminals of the European Axis signed in London on 8 August 1945, and the Charter annexed thereto, and of the fact that similar principles have been adopted in the Charter of the International Military Tribunal for the trial of the major war criminals in the Far East, proclaimed at Tokyo on 19 January 1946; Therefore, Affirms the principles of international law recognized by the Charter of the Nuremberg Tribunal and the judgment of the Tribunal; Directs the Committee on codification of international law established by the resolution of the General Assembly of 11 December 1946, to treat as a matter of primary importance plans for the formulation, in the context of a general codification of offenses against the peace and security of mankind, or of an International Criminal Code, of the principles recognized in the Charter of the Nuremberg Tribunal and in the judgment of the Tribunal.

19) Id.

성을 시작하였다.20) 그러나 국제법위원회는 냉전의 출현으로 제대로 일할 수가 없었다. 그로부터 20년 후인 1974년 UN 총회는 침략의 정의에 관한 총회결의 3314를 컨센서스로 채택하였다. 그러나 침략범죄의 정의는 채택되지 않았다. 1981년 범죄규정 초안이 UN 총회 제6위원회의 의제로 상정되었고 1982년 국제법위원회가 범죄규정 초안의 일회독을 마친 후 UN 회원국들에게 의견을 구하기 위해 동 초안을 보내었으나 그 이후 진전이 없었다.21)

5. 구유고 전범재판소(ICTY)와 르완다 전범재판소(ICTR)

1990년대 초, 구유고지역과 르완다에서 범해진 집단살해 등의 잔혹행위는 국제사회로 하여금 그러한 잔혹행위를 범한 자를 처벌하기 위한 두 개의 임시 국제형사재판소를 설립하도록 하였다.22) 이 임시재판소의 경험은 상설 국제형사재판소의 필요성을 더욱 강화하였다. 왜냐하면, 사후적인 임시재판소는 잔혹한 범죄의 예방효과를 기대하기 곤란하며 국가들의 정치적인 의지에 따라 재판소 자체가 설립이 되지 않을 수도 있기 때문이었다. 또한 두 임시국제재판소의 규정과 판결은 로마규정과 범죄구성요건, 절차증거규칙 등의 형성에 중요한 기초가 되었다.

6. 로마외교회의의 개최

1994년 12월 UN 총회는 국제법위원회에서 작성한 규정초안을 검토하기 위하여 임시위원회(*Ad Hoc* Committee)를 설립하였다. 1995년 임시위원회는 1년동안 작업한 후 UN 총회가 Preparatory Committee(PrepCom)를 설립할 것을 권고하였고, UN 총회는 PrepCom이 국제법위원회 초안을 기초로 광범위하게 수락될 수 있는 국제형사재판소 통합초안을 작성하도록 하였다. 1998년 PrepCom은 통합초안(Draft Statute)23)을 제출하였고 이 통합초안이 로마회의

---

20) M. Cherif Bassiouni, International Criminal Court Compilation of United Nations Documents and Draft ICC Statute before the Diplomatic Conference(1998). p. xviii.

21) 拙稿, supra note 15, p. 159.

22) 구유고 지역에서 발생한 잔혹행위에 대해서는 Francis A. Boyle, The Bosnian People Charge Genocide, pp. 14-42 참조.

의 논의시 기초자료가 되었다.

Ⅲ. 로마규정의 채택

1. 로마규정 채택의 의의

로마규정 채택의 의의는 우선 국제사회에서 무처벌(impunity)의 현실을
종식시킬 수 있다는 것이다. 뉘른베르그 재판과 동경재판의 역사적 선례가
있음에도 불구하고 대부분의 국제형법을 위반한 범죄자들은 국내법원이나
국제기구에 의해 처벌받지 않았던 것이 현실이었다. 제2차 세계대전 이후
의 비국제적인 성격의 무력분쟁으로 희생된 사람들이 1차 세계대전과 2차
세계대전의 희생자를 합한 것보다도 더 많으나 대부분의 범죄책임자들은
처벌되지 않았다.24) 로마규정이 채택됨으로써 이러한 범죄자들을 처벌하기
가 보다 용이할 것으로 판단된다. 또한, 로마규정을 통해 설립되는 국제형
사재판소는 집단살해죄, 인도에 반한 죄, 전쟁범죄 등 가장 심각한 국제범
죄를 범한 개인을 처벌할 수 있도록 함으로써 이러한 범죄를 억지하는 효
과도 기대된다. 아울러 잔혹한 범죄의 피해자들에 대한 구제조치도 가능하
게 되었다.

2. 로마외교회의의 교섭과정

(1) 외교회의의 구성

외교회의가 시작될 때 ICC 규정초안은 1,400개의 괄호표시, 즉 이견조항
을 가지고 있었다.25) 로마회의는 지오바니 콘소(Giovanni Conso, 이태리)를 회
의 의장으로 선출하고 일반위원회(General Committee), 전체위원회(Committee of
the Whole), 기초위원회(Drafting Committee)와 자격심사위원회(Credential Committee)

---

23) ICC규정초안(Draft Statute of the International Criminal Court, UN Doc. A/CONF.183/2/ Add.1(1998)).[이하 규정초안 또는 통합초안이라 한다]

24) M. C. Bassiouni, supra note 14, p. 62.

25) Philippe Kirsch & John T. Holmes, *The Rome Conference on an International Criminal Court: The Negotiating Process*, 93 Am. J. Int'l L. 2, 3(1999).

를 구성하였다. 이 중 전체위원회 의장단이 각 쟁점에 대한 코디네이터들을 이용하여 문안 교섭을 담당하였다. 필립 키르쉬(Philippe Kirsch, 캐나다)가 전체위원회 의장으로 선출되었으며 셰리프 바시우니(M. Cherif Bassiouni) 교수가 기초위원회 의장으로 선출되었다.

(2) 외교회의에서의 다양한 국가 그룹

로마회의시 규정초안에 대한 여러 가지 쟁점을 둘러싸고 여러 국가 그룹이 형성되었다. 그 중 가장 조직화된 것이 유사입장그룹(like-minded group)이었는데 강하고 독립적인 국제형사재판소를 지지하는 우리나라를 비롯한 독일, 캐나다, 영국 등 60여개 국가들이었다.26)

두 번째 그룹은 UN 안보리 상임이사국들이었는데 이들은 ICC와 관련하여 안보리의 강한 권한을 주장하고 핵무기를 금지무기로 규정하는 것에 반대하는 두 가지 입장에 있어 공통된 입장을 취하였다.27) 또한, 영국을 제외한 미국, 중국 등 다른 상임이사국들은 ICC의 자동적 관할권(automatic jurisdiction)에 반대하였다.28)

그 이외에 인도, 멕시코, 이집트 등은 UN 안보리의 강한 권한에 반대하고 핵무기도 전쟁범죄상의 금지무기에 포함시켜야 한다고 주장하였다.29) 또한 아랍국가들, 비동맹그룹 국가들도 여러 가지 쟁점에 대해 의견을 조율하였다.

(3) 규정관련 초기 논의

전체위원회는 규정초안의 여러 부(part)를 여러 실무반(Working Group)을 구성하여 논의하도록 하였다. 그 중 가장 어려운 논의대상은 규정 제2부의 관할권제도, 제소장치, 재판적격성의 문제였다. 전체위원회에서의 초기 논의는 대체로 각국의 입장을 발표하는 수준에서 진행되었으며 주요 쟁점을

---

26) Id. p. 4.
27) Id.
28) Id.
29) Id.

도출하는데 유용하였다.

(4) 제2부에 관한 논의문서(Discussion Paper)

전체위원회 등에서 나타난 주요 쟁점과 이견조항을 해결하기 위해 전체위원회 의장단은 7월 7일 제2부에 관한 논의문서를 제안하였다. 이 논의문서는 논쟁사항을 줄이고 중요한 사항에 대표단들이 집중하여 논의를 할 수 있도록 하였다.

(5) 제2부에 관한 의장단 제안(Bureau Proposal)

전체위원회 의장단은 discussion paper의 논의 결과를 중심으로, 의장단의 의견을 반영하여 7월 10일 의장단 제안(bureau proposal)을 하였다. 각국 대표단들은 의장단 제안을 중심으로 논의를 계속하였으며 몇 가지 핵심적인 쟁점사항을 도출할 수 있었다. 이러한 사항에는 ICC의 관할권 행사의 전제조건과 전쟁범죄를 구성하는 금지무기를 둘러싼 쟁점이 포함되어 있었다.

(6) 최종 의장단 제안(Final Bureau Proposal)

마침내, 로마회의의 마지막 날인 7월 17일이 되었다. 그러나 아무도 로마회의에서 로마규정이 채택될 수 있을지 확신할 수 없었다. 전체회의 의장단은 7월 17일 오후 늦게 최종 의장단 제안을 하였다. 최종 의장단 제안은 대표단들에게 가장 수락할 만한 안을 포함하고 있었다. 이 제안은 여러 가지 타결하기 어려운 쟁점들을 가장 광범위한 지지를 얻을 만한 내용으로서 전체제안을 대표단이 수락하든지 아니면 전체적으로 거부하든지 하는 패키지제안이었다. 최종의장단 제안에 대해 120개 국가들은 찬성하였고 이 최종 의장단 제안이 로마규정으로 채택되었다.

제4절 국제형사재판소 설립을 위한 준비위원회의 활동

로마규정의 채택 이후에 ICC의 설립과 운영을 위해 많은 후속절차가 필요하였다. 그 중 침략범죄의 정의와 관할권 행사요건, 범죄구성요건, 절차 및 증거규칙과 여타 세부규칙의 작성작업이 긴요하게 되었다.

Ⅰ. 침략범죄

1. 로마규정상의 침략범죄

로마규정 제5조에 따라, ICC는 집단살해죄, 인도에 반한 죄, 전쟁범죄와 침략범죄에 대해 관할권을 행사한다. 그러나 "테러범죄", "마약불법거래와 관련된 범죄" 등 소위 "조약상의 범죄"는 ICC규정 초안에는 포함되어 있었으나 로마회의에서 삭제됨에 따라 ICC는 이러한 범죄에 대해서는 관할권을 행사하지 않는다. 그 이유는 로마회의에 참가한 많은 국가대표들이 "조약상의 범죄"의 정의에 대해 합의를 이루기 어려우며, 현행 국제조약과 국내법으로 처벌이 가능하다고 판단했기 때문이다. 침략범죄는 범죄의 정의와 관할권 행사의 요건을 규정할 것을 조건으로 ICC 대상범죄에 포함되었다.

로마회의에서는 침략범죄에 관해 세 가지 주요쟁점이 있었다. 첫째는 침략범죄를 ICC 관할대상범죄로서 로마규정에 포함시킬 것인지 여부, 둘째, 침략범죄의 정의방식과 셋째, 침략범죄와 관련한 UN 안보리의 역할에 관한 쟁점이 로마회의 대표단간에 논의되었다. 이 세 가지 쟁점 중 첫 번째는 침략범죄가 조건부로 로마규정에 포함됨으로써 해결되었으나 나머지 두 가지는 ICC 설립준비위에서 그 논의가 계속되게 되었다. 로마회의 최종의정서(Final Act)는 설립준비위가 침략범죄에 관한 정의와 ICC의 침략범죄에 관한 관할권 행사의 요건을 규정한 제안을 준비하도록 하는 임무를 부여하였다.30) 그리고 동 제안은 당사국총회에 제출되어 당사국총회에서 채택되며31) 로마규정 제5조 2항에 따라 로마규정의 개정절차를 거침으로써 발효하게 된다.32) 침략범죄의 정의에 관한 조항이 없이는 ICC는 침략범죄에 대해 관할권을 행사할 수 없다.

2. 침략범죄의 정의(Definition of Crime of Aggression)

침략범죄의 정의와 관련하여서는 두 가지 대립되는 주장이 로마회의시부터 제기되었다. 그 하나는 침략범죄의 정의를 1974년 침략에 관한 UN총회결의에 열거된 침략의 정의를 그대로 사용하자는 "열거적(enumerative)" 정의를 선호하는 아랍국가들의 주장이며, 또 다른 하나는 독일을 중심으로 하는 다수 서방국가들이 선호하는 "일반적(generic)" 정의 방식으로서 침략범죄로 인한 사소한 법률분쟁 가능성을 예방하기 위해 명백한 경우만을 포함하도록 일반적인 정의규정을 마련하자는 주장이었다. 설립준비위에서도 동일한 주장이 반복되었다. 독일은 준비위에서 침략행위의 존재결정 기준과 침략범죄 성립의 기준이 동일할 필요는 없으며, 또한 개인의 형사책임의 근거인 만큼 범위를 보다 구체적으로 제한함이 바람직하며 "타국영토를 병합하거나 군사적 점령을 의도 또는 초래한, 유엔헌장에 위반하여 타국의 영토보전 또는 정치적 독립을 침해하는 무력공격(armed attack)"을 침략범죄의 핵심내용으로 하는 일반적 정의를 선호하는 안을 제안하였다.33) 미국, 영국 등은 1974년 유엔총회결의 제3314호는 개인의 형사적 처벌을 위한 형사규범 확립차원에서 이루어진 것이 아니라 안보리에 대한 침략결정을 위

---

30) 최종의정서, 결의 F, 제7항은 다음과 같이 규정하고 있다.

    7. The Commission shall prepare proposals for a provision on aggression, including the definition and Elements of Crimes of aggression and the conditions under which the International Criminal Court shall exercise its jurisdiction with regard to this crime. The Commission shall submit such proposals to the Assembly of States Parties at a Review Conference, with a view to arriving at an acceptable provision on the crime of aggression for inclusion in this Statute. The provisions relating to the crime of aggression shall enter into force for the States Parties in accordance wit the relevant provisions of this Statute.

31) Id.

32) 로마규정 제121조와 제123조는 중요사항의 개정에 대해 복잡한 개정절차를 규정하고 있다.

33) 독일의 제안은 UN Doc. PCNICC/1999/INF/2 (2 August 1999), pp. 5-9 참조.

한 지침의 성격으로서 국가의 침략행위의 범위에 관한 정치적 타협의 결과
로 이루어진 것이며, 동 결의에서 열거된 행위는 침략행위를 구성하는 것
이 아니라 침략행위의 예시에 해당한다고 주장하며 아랍국가들의 주장에
반대하였다. 또한 포괄적 정의방식(general definition)은 ICC의 사법적 기능을
통해 구체적인 사건에 적용하기에 용이하다는 것이 일반적 정의를 선호하
는 국가들의 주장이었다.

그 반면 아랍국가들은 1974년 침략에 관한 UN총회결의가 잘 정의되어
있으며 국가들의 법적확신(opinio juris)을 반영하고 있다고 주장하였다. 또한
동 결의는 니카라과(Nicaragua) 사건34) 등 많은 국제사법재판소의 판결에서
언급된 바 있다는 것이 아랍국가들의 주장이었다.

3. 침략범죄에 대한 ICC의 관할권 행사 요건(Conditions of Jurisdiction over Crime of Aggression by the ICC)

로마회의에서부터 UN 안보리의 역할에 대해서도 국가들은 안보리의 침
략행위 결정이 있어야만 침략범죄로서 처벌이 가능하다는 안보리 상임이사
국 등의 주장과 이러한 안보리의 사전결정이 불필요하다는 아랍국가 등의
주장을 중심으로 논의를 계속하였다. 우리나라를 비롯한 다수국가들은 준
비위에서 유엔헌장규정 제39조 및 ICC 규정 5조 2항 등을 고려할 때 재판
소의 침략범죄에 대한 관할권 행사에는 안보리의 침략행위 존재에 관한 사
전 결정(prior determination by the Security Council of the existence of an act of
aggression)이 필요하나, 안보리가 거부권 행사로 인하여 이러한 기능을 제대
로 수행할 수 없는 경우 ICC가 침략범죄를 처벌할 수 있는 방안이 필요하
다는 입장을 표명하였다.35) 그 방안으로서 안보리 기능마비시 총회에 이에
대한 결의를 요청하고 그 요청 후 일정기간 내 이에 관한 결의가 없는 경
우 재판소의 관할권 행사를 인정케 하는 방안, 안보리의 결정이 없을시 국

---

34) Military and Paramilitary Activities(Nicar. v. U.S.), 1986 I.C.J. 4(June 27).
35) 한 예로서, 그리스와 포르투갈은 안보리가 침략에 관한 결정을 요청 후 12개월 안에 내릴 수
    없을 때, 법원이 관할권을 행사할 수 있도록 한 제안을 하였다. Proposal submitted by Greece
    and Portugal, UN Doc. PCNICC/2000/WGCA/DP.5 (28 November 2000).

제사법재판소(ICJ)에 권고적 의견(Advisory Opinion)을 요청, 침략행위의 존재 여부를 결정케 하는 방안 등이 제기되었다.36) 그러나 미국, 영국, 러시아 등 안보리 상임이사국의 입장과 여타 국가들의 입장이 첨예하게 대립되어 준비위에서는 침략범죄에 관한 조항을 채택할 수 없었다.

4. 기타 쟁점사항

준비위 논의과정에서 침략범죄와 관련하여 로마규정 제3부(형법의 일반 원칙)와의 관계, 보충성의 원칙(complementarity)과의 관계, 제20조(일사부재리 원칙, Ne bis in idem)와의 관계,37) 범죄의 구성요건과의 관계38) 등이 논의되었다.39)

Ⅱ. 범죄구성요건(Elements of Crimes)

범죄구성요건은 로마규정 제9조에 규정되어 있는데, 제9조는 로마회의 에서 미국의 주장으로 도입되었다. 미국은 범죄구성요건을 작성하는 것이 죄형법정주의(Nullum Crimen Sine Lege)원칙에 부합한다고 주장하였다. 그러나 대다수의 국가들은 범죄구성요건을 로마회의 중에 합의하여 채택하기는 곤란하며 준비위에서 채택하기를 희망하였다. 또한 범죄구성요건의 성격도 구속력이 있는 것보다는 ICC가 로마규정 제6조, 제7조 및 제8조를 해석하고 적용하는데 있어서 도움을 주는 것을 희망하였다. 따라서 제9조의 현재 문안이 타협안으로서 채택되었다.

---

36) Discussion paper proposed by the Coordinator: Consolidated texts of proposals on the crime of aggression, UN Doc. PCNICC/1999/WGCA/RT.1(Nov., 1999).

37) 제20조 3항은 6, 7, 8조만을 언급하고 있어 침략범죄의 경우 동 조항이 적용되지 않는 것으로 일응 해석되나 침략범죄를 제외할 특별한 이유가 없을 뿐 아니라 규정상의 보충성의 원칙(특히 17조 (1) (c)) 등을 고려할 때 침략범죄의 경우에도 일사부재리 원칙이 적용됨이 타당하다는 논의

38) 로마규정 제9조는 6, 7, 8조에 대해서만 범죄의 구성요건을 규정하고 있는 바, 침략범죄의 경우 제9조는 당연히는 적용되지 않으나, 향후 당사국간 협의를 거쳐 침략범죄의 구성요건을 작성하여야 하는 것과 관련한 논의

39) Discussion paper proposed by the Coordinator: Preliminary list of possible issues relating to the crime of aggression, UN Doc. PCNICC/2000/WGCA/RT.1(March, 2000).

범죄구성요건은 로마회의 최종의정서에 따라 그 초안이 2000년 6월 30일까지 준비위에 의해 완성되어야 했으며, 준비위는 그 임무를 기한 내에 완수하여 범죄구성요건 초안을 완성하였다.40) 이 초안은 당사국총회의 승인을 얻어 발효하였다. 범죄구성요건은 로마규정 제6조, 제7조와 제8조의 순서에 따라 집단살해죄, 인도에 반한 죄와 전쟁범죄의 구성요건을 정하고 있다. 한 조항이 여러 가지 범죄를 포함하고 있을 때에는 각 범죄를 나누어 구성요건을 정하고 있다. 필자의 의견으로는 범죄구성요건이 다분히 미국의 형법에서 유래한 측면이 많은 것 같다. 그 이유는 각 구성요건을 물적 요건(Actus Reus)과 정신적요건(Mens Rea)으로 구별하고 물적 요건(Actus Reus)을 행위(conduct), 상황(circumstance)과 결과(result)로 세분하며, 세분된 각 요소에 네 가지 정신적 요건, 즉 의도(purpose), 인식(knowledge), 무모함 또는 중대한 과실(recklessness)과 과실(negligence)을 적용하는 구조로 되어 있는데 이는 미국의 표준형법전(Model Penal Code)의 구성요건 구조와 유사하기 때문이다.

Ⅲ. 절차 및 증거규칙(Rules of Procedure and Evidence)

로마규정 제51조는 절차 및 증거규칙에 관해 다음과 같이 규정하고 있다.

제51조
절차및증거규칙
1. 절차및증거규칙은 당사국총회 회원국의 3분의 2의 다수결에 의한 채택으로 발효한다.

2. 절차및증거규칙의 개정은 다음에 의하여 제안될 수 있다.
   가. 당사국
   나. 절대과반수의 재판관
   다. 소추관
   그러한 개정은 당사국총회 회원국의 3분의 2의 다수결에 의한 채택으로 발효한다.

3. 절차및증거규칙의 채택 후, 그 규칙에 재판소에 제기된 특정한 사태를 다룰 규정이

---

40) 범죄구성요건 초안(Finalized draft text of the Elements of Crimes, UN Doc. PCNICC/2000/1/Add.2(2 November 2000)).

없는 긴급한 경우, 재판관들은 당사국총회의 차기 정기회기 또는 특별회기에서 채택·계정 또는 거부될 때까지 적용될 임시규칙을 3분의 2의 다수결로 제정할 수 있다.

4. 절차및증거규칙, 그 개정 및 모든 임시규칙은 이 규정에 부합되어야 한다. 임시규칙 뿐만 아니라 절차및증거규칙의 개정은 수사중이거나 기소중인 자 또는 유죄판결을 받는 자에게 불리하게 소급 적용되지 아니한다.

5. 이 규정과 절차및증거규칙이 충돌할 경우, 이 규정이 우선한다.

절차 및 증거규칙의 초안도 로마회의 최종의정서에 의해 준비위에서 2000년 6월 30일까지 완성하도록 되어 있었다. 준비위는 제6차 회의에서 이 임무를 완수하여 그 초안을 성안하였다.[41] 절차 및 증거규칙은 로마규정의 적용을 위한 세부규정의 성격을 가진다. 또한 로마규정에 이미 규정된 내용을 회피하면서 ICC의 운영을 위해 필요한 세부절차를 마련하기 위해 준비위에 참석한 대표단은 많은 노력을 기울였다. 절차 및 증거규칙은 모든 경우에 로마규정에 합치하여야 하며 로마규정과 함께 살펴보아야 한다. 절차 및 증거규칙의 초안은 총 225개의 규칙을 가지고 있으며 당사국총회의 채택에 의해 발효하였다.

Ⅳ. 제6차 ICC 설립준비위 이후의 의제

1. UN과의 관계협정

UN과 ICC간의 관계협정은 ICC 준비위 제6차 회의에서 최초로 논의되기 시작하였으며 UN 사무국이 작성한 협정초안은 전문 및 본문 21개 조항으로 구성되었다.[42] 이 협정은 UN과 ICC간에 체결되는 양자조약으로서 "ICC는 로마규정 당사국총회에 의해 승인되고 그후에 ICC를 대표하여 재판소 소장이 체결하는 협정을 통해 UN과 관계를 설정한다"고 규정하고 있

---

41) 절차 및 증거규칙 초안(Finalized draft text of the Rules of Procedure and Evidence, UN Doc. PCNICC/2000/1/Add.1(2 November 2000)).

42) UN과 ICC의 관계협정 초안 (Draft Relationship Agreement between the United Nations and the International Criminal Court prepared by the Secretariat, UN Doc. PCNICC/2000/WGICC- UN/L.1(9 August 2000)).

는 로마규정 제2조 등을 체결 근거로 하고 있다. 이 협정안도 2002년 제1차
당사국총회에서 채택되었다.43)

협정의 주요 내용을 보면 제2조와 제3조는 ICC와 UN 관계의 일반원칙
으로서 UN과 ICC는 각자의 지위와 권한을 상호 존중하며, UN헌장, 로마규
정 및 이 협정에 따라 협조적인 업무관계를 설립한다고 정하고 있다.44) 또
한 제15조는 "UN은 그 의무와 권한의 범위 내에서 ICC와 협력하며, ICC가
로마규정 제87조에 따라 요청하는 자료를 제공"하도록 하고 있다.45)

협정은 ICC와 UN간 사건의 수사·기소에 있어서의 협력도 정하고 있는
데 제17조는 ICC와 UN 안보리간의 협력으로서 UN 안보리가 로마규정 제
13조에 따라 ICC에 수사를 의뢰하는 경우 및 UN 안보리가 로마규정 제16
조에 따라 ICC에 수사 또는 기소의 중지를 요구하는 경우 구체적인 협력
절차를 규정하고 ICC가 로마규정 제13조에 따라 UN 안보리로부터 의뢰받
은 수사에 대해 규정 당사국이 비협조적인 경우 및 ICC가 재판관할권에
대해 UN 안보리에 의견 제시를 요청하는 경우의 구체적인 협력절차를 규
정하고 있다.46) 제18조는 UN과 ICC 소추관간의 사건의 수사 관련 협력을
정하고 있으며, 제19조는 UN헌장에 따라 인도주의적 지원사업 또는 평화
유지활동을 수행하는 인원에 대한 공격 및 UN의 업무와 관련하여 특권면
제를 향유하는 자가 범한 범죄에 대해 ICC가 관할권을 행사하는 경우의
협력을 규정하고 있다.47) 협정은 제8조부터 제13조에서 행정·예산 분야에
서의 협력을 규정하고 있는데 그 내용은 인력의 충원, 사용 및 교환근무에
있어 협력, 시설과 서비스의 효율적 운영(중복운영 회피 및 공동운영 검토),
UN이 ICC 당사국총회 등의 회의에 필요한 유료 서비스 제공, ICC의 예산
및 재정분야에서 UN의 형식과 관례를 준용, ICC의 기금 운용에 있어 UN
이 관련 노우하우를 제공하는 것 등이다.48) 또한 협정 제12조는 ICC 직원

---

43) Draft Relationship Agreement between the Court and the United Nations, UN Doc. PCNICC/
2001/1/Add.1(8 January 2002).

44) Id. p. 4.

45) Id. p. 7.

46) Id. p. 8.

47) Id. pp. 8-9.

48) Id. pp. 6-7.

에게 UN통행증 발급을 위한 특별협정을 ICC와 UN 사무총장간에 체결하여 이들에게 UN통행증(UN Laissez-passer)을 발급하도록 하고 있다.49)

2. ICC의 재정규칙

ICC의 재정규칙은 ICC 준비위 제6차 회의에서 최초로 논의되기 시작하였으며 UN 사무국이 작성한 규칙초안은 전문, 본문(14개 규칙) 및 부속서로 구성되었다.50) 재정규칙의 성격은 ICC 규정의 예산관련 하위규칙이며 그 체결 근거는 ICC 및 당사국총회와 관련된 모든 재정적 문제는 로마규정과 당사국총회에서 채택되는 재정규칙에 의하여 규율된다는 로마 규정 제113조에 의한다. 재정규칙초안도 2002년 제1차 당사국총회에서 채택되었다.51)

이 재정규칙의 주요 내용을 보면 ICC의 예산 회계년도의 기준은 초기에는 매 1년이며52) 예산안 확정 절차는 ICC 사무국장(Registrar)이 예산안을 마련하면 "예산재정위원회"(the Committee on Budget and Finance)가 예산안을 심의하고 당사국총회가 최종 채택하는 순서로 되어있다.53) ICC 예산의 재원은 당사국의 분담금, UN이 로마규정 제115조에 따라 납부한 기금, 자발적 기여금 및 ICC가 수령 가능한 기타 기금이다.54) ICC 예산의 집행을 위해 당사국의 분담금과 기타 수입으로 구성되는 일반기금(General Fund)을 설립하고 일반기금이 부족하거나 예기치 못한 예산의 긴급 집행 사유가 발생한 경우 당사국들의 선납금(Advances: 당사국총회가 국가별 분담율 기준에 따라 부정기적으로 필요시 선납금액을 책정)으로 구성되는 유동자본기금(Working Capital Fund, WCF)을 설립한다.55) 만일 일반기금이 필요한 돈을 WCF에서 차용하여 사업을 집행한 경우 추경예산 편성 등의 방법을 통해 WCF에 반납하여야 한다.56) ICC 사무국장은 예비 기금을 활용한 단기투자를 할 수

---

49) Id. p. 12.
50) ICC재정규칙 초안(Draft Financial Regulations of the International Criminal Court prepared by the Secretariat, UN Doc. PCNICC/2000/WGFIRR/L.1(13 July 2000)).
51) Draft Financial Regulations, UN Doc. PCNICC/2001/1/Add.2(8 January 2002).
52) 재정규칙 제2규칙
53) 재정규칙 제3규칙
54) 재정규칙 제5규칙
55) 재정규칙 제6규칙
56) Id.

있으며, 투자결과를 정기적으로 소장단과 당사국총회에 보고해야 한다.57) ICC의 회계감사는 당사국총회가 4년 임기로 임명하는 감사(Auditor)가 국제적인 회계기준에 따라 ICC의 예산의 효율성 등에 대한 회계감사를 실시하고 보고서를 예산재정위원회의 심의를 거쳐 당사국총회에 제출함으로써 이루어진다.58)

3. 국제형사재판소의 특권면제에 관한 협정

ICC의 특권면제에 관한 협정도 ICC 준비위 제6차 회의에서 최초로 논의되기 시작하였으며 UN 사무국이 작성한 협정초안은 전문 및 본문 28개 조항으로 구성되었다.59) 특권면제협정은 로마규정 제4조 및 제48조를 체결 근거로 한다. 로마규정 제4조는 ICC가 국제적 법인격을 가지며, 기능의 행사와 목적의 달성을 위해 필요한 법적 능력을 보유한다"고 규정하고 있다.60) 로마규정 제48조는 ICC가 각 당사국의 영역에서 재판소 목적의 달성을 위해 필요한 특권과 면제를 향유한다고 규정하고 있다.61) 특권면제협정 초안도 2002년 제1차 당사국총회에서 채택되었다.62)

이 ICC의 특권면제협정의 주요 내용을 보면 제2조는 "ICC는 기능과 임무의 수행에 필요한 법인격을 가지며, 계약체결능력, 부동산 취득·처분능력 및 소송참가능력을 보유한다."고 하고 있다.63) 제6조는 ICC 자체에 대한 특권·면제로서 ICC 공관과 문서의 불가침, 소유 기금과 자산의 압류 등 절차와 강제집행으로부터의 면제, 공적 사용을 위한 물품에 대한 조세와 관세의 면제 등을 규정하고 있다.64) 또한 특권면제협정은 당사국 대표, ICC 직원 및 재판관련 출석인들에 대해 체포 및 구금으로부터의 면제, 공

---

57) 재정규칙 제9규칙
58) 재정규칙안 제12규칙
59) ICC 특권면제협정 초안(Draft Agreement on the Privileges and Immunities of the International Criminal Court prepared by the Secretariat, UN Doc. PCNICC/2000/WGAPIC/ L.1(9 August 2000)).
60) 로마규정 제4조
61) 로마규정 제48조
62) Draft Agreement on the Privileges and Immunities of the Court, UN Doc. PCNICC/ 2001/1/Add.3(8 January 2002).
63) 특권면제협정 제2조
64) 특권면제협정 제6조

적 자격으로 행한 진술과 행위에 대한 소송절차로부터의 면제 및 모든 문서에 대한 불가침 등을 규정하면서 특권·면제 향유자에게 당사국내에서 국내법령 존중 및 국내문제 불간섭 의무를 부과하고 특권·면제를 부여한 목적을 침해하지 않으면서 특권·면제의 포기가 가능한 경우에는 그 특권·면제를 포기할 수 있도록 명시하고 있다.65) 제34조는 특권면제협정이 10번째 비준서, 수락서 등이 기탁된 날로부터 30일 후 발효하도록 하고 있다.

ICC 특권면제협정의 주요쟁점은 변호인의 특권면제 범위, 재판절차에 참여했던 전문가, 증인 등의 특권면제의 범위, 임시로 고용된 현지 고용인의 특권면제 부여 수준 등이었다.

Ⅴ. 당사국총회(Assembly of States Parties)

2002년 9월 3일에서 9일까지 뉴욕의 UN 본부에서 제1차 당사국총회가 개최되어 범죄구성요건초안, 절차 및 증거규칙초안, 재판소와 UN과의 관계협정초안, 재판소와 소재지국 사이의 본부협정에 관한 기본원칙초안, 재정규칙초안, ICC의 특권면제협정초안 등 로마회의 최종의정서 결의 F에 언급된 초안을 정식 채택하였다. 다만, 침략범죄에 관한 규정의 초안은 준비위원회에서 완성하지 못하였기 때문에 당사국총회는 특별작업반(Special Working Group, 2003-2009)을 구성하여 침략범죄에 대한 논의를 계속하도록 하였다. 특별작업반은 2009년 침략범죄에 관한 규정의 초안을 성안하였고, 이 초안을 기초로 2010년 캄팔라 재검토회의에서 논의한 결과 침략범죄에 관한 ICC의 개정조항(ICC Resolution RC/Res. 6)을 채택하였다.

---

65) 특권면제협정안 제13조에서 25조.

제 5 절 로마규정의 주요 원칙과 내용

Ⅰ. 로마규정의 체계와 주요원칙

로마규정은 전문(Preamble)과 13부(Part)로 구성되며 총 128개의 조문으로 구성되어 있다. 로마규정에는 많은 원칙이 있으나 이 중 중요한 것으로 3가지 원칙을 들 수 있다. 첫 번째 원칙은 보충성의 원칙(principle of complementarity) 이다. 이 원칙은 ICC는 관련국가의 형사관할권을 보충한다는 것이다. 다시 말하면, ICC가 관할권을 행사하는 경우는 관할권을 행사할 수 있는 국가가 관할권을 행사할 수 없거나 행사할 의사가 없는 경우에 한정된다는 것이다. 이 원칙은 로마규정 전문과 제1조 그리고 ICC의 관할권제도에 잘 나타나 있다. 두 번째 원칙은 로마규정이 다루는 범죄는 가장 심각한 국제적 관심사에 해당하는 범죄에 한정된다는 것이다. 이 원칙에 따라 ICC의 관할 대상범죄는 네 가지 범죄, 즉 집단살해죄, 인도에 반한 죄, 전쟁범죄와 침략범죄에 한정되고 각 범죄의 적용시 일정한 제한요건을 부과하였다. 세 번째 원칙은 로마규정이 가능한 한 국제관습법(customary international law)에 부합하여야 한다는 원칙이다. 이 원칙은 로마규정이 광범위하게 국가들로부터 수락되기 위해서는 가급적 기존의 국제관습법에 충실하게 부합하여야 한다는 취지에서 의도된 것이다. 로마회의에서 참가국 대표들은 이 원칙을 지키기 위해 노력하였으며, 이 원칙은 주로 관할범죄의 정의를 결정하는데 많이 기여하였고 로마규정의 다른 조항에도 적용되었다.

Ⅱ. 로마규정의 주요내용

1. 전 문(Preamble)

로마규정의 전문은 20세기 동안 수백만 명의 아동, 여성 및 남성이 상상하기 어려운 잔학행위의 희생자가 되어왔음에 유념하며; 중대한 범죄가 세계의 평화, 안전과 복지를 위협하고 있음을 인식하며; 이러한 범죄를 범한 자들이 처벌받지 않는 상태(impunity)를 종식시키고; 국제범죄에 책임이 있는 자들에 대하여 형사관할권을 행사함이 모든 국가의 의무임을 상기하며; 국제형사재판소는 국가의 형사관할권을 보충하는 것임을 강조하는 것 등을 규정하고 있다.

2. 제1부 재판소의 설립(Establishment of the Court)

제1부는 4개의 조문으로 구성된다(제1조-제4조). 제1부는 재판소의 설립(제1조), 재판소와 국제연합(UN)과의 관계(제2조), 재판소의 소재지(제3조), 재판소의 법적지위와 권한(제4조)을 규정하고 있다. 재판소의 소재지는 네덜란드의 헤이그(Hague)이다.

3. 제2부 관할권, 재판적격성 및 적용법규(Jurisdiction, Admissibility and Applicable Law)

제2부는 17개의 조문으로 구성된다(제5조-제21조). 제2부는 로마규정의 가장 중요한 부이며 로마회의에서 교섭하기가 가장 어려운 부분이었다. 제2부는 재판소의 관할대상범죄와 그 정의, 제소장치(trigger mechanism), 재판적격성(admissibility) 그리고 적용법규(applicable law)를 규정하고 있다. 제2부에는 재판소의 관할범죄(제5조), 집단살해죄(제6조), 인도에 반한 죄(제7조), 전쟁범죄(제8조), 범죄구성요건(제9조), 로마규정은 기존의 또는 발전 중인 국제법 원칙을 침해하지 않는다는 규정(제10조), 시간적 관할권(제11조), 관할권행사

의 전제조건(제12조), 관할권의 행사(제13조), 당사국에 의한 사태의 회부(제14
조), 소추관(제15조), 수사 또는 기소의 연기(제16조), 재판적격성의 문제(제17
조), 재판적격성에 관한 예비결정(제18조), 재판소의 관할권 또는 사건의 재
판적격성에 대한 이의제기(제19조), 일사부재리(제20조), 적용법규(제21조)가 포
함된다.

(1) 재판소의 관할대상범죄

재판소의 관할대상범죄는 집단살해죄, 인도에 반한 죄, 전쟁범죄 그리고
침략범죄이다(제5조). 로마회의시 침략범죄를 ICC의 관할대상범죄로 포함시
키는 것에 대해서는 많은 국가들이 지지하였으나, 침략범죄의 정의와 관할
권행사의 요건에 관해서는 합의에 도달하지 못하였다. 따라서 침략범죄의
정의와 관할권행사의 요건이 작성되기 전에는 침략범죄에 대해서 ICC가
관할권을 행사할 수 없다. 테러범죄와 마약범죄도 ICC의 관할범죄로 포함
시키자는 의견이 로마회의시 있었으나, 다수 국가들이 이들 범죄의 정의에
관해 합의를 로마회의 기간 중에 도출하기가 어려운 점 등을 고려하여 추
후의 재검토회의(Review Conference)를 통해 이들 범죄를 ICC의 관할범죄에
포함시키는 것을 고려하는 권고를 채택하고 ICC의 관할범죄에서는 제외시
켰다(최종의정서 Annex I. E.). 그러나 2010년 재검토회의에서도 테러범죄와
마약범죄를 ICC의 관할범죄로 포함시키지 못하였다.

(2) 제소장치(Trigger Mechanism)

제소장치는 재판소의 관할권 행사가 어떻게, 누구에 의해 시작되는지에
관한 것이다. 다시 말하면, 누가 ICC에 사건을 제소할 수 있는지 또한 ICC
의 관할권행사에 필요한 전제조건은 무엇인지에 관한 것 등을 규정하는 것
이다. 먼저, ICC가 관할권을 행사하도록 범죄에 관한 사태를 회부하는 것은
당사국(State Party), UN 안전보장이사회, ICC의 소추관(Prosecutor)에 의해 이루
어질 수 있다(제13조). 다음으로, 당사국이 범죄사태를 ICC의 소추관에게 회
부하거나 또는 ICC의 소추관이 독자적으로(Proprio Motu) 수사를 개시한 경

우, ICC가 관할권을 행사하기 위해서는 그 전제조건으로서 범죄가 발생한 영토국가 또는 범죄혐의자의 국적국가가 규정당사국이거나 ICC의 관할권 행사를 수락한 국가이어야 한다(제12조). 그러나 UN 안전보장이사회가 사태를 소추관에게 회부한 경우는 ICC가 위와 같은 전제조건이 없이 관할권을 행사할 수 있다. 즉, ICC는 범죄가 발생한 영토국가나 범죄인의 국적국가가 규정당사국인지의 여부에 관계없이 또한 이들 국가의 동의 없이도 관할권을 행사할 수 있다(제12조).

한편, UN 안전보장이사회는 ICC에 대해 수사 또는 기소를 12개월 동안 연기해줄 것을 요청할 수 있다(제16조). 다음으로, 재판적격성의 문제는 보충성의 원칙과 관련되는 것으로서 ICC는 특정사건에 대하여 관할권을 가지는 국가에 의하여 사건이 수사되고 있거나 기소된 경우에는 당해사건이 재판적격성이 없다고 결정해야 한다. 다만, ICC는 그 국가가 진정으로 수사 또는 기소를 할 의사가 없거나 능력이 없는 경우에는 재판적격성이 있다고 결정하여 관할권을 행사한다(제17조).

4. 제3부 형법의 일반원칙(General Principles of Criminal Law)

제3부는 12개의 조문으로 구성된다(제22조-제33조). 이 부는 로마규정상의 형법의 일반원칙으로서 개인의 형사책임원칙과 형사책임조각사유 등을 규정하고 있다. 제3부에는 범죄법정주의(제22조), 형벌법정주의(제23조), 소급효 금지(제24조), 개인의 형사책임(제25조), 18세 미만자에 대한 관할권 배제(제26조), 공적 지위의 무관련성(제27조), 지휘관 및 기타상급자의 책임(제28조), 시효의 부적용(제29조), 주관적 요소(제30조), 형사책임조각사유(제31조), 사실의 착오 또는 법률의 착오(제32조), 상급자의 명령과 법률의 규정(제33조)이 포함된다. 특히 제25조는 개인의 형사책임원칙을 규정하며 자연인(natural person)에 대해서만 ICC가 관할권을 가진다고 규정하고 있다.

5. 제4부 재판소의 구성과 행정(Composition and Administration of the Court)

제4부는 19개의 조문으로 구성된다(제34조-제52조). 제4부는 재판소의 구성과 행정에 관한 내용을 규정한다. 제4부에는 재판소의 기관(제34조), 재판관의 복무(제35조), 재판관의 자격요건, 추천 및 선거(제36조), 재판관의 결원(제37조), 소장단(제38조), 재판부(제39조), 재판관의 독립(제40조), 재판관의 회피와 제척(제41조), 소추부(제42조), 사무국(제43조), 직원(제44조), 선서(제45조), 직의 상실(제46조), 징계처분(제47조), 특권과 면제(제48조), 급여수당 및 비용(제49조), 공식언어 및 실무언어(제50조), 절차 및 증거규칙(제51조), 재판소규칙(제52조)이 포함된다. 재판소는 소장단(the Presidency), 상소심부, 1심부 및 전심부(An Appeals Division, a Trial Division and a Pre-Trial Division), 소추부(the Office of the Prosecutor), 사무국(the Registry)의 4개 기관으로 구성된다(제34조). ICC의 재판관 수는 18인이다(제36조). 재판관, 소추관, 사무국장 등 직원은 특권과 면제를 누린다(제48조). 재판소의 공식언어는 아랍어, 중국어, 영어, 프랑스어, 러시아어와 스페인어이며 실무언어는 영어와 프랑스어이다(제50조). ICC는 절차 및 증거규칙(Rules of Procedure and Evidence)과 재판소의 규칙(Regulations)을 가진다(제51조와 제52조).

6. 제5부 수사 및 기소(Investigation and Prosecution)

제5부는 9개의 조문으로 구성된다(제53조-제61조). 이 부는 수사절차, 수사 중 개인의 권리와 재판이전 단계의 여러 사항을 규정하고 있다. 제5부에는 수사의 개시(제53조), 수사에 관한 소추관의 의무와 권한(제54조), 수사 중 개인의 권리(제55조), 유일한 수사기회에 관한 전심재판부의 역할(제56조), 전심재판부의 기능 및 권한(제57조), 전심재판부의 체포영장 또는 소환장 발부(제58조), 구금국에서의 체포절차(제59조), 재판소에서의 최초절차(제60조), 재판 전 공소사실의 확인(제61조)이 포함된다. 전심재판부는 수사개시 후 언제라도 소추관의 신청에 따라 당해인이 재판소관할범죄를 범하였다고 믿을

만한 합리적 근거가 있으며 체포의 필요성이 있다고 판단할 경우 체포영장을 발부할 수 있다(제58조). 전심재판부는 소추관이 재판을 구하고자 하는 공소사실을 확인하기 위한 심리(hearing)를 소추관과 피의자 및 피의자 변호인의 출석하에 행해야 한다(제61조).

7. 제6부 재판(The Trial)

제6부는 15개의 조문으로 구성된다(제62조-제76조). 이 부는 재판단계의 절차, 피고인의 권리, 피해자와 증인의 보호, 증거능력배제 규칙(exclusionary rule) 등을 규정한다. 제6부에는 재판 장소(제62조), 피고인 출석하의 재판(제63조), 1심 재판부의 기능과 권한(제64조), 유죄인정에 관한 절차(제65조), 무죄의 추정(제66조), 피고인의 권리(제67조), 피해자 및 증인의 보호와 절차 참여(제68조), 증거(제69조), 사법운영을 침해하는 죄(제70조), 재판소에서의 부정행위에 대한 제재(제71조), 국가안보 정보의 보호(제72조), 제3자의 정보 또는 문서(제73조), 판결의 요건(제74조), 피해자에 대한 배상(제75조), 양형(제76조)이 포함된다. ICC에서는 궐석재판이 허용되지 않는다(제63조). 모든 사람은 유죄가 입증되기 전까지는 무죄로 추정되며 피고인의 유죄를 입증할 책임은 소추관에게 있다(제66조).

8. 제7부 형벌(Penalties)

제7부는 4개의 조문으로 구성된다(제77조-제80조). 제7부는 적용가능한 형벌(제77조), 형의 결정(제78조), 신탁기금(제79조), 국가의 형벌적용과 국내법에 대한 불침해(제80조)를 규정한다. ICC는 종신형, 최고 30년을 초과하지 않는 유기징역, 벌금, 수익재산 등의 몰수를 부과할 수 있다. 그러나 ICC는 사형을 부과할 수는 없다(제77조). 사형을 ICC가 부과할 수 있는지에 대해서 로마회의시 많은 논쟁이 있었다. 궁극적으로 ICC는 사형을 부과하지 않는 것으로 하되 이러한 ICC의 태도가 각 국가의 사형제도에는 영향을 미치지 않는다는 것을 명문화하는 내용의 타협이 이루어졌다. 이에 따라, 제80조가 채택되게 된 것이다.

9. 제8부 상소 및 재심(Appeal and Revision)

제8부는 5개의 조문으로 구성된다(제81조-제85조). 제8부는 유무죄 판결이나 양형에 대한 상소(제81조), 기타 결정에 대한 상소(제82조), 상소심 절차(제83조), 유죄판결 또는 양형의 재심(제84조), 체포 또는 유죄판결을 받은 자에 대한 보상(제85조)을 규정한다.

10. 제9부 국제적 협력과 사법공조(International Cooperation and Judicial Assistance)

제9부는 17개의 조문으로 구성된다(제86조-제102조). 제9부는 재판소의 명령에 대해 당사국이 협력하는 의무와 절차를 상세히 규정하고 있다. 제9부는 ICC의 실효적 운영을 위해 매우 중요한 부이다. 제9부에는 일반적 협력의무(제86조), 협력요청(제87조), 국내법상 절차의 이용가능성(제88조), 재판소에의 인도(제89조), 청구의 경합(제90조), 체포 및 인도청구의 내용(제91조), 긴급인도구속(제92조), 기타 형태의 협력(제93조), 진행 중인 수사 또는 기소와 관련된 요청의 이행 연기(제94조), 재판적격성에 대한 이의제기와 관련된 요청의 이행 연기(제95조), 제93조에 따른 기타 형태의 지원요청의 내용(제96조), 협의(제97조), 면제의 포기 및 인도 동의에 관한 협력(제98조), 제93조와 제96조에 따른 요청의 이행(제99조), 비용(제100조), 특정성의 원칙(제101조), 용어의 사용(제102조)이 포함된다.

당사국은 재판소의 수사 및 기소에 대해 최대한 협력해야 한다(제86조). 당사국은 제9부에 명시된 모든 형태의 협력에 이용 가능한 절차가 국내법에 포함되도록 해야 한다(제88조). 정치범불인도 원칙과 같은 전통적인 범죄인인도조약상의 인도거절사유는 ICC로의 인도에 적용되지 않는다(제89조).

11. 제10부 집행(Enforcement)

제10부는 9개의 조문으로 구성된다(제103조-제111조). 제10부는 징역형 집행에서 국가의 역할(제103조), 집행국 지정의 변경(제104조), 형의 집행(제105

조), 형의 집행과 징역의 조건에 대한 감독(제106조), 형 집행 만료자의 이송(제107조), 다른 범죄의 기소 또는 처벌의 제한(제108조), 벌금 및 몰수조치의 집행(제109조), 감형에 대한 재판소의 재검토(제110조), 도주(제111조)가 포함된다.

징역형은 재판소에 대하여 수형자 인수의사를 표시한 국가의 명단 중에서 지정된 국가에서 집행된다(제103조). 징역형의 집행은 재판소의 감독에 따르며, 수형자의 처우에 관하여 광범위하게 수락된 국제조약상의 기준과 부합하여야 한다(제106조).

12. 제11부 당사국총회(Assembly of States Parties)

제11부는 한 개의 조문으로 구성된다(제112조). 각 당사국은 당사국총회에 1인의 대표를 가진다. 로마규정이나 최종의정서에 서명한 국가는 총회에서 옵저버가 될 수 있다. 당사국총회는 준비위원회의 권고를 심의하고 채택하는 기능, 재판소의 행정에 관하여 소장단, 소추관 및 사무국장의 운영을 감독하는 기능, 이사회의 보고서와 활동을 심의하고 이에 관하여 적절한 조치를 취하는 기능, 재판소의 예산을 심의하고 결정하는 기능, 재판관 수의 변경여부 결정기능, 재판소의 협력요청 불응과 관련된 모든 문제를 심의하는 기능, 로마규정 또는 절차 및 증거규칙과 부합하는 다른 모든 기능을 수행한다.

이에 따라 당사국총회는 범죄구성요건, 절차 및 증거규칙 등 준비위원회에서 권고한 문서를 채택하고 ICC의 재판관을 선출하는 일 등을 한다.

13. 제12부 재정(Financing)

제12부는 6개의 조문으로 구성된다(제113조-제118조). 제12부는 재정규칙(제113조), 비용의 지출(제114조), 재판소 및 당사국총회의 기금(제115조), 자발적 기여금(제116조), 분담금의 산정(제117조), 연례감사(제118조)로 구성된다.

재판소와 당사국총회의 비용은 당사국총회가 결정한 예산에 규정된 바에 따라 당사국이 납부한 분담금, UN이 제공한 기금으로 충당된다(제115조).

14. 제13부 최종조항(Final Clauses)

제13부는 10개의 조문으로 구성된다(제119조-제128조). 제13부는 분쟁의 해결(제119조), 유보(제120조), 개정(제121조), 제도적 성격의 규정에 대한 개정(제122조), 규정의 재검토(제123조), 경과규정(제124조), 서명, 비준, 수락, 승인 또는 가입(제125조), 발효(제126조), 탈퇴(제127조), 정본(제128조)으로 구성된다.

재판소의 사법적 기능(judicial function)에 관한 모든 분쟁은 재판소의 결정에 의하여 해결된다(제119조). 로마규정에 대해서는 유보를 할 수 없다(제120조). 로마규정은 발효 후 7년이 경과해야 개정할 수 있다(제121조). 로마규정은 60번째의 비준서 등이 UN 사무총장에게 기탁된 날로부터 60일이 경과한 다음 달의 첫 째날에 발효한다. 실제로 로마규정은 2002년 4월 11일에 60번째의 비준서가 기탁되었고 2002년 7월 1일부로 발효하였다. 우리나라는 2002년 11월 13일 로마규정 비준서를 주유엔대표부를 통해 유엔사무국에 기탁함으로써 동 규정의 83번째 당사국이 되었다.

제 6 절 로마규정관련 미국의 입장

I. 로마회의에서의 미국 입장

미국은 로마규정에 반대한 7개 국가 중 하나였다. 그 주요이유는 해외주둔 미군이 ICC에 의해 기소되고 처벌되는 경우 미군의 사기에 악영향을 줄 수 있다는 우려 때문이었다. 따라서 미국은 로마규정 제12조가 ICC에 자동적 관할권을 부여하고 피의자의 국적국의 동의가 없이도 관할권을 행사할 수 있는 경우가 발생하는 것에 대해 강한 반대의사를 표시하였다.[66] 즉 로마규정 제12조가 ICC의 관할권행사를 위한 전제조건으로서 범죄행

---

66) 이와 관련, 우리나라의 관할권 관련 제안과 미국의 반대입장 등에 관해서는 "拙稿, *The Preconditions to the exercise of the Jurisdiction of the International Criminal Court: With focus on Article 12 of the Rome Statute*, 8 J. Int'L. & Prac 47. (1999)과 제3장 제3절 참조.

위지국 또는 피의자의 국적국이 ICC 규정당사국이거나 비규정당사국인 경우에는 ICC의 관할권행사에 동의하여야 한다고 규정하고 있는 바, 미국은 제12조의 규정상 미국이 ICC 비규정당사국이고 ICC의 관할권 행사에 동의하지 않더라도 해외 주둔 미군에 대해 ICC가 관할권을 행사할 수 있는 가능성이 있다는 이유로 ICC에 대해 반대하며 로마규정 제12조의 내용에 ICC의 관할권 행사의 전제조건으로서 피의자의 국적국의 동의를 반드시 포함시키도록 하는 수정안을 제출하였다. 그러나 EU국가들을 비롯한 대다수의 국가들은 미국의 수정안에 대해 강하게 반대하였다. 그 이유는 첫째, 법원칙상 범죄행위지국은 그 영역내에서 죄를 범한 개인은 내국인이든 외국인이든 형사처벌할 수 있는 권한이 있고 외국인을 처벌할 때도 그 외국인의 국적국의 동의를 받을 필요 없이 형사관할권을 행사할 수 있기 때문이다. 예를 들어 외국인이 우리나라에서 살인죄를 저지른 경우, 우리나라는 그 외국인 피의자의 국적국이 동의를 하지 않더라도 필요한 경우 형사관할권을 행사할 수 있음이 자명하다. 이와 같이, ICC가 형사관할권을 피의자의 국적국의 동의 없이도 행사할 수 있는 경우는 범죄행위지국이 ICC의 형사관할권 행사에 동의하는 경우로서, 이 경우에는 법원칙상 ICC가 관할권을 행사하는 것이 타당하다는 것이 대다수 국가들의 주장이었다. 둘째로, 피의자의 국적국의 동의를 ICC관할권 행사의 필수적인 전제조건으로 요구한다면 ICC는 사실상 관할권을 행사할 기회가 크게 축소될 것을 우려하였기 때문이다. 예를 들어 특정국가의 독재자를 처벌하기 위해 ICC가 그 국가의 동의를 얻어야 한다면 ICC가 관할권을 행사할 수 있는 가능성은 사실상 없다고 보아야 할 것이며 이는 ICC 실효성 측면에서 크게 문제가 있다고 대다수의 국가들은 판단하였다.

Ⅱ. 제5차 준비위에서의 미국 제안

미국은 로마규정 제98조와 관련하여 준비위에서 ICC 절차 및 증거규칙 제195조 2항으로 "2. ICC는 적용가능한 국제조약에 따라서 범죄혐의자의 인도 또는 신병인수를 요청한다(2. The Court shall proceed with a request for surrender or an acceptance of a person into the custody of the Court only in a manner consistent with international agreements applicable to the surrender of the person.)"는 조항을 신설할 것을 제의하였다. 미국제안의 의도는 추후에 국제조약인 UN과 ICC간의 관계협정에서 미국이 원하는 조건을 추가하고자 하는 것이었다. 미국 제안에 대해 러시아, 일본, 터키 및 캐나다 등은 ICC의 효율적인 운영을 위해서는 보편성 확보가 중요함을 감안해 미국의 제안을 보다 심도 있게 논의해 보자는 입장을 피력하였으나 여타 대부분의 국가들은 미국 제안의 문제점을 지적하거나, 반대하는 입장을 표명하였다. 미국의 제안은 결국 수정을 거쳐 절차 및 증거규칙의 규칙 195의 2항으로 포함되었다. 그러나 그 규칙 195의 2항은 로마규정 제98조 2항의 내용과 큰 차이를 보이지 않는다.67)

Ⅲ. 현재의 미국입장과 향후 전망

미국은 규정서명을 위해 개방된 마지막 날인 2000년 12월 31일 로마규정에 서명하였다. 이 서명은 인권존중과 인도법 등의 위반자에 대한 형사책임 추궁을 목표로 하는 로마규정에 대한 미국의 강한 지지의사를 표현한 것으로 볼 수 있다. 그러나 미국 상원외교위원회 전 의장인 제시 헬름스(Jesse Helms) 상원의원은 로마규정에 미국이 비준하는 것을 반대할 뿐만 아니라 미국이 ICC를 지지하는 것을 막기 위한 법안을 제안하겠다고 선언하였다.68) 부시(Bush) 행정부의 콜린 파월(Colin Powell) 미국 국무장관도 로마규정을 상원에 비준동의를 위해 회부할 계획이 없음을 밝혔다.69) 또한, 미

---

67) 절차 및 증거규칙, 규칙 195 (Finalized draft text of the Rules of Procedure and Evidence, UN Doc. PCNICC/2000/1/Add.1 (2 November 2000). 규칙 195, 제2항은 다음과 같다. "2. The Court may not proceed with a request for the surrender of a person without the consent of a sending State if, under article 98, paragraph 2, such a request would be inconsistent with obligations under an international agreement pursuant to which the consent of a sending State is required prior to the surrender of a person of that State to the Court."

68) Steven Lee Myers, *Clinton Approves War Crimes Court*, International Herald Tribune, 2001년 1월 2일자, p. 1.

69) Barbara Crossette, *Powell Pledges Strong Support for Wide Spectrum of U.N. Activities*, The New York

국의 부시행정부는 2002년 5월 6일, 클린턴 행정부가 로마규정에 서명한 것을 무효화하였다.[70]

그 후 "미군보호법(American Service-members Protection Act)"이라는 ICC에 반대하는 국내법을 제정하고 UN 안전보장이사회로부터 평화유지활동을 하는 요원들에 대해 1년간 ICC의 관할권 면제를 보장하는 결의를 이끌어 내었으며, 이 법을 이용하여 만일 다른 국가가 미군을 ICC에 인도하지 않을 것을 약속하지 않고 ICC의 규정당사국이 된다면 모든 미국의 군사원조를 중단하겠다고 위협하였다. 그리고 이스라엘 등 일부 국가들과 미군을 ICC에 인도하지 않겠다는 내용의 양자협정 "(98조협정)"에 서명하였다.

그러나 미국의 이러한 ICC에 대한 반대는 미국 내외의 많은 비판여론에 부딪치고 있다. 첫째로 미국 내의 많은 여론은 미국이 국제사회에서의 "법의 지배"를 주도하여 왔으며,[71] ICC의 설립을 지지함으로써 계속하여 국제법의 지배(Rule of International Law)를 유지하고 발전시키는 것이 미국의 국익에 부합한다고 주장한다.[72] 미국은 국제연맹, UN, GATT, WTO의 설립에 주도적인 역할을 하였고 그러한 역할이 미국의 국익에도 도움이 되었던 것처럼, ICC의 설립에도 주도적인 역할을 하는 것이 미국이 세계에서 차지하는 위치를 고려할 때 미국의 국익에 도움이 된다는 것이다.[73] 둘째로, 미국이 우려하는 것처럼 해외주둔미군에 대한 ICC의 관할권 남용 문제는 로마규정의 조항을 볼 때 가능성이 희박하며 ICC는 오히려 자국민의 인권을 탄압하는 독재자를 억지하고 처벌하는데 유용할 것이라고 주장한다. 셋째, ICC 규정은 미국의 가장 가까운 우방인 영국, 캐나다 등도 지지하고 있으며 미국이 미군의 보호만을 위하여 오랜 우방국들에게 외교적 압력을 가하고 외교 마찰을 일으키는 것은 실익이 없다고 지적한다. 오히려, 미국 행정부와 의회는 미국의 압력 없이 국제형사재판소에 가입할 수 있는 다른

Times, 2001년 2월 15일자, p. A.15.

70) Neil A. Lewis, *U.S. Rejects All Support for New Court on Atrocities*, The New York Times, 2002년 5월 7일자 참조.

71) 프란시스 앤서니 보일, 세계질서의 기초(김영석 역, 2002) 참조.

72) Sarah B. Sewall & Carl Keysen, The United States and the International Criminal Court, p. 244 (2000).

73) Id.

국가의 주권적 권리를 존중해야 한다고 주장한다.

　미국이 앞으로 ICC에 대해 과연 어떠한 정책을 추구할지 현재로서는 예측하기 어려운 듯하다. 왜냐하면, 현재에는 ICC에 대해 미국이 반대입장을 표명하고 있으나, 장기적으로 볼 때 미국이 ICC 규정에 가입하는 것도 불가능한 것만은 아니기 때문이다. 한 예로서 미국은 1982년 UN 해양법 협약에 대해 레이건 행정부는 반대하였으나, 나중에 클린턴 행정부는 해양법 협약 중 심해저개발 협약을 일부 개정하면서 서명한 예가 있기 때문이다.74) 또한 미국의 오바마 행정부는 이전의 부시 행정부보다 ICC에 대해 온건한 태도를 취하고 있다. 미국이 어렵고도 균형된 타협의 산물인 로마 규정의 문자와 정신을 훼손하지 않으면서 가입할 경우 ICC는 보다 효과적으로 그 임무를 수행할 수 있을 것이다.

---

74) 프란시스 앤서니 보일, supra note 71, pp. 74-75.

제 2 장
국제형사재판소의
관할대상범죄

제 2 장   국제형사재판소의 관할대상범죄

국제형사재판소 규정은 제5조에서 ICC의 관할대상범죄로서 다음과 같이 네 가지 범죄를 규정하고 있다.

제5조
재판소의 관할범죄

1. 재판소의 관할권은 국제공동체 전체의 관심사인 가장 중대한 범죄에 한정된다. 재판소는 이 규정에 따라 다음의 범죄에 대하여 관할권을 가진다.
   가. 집단살해죄
   나. 인도에 반한 죄
   다. 전쟁범죄
   라. 침략범죄

2. 제121조 및 제123조에 따라 침략범죄를 정의하고 재판소의 관할권 행사 조건을 정하는 조항이 채택된 후, 재판소는 침략범죄에 대한 관할권을 행사한다. 그러한 조항은 국제연합헌장의 관련 규정과 부합되어야 한다.[1]

따라서 ICC는 집단살해죄(genocide), 인도에 반한 죄(crimes against human ity), 전쟁범죄(war crimes)와 침략범죄(crime of aggression)에 대해 관할권을 행사한다. 이들 네 가지 범죄는 로마에서 개최된 유엔전권외교회의(로마회의)시 소위 "핵심범죄(core crimes)"로 분류되었다. 그러나 "테러범죄", "마약불법거래와 관련된 범죄" 등 소위 "조약상의 범죄(treaty crimes)"는 ICC 규정초안에는 포함되어 있었으나 로마회의에서 삭제됨에 따라 ICC는 이러한 범죄에 대해서는 관할권을 행사하지 않는다. "조약범죄"를 로마규정에서 제외시킨 이

---

[1] 로마규정 제5조, Statute of the International Criminal Court, 1998년 7월 17일 채택, UN Doc. A/CONF.183/9.

유는 테러범죄 등 "조약범죄"의 정의에 대해 합의를 이루기 어려우며, 현행 국제조약과 국내법으로도 처벌이 가능하다고 판단했기 때문이다. 또한, 로마회의에 참가한 대표단들은 "핵심범죄"에 대해서는 국제법상 보편적 관할권(universal jurisdiction)이 확립되었으나 "조약범죄"는 아직 "보편적 관할권"의 대상범죄로 보기 어렵기 때문에 로마규정 제12조 등 재판소의 관할권 관련 규정을 "핵심범죄"와 "조약범죄"에 함께 적용하기 곤란하다는 점도 고려되었다.

한편 핵심범죄 중에서도 침략범죄는 로마회의에서 참가국가들간의 이견으로 그 정의규정은 채택되지 못하고 ICC의 관할대상범죄로만 규정되게 되었다. 즉, 침략범죄에 대해서는 범죄의 정의와 관할권을 행사하는 조건을 정하는 조항이 채택될 때까지는 ICC가 관할권을 행사할 수 없도록 하였다.[2] 그러나 집단살해죄, 인도에 반한 죄와 전쟁범죄는 각각 로마규정 제6조, 제7조, 제8조에서 자세한 범죄의 정의규정을 두고 있다.

제한된 지면과 ICC 관할대상범죄와 관련하여 제기될 수 있는 많은 쟁점들을 고려해볼 때 ICC 관할대상범죄에 관한 모든 쟁점을 이 책에서 다루는 것은 거의 불가능할 것으로 판단된다. 따라서 후일의 추가적인 연구를 기대하면서, 이 책에서는 필자가 이해하기에 로마회의시 중요하게 다투어졌던 쟁점을 중심으로 국제형사재판소규정상의 ICC 관할대상범죄의 개념을 파악해보고자 한다.

아울러, 이 글에서는 2001년 9월 11일 미국의 테러 대참사를 저지른 테러범들의 행위가 ICC 관할대상범죄에 해당하는지도 살펴보고자 한다. 9.11. 테러행위는 일응 인도에 반한 죄를 구성하는 것으로 보인다. 그러나 국제법은 인도에 반한 죄의 개념을 로마규정을 통해 정의하고 있고 이러한 정의는 우리가 상식적으로 이해하는 인도에 반한 죄와 다소 차이를 보일 수도 있다. 따라서 9. 11 테러행위가 과연 ICC 관할대상범죄에 해당하는지, 그렇다면 어떤 범죄에 해당하는지 하는 것을 살펴보는 것도 ICC 관할대상범죄를 이해하는데 도움이 될 것으로 판단된다.

2) 로마규정 제5조 2항.

제 2 절 집단살해죄

I. 의 의

집단살해죄라 함은 국민적, 민족적, 인종적 또는 종교적 집단의 전부 또는 일부를 파괴할 의도를 가지고 그 집단 구성원을 살해하는 등의 행위를 하는 것을 말한다.

국제형사재판소 관할대상 범죄 중 집단살해죄에 대해서는 로마회의시 참가국들이 빠르게 합의에 도달하였다. 즉, 로마회의에 참가한 대표단들은 집단살해죄를 ICC의 관할 대상범죄로 할 것과 집단살해죄의 정의로서 1948 년 "집단살해죄의 방지와 처벌에 관한 협약"3) 상의 정의 규정을 사용할 것에 합의하였다.

이러한 참가국들의 합의에 따라 로마규정 제6조가 다음과 같이 채택되었다.

제6조
집단살해죄

이 규정의 목적상, "집단살해죄"라 함은 국민적, 민족적, 인종적 또는 종교적 집단의 전부 또는 일부를 그 자체로서 파괴할 의도를 가지고 범하여진 다음의 행위를 말한다.
(a) 집단 구성원의 살해
(b) 집단의 구성원에 대하여 중대한 신체적 또는 정신적 위해의 야기
(c) 전부 또는 부분적인 육체적 파괴를 초래할 목적으로 계산된 생활조건을 집단에게 고의적으로 부과
(d) 집단내의 출생을 방지하기 위하여 의도된 조치의 부과
(e) 집단의 아동을 타 집단으로 강제이주

이 제6조는 집단살해죄 방지협약 제2조와 동일하다. 집단살해죄는 독일

---

3) 영문명칭은 Convention on the Prevention and Punishment of the Crime of Genocide이며, 1948년 12월 9일 파리에서 작성되고 1951년 1월 12일 발효하였다. 우리나라는 이 협약에 1950년 10월 14일 가입하였고, 이 협약은 1951년 12월 12일자로 우리나라에 대해 발효하였다. 이하에서는 "집단살해죄 방지협약" 또는 "집단살해 협약"으로 약칭한다.

나치정권이 약 600백만의 유대인을 대량학살 했던 잔혹한 역사적 경험을 기초로 탄생한 범죄이다. 따라서 제2차 세계대전 후에 국제연합(UN)총회는 1947년 12월 11일의 결의 96(1)에서 집단살해는 국제연합의 정신과 목적에 반하며 또한 문명세계에서 죄악으로 단정한 국제법상의 범죄라고 선언하였다.4) 이러한 UN 총회 결의를 고려하여 1948년 집단살해죄 방지협약이 채택되어 집단살해죄의 방지와 처벌을 위한 국제협력을 도모하게 된 것이다.5)

Ⅱ. 집단살해죄의 구성요건

1. "집단의 전부 또는 일부를 파괴할 의도"

집단살해죄가 성립되기 위해서는 크게 두 가지의 요건이 필요하다. 그 요건은 첫째, 살해, 중대한 육체적 위해 등 금지된 행위와, 둘째, 그러한 살해 등의 행위가 국민적, 민족적, 인종적 또는 종교적 집단의 구성원을 전부 또는 일부 파괴하려는 의도를 가지고 이루어져야 한다. 이러한 의도를 특정한 의도(specific intent)라고 한다. 이에 비하여 살해행위시에 가진 가해자의 살해의도를 일반적 의도(general intent)라고 한다. 따라서 집단살해죄가 성립되기 위해서는 살해행위시의 일반적 의도와 집단을 파괴하려는 특정한 의도가 모두 있어야 한다.

그런데 집단살해죄로 유죄판결을 얻기 위해서는 소추관이 이 특정한 의도를 피고인이 가지고 있었음을 입증해야 하는데 이는 매우 어려운 일로 보인다. 왜냐하면, 피고인이 집단살해의 의도를 가지고 있었음을 합리적인 의심의 여지없이(beyond reasonable doubt) 입증하기는 실제적으로 대단히 어려운 작업이기 때문이다.6) 그러나 만일 특정한 살해 등의 행위가 이렇게 엄

---

4) 집단살해죄 방지협약 서문 참조.
5) Id.
6) 로마규정 제66조 제2항은 "피고인의 유죄를 입증할 책임은 소추관에게 있다"고 하고 제3항은 "피고인을 유죄판결하기 위하여는, 재판소가 피고인의 유죄를 합리적인 의심의 여지가 없이 확신하여야 한다"고 규정하고 있다.

격한 집단살해죄의 구성요건 충족에 실패하더라도 인도에 반한 죄, 전쟁범죄 또는 통상의 살인죄로 처벌할 수 있는 가능성은 상존하고 있다.

2. 제6조에 의해 보호되는 집단

로마회의 이전의 준비회의(Preparatory Committee)에서는 집단살해죄 방지협약에 의해 보호되는 네 가지 집단(국가적, 민족적, 인종적, 종교적 집단) 이외에 "사회적 및 정치적(social and political)" 집단을 포함시키려는 논의가 있었다.[7] 그러나 로마회의에서는 "사회적 및 정치적" 집단을 제6조에 포함시키지 않기로 결정하였다. 왜냐하면, "사회적 및 정치적" 집단에 대한 보호는 로마규정 제7조상의 인도에 반한 죄를 이용하여 처리할 수 있을 것으로 판단했기 때문이다.[8] 예를 들어 로마규정 제7조 1항(아)는 "이 항에 규정된 어떠한 행위나 재판소 관할범죄와 관련하여, 정치적·인종적·국민적·민족적·문화적 및 종교적 사유, 제3항에 정의된 성별, 또는 국제법상 허용되지 않는 것으로 보편적으로 인정되는 다른 사유에 근거하여, 어떠한 동일시 될 수 있는 집단이나 집합체에 대한 박해"라고 규정함으로써, "사회적 및 정치적" 집단에 대한 박해를 인도에 반한 죄로 처벌할 수 있도록 하고 있다.

3. 전쟁시와 평화시

집단살해죄는 전쟁시는 물론 평화시에도 발생할 수 있다. 집단살해죄 방지협약 제1조는 이 점을 명확히 밝히고 있으나,[9] 로마회의시 참가국들은 이를 자명한 것으로 이해하였다.

4. 제6조에 대한 평가

로마규정 제6조는 집단살해죄 방지협약 제2조의 규정을 그대로 채택하

---

7) Draft Statute of the International Criminal Court, UN Doc. A/CONF.183/2/Add.1(1998), (이후 통합초안 또는 Draft Statute 라고 한다) 제2부, 각주 2 참조.
8) Young Sok Kim(졸고), The International Criminal Court: A Commentary of the Rome Statute, J.S.D. dissertation, University of Illinois at Urbana-Champaign, 2000, p. 78.
9) 집단살해죄 방지협약 제1조는 "체약국은 집단살해가 평시에 행하여졌든가 전시에 행하여졌든가를 불문하고 이것을 방지하고 처벌할 것을 약속하는 국제법상의 범죄임을 확인한다."고 하고 있다.

여 집단살해죄를 정의하고 있다. 우리나라는 집단살해죄 방지협약에 1950
년 이미 가입하였고, 집단살해를 비합법화하는 것은 국제법상 강행법규(jus
cogens)라고 할 수 있다.10) 또한, 집단살해죄 방지협약의 원칙들은 국제관습
법으로서, 조약상의 근거가 없이도 국가들을 구속한다고 국제사법재판소
(International Court of Justice, ICJ)가 확인한 바 있다.11) 따라서 우리나라가 로
마규정 제6조를 수락하는데 있어서 국제법적인 근거가 충분하다고 할 수
있다. 나아가 우리 헌법 제6조에 의할 때, 로마규정 제6조를 국내적으로 이
행하기 위한 국내법적 근거도 충분하다. 우리 헌법 제6조 제1항이 "헌법에
의하여 체결, 공포된 조약과 일반적으로 승인된 국제법규는 국내법과 같은
효력을 가진다"고 규정하고 있고 우리나라는 이미 집단살해죄 방지협약의 당
사국인 점과 일반적으로 승인된 국제법규 즉 국제관습법(customary international
law)의 국내법적 효력을 인정하고 있는 점 등을 고려할 때, 우리나라가 국
제조약에 충실하게 근거하고 있는 로마규정상의 집단살해죄를 국내적으로
이행하기가 어렵지 않을 것으로 보인다.

제 3 절   인도에 반한 죄

Ⅰ. 의 의

인도에 반한 죄라 함은 민간인 주민에 대한 광범위하거나 체계적인 공
격의 일부로서 그 공격에 대한 인식을 가지고 범하여진 살해, 절멸, 노예
화, 고문 등의 행위를 말한다.

인도에 반한 죄는 로마규정 제7조에서 정의하고 있다. 특히 인도에 반
한 죄를 규정한 로마규정 제7조는 인도에 반한 죄의 개념을 가장 최근의

---

10) 이한기, 국제법강의 pp. 118-120 참조. 비엔나조약법 조약 제53조에 의하면 강행법규는 어떠한
    일탈도 허용되지 않으며, 또한 사후에 발생한 동일성질의 일반 국제법규범에 의해서만 변경
    될 수 있는 규범으로서, 국제사회 전체에 의하여 수락되고 승인된 규범이라고 정의된다.
11) Reservations Case, 1951년 ICJ의 권고적 의견, p. 23 참조.

국제법을 반영하여 권위 있게 정의하고 있다고 할 수 있다. 한 국제법학자는 인도에 반한 죄의 개념에 관한 권위 있는 정의가 부족하였으나 로마규정이 이 부족함을 채우게 되었다고 평가하였다.12)

II. 인도에 반한 죄에 대한 개념의 역사적 발전

1. 제2차 세계대전 이전의 발전

바시우니(M. Cherif Bassiouni) 교수는 인도에 반한 죄의 개념은 1907년 헤이그 육전법규 협약13)의 서문14)에서 발견되는 "인도주의 법에 반한 범죄(crimes against the laws of humanity)"에서 유래한다고 주장한다.15) 제1차 세계대전 후, 1919년 승전국은 전쟁범죄를 조사하기 위한 위원회(Commission on the Responsibility of the Authors of the War and on Enforcement of Penalties)를 설립하였고, 이 위원회는 1915년경 터키가 아르메니아인들을 살해한 것이 "인도주의 법에 반한 범죄"를 구성한다고 보고하였다.16) 그러나 미국과 일본은 이 보고서의 이러한 개념과 보고서의 내용에 반대하였다.17) 즉, 18인의 위원으로 구성된 이 위원회의 구성원 중 2인의 미국위원은 "인도주의 법(laws of

---

12) Menno T. Kamminga, "Lessons Learned from the Exercise of Universal Jurisdiction in Respect of Gross Human Rights Offenses", *Human Rights Quarterly*, Vol. 23, No. 4, 2001, p. 946.

13) Convention Respecting the Laws and Customs of War on Land, 1907년 10월 18일 채택, 1910년 1월 26일 발효. 이 협약의 전문은 *American Journal of International Law*, Vol. 2, 1908, p. 90 참조.

14) 이 서문을 원문 인용하면 다음과 같다. "Until a more complete code of laws of war can be drawn up, the high contracting parties deem it expedient to declare that, in cases not covered by the rules adopted by them, the inhabitants and the belligerents remain under the protection and governance of the general principles of the law of nations, derived from the usages established among civilized peoples, from the laws of humanity, and from the dictates of the public consciences." 이 서문은 국제법상 허용이론(permissive theory)을 의미하는 소위 마르텐스 조항(Martens Clause)의 예로서도 유명하다. 즉 이 서문은 실정국제법상 금지되지 않은 새로운 무기를 사용하려는 국가는 무제한적으로 자유롭게 사용할 수 있는 것이 아니라, 새로운 무기가 기존의 국제인도법에 부합하는 것을 정당화할 입증책임이 있다는 원칙의 구체적 예인 것이다. 이에 반하여 PCIJ에 의해 1927년 결정된 로터스호(S. S. Lotus) 사건에서 설명된 금지이론(prohibitive theory)은 국제법상 특별히 금지되지 않은 것은 허용된 것으로 추정된다는 원칙이다.

15) M. Cherif Bassiouni, "The Normative Framework of International Humanitarian Law", in M. Cherif Bassiouni(ed.), *International Criminal Law*(Transnational Publishers, 1999), p. 620.

16) Id.

17) Id.

humanity)"의 개념이 "사법재판소에 의해 처벌될 대상이 아니라 오히려 고정되고 보편적인 기준이 없는 '도덕적 법(moral law)'의 문제"라고 하면서 이에 반대하였다.18) 터키 정부에 대해 인도주의 법에 반한 범죄를 저지른 자들을 승전국에 인도할 것을 요구한 1919년의 세브르 조약(Treaty of Sevre)은 비준되지 않았고, 1923년의 로잔 조약(Treaty of Lausanne)은 이러한 범죄자를 인도하도록 한 조항을 삭제하고 추가의정서를 채택함으로써 터키의 범죄자들에게 모두 사면조치를 내렸다.19) 이를 통해 볼 때, 그 당시까지는 인도에 반한 죄의 개념에 대한 국제사회의 관행(practice)과 법적 확신(opinio juris)이 모두 부족하였다고 평가된다.

2. 제2차 세계대전 이후의 발전

그러나 독일의 유대인에 대한 학살과 참혹한 박해는 연합국들에게 인도에 반한 죄의 개념을 다시 고려하게 하였다. 1943년 영국, 미국, 소련 정부는 "독일의 만행에 대한 선언(Declaration on German Atrocities)"을 통해 모스크바에서 만행에 책임이 있는 독일 관리들과 나치 당원을 처벌할 것임을 선언하였다.20) 모스크바 선언에 따라, 미국, 영국, 프랑스, 소련 정부는 1945년 8월 8일 런던에서 런던협정에 서명하였고, 이 런던협정의 불가분의 일체를 이루는 부속서로서 국제군사재판소 헌장(The Charter of the International Military Tribunal), 즉 뉘른베르그 헌장(Nuremberg Charter)이 채택되었다.21) 이 뉘른베르그 헌장 제6조(c)는 인도에 반한 죄(crimes against humanity)를 다음과 같이 규정하였다.

(c) 인도에 반한 죄: 즉 전쟁 전 또는 전쟁동안 민간인에 대해 행해진 살해, 절멸, 노예화, 추방, 그리고 다른 비인도적 행위; 또는 행위지 국내법 위반 여부와 관계없이, 재판소관할권내의 어떠한 범죄와 관련하여 또는 그 실행 과정 중의 정치적, 인종적 또는 종교적 사유에 의한 박해

---

18) Steven R. Ratner & Jason S. Abrams, Accountability for Human Rights Atrocities in International Law, p. 47(2001)와 American Journal of International Law, Vol. 14, p. 115(1920) 참조.

19) M. Cherif Bassiouni. supra note 15, pp. 620-621.

20) Young Sok Kim, supra note 8, p.10.

21) Id. pp. 10-11.

이 규정은 인도에 반한 죄로서 "전쟁 전 또는 전쟁동안 민간인에 대해 행해진" 살해 등을 규정하고 있어, 인도에 반한 죄는 기본적으로 전쟁과 관련된 것으로서 상정하고 있었다. 뉘른베르그 헌장과 그에 따른 뉘른베르그 재판과 동경재판의 판결에서 나타난 국제법원칙들은 그 후 1946년 12월 11일 UN 총회결의 95(I)에서 만장일치로 승인되었다.[22) 이때부터, 뉘른베르그 원칙은 침략범죄, 인도에 반한 죄, 전쟁범죄를 범한 개인의 형사책임을 인정하는 국제관습법을 권위적으로 표현한 것으로 일반적으로 간주되었다.[23)

그 후, 1950년 국제법위원회(International Law Commission, ILC)는 인도에 반한 죄의 개념에서 전쟁관련성을 제외시켰다.[24) 그러나 1993년의 구유고전범재판소(ICTY) 규정 제5조는 인도에 반한 죄를 규정하면서 전쟁과의 관련성을 필요한 것으로 규정하고 있다.[25) 뉘른베르그 헌장 제6조(c)와 비교할 때, 차이점은 "국제적이든 또는 국내적 성격이든"이라는 표현을 사용함으로써 인도에 반한 죄의 성립에 필요한 무력충돌 상황을 "국제적 무력충돌"뿐만 아니라 "국내적 무력충돌"도 포함하고 있다는 점이다. 그런데, 1994년의 르완다재판소 규정은 제3조에서 인도에 반한 죄와 무력충돌과의 관련성 요건을 다시 제외시켰다.[26) 이러한 차이에 대해, ICTY는 판례를 통해 인도

---

22) Francis A. Boyle, *Defending Civil Resistance under International Law*(Transnational publisher, 1987), p. 62.

23) Id.

24) M. Cherif Bassiouni, supra note 15, p. 621.

25) Statute of the International Tribunal, UN Doc. S/25704(3 May 1993), 제5조. 제5조를 원문 인용하면 다음과 같다.

Article 5
Crimes against Humanity

The International Tribunal shall have the power to prosecute persons responsible for the following crimes when committed in armed conflict, whether international or internal in character, and directed against any civilian population: (a) murder; (b) extermination; (c) enslavement; (d) deportation; (e) imprisonment; (f) torture; (g) rape; (h) persecutions on political, racial and religious grounds; (i) other inhumane acts.

26) UN Security Council Resolution 955, Establishing the International Tribunal for Rwanda, 1994. 11. 8. 채택. U.N. Doc. S/RES/955(1994). 제3조를 원문인용하면 다음과 같다.

The International Tribunal for Rwanda shall have the power to prosecute persons responsible for the following crimes when committed as part of a widespread or systematic attack against any civilian population on national, political, ethnic, racial, or religious grounds: (a) Murder; (b) Extermination; (c) Enslavement; (d) Deportation; (e) Imprisonment; (f) Torture; (g) Rape; (h) Persecutions on political, racial and religious grounds; (i) Other inhumane acts.

에 반한 죄는 전쟁관련성을 더 이상 요구하지 않는 것이 국제관습법이나, ICTY 규정은 이러한 국제관습법에서 벗어나서 UN안전보장이사회가 전쟁관련성 요건을 다시 도입함으로써 국제관습법보다 ICTY의 관할대상인 인도에 반한 죄의 범위를 더 축소시키려한 것이라고 판시하고 있다.[27)]

한편, 뉘른베르그 헌장과 ICTY 규정 및 ICTR 규정을 비교할 때, 한 가지 더 언급할 것은 강간(rape)죄가 뉘른베르그 헌장상의 인도에 반한 죄에는 명시되지 않았으나 ICTY 규정과 ICTR 규정상의 인도에 반한 죄에는 명시되어 있다는 점이다. 물론, 뉘른베르그 헌장상의 규정으로도 명시는 되어 있지 않으나 강간을 범한 자를 인도에 반한 죄로서 처벌하는 것은 가능하다. 왜냐하면, 다른 뉘른베르그 헌장 제6조(c)의 "다른 비인도적 행위"라는 표현에는 강간도 포함될 수 있기 때문이다. 그러나 ICTY 규정과 ICTR 규정처럼 "강간"을 인도에 반한 죄로 처벌할 수 있도록 명시한 것은 죄형법정주의 원칙하의 명확성의 원칙이나 범죄의 사전 예방적 측면에서도 바람직한 것으로 판단된다.

Ⅲ. 국제형사재판소규정상의 인도에 반한 죄의 정의

1. 제7조 1항 총칙(Chapeau)에 관한 논의

1998년 6월 17일 로마회의 전체위원회(Committee of the Whole)회의에서 참석한 모든 국가들은 예외 없이 인도에 반한 죄가 ICC의 관할대상범죄가 되어야 한다는데 찬성하였다. 그러나 인도에 반한 죄를 어떻게 정의할 것인가에 대해서는 논쟁이 있었다. 많은 논의와 타협의 결과 인도에 반한 죄를 정의하고 있는 제7조가 채택되었다. 제7조는 세 개의 항으로 나누어지는 데, 1항은 인도에 반한 죄에 대한 총칙부분과 동 범죄를 구성할 수 있는 살해 등의 행위를 규정하고 있다. 2항은 1항에 대한 보충적인 설명규정이며 3항은 "성(gender)"에 관한 정의규정이다. 먼저 로마규정 제7조 1항은

27) Prosecutor v. Dusko Tadic, Case No. IT-94-1-T(1997년 5월 7일)(이하 Tadic 사건 판결이라 한다), 627항. 또한, M. Cherif Bassiouni, supra note 15, p. 623 참조.

다음과 같다.

1. 이 규정의 목적상, "인도에 반한 죄"라 함은 민간인 주민에 대한 광범위하거나 체계적인 공격의 일부로서 그 공격에 대한 인식을 가지고 범하여진 다음의 행위를 말한다.
   가. 살해
   나. 절멸
   다. 노예화
   라. 주민의 추방 또는 강제이주
   마. 국제법의 근본규칙을 위반한 구금 또는 신체적 자유의 다른 심각한 박탈
   바. 고문
   사. 강간, 성적 노예화, 강제매춘, 강제임신, 강제불임, 또는 이에 상당하는 기타 중대한 성폭력
   아. 이 항에 규정된 어떠한 행위나 재판소 관할권범죄와 관련하여, 정치적, 인종적, 국민적, 민족적, 문화적 및 종교적 사유, 제3항에 정의된 성별 또는 국제법상 허용되지 않는 것으로 보편적으로 인정되는 다른 사유에 근거하여, 어떠한 동일시되는 집단이나 집합체에 대한 박해
   자. 사람들의 강제실종
   차. 인종차별범죄
   카. 신체 또는 정신적·육체적 건강에 대하여 중대한 고통이나 심각한 피해를 고의적으로 야기하는 유사한 성격의 다른 비인도적 행위

그런데 로마회의에서는 위 1항의 총칙(chapeau)에 관해 여러 가지 국가들 간에 의견의 대립을 보였고 이는 인도에 반한 죄의 개념을 명확히 하는 계기가 되었다. 다음에서 이들 주요한 의견대립의 쟁점을 살펴보고자 한다.

(1) "광범위한 또는 체계적인" 이라는 기준

로마회의시 논의의 기초가 되었던 통합초안에는 두 개의 대안(option)이 있었다. 첫 번째 대안은 인도에 반한 죄가 성립되기 위한 요건을 적게 요구하고 있는 반면 두 번째 대안은 보다 많은 요건을 규정하였다.[28] 대다수 국가들이 첫 번째 대안을 선호하였다. 특히 우리나라를 비롯하여 그리스, 덴마크 등 다수 국가들이 대안 중에 포함된 문구 중 "광범위한 또는 체계적인"이라는 문구를 선호하였다. 이는 살해 등 관련 공격행위들이 체계적으로 또는 광범위하게 행해졌다면 인도에 반한 죄가 성립될 수 있다는 의

---

[28] The Draft Statute, pp. 25-26.

미가 되며, 따라서 인도에 반한 죄의 범위를 넓게 정의하는 것이었다. 반면, 영국, 일본, 러시아 등은 보다 엄격한 기준인 "광범위한 그리고 체계적인"이라는 문구를 선호하였다. 이는 관련 공격행위가 광범위하고 체계적이어야만 인도에 반한 죄가 성립될 수 있다는 의미였다. 양측의 대립은 결국 다음에서 논의할 "민간인(civilian)"이라는 문구의 유지여부 등의 쟁점과 함께 타협안으로서 "민간인에 대한 광범위한 또는 체계적인 공격"이라는 문구를 채택하는 것으로 결정되었다.

(2) 민간인에 대한 공격

통합초안의 두 번째 대안에는 인도에 반한 죄가 성립되기 위해서는 "민간인 주민(civilian population)"에 대한 공격의 일부로서 살해 등 관련 행위가 행해져야 한다고 요구하였다. 이에 대해 프랑스 등 다수 국가는 민간인이라는 표현이 인도에 반한 죄와 무력충돌상황의 연관성을 요구하는 것으로 간주될 수 있다고 주장하면서 민간인(civilian)이라는 문구를 삭제할 것을 요구하였다. 그러나 러시아, 중국 등은 민간인이라는 문구를 유지할 것을 주장하였다. 이에 따라 앞에서 언급한대로 타협안으로서 현재의 '민간인에 대한 광범위한 또는 체계적인 공격'이라는 표현이 채택되었다. 그러나 이러한 표현이 참가국 대표들에 의해 인도에 반한 죄와 무력충돌간에 어떠한 연관성을 인정된 것을 의미하는 것은 아니었다. 또한, ICTY 규정 제5조가 인도에 반한 죄가 되기 위해서는 금지된 관련 행위들이 민간인에 대해서 행해지고 무력충돌 중에 행해져야 한다고 규정하고 있으나, 구유고전범재판소(ICTY)는 판례에서 "국제관습법은 더 이상 인도에 반한 죄와 무력충돌간의 어떠한 연관성도 인정하지 않는다"고 명백히 선언하였다.[29] 그러므로, 로마규정 제7조 1항이 민간인에 대한 공격이라는 표현을 사용한 것이 인도에 반한 죄와 무력충돌과의 연관성을 인정한 것이라고 볼 수는 없다.

또한 "민간인에 대한 공격"의 개념을 명확히 하기 위해 로마규정 제7조 2항 가호를 규정하였다. 동 항은 "가. '민간인 주민에 대한 공격'이라 함은

---

29) Tadic 사건판결, 627항.

그러한 공격을 행하려는 국가나 조직의 정책에 따르거나 이를 조장하기 위하여 민간인 주민에 대하여 제1항에 규정된 행위를 다수 범하는 것에 관련된 일련의 행위를 말한다."고 규정하고 있다. 여기에서 유의해야 할 점은 인도에 반한 죄가 국가(state)의 정책에 의해 또는 국가의 정책을 조장하기 위해 이루어질 뿐만 아니라 조직(organization)의 정책에 의해 또는 조직의 정책을 조장하기 위해 이루어진 민간인에 대한 공격의 일부로서 범해질 수 있다는 점이다. "조직"이라는 문구는 로마회의시 테러조직 또는 반란이나 분리운동 조직을 포함시키려는 의도로 추가되었다.30) 따라서 테러조직의 정책을 수행하기 위한 일련의 살해 등의 행위는 "민간인 주민에 대한 공격"을 구성하고 이러한 공격이 체계적이거나 광범위한 것인 경우, 이를 인지하고서 살해 등을 행한 개인은 인도에 반한 죄를 범한 것이 될 수 있을 것이다.

(3) 무력충돌과의 관련성

로마회의에서도 인도에 반한 죄가 성립하기 위해서는 당해 행위가 무력충돌과 관련되어야 하는 가의 쟁점이 다투어 졌다. 중국은 관련 행위가 "무력충돌시(in armed conflict)"에 행해져야 한다고 주장하다가, 많은 반대에 부딪히자 "무력충돌과 관련하여(which is related to armed conflict)"라는 수정제안을 제출했으나 이 역시 받아들여지지 않았다. 이는 다시 말하면, ICC 규정의 기초자들은 인도에 반한 죄와 무력충돌과의 관련성을 부인하려는 의도를 가지고 있었음을 보여준다. 따라서 인도에 반한 죄와 무력충돌과는 관련이 없으며, 인도에 반한 죄는 평화시이건, 내전시이건, 국제전시이건 어느 때든지 발생할 수 있고 이러한 범죄를 저지른 자는 처벌될 수 있다는 것을 의미한다고 보아야 할 것이다.

---

30) Mahnoush H. Arsanjani, The Rome of the International Criminal Court, *American Journal of International Law*, Vol. 93, No. 1, 1999, p. 31.

(4) "대량으로 행해진(committed on a massive scale)"의 요건

통합초안에는 인도에 반한 죄가 성립하기 위해서는 당해 살인 등의 행위가 대량으로 행해져야 한다는 요건이 두 번째 대안의 선택사항으로 있었다.31) 로마회의에 참가한 국가들은 이 요건을 삭제하는데 합의하여 이 요건은 삭제되었다. 이는 인도에 반한 죄가 하나의 범죄(single crime)가 광범위하거나 또는 체계적인 공격의 일부로서 행해졌을 때는 인도에 반한 죄가 될 수 있음을 의미한다. 이러한 내용은 ICTY의 판결을 통해서도 유지된다. ICTY는 "분명히, 민간인에 대한 광범위하거나 체계적인 공격의 맥락에서 가해자가 행한 하나의 행위(single act)도 개인의 형사책임을 수반하며 범죄자 개인은 다수의 범죄를 범해야만 처벌되는 것이 아니다"32)라고 하고 있다.

2. 인도에 반한 죄를 구성할 수 있는 행위

(1) 살 해(murder)

로마회의시 "살해"가 인도에 반한 죄를 구성할 수 있는 행위임에 대해 반대한 국가는 없었다. 살해는 또한 뉘른베르그 헌장과 ICTY 규정 및 ICTR 규정에 모두 규정되어 있다. 2000년 6월 30일 ICC 설립준비위원회(Preparatory Commission)가 로마규정 제9조에 근거하여 채택한 범죄구성요건 초안은 다음과 같이 살해에 의한 인도에 반한 죄의 구성요건을 규정하고 있다.

요건
1. 가해자가 한사람 또는 다수의 사람을 죽였다.
2. 상기 행위가 민간인에 대한 광범위하거나 체계적인 공격의 일부로서 행해졌다.
3. 가해자가 상기 행위가 민간인에 대한 광범위하거나 체계적인 공격의 일부임을 알았거나 일부가 될 것을 의도하였다.33)

(2) 절 멸(extermination)

절멸은 뉘른베르그 헌장과 ICTY규정, ICTR규정에 모두 포함되어 있으

---

31) The Draft Statute, p. 26.
32) Tadic 사건, 649항.
33) 범죄구성요건초안, UN.Doc. PCNICC/2000/1/Add.2 (2000. 11. 2), p. 9.

며, 로마회의시 절멸이 인도에 반한 죄를 구성하는 행위임에 대해 반대한 국가는 없었다. 로마규정 제7조 2항 (나)는 절멸에 대해 "나. '절멸'이라 함은 주민의 일부를 말살하기 위하여 계산된, 식량과 의약품에 대한 접근 박탈과 같이 생활조건에 대한 고의적 타격을 말한다"고 규정하고 있다. 절멸과 살해의 차이점은 절멸이 개인들의 집단을 겨냥하고 있고 대량파괴와 관련될 것을 요구하나, 살해는 이러한 측면이 없다는 점이다.34) 절멸의 예로서는 일정한 수용시설에 사람들을 구금하고 식량을 주지 않음으로써 사망하게 하는 것을 들 수 있다. 이러한 경우, 비록 실제로 사람들이 사망하지 않았더라도, 사람들을 구금하고 식량에 대한 접근을 박탈하는 것 자체로 절멸의 구성요건은 성립할 수 있을 것이다. 또한, 절멸과 집단살해의 차이점은 절멸의 대상이 되는 집단은 특정한 정치적, 종교적, 인종적인 공통점을 가지고 있지 않지만, 집단살해는 이러한 공통점을 가지고 있다는 점이다.35) 따라서 예를 들어 절멸은 일정지역의 개인집단이 특정집단에 소속되어 있는지 여부에 관계없이 모두 죽거나 말살 당하는 경우에 성립될 수 있으나, 집단살해는 일정한 지역의 대량살해의 상황에서도 특정 집단의 구성원은 살해당하고 그렇지 않은 개인은 생존하는 경우에 성립될 수 있다는 점에서 양 개념 간에 차이가 있을 수 있다.

(3) 노예화(enslavement)

노예화도 인도에 반한 죄를 구성한다는 데에 로마회의 참가국들간에 이견이 없었다. 노예화는 뉘른베르그 헌장과 ICTY 규정 및 ICTR 규정에 인도에 반한 죄를 구성하는 행위로 포함되어있다. 로마규정 제7조 2항(다)는 노예화에 대해 "'노예화'라 함은 사람에 대하여 소유권에 부속된 어떠한 또는 모든 권한을 행사하는 것을 말하며, 사람, 특히 여성과 아동을 거래하는 과정에서 그러한 권한을 행사하는 것을 포함한다"고 규정하고 있다. 노예화에는 강제노역(forced labor)이나 또는 1956년 노예제, 노예무역과 노예제에

---

34) Christopher K. Hall, "Crimes against humanity", Otto Triffterer (ed.), *Commentary on the Rome Statute of the International Criminal Court*(Nomos, 1999), p. 131.

35) Id.

유사한 제도와 관습폐지에 관한 보충협약에 정의된 노예적 지위(servile status)에 처하게 하는 것이 포함된다.36) 또한 노예화에는 사람들, 특히 여성과 아동의 교역을 포함하는 것으로 이해된다.37)

(4) 주민의 추방 또는 강제적 이동(deportation or forcible transfer of population)

뉘른베르그 헌장과 ICTY 규정 및 ICTR 규정은 모두 추방(deportation)을 인도에 반한 죄를 구성하는 범죄로 규정하고 있다. 로마규정 제7조 2항(라)는 "'주민의 추방 또는 강제이주'라 함은, 국제법상 허용되는 근거없이 주민을 추방하거나 또는 다른 강요적 행위에 의하여 그들이 합법적으로 거주하는 지역으로부터 강제적으로 퇴거시키는 것을 말한다"고 규정한다. 추방은 한 국가에서 다른 국가로 사람을 강제로 이동시키는 것인 반면 주민의 강제이주(transfer)는 한 국가내에서 주민을 한 지역에서 다른 지역으로 강제이동시키는 것을 의미한다.38)

(5) 국제법의 근본규칙을 위반한 구금 또는 기타 신체적 자유의 중대한 박탈(imprisonment or other severe deprivation of physical liberty)

구금(imprisonment)은 제2차 세계대전 후 승전연합국의 통치이사회 법 제10호(Control Council Law No.10)의 제2조, ICTY 규정 및 ICTR 규정에 인도에 반한 죄를 구성하는 범죄로 규정되어 있다. 이 조항의 "국제법의 근본규칙"에는 조약과 국제관습법뿐만 아니라 법의 일반원칙도 포함되는 것으로 보아야 한다.39)

(6) 고 문(torture)

고문이 인도에 반한 죄를 구성하는 범죄로 규정되는데 로마회의시 반대하는 참가국은 없었다. 고문은 ICTY 규정과 ICTR 규정에 인도에 반한 죄

---

36) 범죄구성요건초안, p. 10.
37) Id.
38) Otto Triffterer, supra note 34, p. 134.
39) Id. p. 138.

를 구성하는 행위로 명시되어 있다. 로마규정 제7조 2항(마)는 고문에 관해 "마. '고문'이라 함은 자신의 구금하에 있거나 통제하에 있는 자에게 고의적으로 신체적 또는 정신적으로 고통이나 괴로움을 가하는 것을 말한다. 다만, 오로지 합법적 제재로부터 발생하거나, 이에 내재되어 있거나 또는 이에 부수하는 고통이나 괴로움은 포함되지 아니한다"고 규정하고 있다. 고문과 관련하여, ICC 설립준비위 회의시 쟁점 중 중요한 것은 고문의 범죄구성요건으로서 소위 "목적요건(purpose element)"이 필요한지 여부였다. 다시 말하면, 고문이 성립하기 위해서는 가해자가 정보나 자백을 얻기 위한 목적으로 고통을 가했다는 요건이 필요한지 여부의 문제이다. 이 요건이 필요하다면 정보나 자백을 얻기 위한 목적이 없이 가해자가 피해자에게 고통을 가했다면 고문이 성립되지 않는다. 많은 국가들이 준비위에서 이러한 목적요건이 필요하다고 주장하였다. 그 이유는 로마규정 제8조의 전쟁범죄를 구성하는 고문에는 목적요건이 필요하며, "고문방지협약" 중의 고문에 대한 정의규정도 목적요건을 포함하고 있다는 것이었다.[40] 그러나 다른 많은 국가들은 목적요건을 포함시키지 않아야 한다고 주장하였다. 그 이유는 로마규정 제7조 자체가 일부러 목적요건을 규정하지 않았고, 따라서 로마규정에 충실하기 위해서는 목적요건을 요구하지 않아야 한다는 것이었다.[41] 논의 결과, 범죄구성요건에는 목적요건을 포함시키지 않았다. 이는 고문에 의한 인도에 반한 죄가 정보획득이나 자백을 강요하기 위한 목적이 아닌 경우에도 성립할 수 있음을 의미한다.

(7) 강간 등 성범죄

로마규정 제7조 1항(사)는 "강간, 성적 노예화, 강제매춘, 강제임신, 강제불임, 또는 이에 상당하는 기타 중대한 성폭력"을 인도에 반한 죄를 구성하는 행위로 규정하고 있다. 강간은 위에서 본 것처럼 ICTY 규정과 ICTR 규정에 인도에 반한 죄를 구성하는 행위로 새롭게 명시되었다. 로마규정은

---

40) Convention against Torture and Other Cruel, Inhuman or Degrading Treatment or Punishment (1984. 12. 10), 제1조.

41) Young Sok Kim, supra note 8, p. 94.

이에 더하여 성적 노예화(sexual slavery), 강제매춘(enforced prostitution), 강제임신(forced pregnancy), 강제불임(enforced sterilization), 기타 성폭력(sexual violence)을 인도에 반하는 죄의 구성행위로 규정하고 있다. 이는 제2차 세계대전 동안 대부분이 우리나라 여성이었던 약 20만 명의 군대위안부여성들을 성적 노예화한 일본군의 만행42)과 구유고전쟁 동안 약 3만 명의 보스니아 여성들이 강제임신과 강간의 희생자가 된 역사적 경험43)을 반영하고자 한 것이다. 로마규정 제7조 2항(바)는 "바. '강제임신'이라 함은 주민의 민족적 구성에 영향을 미치거나 또는 국제법의 다른 중대한 위반을 실행할 의도로 강제적으로 임신시킨 여성의 불법적 감금을 말한다. 이러한 정의는 임신과 관련된 각국의 국내법에 어떠한 영향을 미치는 것으로 해석되지 아니한다"고 규정하고 있다. 이들 성범죄에 의한 인도에 반한 죄에 대해서 범죄구성요건이 상세하게 규정하고 있다.44)

(8) 박 해(persecution)

박해는 뉘른베르그 헌장과 ICTY 규정 제5조 및 ICTR 규정 제3조에 규정되어 있는 인도에 반한 죄를 구성할 수 있는 행위이다. 그런데, 로마규정 제7조 1항(아)가 "이 항에 규정된 어떠한 행위 또는 재판소관할권내의 어떠한 범죄와 관련하여"라고 규정하고 있듯이, 박해는 별도의 항으로 규정은 되어 있으나 제7조 1항에 규정된 살해 등의 다른 행위나 ICC 관할범죄인 집단살해죄 등과 관련하여 가해져야 하는 것임을 유의해야 한다. 또한, "국제법상 허용되지 않는 것으로 보편적으로 인정되는(universally recognized) 다른 사유"는 국제법상 허용되지 않는 것으로 널리 인정되는(widely recognized) 다른 사유로 이해된다.45) 한편, 집단살해죄가 "국민적, 민족적, 인종적, 종교적" 사유에 의한 살해 등을 의미하나, 이 항의 박해는 "정치적, 인종적, 국

---

42) Final Report of the Social Rapporteur of the Working Group on Contemporary Forms of Slavery, on Systematic Rape, Sexual Slavery and Slavery-like Practices during armed conflict, UN Doc. E/CN.4/Sub.2/1998/13.22.06.98 참조.

43) Young Sok Kim, supra note 8, p. 171.

44) 범죄구성요건 pp. 12-15 참조.

45) Otto Triffterer, supra note 34, p. 150.

민적, 민족적, 문화적, 종교적 사유, 제3항에 정의된 성별 또는 기타 사유"에 근거하여 가해진 박해로서 그 관련 사유가 집단살해죄의 경우보다 넓다. 로마규정 제7조 2항(사)는 "'박해'라 함은 집단 또는 집합체의 동일성을 이유로 국제법에 반하는 기본권의 의도적이고 심각한 박탈을 말한다"고 규정함으로써, 박해는 기본적으로 가해자가 상기 사유에 근거하여 피해자의 기본적인 권리(fundamental rights)를 중대하게 박탈하는 것을 의미한다.46)

(9) 강제 실종(enforced disappearance of persons)

사람의 강제실종은 로마규정에서 인도에 반한 죄로서 규정되었다. 강제실종의 대표적인 예는 칠레의 피노체트 군사정권 등에서 정적이나 저항운동을 하는 사람들을 체포하거나 구금 또는 납치한 후, 그 사람들의 운명이나 소재를 가족들에게 알려주지 않는 행위 등을 들 수 있다. 그 당시 실종된 사람들은 아직까지도 그 생사가 불명인 경우가 많다. 뉘른베르그 헌장, ICTY 규정, ICTR 규정에는 인도에 반하는 범죄를 구성하는 행위로서 강제실종을 규정하지 않고 있다. 그러나 강제실종이 인도에 반한 죄를 구성한다는 것은 미주기구(Organization of American States),47) UN 총회,48) 유럽의회(European Parliament)49)와 국내입법례50)를 통해 승인된 바 있다. 로마회의시 우리나라, 네델란드, 스웨덴, 칠레 등 다수국가들이 강제실종을 인도에 반한 죄를 구성하는 행위로 포함시켜야 한다고 주장하였다. 로마규정 제7조 2항 (자)는 강제실종을 "자. '사람들의 강제실종'이라 함은 국가 또는 정치조직에 의하여 또는 이들의 허가·지원 또는 묵인을 받아 사람들의 체포·구금 또는 유괴한 후, 그들을 법의 보호로부터 장기간 배제시키려는 의도하에 그러한 자유의 박탈을 인정하기를 거절하거나 또는 그들의 운명이나 행방에 대한 정보의 제공을 거절하는 것을 말한다"고 정의하고 있다.

---

46) 범죄구성요건 p. 15.
47) Inter-American Convention on the Forced Disappearance of Persons, 서문 제6항(1994. 6. 9.) 참조
48) Declaration on the Protection of All Persons from Enforced Disappearance, UNGA Res 47/133, 서문 제4항 참조(1992. 12. 18. 채택).
49) Resolution 828/84, Parliamentary Assembly of the Council of Europe 참조
50) 1992년 프랑스의 Nouveau Code Penal, 제212-1조 참조.

(10) 인종차별(apartheid)

로마회의시, 남아프리카 공화국 등 다수 국가는 인종차별행위를 인도에 반한 죄를 구성하는 행위로 포함시키자는 서면 제안을 제출하였다.51) 이 제안에 대해 많은 국가가 지지를 함으로써 인종차별행위는 인도에 반한 죄를 구성하는 행위로 로마규정에 포함되게 되었다. 인종차별행위는 1973년의 인종차별범죄의 진압과 처벌에 관한 국제협약(인종격리에 관한 협약)에 의해 인도에 반한 죄로서 선언되었다.52) 로마규정 제7조 2항(아)는 "아. '인종차별범죄'라 함은 한 인종집단의 다른 인종집단에 대한 조직적 억압과 지배의 제도화된 체제의 맥락에서 그러한 체제를 유지시킬 의도로 범하여진, 제1항에서 언급된 행위들과 유사한 성격의 비인도적인 행위를 말한다."고 정의하고 있다. 인종차별행위는 뉘른베르그 헌장, ICTY 규정, ICTR 규정에 인도에 반한 죄를 구성하는 행위로 포함되어 있지 않으나, 인종차별에 관한 협약이나 그동안의 UN 총회의 규탄선언,53) 로마회의시 참가국가들의 발언 및 지지 등을 고려할 때, 인도에 반한 죄를 구성하는 행위로 보아도 무방할 것이다.

(11) 다른 비인도적 행위

로마규정 제7조 1항(카)는 다른 비인도적 행위를 인도에 반한 죄를 구성하는 행위로 규정하고 있다. 이는 제7조 1항의 다른 세부 항목에서 규정한 행위에 해당하지 않는 비인도적 행위를 범한 자를 처벌할 수 있도록 하기 위해 규정한 조항이다. 왜냐하면, 인도에 반한 죄를 구성하는 모든 행위를 열거하기는 불가능하기 때문이다. 뉘른베르그 헌장이나 ICTY 규정, ICTR 규정도 모두 이와 유사한 조항을 포함하고 있다.

---

51) 이 서면 제안은 UN Doc. A/CONF.183/C.1/L.12(22 June 1998)으로 제출되었다.

52) The International Convention on the Suppression and Punishment of the Crime of Apartheid, 제1조 참조(1973. 11. 30. 채택).

53) UN 총회 결의 2054(xx), UN Doc. A/6014(1965. 12. 15.).

3. 제7조 3항 관련 논의

로마규정 제7조 3항은 "이 규정의 목적상, '성별'이라는 용어는 사회적 상황에서 남성과 여성의 양성을 지칭하는 것으로 이해된다. '성별'이라는 용어는 위와 다른 어떠한 의미도 표시하지 아니한다"고 규정하고 있다. 이 조항은 "성별(gender)"의 의미를 명확히 하기 위하여 로마회의시 추가되었다. 일부 참가대표단은 "성별"이라는 용어를 정의할 필요 없이 사용하자고 주장하였으나, 다른 국가들은 그 용어가 단순히 생물학적 의미의 남성과 여성임을 의미한다고 명시하는 것이 바람직하다고 주장하였다. 따라서 로마회의시 제7조 3항이 새롭게 추가되어 로마규정에서는 "성별"이라는 용어를 남성과 여성이라는 두 가지 성을 의미하는 것으로서 정의하게 되었다.

제 4 절 전쟁범죄

I. 의 의

전쟁범죄라 함은 1949년 제네바 4개 협약의 규정하에 보호되는 사람을 고의적으로 살해하는 등 제네바 협약의 중대한 위반과 기타 국제적 무력충돌에 적용되는 법과 관습에 대한 중대한 위반, 제네바 4개 협약 공통 제3조의 중대한 위반과 기타 비국제적 성격의 무력충돌에 적용되는 법과 관습에 대한 중대한 위반행위를 말한다.

전쟁범죄는 로마회의 당시 가장 어려운 쟁점중의 하나였다. 특히 어려운 문제는 제네바협약의 제2추가의정서(Protocol II additional to the Geneva Conven-tion)에서 금지한 행위들을 전쟁범죄로 규정할 것인지와 관련하여 비국제적 무력충돌에서도 국제적 무력충돌시에 적용되는 금지행위 규정들이 적용되는지의 문제, 핵무기의 사용금지문제, 아동의 징집문제 등이었다.54)

---

54) Mahnoush H. Arsanjani, supra note 30, p. 24.

이외에도 강간 등 성범죄의 전쟁범죄화 문제 등이 어려운 쟁점이었다.

　　이 글에서는 필자의 회의 참가 경험을 기초로 첫째, 국제형사재판소 규정상의 전쟁범죄에 관해 로마규정 제8조의 전체적인 체계, 제8조에 나타난 전쟁범죄의 정의와 기존의 국제인도법관련 조약규정의 관련성, 핵무기의 사용문제 등 전쟁범죄의 정의규정을 살펴보고, 둘째로, 경과규정 등 전쟁범죄의 적용을 위한 관련규정을 중심으로 논의해 보고자 한다.

Ⅱ. 국제형사재판소의 관할에 속하는 전쟁범죄의 정의

1. 로마규정 제8조의 구성과 비국제적 무력충돌시의 전쟁범죄

　　로마규정 제8조는 국제적 무력충돌시와 비국제적 무력충돌시에 발생 가능한 전쟁범죄를 열거하고 있는 세부 조항으로 구성되어있다. 이와 관련하여 로마회의에 참가한 각국 대표단은 비국제적 무력충돌시 적용 가능한 대표적인 조약규정으로 제네바 4개 협약의 공통된 3조(common article 3)와 제네바 협약의 제2추가의정서를 기초로 토의를 진행하였다. 이들 조약규정은 통합초안에 대안(option)으로서 반영되어 있었다. 공통된 3조에 의해 금지된 행위들에 대해서는 각국 대표 사이에 이들 금지행위를 전쟁범죄로 포함시키는 데 이견이 거의 없었다. 그러나 이 제2추가의정서에 대해 일부국가는 국제관습법상 승인된 전쟁범죄만을 로마규정에 포함시켜야 한다고 주장하였다. 즉 이들 국가는 1949년 제네바 협약, 1907년 헤이그 협약과 1925년 제네바 협약에 열거된 전쟁범죄만을 포함할 것을 주장하였다.[55] 그러나 다른 압도적으로 많은 국가들은 국제형사재판소가 1949년 제네바협약의 추가의정서들에 열거된 범죄도 포함시켜야 한다고 주장하였다.[56] 로마회의중의 많은 논쟁과 타협의 산물로서 로마규정 제8조 2항 (e)는 제네바협약 제2추가의정서의 금지행위 조항에서 유래한 행위들을 국제형사재판소가 처벌할 전쟁범죄로서 규정하게 되었다.

---

55) Id.
56) Id.

로마규정 제8조는 국제형사재판소의 관할에 속하는 전쟁범죄를 정의하고 있다. 제8조는 크게 네 가지의 종류의 전쟁범죄를 규정하고 있다. 첫째, 제8조 2항 (a)는 1949년 제네바협약들의 중대한 위반(grave breaches)행위를 규정하고 있다. 둘째, 제8조 2항 (b)는 "국제법의 확립된 체제 내에서 국제적 무력충돌시 적용할 수 있는 법과 관습에 대한 다른 중대한 위반"을 규정하고 있는데, 이는 주로 제네바협약의 제1추가의정서와 헤이그 규칙57)에서 유래한 것이다.58) 셋째, 제8조 2항(c)는 "제네바 4개 협약에 공통된 제3조의 중대한 위반"을 규정하고 있으며 이는 비국제적 무력충돌시 발생하는 전쟁범죄 중 공통된 제3조 위반행위를 전쟁범죄로서 명문화한 것이다. 넷째, 제8조 2항 (e)는 "국제법의 확립된 체제 내에서 비국제적 성격의 무력충돌시 적용할 수 있는 법과 관습에 대한 다른 중대한 위반"을 전쟁범죄로서 규정하고 있으며, 이는 주로 제네바협약의 제2추가의정서에서 유래한 것이다.59)

이러한 국제적 무력충돌과 비국제적 무력충돌의 구별은 국제인도법의 관련 조약들이 국제적 무력충돌과 비국제적 무력충돌을 구별하여 전쟁법규 위반행위를 규정하고 있는 것에서 유래한다.60) 그러나 이러한 국제적 무력충돌과 비국제적 무력충돌의 구별은 국제인도법이 발전하면서 점차 약화되었다.61) 실제로 로마회의에서 많은 국가들이 본래 국제적 무력충돌에서 적용되는 규정들이 비국제적 무력충돌에도 적용되어야 한다는 입장을 견지하였고 그 결과 국제적 무력충돌시에 발생하는 전쟁범죄를 규정한 제8조 2항 (b)와 유사한 내용이 비국제적 무력충돌시 발생하는 전쟁범죄를 규정한 제8조 2항 (e)에 규정되었다. 그러나 제8조 2항 (b)의 (17)"독이나 독성무기의 사용", (18)"질식가스, 유독가스 또는 기타 가스와 이와 유사한 모든 액체 ·

---

57) 정식 명칭은 Convention (No. IV) respecting the Laws and Customs of War on Land 이며 1907년 10월 18일 헤이그에서 서명되고 1910년 1월 26일 발효하였다. 이 규칙은 국제관습법화한 것으로 인정되고 있다.

58) Roy S. Lee, *The International Criminal Court: The Making of the Rome Statute*(Kluwer Law International, 1999), pp. 109-118.

59) Young Sok Kim, supra note 8, pp. 191-200.

60) Human Rights Watch, *Justice in the Balance*(1998), pp. 5-6.

61) Id.

물질 또는 장치의 사용", (19) "총탄의 핵심부를 완전히 감싸지 않았거나 또
는 절개되어 구멍이 뚫린 단단한 외피를 가진 총탄과 같이, 인체 내에서
쉽게 확장되거나 펼쳐지는 총탄의 사용" (덤덤탄의 사용)은 제8조 2항 (e)에
유사한 규정이 없어 국제적 무력충돌시에만 처벌할 수 있는 전쟁범죄이다.
이러한 상황은 바람직하지 않다는 국가들의 입장이 반영되어 2010년 캄팔
라 재검토회의에서는 제8조 2항 (e)에 위의 세 가지 전쟁범죄를 추가하는
개정조항(결의 RC/Res.5)을 채택하여 비국제적 무력충돌시에도 이러한 범죄
들이 처벌되도록 하였다.

2. 로마규정 제8조 제1항과 관련된 논의

제8조 1항은 재판소가 관할하는 전쟁범죄를 제한하는 문턱조항(threshold)
의 의미를 가진다. 로마회의시 토의의 기초가 되었던 통합초안(Draft Statute)
은 제1항에 두 가지 대안을 제시하였다. 첫째는 전쟁범죄가 "오직(only)" 계
획이나 정책의 일부로서 또는 그러한 범죄의 광범위한 수행의 일부로서 저
질러진 경우에만 재판소가 관할권을 행사하도록 하였다. 두 번째 대안은
전쟁범죄가 "특히(in particular)" 계획이나 정책의 일부로서 또는 그러한 범죄
의 광범위한 한 수행의 일부로서 저질러진 경우에 재판소가 관할권을 행사
하도록 하였다. 절대 다수의 국가들이 첫 번째 대안은 지나치게 재판소의
관할 대상인 전쟁범죄의 범위를 제한한다는 이유로 두 번째 대안을 선호하
였다.62) 따라서 제1항은 두 번째 대안을 채택하였다. 제8조 1항이 "특히"라
는 용어를 채택한 것은 동 조 2항에 열거된 전쟁범죄가 반드시 계획이나
정책의 일부로서 행해지거나 광범위한 범죄수행의 일부로서 저질러진 경우
에만 국제형사재판소가 관할권을 행사할 수 있는 것이 아니라 그렇지 않은
경우에도 관할권을 행사할 수 있음을 의미한다. 따라서 국제형사재판소는
필요한 경우 정책의 일부도 아니고 광범위한 범죄수행의 일부로서 행해지
지도 않은 2항에 열거된 전쟁범죄 중 한 가지 전쟁범죄에 대해서도 관할권
을 행사할 수 있을 것이다.63)

---

62) Roy S. Lee, supra note 58, p. 108

3. 로마규정 제8조 제2항의 전쟁범죄 정의규정과 기존의 국제인도법

(1) 제8조 제2항 (a): 제네바 협약상의 중대한 위반행위

제8조 제2항은 전쟁범죄의 정의를 규정한 조항으로서 동 항 (a)는 제네바 협약상의 중대한 위반행위에서 유래한다. 1949년의 제네바 4개 협약은 각기 중대한 위반 행위를 규정하고 있다. 즉 제네바 제1협약(육전에서의 상병자 보호) 제50조, 제네바 제2협약(해전에서의 상병자 보호) 제51조, 제네바 제3협약(포로의 대우) 제130조, 제네바 제4협약(전시민간인의 보호) 제147조는 각 협약상의 중대한 위반행위를 규정하고 당사국에게 그러한 위반행위를 처벌할 의무를 부과하고 있다. 로마규정 제8조 제2항 (a)는 이러한 중대한 위반행위를 전쟁범죄화 한 것으로 로마회의시 각국 대표단은 동 항을 채택하는 것에 쉽게 합의하였다.

(2) 제8조 제2항 (b): 국제적 무력충돌시 적용되는 국제인도법과 관습에 대한 다른 중대한 위반행위

제8조 제2항 (b)는 제네바 협약상의 중대한 위반은 아니나 국제인도법과 관습에 대한 중대한 위반행위를 규정하고 있다. 제2항 (b)는 제네바협약의 제1추가의정서와 헤이그 규칙에서 유래하였으며, 국제인도법 규정과 구체적으로 비교하면 다음과 같다. 먼저 (1)항은 민간인에 대한 고의적 공격을 금지하며, 제네바 협약 제1추가의정서 제85조 제3항 (a)와 유사하다. (2)항은 민간대상물에 대한 고의적 공격을 금지하며, 제1추가의정서 제52조 제1항과 유사한 규정이다. 또한, (3)항은 인도적 원조나 평화유지임무와 관련된 요원, 시설 등을 고의적으로 공격하는 것을 금지하며, 제1추가의정서 제70조와 제71조에 근거하고 있는 듯하며 또한 "UN 요원 등의 안전에 관한 협약"64)에 기초하고 있다. (4)항은 명백하게 과도한 손해를 야기하는 공격을 금지하며, 제1추가의정서 제51조 제5항 (b)와 제85조 제3항에서 유래한 것으

---

63) Mahnoush H. Arsanjani, supra note 30, p. 33.

64) Convention on the safety of United Nations and Associated Personnel, 1994년 12월 9일 채택. International Legal Material vol. 34(1995) p. 482 참조.

로 보인다. (5)항은 무방비지역 등에 대한 공격이나 폭격을 금지하며, 제1추
가의정서 제59조에서 유래한다. (6)항은 "무기를 내려놓았거나 더 이상 방어
수단이 없이 항복한 전투원"(hors de combat)을 살상하는 행위를 금지하고,
제1추가의정서 제41조에서 유래한다. (7)항은 제네바협약상의 식별표장 등
을 부적절하게 사용하는 것을 금지하며, 제1추가의정서 제37조 내지 제39
조와 제85조 제3항(f) 및 헤이그 규칙 제23조 (f)에서 각각 유래한 듯하다.
(8)항은 점령국이 자국의 민간인을 점령지역으로 이주시키는 행위 등을 금
지하며, 제네바 제4협약 제45조와 제1추가의정서 제85조 제4항 (a)에서 유사
규정을 찾을 수 있다. 다음으로 (9)항은 군사목표물이 아닌 종교, 교육 등
목적의 건물, 병원 등을 공격하는 것을 금지하며, 헤이그 규칙 제56조와 제
1추가의정서 제85조 제4항(d) 등에서 유래한다. (10)항은 신체의 절단이나 생
체실험을 금지하며, 제1추가의정서 제11조에서 유래한다. (11)항은 배신적인
살상행위(perfidy)를 금지하며, 헤이그 규칙 제23조(b)에서 유래한다. (12)항은
항복한 적에 대하여 구명을 허락하지 않겠다는 선언을 하는 것을 금지하
며, 헤이그 규칙 제23조 (d)와 제1추가의정서 제40조에서 유사규정이 발견된
다. (13)항은 전쟁의 필요에 의하여 반드시 요구되지 않는 적의 재산의 파
괴 또는 몰수를 금지하며, 헤이그 규칙 제23조 (g)에서 유래한다. (14)항은
적대 당사국 국민의 권리나 소송행위가 법정에서 폐지, 정지 또는 불허된
다는 선언을 금지하고, 헤이그 규칙 제23조 (h)에서 유래한다. (15)항은 적대
당사국 국민이 그들 자신의 국가에 대한 전쟁수행에 참여하도록 강요하는
행위를 금지하며, 헤이그 규칙 제23조 마지막 문단에서 그 근거를 찾아볼
수 있다. (16)항은 도시 또는 지역의 약탈을 금지하며, 헤이그 규칙 제28조
에 유래한다. (17)항은 독이나 독성무기의 사용을 금지하며, 헤이그 규칙 제
23조 (a)에 근거하고 있다. (18)항은 질식가스, 유독가스 등의 사용을 금지하
며, 국제관습법화 된 1899년 질식개스 등에 관한 헤이그 제2선언[65]과 1925
년 제네바의정서[66]에 근거하고 있다. (19)항은 소위 덤덤탄(Dum Dum Bullet)

---

65) 1899 Hague Declaration 2 concerning Asphyxiating Gases, July 29, 1899, American Journal of International Law Vol. 1, supplement 157-9(1907).
66) 1925 Geneva Protocol for the Prohibition of the Use in War of Asphyxiating, Poisonous or other

을 금지하며, 역시 국제관습법화 된 1899년 확장탄환에 관한 헤이그 제3선
언67)에서 유래한다. (20)항은 핵무기 등 금지무기를 상정한 조항이나 후술
하는 바와 같은 교섭과정을 거쳐 채택된 것이며, (21)항은 인간의 존엄성에
대한 유린행위를 금지하며, 제1추가의정서 제75조 2항 (b)와 제85조 4항 (c)
와 유사하다. (22)항은 강간 등 성범죄에 의한 전쟁범죄를 금지하며, 제네바
제4협약 제27조 2항은 강간을 금지하고 있다. 또한 제네바 제1추가의정서
제75조 2항(b)도 강제매춘(enforced prostitution)과 여타의 성범죄(any form of
indecent assault)를 금지하고 있다. (23)항은 소위 "인간방패(human shield)"행위를
금지하며, 제네바 제4협약 제28조와 제1추가의정서 제28조 1항에 근거하고
있다. (24)항은 제네바식별표장을 사용하는 의무부대 등을 공격하는 것을
금지하며, 제네바 제4협약 제18조, 제네바 제1협약 제19조, 제1추가의정서
제18조 5항에서 유래한 것으로 보인다. (25)항은 기아를 전투수단으로 이용
하는 것을 금지하며, 제네바 제4협약 제23조와 제1추가의정서 제54조에서
유래한다. 끝으로 (26)항은 15세 미만의 아동을 군대에 징집 또는 모병하거
나 그들을 적대행위에 적극적으로 참여하도록 이용하는 행위를 금지하며,
제1추가의정서 제77조 2항과 아동의 권리에 관한 협약68) 제38조 2항에 근
거하고 있다.

(3) 제8조 제2항 (c): 제네바 협약의 공통된 제3조 위반행위

제2항 (c)는 비국제적 무력충돌시 금지되는 행위를 규정한 제네바 4개
협약의 공통된 3조에서 유래한 전쟁범죄행위이다. 로마회의 초기단계에서
일부국가는 비국제적 무력충돌에서 적용되는 금지규정을 모두 형사재판소
관할범죄에서 제외하자고 주장하여 공통된 3조 위반행위도 전쟁범죄로 규
정하는 것을 반대하였으나, 압도적으로 많은 국가들이 비국제적 무력충돌

Gases, and of Bacteriological Methods of Warfare, June 17, 1925, 94 L.N.T.S. 65. 또한 동 협약문은
International Legal Material Vol. 14.(1975) p. 45 참조.

67) 1899 Hague Declaration 3 concerning Expanding Bullets, July 29, 1899, *American Journal of International
Law* Vol. 1, supplement 155-7(1907).

68) Convention on the Rights of the Child, Nov. 20, 1989. 동 협약문은 International Legal Material
Vol. 28. (1989) p. 1457 참조.

에서 적용되는 금지규정도 전쟁범죄로서 규정해야 하며 특히 공통된 3조에서 금지한 행위들은 전쟁범죄로서 형사재판소가 처벌해야 한다는 입장을 표명하였다. 이에 따라, 공통된 3조의 위반행위들이 전쟁범죄로서 로마규정 제8조 제2항 (c)에 규정되었다.

(4) 제8조 제2항 (e): 비국제적 무력충돌시 적용되는 국제법과 관습에 대한 다른 중대한 위반행위

제2항 (e)는 국제법의 확립된 체제 내에서 비국제적 성격의 무력충돌시 적용할 수 있는 법과 관습에 대한 다른 중대한 위반행위를 전쟁범죄로서 규정하고 있는바 이는 주로 제2추가의정서에 있는 금지행위로부터 유래한 것이다. 제2항 (e)의 로마규정 포함여부를 두고 로마회의시 국가들은 많은 논쟁과 대립을 보였다. 특히 제2추가의정서의 금지행위가 국제관습법이 되지 않았다는 이유로 반대하는 국가가 많았다. 그러나 많은 국가들은 오늘날 비국제적 무력충돌의 희생자가 실제로 다수 발생하고 비국제적 무력충돌의 경우에도 국제적 무력충돌시 적용되는 금지규정들을 적용할 필요성이 절실함을 이유로 (e)항의 포함을 강하게 주장한바, 일괄타결의 일부로서 (e)항의 채택이 가능하게 되었다.

(e)항을 구체적으로 살펴보면, (1)항은 민간인에 대한 고의적 공격을 금지하며, 제2추가의정서 제13조 2항에서 근거를 찾을 수 있다. (2)항은 민간대상물에 대한 고의적 공격을 금지하며, 제2추가의정서 제12조에서 근거를 찾을 수 있다. (3)항은 인도적 원조나 평화유지임무와 관련된 요원, 시설 등을 고의적으로 공격하는 것을 금지하며, 제2추가의정서 제13조와 제18조 2항에서 근거를 찾을 수 있다. (4)항은 군사목표물이 아닌 종교, 교육 등 목적의 건물, 병원 등을 공격하는 것을 금지하며, 제2추가의정서 제16조에서 유래하였다. (5)항은 도시 또는 지역의 약탈을 금지하며, 제2추가의정서 제4조 2항 (g)에서 근거를 찾을 수 있다. (6)항은 강간 등 성범죄에 의한 전쟁범죄를 금지하며, 제2추가의정서 제4조 2항 (e)에 근거하고 있다. (7)항은 15세 미만의 아동을 군대에 징집 또는 모병하거나 그들을 적대행위에 적극적

으로 참여하도록 이용하는 행위를 금지하며, 제2추가의정서 제4조 3항 (c)에 근거한다. (8)항은 민간인의 안전이나 긴요한 군사적 이유상 요구되지 않음에도 불구하고, 충돌과 관련된 이유로 민간인 주민의 퇴거를 명령하는 행위를 금지하며, 제2추가의정서 제17조 1항에 유사규정을 가지고 있다. (9)항은 상대방 전투원을 배신적으로 살상하는 행위를 금지하며, 국제적 무력충돌에 적용되는 국제관습법인 헤이그 규칙 제23조 (b)를 비국제적 무력충돌에도 적용되도록 한 것이다. (10)항은 항복한 적에 대하여 구명을 허락하지 않겠다는 선언을 하는 것을 금지하며, 제2추가의정서 제4조 1항에 근거하고 있다. (11)항은 신체의 절단이나 생체실험을 금지하며, 제2추가의정서 제4조 2항 (a)에 근거한다. (12)항은 충돌의 필요에 의하여 반드시 요구되지 않는 적의 재산의 파괴 또는 몰수를 금지하며, 국제적 무력충돌에 적용되는 국제관습법인 헤이그 규칙 제23조 (g)를 비국제적 무력충돌에도 적용되도록 한 것이다.

(5) 제8조 제2항 (d), (f)와 제3항

제8조 제2항 (d)와 (f)는 로마규정 제8조에서 상정하는 비국제적 무력충돌에 "폭동, 고립되고 산발적인 폭력행위 또는 이와 유사한 성격의 다른 행위와 같은 국내적 소요나 긴장상태"는 포함되지 아니함을 명확히 하고 있다.

한편 (f)항은 "제2항 (e)는 정부당국과 조직된 무장집단간 또는 그러한 무장집단간에 장기간의 무력충돌이 존재할 때, 그 국가의 영역에서 발생하는 무력충돌에 적용된다"고 규정하고 있는바, 그 이유는 제네바협약 제2추가의정서의 적용요건보다 완화된 요건을 규정하기 위한 것이다. 즉 동 의정서 제1조 1항은 동 의정서가 적용되는 상황은 분쟁당사자의 적어도 한 측이 정부 당국이고, 반군이 일정한 영역을 합리적인 지휘하에 군사작전과 동의정서의 이행이 가능한 정도로 통제하고 있어야 할 것을 요건으로 하고 있다. 이에 반해, 로마규정 제8조 제2항 (f)는 어느 한 측이 정부당국일 것을 요구하지 않으며 합리적인 지휘하에 있을 것과 일정영역을 어느 정도로 통제할 것도 요구하지 않고 있다. 다만, (f)항은 무장집단간의 장기간의 무력충돌이 있으면 (e)항이 적용되도록 하고 있다.69) 이러한 점에서 (f)항은 기존 국제법 규정에 비해 상당한 진전으로 평가된다.

한편, 로마규정 제8조 제3항은 비국제적 무력충돌시 "제2항 (c)와 (d)의 어떠한 규정도 모든 정당한 수단에 의하여 그 국가 내에서 법과 질서를 유지하거나 재확립하려는 또는 그 국가의 통일성과 영토보전을 지키려는 정부의 책임에 영향을 미치지 아니한다"고 하고 있는바, 이는 제2항 (c)와 (d)가 한 국가의 영토보전을 침해하는 외국의 간섭에 이용되어서는 안 된다는 일부 국가들의 우려를 반영한 것이라고 볼 수 있다.70)

4. 핵무기 등의 사용금지 문제

제8조 제2항 (b) (20)은 핵무기 등의 사용금지와 그러한 무기를 사용하는 것을 전쟁범죄로 규정하고자 하는 것과 관련되는 조항으로서, 로마회의시 주요 국가들의 입장이 첨예하게 대립되었던 조항이었다. 로마회의시 통합 초안은 네 가지 대안(option)들을 가지고 있었는데 option 4는 핵무기, 대인지뢰, 실명을 유발하는 레이저무기를 금지무기로 규정하였다.71) 미국, 러시아, 영국, 프랑스 등 주요 핵무기 보유국가들은 핵무기의 금지무기화를 강하게 반대하였다. 동 조항은 "과도한 상해나 불필요한 고통을 야기하는 성질을 가지거나 또는, 무력충돌에 관한 국제법을 위반하여 본래부터 무차별적인 무기, 발사체, 물질과 전투방식을 사용하는 것"을 전쟁범죄로 규정함으로써 핵무기 등의 전쟁범죄화를 이론상 가능하도록 하였다. 그러나 동 조항은 단서로서 다만, "그러한 무기, 발사체, 물질과 전투방식은 포괄적 금지의 대상이어야 하고, 제121조와 제123조에서 정해진 관련 규정에 따른 개정에 의하여 이 규정의 부속서에 포함되어야 한다"고 규정하고 있어 핵무기 등을 전쟁범죄화 하기는 사실상 대단히 어려운 일이 되었다. 왜냐하면, 첫째로 핵무기 등은 포괄적 금지(comprehensive prohibition)의 대상이 되어

---

69) Young Sok Kim, supra note 8, p. 201.

70) Id.

71) The Draft Statute, pp. 19-20.

야 하는데 핵보유국들이 핵무기를 포괄적 금지의 대상으로 합의할 것을 기
대하기 어려울 것이다. 둘째로, 핵무기가 포괄적 금지의 대상이 된다 하더
라도 로마규정 제121조와 제123조의 개정절차를 거쳐서 로마규정의 부속서
에 포함되는 것 또한 대단히 어려운 과정을 거쳐야 한다.72) 따라서 현재의
로마규정에 의할 때 핵무기 사용을 전쟁범죄로 처벌할 수 없으며 미래에도
핵무기 사용의 처벌 가능성은 열려있으나 실현될 가능성은 매우 희박한 것
으로 보인다.

국제사법재판소(ICJ)는 1996년의 권고적 의견에서 핵무기의 사용이 전투
원과 비전투원을 구별하지 않는 무차별적 효과로 인해 무력충돌에 관한 국
제법의 위반이라고 판시한 바 있다.73) 국제사법재판소는 이 권고적 의견에
서 핵무기의 사용과 사용위협이 국가의 존립이 위협받는 극단적인 상황에
서의 자위권(self-defence)의 경우를 제외하고는 불법임을 선언하였다.74) 이러
한 점을 고려할 때, 핵무기의 사용금지규정을 로마규정에 포함시키지 못한
것은 미국을 비롯한 주요 핵보유국들이 로마규정의 채택을 지지하도록 하
기 위한 어려운 타협의 산물이라 평가된다.

5. 전쟁범죄관련 경과조항

로마규정 제124조는 전쟁범죄와 관련하여 경과조항을 두고 있다. 즉 로
마규정 제124조는 제12조 제1항 및 제2항에도 불구하고, 국가는, 이 규정의
당사자가 되는 때에, 제8조에 규정된 범죄의 범주에 속하는 범죄가 그 국
민에 의하여 행하여지거나 또는 그 영역에서 발생한 혐의를 받는 경우, 이
규정이 그 국가에 대해 발효한 후 7년의 기간 동안 이러한 범주의 범죄에
대한 재판소의 관할권을 수락하지 아니한다고 선언할 수 있다고 하여 전쟁
범죄에 관하여 당사국은 7년 동안 전쟁범죄에 대한 재판소의 관할권으로부

---

72) 로마규정 제121조 4항은 규정 개정이 발효하기 위해서는 모든 당사국의 7/8이 UN 사무총장
에게 비준서 또는 수락서를 기탁해야 한다고 규정하고 있으며, 동조 6항은 개정안에 동의하
지 않는 국가는 즉시 로마규정을 탈퇴할 수 있도록 하고 있다.

73) *Legality of the Threat or Use of Nuclear Weapons, Advisory Opinion of July 8, 1996*, General list No. 95.

74) Id. 또한 Richard A. Falk, "Nuclear Weapons, International Law and the World Court: A Historical
Encounter", *American Journal of International Law*, Vol 91, No. 1, 1997, p.73.와 Francis A. Boyle, *The
Future of International Law and American Foreign Policy*(Transnational Publishers, 1989), pp. 339-340. 참조

터 면제를 받을 것을 선언할 수 있다. 따라서 제124조에 의하여 전쟁범죄에 대한 재판소의 관할권을 수락하지 않은 국가와 관련하여, 재판소는 그 국가의 국민이 전쟁범죄를 범했거나 그 국가의 영역에서 전쟁범죄가 범해진 경우에는 관할권을 행사할 수 없다. 제124조에 따른 선언은 언제든지 철회될 수 있으며 동 조의 규정은 제123조 제1항에 따라 소집되는 검토회의에서 검토된다.75) 7년의 기간은 당해 당사국에게 재판소규정이 발효하는 시점부터 기산된다.

한편, 동 조에서 주의해야 할 점은 제124조에 의한 재판소 관할권면제는 재판소의 관할권이 당사국의 회부에 의해서나 또는 소추관이 독자적으로 수사를 시작한 경우에만 해당한다는 점이다. 즉 UN 안전보장이사회가 재판소에 상황을 회부하여 재판소가 관할권을 행사하는 경우에는 제124조가 적용되지 않는다.

제124조는 로마회의 마지막 단계에서 미국의 주장으로 일괄타결안(package deal)의 일부로서 채택된 것이며 국가들이 로마규정에 가입하면서 7년 동안 전쟁범죄관련 재판소의 관할권을 면제받는 경과조항의 의미를 갖는다고 하겠다.

실제로 프랑스는 제124조상의 선언을 한 바 있다. 2010년 재검토 회의를 계기로 이 조항의 삭제여부가 논의되었으나, 국가들은 이 조항을 계속 존치시키기로 하였다.

제 5 절   침략범죄

I. 의 의

로마규정은 앞에서 살펴본 바와 같이 침략범죄의 정의를 규정하지 않고 있다. 따라서 다음에서는 침략의 불법성에 대한 역사적 발전과정을 중심으

---

75) 로마규정 제124조.

로 침략범죄에 대해 살펴보고자 한다.

1. 제2차 세계대전 이전의 침략불법화의 발전

(1) 국제연맹규약

침략의 개념은 고대 그리스시대에도 발견된다. 아리스토텔레스(Aristotle), 키케로(Cicero), 성 어거스틴(St. Augustine), 성 토마스 아퀴나스(St. Aquinas)와 같은 사상가들은 정당한 전쟁(just wars)과 부당한 전쟁(unjust wars)을 구별하려고 하였다.

그러나 침략의 개념이 국제법상 법적 개념으로서 발전한 것은 국제연맹 시대라고 할 수 있다. 1832년 칼 폰 클라우제비츠(Carl von Clausewitz)는 그의 저서인 "전쟁론(On war)"에서 "전쟁은 국가정책 수단의 하나이다"라고 주장하였다. 제1차 세계대전 후 그의 이러한 철학이 제1차 세계대전의 발발에 책임이 있었으며 또 한 번의 세계대전을 방지하기 위해서는 이 철학을 명백히 비난하고 폐기해야 한다고 세계 국가들은 일반적으로 신봉하였다. 특히, 국제연맹규약은 그 전문(preamble)에서 국제협력을 증진하고, 국제평화와 안전을 달성하며, 전쟁에 의존하지 않고, 국제법을 행동규칙으로서 정립하며, 정의를 유지할 것과 같은 엄숙한 의무를 규정하였다. 또한 국제연맹규약 제10조는 "연맹회원국은 외부침략에 대항하여 모든 연맹회원국의 영토보전과 현재 존재하는 정치적 독립을 존중하고 보존할 의무를 진다. 그러한 침략이나 침략의 위협이나 위험이 있을 때 이사회는 이 의무 이행을 위한 수단을 권고한다"고 규정하였다. 국제연맹규약 제11조 1항도 "전쟁이나 전쟁의 위협은 연맹회원국에 즉시 영향을 주든 그렇지 않든 이제 연맹 전체의 관심사로 선언되며, 연맹은 국제평화의 수호를 위해 현명하고 효율적이라고 간주되는 어떠한 조치를 취한다. 그러한 위기상황이 발생할 경우, 사무총장은 연맹회원국의 요구에 따라 이사회를 즉시 소집한다"고 규정하고 있었다.

이 국제연맹은 침략을 불법화하고 평화를 집행할 연맹(League to Enforce Peace)이었다.

(2) 켈로그-브리앙 조약(Kellogg-Briand Pact, 파리조약, Pact of Paris)

국제연맹의 체제 밖에서, 켈로그-브리앙 조약은 국가정책 수단으로서의 전쟁을 부인하고 침략전쟁을 불법화하였다. 이 조약은 "부전조약" 또는 "전쟁포기에 관한 조약"으로도 지칭된다. 이 조약은 제1차 세계대전이 끝나고 이 큰 전쟁에 대해 세계 각국은 그들의 잘못된 정책을 반성하면서 이러한 전쟁의 참화로부터 인류를 보호하기 위한 목적으로 국제연맹을 창설하게 되었다. 세계 각국이 제1차 세계대전의 원인으로서 판단하였던 잘못된 철학은 당시를 풍미하던 "전쟁은 국가정책 수단의 하나"로서 국가는 필요시 전쟁을 이용할 수 있다는 클라우제비츠(Carl von Clausewitz)의 가르침이었다. 그러나 국제연맹은 당시의 강대국이자 국제연맹 창설에 주도적 역할을 하였던 미국이 가입하지 않은 아주 큰 약점이 있었다. 이러한 약점을 보완하기 위하여 제1차 세계대전이 끝난 지 10년이 지난 1928년 파리에서는 켈로그-브리앙 조약이 서명되었다. 당시 미국의 국무장관이었던 켈로그와 프랑스의 외무장관이었던 브리앙의 이름을 따서 이렇게 지칭된 조약은 파리조약(Pact of Paris)으로도 알려져 있다. 이 조약은 제1조에서 "체약당사국은 그들 각자 국민의 이름으로 그들이 국제분쟁의 해결을 위한 전쟁을 비난하고, 그들의 상호관계에서 국가정책의 수단으로서 전쟁을 부인한다는 것을 엄중히 선언한다"고 하고 있다. 즉, 이 조약은 클라우제비츠의 가르침을 폐기하는 것이었으며 전쟁을 국가의 정책수단으로서 사용하지 않겠다는 조약당사국들의 상호불가침에 관한 약속으로서 상호 불가침조약이라고 할 수 있다. 또한, 이 조약은 제2조에서 "체약국은 상호간에 야기될 수 있는 일체의 분쟁 또는 분규를 그 성질과 원인의 여하를 불문하고 그 평화적 수단에 의하는 외에 그 처리 또는 해결을 구하지 않을 것을 약정한다."고 하여 조약의 당사국들에게 분쟁의 평화적 수단을 통한 해결의무를 정하고 있다. 이 부전조약은 1929년 7월 24일 발효하였고 미국, 독일, 소련, 프랑스, 일본, 중국 등 당시 세계의 강대국이 조약의 당사국이 되었다. 미국은 후에 1932년 1월 7일 소위 스팀슨 독트린(Stimson Doctrine)을 공포함으로써 일본의 만주침공과 관련하여 침략정복의 불법성을 선언하는데 켈로그-브리앙 조약을 원용하였다. 그에 따라, 미국정부는 켈로그-브리앙 조약 위반으로부터 발생하는 모든 법적 효과들을 유효한 것으로 승인하지 않았다. 스팀슨 독트린은 1932년 3월 11일 국제연맹총회에서 만장일치로 채택되고 승인되었다. 이 결의에 따라, 연맹 총회는 "국제연맹 규약이나 파리조약에 위반되는 방법으로 초래된 어떠한 상황, 조약 또는 협정도 승인하지 않는 것이 국제연맹 회원국의 의무이다"라고 선언하였다.

그러나 독일과 일본은 이 조약의 당사국임에도 불구하고 이 조약을 위반하여 제2차 세계대전을 일으켰다. 그렇지만, 독일과 일본의 지도자들은 제2차 세계대전 후에 뉘른베르그와 동경에 설립된 전범재판소에 의해 이 부전조약을 위반했다는 이유로 소위 "평화에 반한 죄" 다시 말하면 "침략범죄"를 범한 것으로서 처벌을 받게 된다. 또한, 세계 각국은 이 부전조약의 정신과 취지에 따라 국제연합(UN)을 수립하고 그 헌장 제2조 4항에서 모든 회원국에게 무력의 위협이나 무력 행사를 삼가야 하는 의무를 부과하고 있고 제33조에서 분쟁의 평화적 해결을 위한 의무를 부과하고 있다.

그러면, 제법 오래된 이 켈로그-브리앙 조약이 현재도 존재하고 있는 것일까? 그 답은 이 조약이 현재까지도 유효하게 존재하고 있다는 것이다. 또한, 미국, 영국, 중국, 러시아 등 현재 69개국의 체약당사국을 가지고 있다. 일례로 체코공화국은 1993년 이 조약에 가입한 바 있다. 따라서 이 켈로그-브리앙 조약은 UN 헌장에도 불구하고 UN 헌장과는 별도로 존재하면서 이 조약의 당사국간의 상호불가침과 분쟁의 평화적 해결의무를 여전히 규정하고 있는 것이다.

(3) 켈로그-브리앙 조약과 북한 핵문제

우리나라와 북한은 이 켈로그-브리앙조약에 모두 가입하고 있지 않다. 북한 핵문제와 관련하여 북한이 미국으로부터의 불가침조약을 원한다는 보도가 있었다. 이와 관련하여, 북한이 미국으로부터 UN 헌장과는 별도로 문서로 보장된 불가침약속을 받기 원한다면 이 켈로그-브리앙조약에 가입하는 것을 생각해 볼 수 있다. 즉, 북한은 이 조약에 가입함으로써, 이 조약의 당사국인 미국으로부터의 불가침약속과 분쟁의 평화적 해결약속을 모두 얻을 수 있을 것이다. 우리나라도 이 조약에 가입하면 새롭게 조약의 당사국이 되는 북한과의 상호불가침과 분쟁의 평화적 해결 의무를 약속하는 조약을 갖게 되는 효과가 있다. 다시 말하면, 남북한이 모두 켈로그-브리앙 조약에 가입하면 미국과 북한, 우리나라와 북한간에 상호 불가침과 분쟁의 평화적 해결을 약속하는 새로운 법적 체제가 UN 체제에 더하여 구축되는 것이다. 이는 우리나라와 그 이웃 국가들이 UN 체제와 부전조약 체제라는 두 가지의 평화보장을 위한 법적인 체제를 갖는다는 점에서 매우 의미 있는 일이라고 생각된다.

그러면, 켈로그-브리앙 조약에 가입하는 것이 현재 가능한가? 가능하다면 어떻게 가입할 수 있는가? 이 조약 제3조에 의하면 이 조약은 "세계의 다른 일체의 국가의 가입을 위하여 필요한 기간 동안 개방되어있고" 가입을 희망하는 국가는 미국정부에 가입서를 기탁하면 된다. 또한, 가입서를 기탁하고 가입서의 효력이 발생하는 즉시 그 가입국과 다른 당사국간에 켈로그-브리앙 조약의 효력이 발생하게 된다. 한편, 미국은 이 조약이 1929년 7월 24일 미국에 대해 발효한 이래 이 조약의 당사국이고, 미국정부도 이 조약의 구속력을 인정하고 있다. 따라서 우리나라와 북한이 켈로그-브리앙 조약에 가입서를 기탁하면 우리나라와 북한과 미국사이에 조약 제1조와 제2조에서 규정하는 상호불가침과 분쟁의 평화적 해결 의무가, 조약 제3조에 따라, 가입서의 기탁 즉시 발생하게 될 것이다. 비록 미국정부가 1945년 UN 헌장의 채택 이후에 불가침조약을 별도로 체결하지는 않고 있는 것으로 보이지만, 이 조약에 남북한이 가입하는 것은 UN헌장상의 무력사용 금지의무 이외에 추가적으로 미국과 북한간의 불가침조약과 남북한간의 불가침조약을 체결하는 것과 같은 효력을 가진다고 할 수 있다. 또한, 북한이 요구하는 미국측의 불가침에 관한 서면보장의 효과도 가진다고 할 수 있을 것이다.

우리 정부가 북한에 대해 핵무기 개발의 포기와 NPT조약의 탈퇴선언 철회 등을 요구하면서도 북한의 불가침에 관한 서면 보장 요구를 수용하기 위해서, 또한 한반도의 긴장완화와 평화를 위해서, 필요하다면 켈로그-브리앙 조약에 남북한이 동시에 가입하는 것을 제안하는 것도 북핵 문제 해결을 위한 하나의 활용 가능한 수단이 되지 않을까 생각한다. 그럼으로써, 북한의 핵무기 문제와 관련되어 조성되어 있는 긴장상태가 해소되고 한반도에 평화가 정착될 수 있는 계기가 된다면 무척이나 바람직한 일이 될 것이다.

2. 제2차 세계대전 이후의 침략불법화의 발전

(1) 뉘른베르그 재판소

스팀슨 독트린은 후에 뉘른베르그 재판소에 의해 1945년 재판소의 판결에서 인정되었다. 뉘른베르그 헌장 제6조 a호는 평화에 반한 죄(Crime against peace)를 "침략전쟁 또는 국제조약, 협정 또는 약정을 위반하는 전쟁의 계획, 준비, 개시 또는 수행, 또는 상기 행위를 실행하기 위한 공동계획 또는 공모에의 참가"라고 정의하고 있다. 나치 독일의 지도자들은 부전조약을 위반하는 전쟁의 계획, 준비, 개시 또는 수행 등을 하였다는 이유로 평화에 반한 죄로서 처벌받았다.

(2) UN헌장상 무력사용금지와 집단안보

이러한 침략의 불법화는 UN헌장 제2조 4항에서 전 세계 공동체에 의해 명시적으로 승인되었다. 즉, 이 조항은 "모든 회원국은 그 국제관계에 있어서 다른 국가의 영토 보전이나 정치적 독립에 대하여 또는 국제연합의 목적과 양립하지 아니하는 어떠한 기타 방식으로도 무력의 위협이나 무력행사를 삼간다."고 규정하고 있다. 헌장 제2조 5항에 의하면, 모든 UN회원국은 국제연합이 헌장에 따라 취하는 어떠한 조치에 있어서도 모든 원조를 다하며, 국제연합이 방지조치 또는 강제조치를 취하는 대상이 되는 어떠한 국가에 대하여도 원조를 삼가야 한다. 헌장 제2조 6항은 국제연합이 "국제평화와 안전을 유지하는데 필요한 한" 비회원국에 대하여도 행동할 수 있도록 하는 권한까지 부여하였다. 더구나, 헌장 제24조는 안전보장이사회에 국제평화와 안전 유지를 위한 "일차적 책임(primary responsibility)"을 부여하였고, 제25조는 모든 UN회원국이 안전보장이사회의 결정을 "수락하고 이행"할 것을 요구하고 있다. 이 의무는 헌장 제41조, 제42조와 제43조에 의한 안전보장이사회의 "강제조치"에 따를 것을 포함하였다. 다만, 헌장 제43조를 이행하기 위해 필요한 특별협정은 체결되지 않았다. 마지막으로, 헌장 제51조는 UN회원국이 집단적 자위권(collective self-defense)의 국제법적 권리에 따라 다른 국가의 무력공격이나 무력침략의 희생이 된 국가를 원조하는 것을 의무로 부과하지는 않고 허용하고 있다.

3. 집단안보의 문제점

명백히, UN헌장의 기초자들은 무력사용을 불법화하고 집단안보제도를 채택하였다. 그러나 이러한 UN의 집단안보제도는 냉전의 등장으로 제대로 그 기능을 발휘할 가능성이 희박해졌다. UN이 설립될 당시에 집단안보를 위해 합리적으로 예측될 수 있는 가장 중요한 것은 안전보장이사회가 근본적인 기본조건, 즉 만장일치를 기초로 5대 강국간의 불편한 전시동맹관계를 전후세계까지 유지하고 연장시킬 것이라는 기본조건이 존재하는 것이었다. UN안전보장이사회의 5개 상임이사국(즉, 미국, 영국, 소련, 프랑스, 그리고 중국)이 전후 국제적 위기를 다루기 위해 그들의 제2차 세계대전 때의 협조관계를 유지하거나, 또는 적어도 선별적으로 재개하는 정도에 따라서 UN안전보장이사회는 국제공동체의 다른 국가들이 기본적으로 합법적이라고 간주할 수 있는 방식으로 세계평화의 집행절차를 제공할 수 있을 것이었다. 그러나 히로시마와 나가사키에 원자탄을 투하한 것은 1945년 6월 26일 샌프란시스코에서 UN헌장이 서명된 지 얼마 안 되어 발생하였으며, 1945년 10월 24일 국제연합 자체가 설립되기 이전에 일어난 것이었다. 미국과 소련과의 냉전이 각자 동맹국들의 지지를 받으면서 발생하였고 형식적이고 법적으로는 "국제연합(United Nations)"으로 알려진 제2차 세계대전시의 협조체제는 붕괴되었다. 이는 헌장 제27조 3항에 따라 5개 안보리 상임이사국에게 부여된 실체문제(substantive matters)에 대한 거부권(veto) 때문에 UN안전보장이사회에서의 교착상태를 초래하였다.

4. 평화를 위한 단결결의(Uniting for Peace Resolution)

1950년 6월 25일 미국과 UN한국위원회는 대한민국 영토에 북한군이 침입했다고 UN에 통지하였다. 소련대표가 결석한 가운데 안전보장이사회는 북한의 행위가 평화의 파괴를 구성한다고 결정하고 북한군의 철수를 요구하는 결의를 채택하였다. 1950년 8월 소련대표는 안전보장이사회에 복귀하여 이 결의의 유효성에 이의제기를 하였고 안전보장이사회에서 한국문제에 관한 다른 결정을 내리지 못하도록 하였다. 이에 미국은 '평화를 위한 단결결의'를 채택하여, UN총회가 국제평화와 안전의 유지에 관한 책임을 다하도록 하였다. 평화를 위한 단결결의를 통하여 UN은 북한에 대한 강제조치를 계속할 수 있었다. 그 후, 국제사법재판소(ICJ)는 특정경비사건(Certain Expenses of the United Nations, 1962 ICJ Reports 151, Advisory Opinion)에서 1956년 중동전쟁을 종료시키기 위한 UN긴급군(UNEF)의 창설시 사용되었던 평화를 위한 단결결의가 적법한 것임을 승인하였다. 따라서 평화를 위한 단결결의는 UN헌장상의 집단안전보장제도를 보완하기 위하여 필요한 UN헌장의 "변천(evolution)"이라고 할 수 있다. 그리고 평화를 위한 단결결의 절차는 아직까지 유효하고 공식적으로 부인된 적이 없다.

Ⅱ. 로마회의시 침략범죄에 관한 쟁점

이에 관해서는 제8장의 내용을 참조하기 바란다.

Ⅲ. 침략범죄 결정에 있어서 안보리의 역할과 평화를 위한 단결결의

로마회의와 그 후의 준비위원회에서 침략범죄와 관련한 논의에서의 핵심 쟁점 중의 하나는 안전보장이사회의 역할이었다. 그 중에서도 만약 안전보장이사회가 상임이사국의 거부권행사 등으로 침략행위의 존재를 결정하지 못할 때 ICC가 침략행위를 범한 개인을 재판하고 처벌할 수 있는가의 문제가 핵심쟁점의 하나였다. 필자는 이 문제와 관련하여 평화를 위한 단결결의 절차를 이용하는 것이 가능한 해결방안이 될 수 있지 않을까 생각하였다. 즉 안전보장이사회가 침략행위 등을 결정하지 못한다면 UN총회가 평화를 위한 단결결의 절차를 이용하여 침략행위 등이 존재함을 결정하여 준다면 ICC는 그 결정에 따라 침략범죄에 대한 관할권을 행사할 수 있을 것이다. 그러나, 캄팔라 재검토회의에서는 ICC의 전심재판부가 승인하는 경우, 안전보장이사회의 침략행위에 관한 결정이 없더라도 ICC가 침략범죄에 대한 수사를 진행할 수 있도록 결정되었다.

제 6 절   범죄구성요건(Elements of Crimes)

로마규정 제9조는 재판소의 관할에 속하는 전쟁범죄, 인도에 반한 죄 등의 범죄구성요건을 다음과 같이 규정하고 있다.

제9조
범죄구성요건

1. 범죄구성요건은 재판소가 제6조, 제7조 및 제8조를 해석하고 적용하는 것을 보조한다. 이는 당사국총회 회원국의 3분의 2의 다수결에 의하여 채택된다.

2. 범죄구성요건에 대한 개정은 다음에 의하여 제안될 수 있다.
   가. 당사국
   나. 절대과반수의 재판관
   다. 소추관
   그러한 개정은 당사국총회 회원국의 3분의 2의 다수결에 의하여 채택된다.

3. 범죄구성요건과 그 개정은 이 규정에 부합되어야 한다.

제9조에 관한 자세한 논의는 앞의 서론에서 기술한 내용을 참고하기 바라며, 한가지 강조하고자 하는 것은 범죄구성요건은 재판소가 로마규정 제6조, 제7조 및 제8조를 해석하고 적용하는 것을 보조(assitst)하는 역할을 하

는 것이라는 점이다.

제 7 절   기존의 또는 발전중인 국제법원칙과 로마규정

　　로마규정 제10조는 로마규정 제2부의 어느 조항도 로마규정과 다른 목적을 위한 기존의 또는 발전중인 국제법원칙을 결코 제한하거나 침해하는 것으로 해석되지 아니한다고 규정한다. 이 제10조는 특정한 국제법 규칙 또는 원칙이 로마규정에 포함되거나 포함되지 않았다는 것이 특정국가가 로마규정과 다른 목적하에 그러한 국제법 규칙 또는 원칙이 국제관습법으로 발전하였는지 여부를 승인하는 것 등에 관한 그 국가의 입장에 제한을 가하거나 영향을 주지 않는다는 의미이다. 이는 로마규정은 조약으로서 확정되어있는 반면 국제관습법은 계속 변화하고 발전할 수 있다는 점을 확인하고 있다.

　　결론적으로 로마규정 제10조는 로마규정과는 별개의 목적과 맥락에서 로마규정이 기존의 또는 발전중인 국제법원칙에 영향을 미치지 않는다는 것을 선언한 것이라는 의미로 이해해야 할 것이다.

제 8 절   관련문제

Ⅰ. 미국에서의 9 · 11 테러 대참사와 로마규정상의 전쟁범죄

　　2001년 9월 11일 미국의 심장부인 뉴욕과 워싱턴에 대한 테러공격은 전세계를 경악하게 하였고 미국은 이에 대하여 2001년 10월 8일 아프가니스탄의 수도 카불 등을 공습하였다. 이러한 사태와 관련하여 첫째, 9·11 테러 행위가 로마규정상의 전쟁범죄에 해당하는지, 둘째, 미국의 아프가니스탄 공격과 관련하여 로마규정상의 전쟁범죄 조항을 적용할 수 있는지의 두 가지 질문을 관련문제로서 생각할 수 있다. 첫째의 질문과 관련하여, 9·11 테러는 전시가 아닌 평시에 행해진 것이므로 로마규정상의 전쟁범죄에 해당하지 않는다고 보아야 할 것이다. 둘째의 질문과 관련하여, 로마규정 제11조는 "재판소의 시간적 관할권으로서 재판소는 이 규정이 발효된 이후에 행하여진 범죄에 대하여만 관할권을 가진다"고 하고 있다. 로마규정은 2002년 7월 1일부터 발효하게 되므로, 그 이전에 발생한 전쟁범죄에 대해서는 국제형사재판소가 로마규정상의 전쟁범죄규정을 적용할 수 없다. 그러나 아프가니스탄 공격과 관련하여 전쟁범죄가 로마규정 발효일인 7월 1일 이후에 발생하였다면, 국제형사재판소는 로마규정 발효이후에 발생한 전쟁범죄에 대해서는 관할권을 행사하여 관련 범죄인을 처벌할 수 있다.

따라서 미국 등 테러를 응징하려는 국가들이 국제인도법원칙을 준수하고 여러 가지 국제법 및 전쟁법상의 제한을 지킬 때, 예를 들어, 가능한 민간인의 피해를 최소화하기 위해 군사목표에 대해서만 공습을 하고 테러범죄의 처벌에 필요한 최소한의 수단으로서 무력행사를 할 때, 또한 무력행사를 위한 UN 안전보장이사회의 승인을 얻을 때, 미국 등의 테러응징노력은 여타 국가들의 협력과 지지가운데 합법적으로 이루어질 수 있을 것이다.

Ⅱ. 미국에서의 9·11 테러 대참사와 로마규정상의 인도에 반한 죄와 집단 살해죄

다음으로, 이러한 9·11 테러행위는 로마규정상의 인도에 반한 죄를 구성할 수 있는지 살펴볼 필요가 있다. 먼저, 9·11 테러행위는 불특정 민간인에 대한 공격 및 살인행위였다. 또한, 9·11 테러공격행위는 동시다발적이고 체계적인 것으로 보인다. 더구나, 로마규정 제7조 2항(가)는 앞에서 살펴보았듯이 "민간인에 대한 공격"이 국가뿐만 아니라 테러조직의 정책을 수행하기 위한 것의 일부인 경우도 포함하고 있기 때문에 이번 테러공격도 "카에다"라는 테러조직의 정책을 수행하기 위한 것으로서 로마규정 제7조의 인도에 반한 죄의 성립요건을 충족하는 것으로 보인다. 이를 볼 때, 9·11

테러공격은 로마규정 제7조의 "민간인에 대한 광범위한 또는 체계적인 공격의 일부로서 행해진 살해"로서 인도에 반한 죄를 구성한다고 볼 수 있을 것 같다.

한편, 국제형사재판소 규정의 채택을 위한 로마회의시 일부국가는 인도에 반한 죄가 무력충돌시 또는 무력충돌과 관련해서만 인정되어야 한다고 주장한 바 있으나 이러한 주장은 배척되어 국제형사재판소규정은 평시에도 인도에 반한 죄가 성립될 수 있음을 명확히 하고 있기 때문에 9·11 테러가 발생한 시점이 전쟁시가 아닌 평화시인 점도 9·11 테러가 인도에 반한 죄를 구성하는 데 의문을 제기하지 않는다.

이와 관련하여, 9·11 테러가 집단살해죄를 구성할 수도 있는지에 대해서도 의문이 있을 수 있다. 그러나 집단살해죄는 범죄의 정신적 구성요건 (mens rea)으로서 소위 "특정한 의도(specific intent)"를 요구하는 범죄로서 가해자가 특정집단의 전부 또는 일부를 파괴할 의도(특정한 의도, specific intent)와 집단구성원을 살해 또는 위해할 의도(일반적 의도, general intent)의 두 가지 의도 모두가 있어야 성립이 되는 범죄이다. 따라서 테러범들이 미국국민의 일부를 파괴하려는 의도를 가지고 인명을 고의적으로 살해하였다는 점이 입증된다면 집단살해죄가 성립될 수도 있다. 그러나 만약 미국민이라는 집단을 파괴할 의도는 없이 단순히 대량살상만을 노렸다면 집단살해죄가 아닌 인도에 반한 죄만 성립될 수 있을 것이다. 실제로 동일한 가해자의 행위에 대해 집단살해의 특정한 의도를 입증할 수 있는가의 여부에 따라 집단살해죄 또는 인도에 반한 죄로 처벌할 수 있는 가능성이 존재한다. 그 예로서 세르비아의 전대통령인 밀로셰비치가 인도에 반한 죄로 구유고전범재판소에서 기소되었다가 집단살해죄의 혐의가 추가된 바가 있다.[76]

그러나 국제형사재판소가 9·11 테러행위 범한 자들을 인도에 반한 죄 또는 집단살해죄로서 심판하기가 어려운 이유가 한 가지 있다. 그것은 로마규정 제11조가 재판소의 시간적 관할권으로서 재판소는 이 규정이 발효된 이후에 행하여진 범죄에 대하여만 관할권을 가진다고 규정하고 있고,

---

76) *Farmer Testifies Against Milosevic*, The New York Times, 2002년 2월 21일.

ICC규정이 발효되기 전에 발생한 9·11 테러에 대해서는 ICC가 관할권을 행사할 수가 없기 때문이다.

제 9 절   결 론

이상으로 국제형사재판소 규정상의 관할대상범죄에 대해 간략히 살펴보았다. 위에서 본바와 같이 국제형사재판소의 관할대상범죄는 어느 정도 상당히 엄격한 범죄구성요건을 가지고 있다고 할 수 있다. 그러나 국제형사재판소규정상의 관할대상범죄의 정의 및 범죄구성요건은 기존의 뉘른베르그 헌장 등 국제조약, ICTY 규정 및 ICTR 규정 등 UN 헌장에 근거한 UN 안전보장이사회의 구속력 있는 결의, 그리고 국제관습법에 충실히 기초하고 있음을 알 수 있다.

한편, 로마규정의 전쟁범죄 규정은 국제적 무력충돌과 비국제적 무력충돌의 경계가 점차 모호해지고 있는 경향을 반영하여 원래 국제적 무력충돌에 적용되던 규정들이 비국제적 무력충돌에도 적용되도록 한 점도 하나의 의의라고 사료된다. 핵무기 관련 조항 등 일부 조항은 오히려 기존의 국제법보다 다소 후퇴했다는 비판이 가능하겠으나, 로마규정 자체의 탄생을 위한 타협의 산물임을 간과해서는 안 될 것이다. 더구나, 범죄구성요건은 형법의 기본 원칙인 죄형법정주의가 국제형사재판소 관할대상범죄에 대해서 적용되는 데 많은 도움이 될 것으로 판단된다. 또한, 로마규정은 뉘른베르그 재판에서 확인된 바 있는, 집단살해죄, 인도에 반한 죄, 전쟁범죄 등 국제범죄를 범한 개인의 형사책임을 명확히 인정하고 있다고 파악된다.

제3장
국제형사재판소의 관할권 제도

제 3 장   국제형사재판소의 관할권 제도

제 1 절   의   의

국제형사재판소의 관할권 제도는 언제, 어떻게, ICC가 특정사건을 수사 및 기소하고 재판할 수 있는지에 관한 로마규정상의 제도를 말한다. 이 관할권 제도에는 시간적 관할권, 관할권행사의 전제조건, 제소장치, 재판적격성의 문제, 적용법규 등이 포함된다. ICC의 관할권 제도는 관할대상범죄의 문제와 함께 로마규정 제2부에 포함되어 있으며 로마회의시 미국 등 ICC에 반대하는 국가들과 ICC설립을 지지하는 유사입장그룹 국가들 간에 가장 첨예하게 대립이 있었던 쟁점이었다. 그 이유는 바로 새로이 설립되는 ICC가 어떠한 관할권 제도를 갖느냐가 ICC의 실효성을 확보할 수 있는지의 여부에 핵심적인 관건이기 때문이었다.

제 2 절   시간적 관할권(Jurisdiction *ratione temporis*)

로마규정 제11조 1항은 ICC가 로마규정의 발효 후에 범하여진 범죄에 대하여만 관할권을 가진다고 하고 있다. 즉, ICC는 로마규정의 발효일인 2002년 7월 1일 이후에 범하여진 범죄에 대하여만 관할권을 가진다.

로마규정 제11조 2항은 로마규정 발효 후에 규정의 당사국이 되는 국가의 경우 ICC는 로마규정이 당해 국가에 대하여 발효된 이후에 범하여진 범죄에 대하여만 관할권을 행사할 수 있도록 하였다. 다만, 이 국가는 규정 제12조 3항에 따라 그 국가에 대해 로마규정이 발효하기 이전에 범하여진 범죄에 대해서도 ICC의 관할권을 인정하는 선언을 할 수 있고, 이러한 선언이 있는 경우 ICC는 관할권을 행사 할 수 있다. 예를 들어 우리나라는 로마규정 발효이후인 2002년 11월 18일 규정의 당사국이 되었고 동 규정은 2003년 2월 1일부로 우리나라에 대해 발효하게 되므로 ICC는 우리나라에 대해 2003년 2월 1일 이후에 범하여진 범죄에 대하여만 관할권을 행사할 수 있다. 이때, 우리나라는 2002년 7월 1일과 2003년 2월 1일 사이에 발생한 범죄에 대해서 ICC의 관할권을 인정하는 선언을 할 수 있을 것이다.

한편, 로마규정 제24조는 로마규정이 발효하기전의 행위에 대하여 개인이 형사책임을 지지 않는다는 형법의 일반원칙으로서 소급효 금지 원칙을 선언한 반면 제11조는 ICC가 로마규정 발효 이전의 행위에 대해 관할권을 갖지 않는다는 ICC의 시간적 관할범위를 규정하고 있다는 차이점이 있다고 할 수 있다.

제 3 절   관할권 행사의 전제조건(Preconditions to the exercise of jurisdiction)

Ⅰ. 의 의

로마규정 제12조는 ICC의 관할권 행사의 전제조건을 규정하고 있다. 즉, ICC가 관할권을 행사하기 위하여 필요한 전제조건들을 규정하고 있는 것이다. 제12조는 로마회의시 가장 논란이 많고 중요한 교섭쟁점중의 하나였다. 특히, 제12조는 로마회의시 미국이 로마규정을 반대하게 된 가장 큰 이유가 되는 조항이었다. 미국은 범죄혐의자의 국적국의 동의를 ICC 관할권 행사의 필수적인 전제조건으로서 요구하였다. 이는 미국인이 범죄혐의자가 되는 경우 미국이 동의하지 않는 한 ICC가 그 사람에 대하여 관할권을 행사할 수 없도록 함으로써, 미국인이 ICC의 재판을 미국의 동의 없이는 받지 않도록 하기 위한 것이었다. 그러나 미국의 이러한 요구는 다수국가들에 의해 수용되지 않았다. 왜냐하면, 실효적인 ICC의 설립을 위해서는 이를 받아들일 수가 없었기 때문이다. 미국의 의견을 수용할 경우 예를 들어 A국의 군인이 전쟁범죄를 저지른 경우 A국의 동의 없이는 ICC가 관할권을 행사할 수 없다는 불합리한 결과가 나타나기 때문이었다. 따라서 로마규정 제12조 2항은 범죄발생지국 또는 범죄혐의자의 국적국의 동의를 ICC의 관할권 행사의 전제조건으로서 규정함으로써 범죄혐의자의 국적국의 동의가 없어도 범죄발생지국이 동의하면 ICC가 관할권을 행사할 수 있도록 하고 있다. 이에 의하면 미국인이 범죄혐의자가 된 경우 미국이 ICC의 관할권 행사에 동의하지 않더라도 ICC가 범죄발생지국의 동의를 얻으면 관할권을 행사할 수 있게 된다. 이 점을 미국은 강하게 반대하였고 현재도 그 태도에는 기본적으로 변화가 없다.

Ⅱ. 자동적 관할권(Automatic Jurisdiction)

1. 의 의

로마규정 제12조 1항은 "이 규정의 당사국이 된 국가는 이에 의하여 제5조에 규정된 범죄에 대하여 재판소의 관할권을 수락한다"고 하고 있다. 이는 로마규정의 당사국은 자동적으로 ICC의 관할범죄에 대해 ICC의 관할권을 수락한다는 자동적 관할권을 나타내는 것이다. 이 자동적 관할권은 로마회의시 우리나라 등이 강력히 지지하여 채택된 것으로서 ICC의 효율적인 운영을 위해 매우 긴요한 제도이다. 이에 비하여 국제사법재판소(ICJ) 규정은 자동적 관할권을 채택하고 있지 않으며, ICJ규정 당사국이 되는 것과 ICJ의 관할권을 수락하는 것은 별개의 일이다. ICJ의 관할권을 수락하는 것은 관련국가간의 합의에 의하여 이루어지며, ICJ의 규정당사국은 ICJ 규정 제36조 2항의 선택조항에 따라 ICJ의 강제관할권을 수락하는 선언을 할 수 있을 뿐이다.

2. 자동적 관할권과 관련 국가의 동의

필자는 이 책에서 관할권 행사의 전제조건으로서 영토국가 등의 동의라는 용어를 사용하고 있다. 그런데 로마규정 제12조를 보면 영토국가 등이 로마규정의 당사국이어야 한다는 것이 전제조건이라고 규정한다. 이는 자동적 관할권의 파생적 결과이다. 즉 자동적 관할권 조항상 당사국은 로마규정의 비준국 또는 가입국이 되면서 자동적으로 ICC의 관할권 행사를 동의한 것이기 때문이다. 따라서 특정국가가 ICC 규정의 당사국이라는 의미는 그 국가가 자동적으로 ICC의 관할권 행사에 동의하였다는 것을 의미한다.

Ⅲ. 로마규정 제12조의 형성과정시 우리나라의 중대한 기여

1. 로마회의시 ICC의 관할권에 대한 국가들의 입장대립

로마규정 제12조는 ICC의 관할권 행사의 전제조건을 규정하고 있으며, 이 규정은 ICC 규정 채택을 위한 로마 전권외교회의에서 우리나라가 제안한 안에 기초하고 있는 것이다. 당시 로마회의에서는 ICC가 관할할 범죄인 네 가지 핵심범죄(침략범죄, 집단살해죄, 인도에 반한 죄, 전쟁범죄)에 대해서는 국제법상 보편적 관할권이 성립되어 있으므로 ICC가 이해관계국의 아무런 동의 없이 관할권을 행사해야 된다는 독일안과, 네 개 이해관계국들(범죄발생국, 범죄인 구금국, 범죄인의 국적국, 피해자의 국적국)의 동의를 모두 받아야 한다는 미국안이 첨예하게 대립하여 타협점을 찾기가 대단히 어려운 상황이었다.

2. 로마회의시 ICC의 관할권에 대한 우리나라의 제안

로마회의시 우리나라 대표단은 ICC 관할권과 관련한 중요한 타협안을 제안하였다. 이 제안은 독일의 제안처럼 조약에 의해 설립되는 국제기구인 ICC에게 국가와 동일한 보편적 관할권 행사능력을 부여하는 것은 지나치게 이상적이며, 미국의 제안처럼 네 개 이해관계국의 동의를 모두 받아야만 ICC가 관할권을 행사하도록 한 것은 ICC가 관할권을 사실상 행사할 수 없도록 한 것이라고 평가하면서 네 개 이해관계국 중 한 국가의 동의만 얻으면 ICC가 관할권을 행사할 수 있도록 할 것을 주장하였다. 따라서 한국의 제안에 의하면 ICC 관할권행사의 전제조건으로서 이해관계국의 동의를 ICC가 얻도록 하되, 네 개 이해관계국 중 어느 한 국가만의 동의를 얻으면 관할권 행사가 가능하도록 하였다. 그러므로 우리나라의 제안은 조약상 기구의 권한 근거로서 주권의 동의가 필요하다는 현재의 국제법원칙에 충실하면서도 ICC에게 상당히 폭넓은 관할권 행사의 기회를 줄 수 있도록 한 것이었다. 이 제안은 스페인 등 독일안과 미국안 모두에 만족할 수 없었던 많은 국가들에게 매우 좋은 대안으로서 기능했고, 독일안과 미국안의 대립으로 어쩌면 실패할 수도 있었던 로마회의를 성공적으로 마무리 할 수 있게 한 제안이었다. 우리나라의 제안은 로마회의시 회의참가국의 80%가 넘는 광범위한 국가의 지지를 얻었다.

3. 추가 타협안으로서의 로마규정 제12조

독일은 우리나라의 제안의 장점을 인정하면서 우리나라의 제안이 채택될 수 있도록 자국의 제안을 철회하고 우리 안을 지지하였다. 그러나 미국 등은 강하게 반대하였고 추가적인 타협안으로서 최종적으로 로마규정 제12조가 채택되게 되었다. 즉 제12조는 우리나라의 제안에서 나타난 네 개의 이해관계국 중 "구금국"과 "피해자의 국적국" 삭제하여 ICC가 관할권을 행사할 수 있는 기회를 축소시켰다. 그러나 제12조는 나머지 두 개의 이해관계국인 범죄발생지국과 범죄혐의자의 국적국의 동의를 선택적(selective)으로 얻도록 하여, 우리나라 제안의 기본적인 접근방식인 선택적 접근방식(selective approach)을 유지하고 있다.

따라서 로마규정 제12조는 ICC에게 ICC관할범죄에 대한 보편적 관할권을 부여하고 있지 않음을 유의하여야 한다. ICC에게 보편적 관할권을 부여하자는 독일안은 로마회의시 채택되지 못하였기 때문이다. 만약 독일안이 채택되었다면 ICC의 관할권 행사의 전제조건으로서 범죄발생지국 또는 범죄혐의자의 국적국이 ICC 규정당사국이어야 한다는 것은 필요하지 않았을 것이다. ICC의 관할권 행사의 전제조건에 관한 여러 제안에 관해서는 다음에서 자세히 살펴보기로 한다.

Ⅳ. 관할권행사의 전제조건에 관한 여러 제안

로마회의시 관할권행사의 전제조건과 관련하여 크게 다섯 가지의 주요 제안이 있었다. 이 제안들은 1) 선택수락(opt-in)이나 선택제외(opt-out) 관할권 제도 또는 취사선택(a la carte)관할권 제도에 관한 제안 2) 영국안 3) 독일안 4) 미국안 5) 대한민국안이었다.

1. 선택수락, 선택제외 또는 취사선택 관할권 제도안―제한된 관할권 제도

선택수락 관할권제도는 특정 국가가 로마규정에 가입하는 동시에 ICC 관할범죄에 대한 ICC의 관할권 행사에 동의하는 자동적 관할권제도와 달리 로마규정에 가입하는 것과 관할대상범죄에 대한 ICC의 관할권 행사에 동의하는 것을 구별하는 제도이다. 즉, 선택수락 제도하에서는 국가가 로마규정에 가입하면서 별도로 관할대상범죄 중에서 어느 범죄에 대한 ICC의 관할권 행사에 동의하는지에 대해 선택적으로 수락한다. 예를 들어 특정국가는 로마규정에 가입하면서 그 국가는 ICC 관할범죄 중 집단살해죄에 대한 ICC의 관할권 행사에 동의한다고 선언할 수 있다. 그러한 경우 ICC가 집단살해죄 이외의 관할범죄에 대해서 관할권을 행사하려면 그 국가의 동의를 추가로 얻어야 한다. 이러한 선택수락 제도는 국가들이 로마규정에 가입하고 ICC의 관할권 수락에 대해 융통성을 부여할 수 있다는 장점도 있다. 그러나 선택수락 제도는 ICC의 관할권 제도를 복잡하게 하고 자동적 관할권제도에 비해 ICC의 관할권 행사의 효율성도 부족하다는 비판이 제기되어 로마회의시 선택수락 제도를 지지하는 국가는 극소수였다.

선택제외 제도는 선택수락 제도와 비슷하나 그 차이점은 후자는 관련국가가 관할범죄 중 ICC가 관할권을 행사하는 것에 동의하는 범죄를 수락하는 선언을 하는 것인 반면 전자는 ICC 관할범죄 중 ICC의 관할권 행사를 제외하는 범죄를 선택하여 선언하는 제도이다. 즉, 선택제외 제도는 특정국가가 ICC 관할범죄 중 전쟁범죄에 대한 ICC의 관할권 행사에 대해 동의하지 않음을 선언하여, 그 국가에 대해서는 ICC가 전쟁범죄에 대한 관할권 행사를 할 수 없도록 하는 제도이다.

취사선택제도는 재판소 규정당사국이 ICC의 관할권을 사건(case)별로 취사선택할 수 있는 제도로서 관할범죄(crime) 중에서 ICC의 관할권을 선택하는 선택수락 제도나 선택제외 제도와 차이를 보이고 있다.

그러나 위의 세 가지 제도는 ICC의 관할권 행사를 제한되게 인정한다는 점에서 공통점을 가지고 있으며, ICC의 관할범죄에 대해 국가의 보편적 관할권이 성립되어 있다는 점을 고려할 때 지나치게 제한된 관할권 제도라는 평가를 받아 로마회의시 소수 국가의 지지만을 얻었다.

2. 영국안-영토적 관할권(속지주의)

영국안의 주요 내용은 1) ICC에 자동적 관할권을 부여하고 2) ICC의 관할권 행사의 전제조건으로서 범죄인 등이 소재하고 있는 "구금국(custodial state)" 그리고 범죄가 발생한 "영토국(territorial state)" 모두가 ICC의 규정 당사국이거나 비당사국인 경우 관할권 행사에 동의하는 것을 규정하는 것이었다. 로마회의 중 영국은 원래의 제안을 수정하여 ICC의 관할권 행사의 전제조건으로서 "영토국"의 동의만을 요구하는 수정안을 제출하였다. 영국안은 자동적 관할권제도를 채택하였다는 점에서 선택수락 제도 등과 차이를 보이고 있다. 또한, 영토국의 동의를 ICC의 관할권 행사의 전제조건으로 함으로써 기본적으로 영토적 관할권 또는 속지주의 원칙에 근거하고 있다고 할 수 있다. 그러나 이 영국안은 독일안과 우리나라의 안을 많은 국가들이 지지한 결과로서 극소수의 국가만이 이 안을 지지하였다.

3. 독일안-보편적 관할권(보편주의)

독일안도 로마회의시 통합초안에 제시되었는데, 독일안은 자동적 관할권을 채택하면서 ICC의 관할권 행사를 위한 전제조건을 요구하지 않고 있다. 즉, 독일안은 ICC가 관할권을 행사하기 위해 관련되는 국가의 동의가 전혀 필요하지 않다는 입장을 취하였다. 로마회의시 독일 대표는 현행 국제법상 모든 국가는 집단살해죄, 인도에 반한 죄, 전쟁범죄에 대해 가해자의 국적, 피해자의 국적, 범죄 발생지에 관계없이 보편적 관할권(universal jurisdiction)을 행사할 수 있다고 주장하였다. 그 결과, 모든 국가는 각각 특정한 집단살해죄, 인도에 반한 죄, 전쟁범죄의 사건에 대해 그 국가의 형사 관할권을 행사할 수 있으며, 당해 국가가 이러한 보편적 관할권의 행사를 위해 사전에 구금국 또는 영토국 등 다른 국가의 동의를 받을 필요가 없다고 주장하였다. 따라서 독일은 가능한 한 많은 국가들이 참여하여 체결하는 국제형사재판소가 주권국가와 같이 집단살해죄, 인도에 반한 죄, 전쟁범죄에 대해 보편적 관할권을 행사할 수 있어야 하고, 그 결과 ICC의 관할권 행사를 위한 전제조건이 필요 없다고 주장하였다. 다시 말하면, 독일은 ICC에게 주권국가에게 부여되는 보편적 관할권의 행사권능을 부여하자는 입장이었다.

주권국가의 집단살해죄, 인도에 반한 죄, 전쟁범죄에 대한 보편적 관할권 행사권능은 국제법상 확립되어 있다. 첫째, 집단살해죄의 경우, 국가들은 이에 대한 국내입법을 통해 보편적 관할권을 행사하여 왔고 범죄인의 기소와 인도가 보편적 관할권에 기초하여 이루어진 실례가 많다. 또한, 집단살해죄 방지협약 제6조는 집단살해 행위가 발생한 영토국가에게 범죄인을 처벌할 의무를 부과하고 있을 뿐만 아니라 다른 국가가 형사관할권을 행사하는 것을 허용하고 있다. 더구나, 제6조는 집단살해 행위를 처벌하기 위한 국제형사재판소의 설립을 예정하고 있다. 둘째, 인도에 반한 죄의 경우, 인도에 반한 죄를 구성하는 기본적 인권의 침해행위를 처벌하는 것은 "모든 국가의 의무(obligation *erga omnes*)"로서의 성격을 가지고 있다. 이는 특정한 인도에 반한 죄와 직접적으로 관련되지 않은 제3국도 당해 범죄인을 처벌할 법적 이익을 가지고 있음을 의미한다. 셋째로, 전쟁범죄의 경우, 1949년 4개의 제네바 협약은 모든 체약당사국이 제네바 협약상의 중대한 위반행위(grave breach)를 범한 개인을 그 국적에 관계없이 기소할 의무를 지도록 하고 있다.

인도에 반한 죄 등의 처벌을 위해 국가가 보편적 관할권을 행사한 대표적인 예는 아이히만(Eichmann) 사건[1]이다. 이 사건에서 이스라엘은 나치 전범으로서 남미에 도주하였던 아돌프 아이히만을 납치하여 이스라엘 법원에 인도에 반한 죄 등을 이유로 기소하였다. 이에 대해 이스라엘 지방법원은 그의 범죄가 이스라엘 법에 의한 범죄일 뿐만 아니라 모든 인류를 괴롭히고 인류의 양심에 충격을 준 중대한 범죄라고 하면서 이러한 범죄의 처벌을 위한 국가의 관할권은 보편적(universal)인 것이라고 판시하였다. 이러한 지방법원의 판결은 이스라엘 대법원에 의해서도 승인되었다.

그럼에도 불구하고, 독일안의 약점은 조약에 의해 설립되는 국제기구인 국제형사재판소에게 주권국가와 동일한 보편적 관할권의 행사권능을 부여한 점이다. ICC는 어디까지나 주권국가의 동의하에 설립되는 국제기구로서 주권국가와 같은 완전한 형사관할권을 행사한다고 보기는 어렵기 때문이다. 이 때문에 우리나라는 ICC의 관할권 행사를 위해 관련국가의 동의가 관할권적 연관(jurisdictional link)으로서 필요하다고 제안하였다.

4. 미국안

미국은 기본적으로 선택수락 제도와 같은 제한된 관할권제도를 선호하면서 로마회의 이전단계부터 이해관계국으로 거론되던 구금국(custodial state), 영토국(territorial state), 가해자의 국적국(state of nationality of the accused), 피해자의 국적국(state of nationality of the victim)의 동의를 모두 받아야만 ICC가 관할

---

[1] 이스라엘 대법원의 판결은 Eichmann v. Attorney-General of the Government of Israel, 36 I.L.R. 277 (1962)이며 이스라엘 지방법원의 판결은 Attorney-General of Israel v. Eichmann, Criminal Case No. 40/61, District Court of Jerusalem, Judgment of Dec. 11, 1961이다. 지방법원 판결은 American Journal of International Law Vol 56., p. 805(1962)에 수록 되어 있다.

권을 행사할 수 있도록 하자는 주장을 하였다. 즉, ICC의 관할권 행사의 전제조건으로서 4개 이해관계국의 동의를 중첩적으로(in a cumulative way) 요구하자는 제안이었다. 특히, 가해자의 국적국의 동의는 반드시 필요한 관할권 행사의 전제조건으로 포함시켜야 한다고 주장하였다. 왜냐하면, 미군 등이 ICC의 수사 및 기소의 대상이 되는 것을 사전에 방지하기 위하여, 가해자의 국적국의 동의를 ICC 관할권 행사의 전제조건으로 하는 것이 필요하였기 때문이었다.

5. 대한민국안―자동적 관할권과 관할권적 관련성

로마회의시 우리나라는 ICC의 관할권 구조와 관련한 중요한 제안을 하였다. 우리나라의 안은 1) ICC에 자동적 관할권을 부여하면서 2) ICC의 관할권 행사의 전제조건으로서 4개 이해관계국의 동의를 선택적으로(in a selective way) 요구하는 것을 내용으로 하고 있다. 이 제안은 당시 우리나라 대표단의 일원이자 UN 대한민국 대표부의 참사관이었던 신각수 국장[2]이 기초한 것이었다. 우리나라의 안은 다른 국가의 안과 비교하여 두 가지의 특징을 가지고 있었다. 첫째, 우리나라의 안은 영국안이나 미국안이 이해관계국의 동의를 중첩적으로 요구하고 있는 반면에 이해관계국의 동의를 선택적으로 요구하고 있다. 이는 미국안 등과 같이 이해관계국의 동의를 중첩적으로 요구하는 경우에는 4개 이해관계국 중 어느 한 나라만 ICC의 관할권 행사에 대해 동의하지 않는다면 ICC가 관할권을 행사할 수 없는 반면, 우리나라안처럼 이해관계국의 동의를 선택적으로 요구하는 경우에는 4개 이해관계국 중 어느 한 나라만 동의하면 ICC가 관할권을 행사할 수 있다는 의미이다. 따라서 우리나라안은 ICC에게 관할권을 행사할 가능성을 미국안 등에 비해 훨씬 많이 부여하고 있는 것이다. 우리나라의 안에 의한 ICC의 관할권 행사 가능성을 다른 제안과 비교해보면 가장 적은 것이 미국안 또는 선택수락 방식, 그 다음이 영국안, 그 다음이 우리나라안, 그리

---

2) 이 글을 쓰는 시점에서 신각수 국장은 외교통상부 조약국장, 제1차관, 주일대사 등을 역임하고 국립외교원 국제법 센터장으로 재직 중이다.

고 가장 큰 것이 독일안이라고 할 수 있다.

둘째, 우리나라의 안과 독일안을 비교하면 독일안이 ICC에게 보편적 관할권을 행사할 권능을 부여하여 ICC의 관할권 행사를 위한 이해관계국의 동의를 전제조건으로서 전혀 요구하지 않는 반면 우리나라안은 4개 이해관계국 중 한 국가 이상의 동의를 ICC의 관할권 행사의 전제조건으로서 요구하고 있다. 그 이유는 ICC는 주권국가의 동의에 의해 설립되는 조약상 기구이며 주권국가가 아니므로 ICC가 관할권을 행사할 수 있기 위해서는 주권국가인 이해관계국이 ICC의 관할권 행사에 동의하여 ICC에게 관할권 행사를 위한 법적 관련성(nexus)을 부여하는 것이 타당하기 때문이다. 전통적으로 국가의 형사관할권의 행사근거로서 5가지를 들고 있다. 그것은 속지주의, 속인주의(능동적 속인주의), 수동적 속인주의, 보호주의, 보편주의이다. 따라서 우리나라의 안은 이러한 형사관할권의 행사근거를 가진 이해관계국 4개국 중 어느 한 국가가 ICC의 형사관할권 행사를 동의해주는 것이 ICC의 관할권 행사를 위한 법적 연관성을 부여한다는 입장을 전제로 하고 있는 것이었다. 그러면서도, 우리나라안은 전제조건으로서 4개 이해관계국의 동의를 선택적으로 요구하여 ICC가 관할권을 행사할 가능성을 넓게 확보하고 있는 안이다. 그러나 우리나라안이 ICC의 관할권 행사를 위해 전제조건이 필요하다는 입장을 취하였다고 해서 집단살해죄 등 ICC의 관할범죄에 대한 주권국가의 보편적 관할권 행사 권능을 부인하는 것도 아님을 유의해야 한다.

V. 관할권 행사 전제조건의 필요성

관할권 행사 전제조건은 당사국이 사태를 회부하거나 소추관이 독자적으로 수사를 개시한 경우에만 요구된다. UN안전보장이사회가 헌장 제7장에 따라 사건을 회부한 경우에는 전제조건이 필요 없다. 이 경우, ICC는 범죄가 발생한 영토국가나 범죄인의 국적국이 당사국이거나 ICC 관할권 행사에 동의할 필요가 없다. 이러한 차이는 UN헌장 제25조에 의해 UN헌장

제7장에 따른 안전보장이사회의 결의는 구속력이 있는 것이며, UN회원국은 이 결의에 따라야하기 때문이다. 즉 UN 안보리가 ICC에 사건을 회부하기로 결의한 경우에 모든 UN회원국은 이 안보리의 결의에 따라 ICC가 관할권을 행사하는 것을 수락해야 한다.

그러나 당사국 또는 소추관이 사건을 회부한 경우, 재판소가 관할권을 행사하기 위하여는 법적연관(jurisdictional link)이 필요하다. 특히 ICC는 조약에 의해 설립되는 국제기구이기 때문에 관련된 국가의 동의가 ICC 관할권 행사를 위한 법적연관으로서 필요하게 된다. 만일 ICC가 주권국가와 같은 지위를 가지고 있다면 이러한 법적연관이 필요 없고 따라서 그 관할권 행사를 위한 전제조건도 필요 없을 것이다. 왜냐하면 주권국가는 ICC 관할범죄에 대해 보편적 관할권(universal jurisdiction)을 가지고 있다는 것이 국제법상 원칙이기 때문에, ICC가 주권국가와 같은 지위라면 ICC는 국가와 같이 추가적인 법적연관이 없이 보편적 관할권을 행사할 수 있기 때문이다. 이러한 이유로 독일의 제안은 ICC 관할권 행사의 어떠한 전제조건도 인정하지 않고 있었다.

궁극적으로, 로마규정 제12조는 ICC 관할권 행사의 전제조건을 인정하고 있고, 전제조건으로서 영토국가 또는 범죄인의 국적국의 동의를 선택적인 방식으로 요구하고 있다.

Ⅵ. 비규정당사국의 관할권 수락

로마규정 제12조 3항은 제2항에 따라 이 규정의 당사국이 아닌 국가의 수락이 요구되는 경우, 그 국가는 사무국장에게 당해 범죄에 대한 ICC의 관할권행사를 수락하는 선언을 할 수 있도록 하였다. 동조 2항은 범죄발생지국 또는 범죄혐의자의 국적국이 규정당사국이면 ICC의 관할권 행사의 전제조건이 충족된 것으로 규정하고 있다.

이는 동조 1항의 자동적 관할권으로 인한 결과로서 규정당사국은 ICC의 관할권 행사를 자동적으로 수락하였기 때문에 이 두 국가 중 한 국가가 규정당사국이면 ICC는 그 관할권 행사에 대한 이 국가의 동의를 얻은 것이기 때문이다. 그러나 이 두 국가 모두가 비규정 당사국이면 ICC는 그 관할권 행사를 위해 이들 국가의 동의를 별도로 얻어야 한다. 따라서 동조 3항은 비규정 당사국의 동의를 별도로 얻을 수 있는 절차를 규정하고 있는 것이다.

제 4 절 관할권의 행사

로마규정 제13조는 ICC가 관할권을 행사하게 하도록 하는 제소장치에 관하여 규정하고 있으며, 3가지 제소주체를 정하고 있다. 즉, 동조에 의하면 당사국이 범죄가 범하여진 것으로 보이는 사태를 소추관에게 회부할 수 있고, UN 안전보장이사회가 UN 헌장 제7장에 따라 사태를 소추관에게 회부할 수 있으며, 소추관이 독자적으로 범죄에 대하여 수사를 개시할 수 있다.

특히 소추관이 독자적으로(*proprio motu*) 수사를 개시할 수 있는지 여부에 관해 로마회의시 많은 의견대립이 있었다. 많은 국가들은 소추관에게 독자적으로 수사를 개시할 수 있도록 해야 한다고 주장했는데 그 주요 이유는 과거의 역사적 경험상 특정 국가나 안전보장이사회가 다른 국가를 상대로 국제범죄에 관해 제소하는 일이 거의 없었다는 것이다. 이들 국가는 소추관에게 독자적으로 수사를 개시할 권한을 주는 것이 ICC가 실효적으로 기능하는데 매우 긴요한 것이라고 주장하였다.

그러나 일부 국가들은 소추관에게 독자적으로 수사하는 권한을 주어서는 안 된다고 주장하면서 그 주요 이유로서 소추관의 독자적인 수사권한에 대한 견제수단이 없다는 것을 들었다. 궁극적으로 로마규정 제13조 다호는 소추관에게 독자적으로 수사를 개시할 권한을 부여하였다. 이는 ICC의 실효성확보에 매우 도움이 될 것으로 보인다. 또한, ICC는 소추관에 대한 견제수단으로서 크게 3가지 장치를 가지고 있는 것으로 보인다. 이는 1) 보충성 원칙의 채택, 2) 소추관의 임명절차와 책임 등 관련규정, 3) 소추관이 지켜야 할 형사상의 절차장치이다. 이를 고려할 때, 로마규정이 소추관의 권한 남용을 방지하기 위한 장치를 규정하면서 소추관에게 독자적인 수사개시 권한을 준 것은 타당하다고 판단된다. 실제로 케냐에서 발생한 선거관련 폭력사태 등에 대해 ICC 소추관이 독자적으로 개시한 바가 있고, 우리나라의 연평도에 대한 북한의 공격과 천안함 침몰 사건에 대해 ICC의 소추관은 2010년 독자적인 수사 개시를 위한 예비조사(Preliminary Examination)를 시작한 바 있다.

제 5 절   당사국에 의한 사태의 회부

로마규정 제14조 1항은 당사국에게 재판소의 관할범죄의 범행에 대하여 특정인이 책임이 있는지 여부를 결정하기 위하여 그러한 범죄가 범하여진 것으로 보이는 사태(situation)를 수사하도록 소추관에게 요청할 권한을 부여하였다. 이 조항은 "사태(situation)"라는 용어를 사용하여 "사건(case)"보다는 넓은 상황을 당사국이 소추관에게 회부할 수 있도록 하고 있다.

로마회의시 논의되었던 것 중의 하나는 당사국이 소추관에게 회부하는 것이 범죄의 "사건(case)"인지 아니면 범죄의 "사태(situation)"인지에 관한 것이었다. 궁극적으로 로마규정은 "사태"라는 용어를 채택하였다. 그러나 실제로 한 국가가 다른 국가를 상대로 제소하는 것은 매우 드문 일이라는 것이 경험상 확인된다. 왜냐하면, 그러한 제소행위는 상대국가에 대한 비우호적인 행위로 간주되기가 쉽기 때문이다. 한편 제14조 2항은 당사국이 사태를 회부할 때 가능한 한 관련 정황을 명시하고 그 사태를 회부할 국가가 입수할 수 있는 증빙문서를 첨부하도록 하였다.

제 6 절   소추관(the Prosecutor)

로마규정 제15조는 소추관의 수사개시에 관해 규정한다. 동조 1항은 소추관에게 재판소의 관할범죄에 관한 정보에 근거하여 독자적으로(*proprio motu*) 수사를 개시할 수 있는 권한을 부여하고 있다. 즉, 소추관은 당사국 또는 안전보장이사회의 회부가 없어도 수사를 개시할 수 있다.

동조 2항은 소추관에게 접수된 정보의 중대성을 분석할 것을 요구하고 있다. 이러한 목적을 위해 소추관은 국가, UN 기관, 정부간기구, 비정부간 기구(NGO) 또는 다른 믿을만한 출처로부터 추가정보를 구할 수 있으며, 재판소의 소재지에서 서면 또는 구두의 증언을 접수할 수 있다.

동조 3항은 소추관이 수사를 진행시킬 만한 합리적인 근거가 있다고 판단하는 경우, 수사허가 요청서를 전심재판부(pre-trial chamber)에 제출하도록 하고 있다. 또한 범죄의 피해자도 전심재판부에서 진술할 수 있다. 따라서 3항은 소추관이 수사를 진행시킬지 여부에 관해 "합리적인 근거(a reasonable basis)"가 있는지를 판단하여 수사허가 요청서를 제출하도록 하고 있다.

동조 4항에 의하면 전심재판부가 수사허가 요청서와 증빙자료를 검토한 후 수사를 진행시킬만한 합리적인 근거가 있고 당해 사건이 재판소의 관할권에 속한다고 판단하는 경우, 전심재판부는 수사의 개시를 허가한다. 다만, 전심재판부의 수사개시 허가는 사건의 관할권과 재판 적격성에 관한 재판소의 추후 결정에 영향을 미치지 아니한다.

동조 5항에 의하면 전심재판부가 수사허가를 거부하였더라도 소추관은 동일한 사태에 관한 새로운 사실이나 증거에 근거하여 추후 요청서를 제출할 수 있다.

동조 6항에 의하면, 1항과 2항에 규정된 예비조사(preliminary examination) 후 제공된 정보가 수사를 위한 합리적인 근거를 구성하지 않는다고 결론짓는 경우, 소추관은 정보를 제공한 자에게 이를 통지한다. 그러나 거절 이후

도 소추관은 동일한 사태에 관하여 자신에게 제출된 추가정보를 새로운 사
실이나 증거로 검토할 수 있다.

제 7 절   수사 또는 기소의 연기

　　로마규정 제16조는 안전보장이사회가 UN 헌장 제7장에 따라 채택하는
결의로 재판소에 수사 또는 기소의 연기를 요청하는 경우 12개월의 기간
동안은 로마규정에 따른 어떠한 수사나 기소도 개시되거나 진행되지 않도
록 규정하고 있다. 또한 동조는 그러한 요청은 동일한 조건하에서 안전보
장이사회에 의하여 갱신될 수 있다고 규정한다.

　　로마회의시 UN 안전보장이사회가 ICC의 수사 또는 기소를 연기시킬
수 있는지에 관해 많은 논란이 있었다. 논란의 핵심쟁점 중 하나는 안전보
장이사회가 ICC의 수사 또는 기소의 연기를 요청해야 하는가 아니면 안전
보장이사회가 관련 사태를 논의 중일 때는 ICC가 수사 또는 기소를 시작
할 수 없고 침략행위 등의 결정을 한 후에야 수사 또는 기소를 시작할 수
있는가의 문제였다. 전자의 입장은 로마회의 이전의 준비위원회(preparatory
committee) 단계에서의 싱가포르의 제안으로서, 로마회의시 통합초안에 포함
되어 있었다. 이에 의하면, 안전보장이사회가 ICC의 수사 또는 기소의 연기
를 요청하려면 안전보장이사회 상임이사국의 만장일치를 포함하여 연기요
청결의를 채택하여야 한다. 이는 상임이사국의 거부권 행사 가능성을 고려
할 때 쉽지 않은 일로서 안전보장이사회가 ICC에 대해 수사 또는 기소의
연기를 요청하는 것의 남용 가능성이 적은 방안이라 할 수 있다. 후자의
입장은 안전보장이사회가 범죄 관련사태를 논의하여 평화의 파괴, 침략행
위 등이 존재한다는 결정을 내리기 까지는 ICC가 수사 또는 기소절차를
개시할 수 없다. 이는 ICC의 실효적 운영에 매우 큰 장애를 가져올 가능성
이 있는 방안이다.

　　로마규정 제16조는 소위 싱가포르안의 방식을 채택하여 ICC의 수사 또

는 기소의 연기는 안전보장이사회가 그러한 연기를 요청하는 결의를 채택함으로써 가능하도록 하였다.

실제로 로마규정 제16조에 따라, UN안전보장이사회는 미국의 주도로 2002년 7월 12일 제4572차 회의에서 결의 1422를 채택하여 UN이 수립하거나 승인한 활동과 관련한 행위에 대하여 2002년 7월 1일부터 12개월간, 안전보장이사회가 달리 결정하지 않는 한, 수사 또는 기소를 시작하지 않도록 하였다.3) 2003년 6월 12일에는 안보리 결의 1487이 이와 유사한 내용을 규정하여 다시 1년 동안 ICC 의 수사와 기소를 시작하지 않도록 하였다. 2004년 미국은 다시 유사한 내용의 결의안을 제안하였으나, 그 당시 이라크의 아부 그라이브 수용소에서 미군이 수감자들을 학대하는 사건이 발생함에 따라 국제여론이 악화되어 그 제안을 철회하였다.

---

3) 이 결의의 원문은 다음과 같다.

Resolution 1422 (2002) adopted by the Security Council at its 4572nd meeting, on July 12th 2002:

"The Security Council,

Taking note of the entry into force on 1 July 2002, of the statute of the International Criminal Court (ICC), done at Rome 17 July 1998 (the Rome Statute),

Emphasizing the importance to international peace and security of United Nations operations,

Noting that not all States are parties to the Rome Statute,

Noting that States Parties to the Rome Statute have chosen to accept its jurisprudence in accordance with the Statute and in particular the principle of complementarity,

Noting that States Parties to the Rome Statute will continue to fulfil their responsibilities in their national jurisdiction in relation to international crimes,

Determining that operations established or authorized by the United Nations Security Council are deployed to maintain or restore international peace and security,

Determining further that it is in the interests of international peace and security to facilitate Member States' ability to contribute to operations established or authorized by the United Nations Security Council,

Acting under Chapter VII of the Charter of the United Nations,

1. Requests, consisted with the provisions of Article 16 of the Rome Statute, that the ICC, if a case arises involving current or former officials or personnel from a contributing State not a Party to the Rome Statute over acts or omissions relating to a United Nations established or authorized operation, shall for a twelve-month period starting 1 July 2002 not commence or proceed with investigation or prosecution of any such case, unless the Security Council decides otherwise;

2. Expresses the intention to renew the request in paragraph 1 under the same conditions each 1 July for further 12-month periods for as long as may be necessary;

3. Decides that Member States shall take no action inconsistent with paragraph 1 and with their international obligations; Decides to remain seized of the matter."

제 8 절   재판 적격성의 문제

Ⅰ. 의 의

로마규정 제17조는 재판 적격성의 문제(issues of admissibility)를 다루고 있다. 이 재판 적격성의 문제는 특정 사건이 ICC의 재판대상이 될 수 있는가의 문제로서 보충성의 원칙이 구체적으로 표현된 것이라고 할 수 있다.

Ⅱ. 보충성의 원칙(the Principle of Complementarity)

1. 국가 형사관할권의 우위

로마규정 제17조 1항의 총칙(chapeau)은 "전문 제10항과 제1조를 고려하여 재판소는 다음의 경우 사건의 재판적격성이 없다고 결정한다"고 규정한다. 전문 제10항과 제1조는 국제형사재판소는 국가의 형사관할권을 보충한다는 것을 명시하고 있다. 따라서 국가의 형사관할권이 ICC의 관할권 보다우위에 있다고 하는 보충성의 원칙을 채택하고 있다.

이 보충성의 원칙에 따라 제17조 1항 가호는 사건에 대하여 관할권을가지는 국가에 의하여 사건이 수사되고 있거나 기소된 경우 ICC는 그 사건이 재판적격성이 없다고 결정하도록 하고 있다. 다만, 그 국가가 진정으로 수사 또는 기소를 할 의사가 없거나(unwilling), 능력이 없는(unable) 경우에는 재판적격성이 있다고 할 수 있다. 동항 나호는 사건이 관할권을 가지는국가에 의하여 수사되었고 그 국가가 당해인을 기소하지 아니하기로 결정한 경우 ICC는 그 사건이 재판적격성이 없다고 결정하도록 하고 있다. 단,그 결정이 진정으로 기소하려는 의사 또는 능력의 부재에 따른 결과인 경우에는 재판적격성이 있다고 결정할 수 있다. 동항 다호는 일사부재리원칙을 위반하는 경우의 사건을 재판적격성이 없다고 결정하도록 하고 있다.
동항 라호는 사건이 재판소의 추가적 조치를 정당화하기에 충분한 중대성
이 없는 경우, 그 사건은 재판적격성이 없다는 결정을 내리도록 하고 있다.
위와 같이 제17조 1항에서는 '의사부재' 또는 '능력부재'의 경우 ICC가 재판
적격성이 있다고 결정할 수 있도록 하고 있으며, 로마규정 제17조 2항과 3
항에서는 '의사부재'와 '능력부재'를 결정하기 위한 기준을 정하고 있다.

2. 의사부재(unwillingness)의 결정기준

로마규정 제17조 2항은 특정사건의 의사부재를 결정하기 위한 기준을
정하고 있다. 동항 가호는 재판소 관할범죄에 대한 형사책임으로부터 당해
인을 보호할 목적으로 절차가 취해졌거나, 진행 중이거나 또는 국내적 결
정이 내려진 경우, 관할권 행사의사가 부재한 것으로 결정할 수 있도록 하
고 있다. 이는 소위 허위재판(sham trial)으로서 당해인을 심리하는 재판이 있
었으나 무죄를 선고하는 등의 방법으로 당해인을 보호하려는 목적으로 재
판하는 것 등을 의미한다. 동항 나호는 절차의 부당한 지연이 있는 경우
관할권 행사 의사가 부재한 것으로 결정할 수 있도록 하고 있다. 동항 다
호는 절차가 독립적이거나 공정하게 수행되지 않는 등의 경우에 관련 국가
의 의사가 부재한 것으로 결정할 수 있도록 하고 있다.

3. 능력부재(inability)의 결정기준

로마규정 제17조 3항은 ICC가 특정 사건에 관할권이 있는 국가가 그 형
사관할권을 행사할 능력이 없는지 여부를 결정할 때 고려할 기준을 제시하
고 있다. 그 기준으로서 ICC는 당해 국가가 그 국가의 사법제도의 전반적
또는 실질적 붕괴나 이용불능으로 인하여 피의자나 필요한 증거 및 증언을
확보할 수 없는지 여부 또는 절차를 진행할 수 없는지 여부를 고려한다.

4. 평 가

로마규정 제17조의 가장 중요한 성과는 ICC 자체가 궁극적으로 사건의

재판적격성을 결정할 수 있다는 점일 것이다. 비록 국가들의 형사관할권의 우위를 인정하고 기대했던 것보다 재판적격성을 위한 판단기준이 더 엄격해졌다고 하더라도, 로마규정상의 보충성의 원칙의 강점은 제17조 등 재판적격성 관련규정의 해석과 적용권한을 재판소가 가지고 있다는 점일 것이다. 이는 마치 특정사건에 대해 중재재판소의 관할권 유무를 그 중재재판소를 구성하는 중재재판관 자신들이 결정하는 것과 유사하다. 이를 소위 "권한 있는 자의 권한(competence de la competence)"이라고 한다.4)

그러나 로마규정 제17조에 대해서는 크게 두 가지 비판이 가능하다. 첫째, 제17조는 사면(amnesties 또는 pardons)에 관한 규정을 두고 있지 않다. 즉 제17조는 만약 관련 국가가 당해인을 사면한 경우에 그 사건이 재판적격성이 있는지 여부에 관해 명시적으로 규정하고 있지 않다. 그러나 예를 들어 관련 국가가 당해인을 유죄판결 후 바로 사면하는 것과 같은 행위는 전체 재판이 진정한 것이 아닌 허위의 것이라는 추정을 가능하게 하여 ICC는 관련 사건에 대해 재판적격성을 인정할 가능성이 높다. 둘째, 제17조를 포함하여 로마규정은 보충성 원칙에 대한 포기(waiver)에 관해 규정하고 있지 않다. 로마회의 이전의 준비위원회 단계에서는 이 문제가 제기되었고 로마회의시 통합초안에도 이에 관해 규정하였으나,5) 로마규정에는 포함되지 않았다. 그러나 제17조의 취지상 사건에 대해 관할권을 가진 국가가 보충성의 원칙에 따라 그 형사관할권을 우선적으로 행사할 수 있으나, 당해 국가가 이러한 권리를 포기한다면 ICC가 재판관할권을 행사할 수 있을 것으로 보인다.

결론적으로, 로마규정상의 보충성의 원칙은 국가의 주권에 대한 존중을 고려한 것으로서 로마규정 자체의 채택에도 매우 중요한 역할을 한 것으로 평가할 수 있다.

---

4) International Chamber of Commerce 규칙 제8조 3항 참조.
5) 통합초안 제2부 각주 39.

제 9 절   로마규정 제18조 내지 제21조

I. 예비결정절차

로마규정 제18조는 재판적격성에 대한 예비결정에 관하여 규정하고 있다. 이 조는 로마회의시 미국이 강하게 주장하여 포함된 것이다. 제18조 1항에 의하면 사태가 당사국에 의해 회부되거나 소추관이 독자적으로 수사를 개시하는 경우, 소추관은 모든 당사국과 당해 범죄에 대하여 통상적으로 관할권을 행사할 국가에게 이를 통지해야 한다. 동조 2항은 그러한 통지를 접수한 후 1개월 내에 국가는 관련 범죄행위에 대해 자국민 등을 수사하고 있음을 ICC에 통지할 수 있고 소추관은 당해 국가의 요청이 있으면 그 국가의 수사를 존중하여 수사를 보류한다고 규정한다. 동조 3항은 소추관에게 수사보류일로부터 6개월 후 또는 그 국가의 수사를 수행할 의사 또는 능력의 부재에 근거한 중대한 사정변경이 있는 때에는 언제든지 수사보류를 재검토하도록 하고 있다. 동조 4항은 당해 국가 또는 소추관은 전심재판부의 결정에 대하여 제82조에 따라 상소심재판부에 상소할 수 있도록 하고 있다. 상소는 신속하게 심리될 수 있다. 동조 5항은 소추관이 제2항에 따라 수사를 보류한 경우, 소추관은 당해 국가가 정기적으로 수사 및 후속 기소의 진전상황에 대하여 통지하여 줄 것을 요청할 수 있도록 하고 있다. 당사국은 부당한 지체 없이 그 요청에 응하여야 한다. 이 항의 진전사항의 통지의무와 관련하여 로마회의시 당사국뿐만 아니라 비당사국도 통지의무를 부담하여야 한다는 주장이 강하였다. 왜냐하면 수사보류를 요청하는 것은 비당사국도 가능하므로 비당사국이 수사보류를 요청하여 소추관이 수사를 보류한 경우 당해 비당사국은 후속 기소의 진전사항 등을 소추관에게 통지할 의무도 부담하는 것이 타당하다는 것이다. 그러나 다수국가는 비당사국에게 로마규정상의 의무를 부담시키는 것이 타당하지 않다는 견해에 따라 당사국만이 부당한 지체 없이 소추관의 진전사항의 통지 요청에 응하도록 하였다. 로마규정 제18조 6항은 전심재판부의 결정이 계류중이거나 또는 소추관이 제18조에 따라 수사를 보류한 때에는 언제든지, 소추관은 중요한 증거를 확보할 유일한 기회가 있는 경우 또는 그러한 증거를 이후에는 입수할 수 없게 될 중대한 위험이 있는 경우에는 예외적으로 증거를 보전하기 위하여 필요한 수사상의 조치를 취하기 위한 허가를 전심재판부에 요청할 수 있도록 하였다. 로마규정 제18조 7항은 제18조에 따른 전심재판부의 결정에 이의를 제기한 국가는 추가적인 중대한 사실 또는 중대한 사정변경을 근거로 제19조에 따라 사건의 재판적격성에 대한 이의를 제기하는 것을 허용한다.

로마규정 제18조는 당사국 여부에 관계없이 모든 국가에게 소추관이 수사를 개시하기 전에 통지하고, 이에 대해 관련국가가 특정 범죄행위를 수사하고 있음을 소추관에게 통보함으로써 ICC의 수사를 보류시킬 수 있는 제도이다. 제18조는 제19조에서 피의자 등이 ICC의 재판관할권 또는 사건의 재판적격성에 관해 이의제기를 할 수 있는 것과는 별도로 비당사국을 포함한 관련국가가 사건을 수사하고 있음을 소추관에게 통보함으로써 사건의 재판적격성을 예비결정하도록 요청할 수 있는 효과를 가진다. 또한, 제18조에 따라 사건의 재판적격성의 예비결정을 요청한 국가도 "추가적인 중대한 사실" 또는 "중대한 사정변경"을 근거로 제19조에 따른 이의제기를 할 수 있다.

따라서 로마규정 제18조는 보충성의 원칙을 충족시키기 위한 중첩적이고 엄격한 절차를 규정하고 있다고 볼 수 있다. 이 조는 또한 ICC가 투명하고 책임감 있게 운영되도록 하기 위한 안전장치로서의 기능도 가진다고 볼 수 있다.

Ⅱ. 이의제기

로마규정 제19조는 재판소의 관할권 또는 사건의 재판적격성에 대한 이의제기에 관해 규정하고 있다. 동조 2항에 의하면, 사건의 재판적격성에 대한 이의제기 또는 재판소의 관할권에 대한 이의제기는 1) 피의자 또는 체포영장 이나 소환장이 발부된 자, 2) 사건을 수사 또는 기소하고 있거나 수사 또는 기소하였음을 근거로 그 사건에 대하여 관할권을 갖는 국가, 3) 제12조에 따라 관할권의 수락이 요구되는 국가가 할 수 있다. 동조 3항은 소추관에게 관할권 또는 재판적격성의 문제에 관하여 재판소의 결정을 구할 수 있도록 한다. 관할권 또는 재판적격성에 관한 절차에 있어서는 피해자뿐만 아니라 제13조에 따라 사태를 회부한 자도 재판소에 의견을 제출할 수 있다. 동조 4항에 의하면, 이의제기는 원칙적으로 재판이 시작되기 전 또는 시작되는 시점에 1회에 한하여 행해질 수 있다. 동조 5항은 관련국가는 가능한 한 신속하게 이의제기를 하도록 하고 있다. 동조 6항은 공소사실의 확인 이전에는 사건의 재판적격성 또는 재판소의 관할권에 대한 이의제기는 전심재판부에, 공소사실의 확인 이후에는 이의제기가 1심재판부에 회부되도록 하고, 관할권 또는 재판적격성에 관한 결정에 대하여 제82조에 따라 상소심재판부에 상소할 수 있도록 하였다. 동조 7항에 따라 관련국가가 이의제기를 한 경우, 소추관은 재판소가 제17조에 따라 결정을 내릴 때까지 수사를 정지한다. 동조 8항은 소추관에게 재판소의 결정이 계류중인 동안 재판소로부터 1) 제18조 제6항에 규정된 종류의 필요한 수사 조치의 수행 2) 증인으로부터의 진술이나 증언의 취득 또는 이의제기를 하기 전에 시작된 증거의 수집 또는 조사의 완료 3) 관련 국가들과 협력하여, 소추관이 제58조에 따라 이미 체포영장을 신청한 자의 도주 방지 조치의 허가를 구할 수 있도록 하였다. 동조 9항은 이의제기가 이의제기 이전에 소추관이 수행한 여하한 행위 또는 재판소가 발부한 여하한 명령이나 영장의 효력에 영향을 미치지 아니한다는 것을 명확히 하고 있다. 동조 10항은 소추관에게 재판소가 제17조에 따라 사건의 재판적격성이 없다고 결정하였더라도, 그 사건이 제17조에 따라 재판적격성이 없다고 판단되었던 근거를 부정하는 새로운 사실이 발생하였음을 충분히 확인한 때에 그 결정에 대한 재검토 요청서를 제출할 수 있도록 하였다. 동조 11항은 소추관이 수사를 보류한 경우 관련국에게 절차 진행에 관한 정보를 제공하여 줄 것을 요청하는 것을 허용한다. 그 정보는 관련 국가의 요청이 있으면 비밀로 한다. 소추관이 그 후 수사를 진행하기로 결정하는 경우, 소추관은 자신이 보류하였던 절차에 관하여 해당 국가에게 통지해야 한다.

제19조는 사건의 재판적격성과 재판소의 관할권과 관련하여 소추관, 이의제기를 할 수 있는 주체 그리고 재판부와의 균형을 이루려고 하고 있다. 이 조는 보충성의 원칙과 효율적인 재판소의 운영을 통한 정의의 실현이라는 원칙 사이의 조화를 이루기 위한 조항이라고 보아야 할 것이다.

Ⅲ. 일사부재리(Ne bis in idem)

로마규정 제20조는 일사부재리의 원칙을 규정한다. 일사부재리의 원칙은 특정인이 동일한 범죄에 대해 두 번 처벌받지 않는다는 원칙으로서 국제인권규약 B규약(ICCPR) 제14조 7항에도 규정되어 있다.

로마규정 제20조 1항은 ICC가 동일인을 동일행위로 두 번 처벌하지 않도록 하고 있다. 동조 2항은 ICC에 의해 재판을 받은 사람을 다른 국가 등의 재판소에서 다시 재판받지 않도록 하고 있다. 동조 3항은 다른 국가 등의 재판소에서 재판을 받은 자는 ICC에서 다시 재판을 받지 않는다고 하고 있다. 그러나 이때, 다른 국가 등의 재판소의 절차가 1) 재판소 관할범죄에 대한 형사책임으로부터 당해인을 보호할 목적이었던 경우, 2) 그 밖에 국제법에 의하여 인정된 적법절차의 규범에 따라 독립적이거나 공정하게 수행되지 않았으며 상황에 비추어 당해인을 처벌하려는 의도와 부합하지 않는 방식으로 수행될 경우에는 ICC가 당해인을 다시 재판할 수 있다.

로마규정 제20조의 국내적 이행과 관련하여, 우리나라의 국제형사재판소 관할범죄의 처벌 등에 관한 법률 제7조는 ICC로부터 유죄 또는 무죄의 판결을 받은 사람에 대해 면소의 판결을 하도록 규정하고 있다.

Ⅳ. 적용법규

로마규정 제21조는 ICC가 적용하는 적용법규(applicable law)에 관해 규정한다. 동조 1항에 의하면 ICC는 1) 로마규정, 범죄구성요건과 절차 및 증거규칙, 2) 적용 가능한 조약과 국제법상의 원칙 및 규칙(applicable treaties and the principles and rules of international law), 3) 이상이 없는 경우 법의 일반원칙(general principles of law)을 적용한다. 여기서 "국제법상의 원칙 및 규칙"은 국제사법재판소(ICJ) 규정 제38조의 "국제관습법"을 의미하며 "법의 일반원칙"은 ICJ규정 제38조의 "법의 일반원칙"을 의미한다고 볼 수 있다. 동조 2항은 "재판소는 재판소의 기존 결정 속에서 해석된 법의 원칙과 규칙을 적용할 수 있다"고 규정하여 재판소의 선례에 대해 선례구속성(stare decisis)을 부여하지는 않는다. 왜냐하면, 동조항은 '선례를 적용한다'가 아니라 '선례를 적용할 수 있다'라고 하고 있기 때문이다. 동조 3항은 동조에 따른 법의 적용과 해석은 국제적으로 승인된 인권과 부합하여야 한다고 규정하고 있다.

제 4 장
국제형사재판소 규정에서의
형법의 일반원칙

제4장   국제형사재판소 규정에서의 형법의 일반원칙

제1절 서 론

로마규정 제3부는 국제형사재판소가 그 관할권을 행사하면서 지켜야 할 형법의 일반원칙을 규정하고 있다. 제3부는 총 11개의 조항으로 이루어져 있다. 로마규정 제3부는 대부분 국가의 국내법 체계에서 발견되는 형법의 일반적 원칙들을 종합적으로 포함하고 있다. 이 점은 로마규정의 주요한 성과로서 평가된다.

로마회의에서, 형법의 일반원칙에 관한 실무반(Working Group on General Principles of Criminal Law)이 설립되어 통합초안의 제3부 형법의 일반원칙을 검토하였다. 1998년 6월 16일, 전체위원회(Committee of the Whole)는 제2차 회의에서 퍼 살란드(Per Saland) 스웨덴 대표를 형법의 일반원칙에 관한 실무반의 의장으로 선출하였다. 그는 이 실무반을 잘 운영하여 성공적으로 제3부를 검토하여 작성하였고 제3부 이외에 제2부에 속하는 적용법규(applicable law)에 관한 규정도 실무반에서 검토하여 작성하도록 하였다.

다음에서는 제3부의 조항을 중심으로 형법의 일반원칙에 관한 구체적인 내용과 의미를 간략히 살펴보고자 한다.

제2절 죄형법정주의

죄형법정주의는 로마규정 제22조와 제23조에 규정되어 있다. 즉, 로마규정 제22조는 범죄법정주의(Nullum Crimen Sine Lege), 제23조는 형벌법정주의

(Nulla Poena Sine Lege)를 규정하여 죄형법정주의 원칙을 명확히 하고 있다. 먼저 범죄법정주의는 "어떤 행위도 형법에 명확히 규정되지 않고는 범죄로 인정되지 않는다"는 원칙이다. 다음으로 형벌법정주의는 "어떤 사람도 형벌을 규정한 법에 의하지 않고는 처벌되지 않는다"는 원칙이다. 이 죄형법정주의 원칙은 현대 형법의 근본원칙으로서 간주되고 있다.

Ⅰ. 범죄법정주의(제22조)

로마규정 제22조 1항은 "1. 누구도 문제된 행위가 그것이 발생한 시점에, 재판소 관할범죄를 구성하지 않는 경우에는 이 규정에 따른 형사책임을 지지 아니한다"고 규정하고 있다. 이는 특정행위를 범한 사람을 처벌하기 위해서는 그 행위가 행위시에 이미 재판소의 관할권에 속하는 범죄를 구성해야 한다는 것을 밝히고 있는 것이다. 또한 동조 제2항은 "2. 범죄의 정의는 엄격히 해석되어야 하며 유추에 의하여 확장되어서는 아니 된다. 범죄의 정의가, 분명하지 않은 경우, 정의는 수사, 기소 또는 유죄판결을 받는 자에게 유리하도록 해석되어야 한다"고 규정하여 유추해석의 금지원칙과 범죄의 정의가 불명확할 경우 피의자 또는 피고인에게 유리하게 해석해야 한다는 원칙을 명확히 하고 있다.

제22조 3항은 "3. 이 조는 이 규정과는 별도로 어떠한 행위를 국제법상 범죄로 성격지우는 데 영향을 미치지 아니한다"고 하고 있다. 이는 국제관습법은 계속 발전하는 것인데 비해 로마규정은 개정되기 전에는 계속 변화가 없다는 점을 고려한 규정이다. 즉, 제3항은 로마규정이외에 국제관습법이 특정 행위를 범죄로 정할 수 있음을 명확히 하고 있다. 또한, 제3항은 로마규정 제10조가 "이 부의 어느 조항도 이 규정과 다른 목적을 위한 기존의 또는 발전중인 국제법 원칙을 결코 제한하거나 침해하는 것으로 해석되지 아니한다"고 규정하고 있는 것과 상호보완적인 조항이 될 수 있다.

Ⅱ. 형벌법정주의(제23조)

로마규정 제23조는 "재판소에 의하여 유죄판결을 받은 자는 이 규정에 따라서만 처벌될 수 있다"고 하여 형벌법정주의를 규정하고 있다. 이 조항은 통합초안에는 포함되어 있지 않았으나, 로마회의시 일부 대표단이 범죄법정주의 원칙을 보완하기 위해서 추가할 것을 제안하였고 이에 대한 반대가 없어 채택되었다.

Ⅲ. 국제형사법상 죄형법정주의의 의의

죄형법정주의 원칙은 범죄의 사전예방과 형사절차적 공정성을 최대화하고 보호되는 행위에 대한 과도한 억지(deterrence)를 최소화하려는 데에 그 의의가 있다고 할 수 있다. 그러나 죄형법정주의 원칙은 그 자체의 결점을 내포하고 있다고 할 수 있다. 즉, 정확하게 사전에 쓰여진 규칙은 형사책임을 추궁하는데 있어서 예측가능성과 통일성을 향상시킬 수 있는 반면에, 이러한 사전규칙은 또한 법을 적용하는 재판관 등이 기존에 없는 새로운 문제나 비정상적인 문제를 해결하는 것을 어렵게 할 수 있다. 예를 들어, 전쟁법상 금지무기의 정확한 열거는 죄형법정주의의 원칙에는 충실할 수 있으나, 기존에 없던 새로운 무기를 개발하여 사용하는 사람을 형사처벌하기 어렵게 할 수 있다. 또한, 국내형법도 종종 법원이 특수한 범죄, 통상적인 범죄이나 특수한 맥락에서 행해진 범죄, 그리고 다양한 요소를 가진 복합적인 범죄에 적용할 적합한 조항을 찾기가 곤란하여 처벌이 어려운 경우를 발생하게 한다. 따라서 국내형법도 어느 정도 죄형법정주의의 완벽한 적용이 곤란한 경우를 용인하는 측면이 있을 수 있다. 더구나, 국제형사법에 있어서의 죄형법정주의는 국제형사법이 국내 형법과 형사소송법 체계에 비해 아직 초기단계에 있다는 점을 감안하여 해석해야 한다고 생각된다.

제 3 절   사람에 대한 소급금지(non-retroactivity *ratione personae*, 제24조)

I. 의 의

로마규정 제24조 1항은 "1. 누구도 이 규정이 발효하기 전의 행위에 대하여 이 규정에 따른 형사책임을 지지 아니한다"고 하여 규정 발효 이전의 행위를 이유로 특정인에 대해 형사책임을 추궁할 수 없도록 하고 있다. 이는 형벌불소급의 원칙(the principle of non-retroactivity of criminal law)을 표현한 것으로 볼 수 있다. 형벌불소급의 원칙은 시민적, 정치적 제 권리에 관한 국제인권규약(ICCPR) 제15조 1항에도 규정되어 있다. 또한 우리 헌법 제13조 1항 전단도 형벌불소급의 원칙을 규정하고 있다.

죄형법정주의와 형벌불소급원칙 또는 소급효금지의 원칙은 완전히 동일하지는 않지만 실질적 관련성이 있다. 죄형법정주의는 소급효 금지원칙에 의해 구체화된다. 미국 헌법은 사후입법(ex post facto laws)을 금지하고 있는데 이는 바로 소급효 금지원칙을 의미한다.

로마규정의 맥락에서 소급효 금지원칙은 ICC가 규정 발효 이후의 범죄만을 처벌할 것이라는 의미를 가진다. 이는 ICC가 1970년대 후반 캄보디아에서 발생한 집단살해와 같은 범죄를 처벌할 가능성이 희박함을 의미한다. 또한, ICC 는 상설 국제형사재판소로서 규정 발효이후의 범죄만을 처벌하기 때문에 뉘른베르그 재판소를 비롯한 구유고재판소(ICTY), 르완다재판소(ICTR) 등의 임시재판소(ad hoc tribunal)들이 범죄행위시에는 범죄로 인정되지 않았던 행위를 사후 처벌(ex post facto punishment)하는 것이라는 비판을 피할 수 있을 것이다.

한편 제24조 2항은 "2. 확정판결 전에 당해 사건에 적용되는 법에 변경이 있는 경우, 수사 중이거나, 기소 중인 자 또는 유죄판결을 받은 자에게 보다 유리한 법이 적용된다"고 하고 있다. 로마회의시 통합초안에는 "가장 관대한 법이 적용되어야 한다(the most lenient law shall be applied)"라고 규정되어 있었으나, 참가대표단들은 이 표현을 현재의 규정과 같이 "보다 유리한 법이 적용되어야 한다(the law more favourable..shall be applied)"라는 표현으로 수정하였다. 이는 소급적용 금지의 원칙을 보다 정확하게 나타내기 위해 수정한 것으로 평가된다.

Ⅱ. 계속범(continuous crimes)의 문제

제24조 1항과 관련하여 계속범의 처리 문제가 제기된다. 계속범은 행위에 의해 야기된 위법상태가 행위자가 원하는 시점까지 계속됨으로써 행위의 계속과 위법상태의 계속이 일치하는 범죄를 말한다. 예를 들어 우리 형법상 약취·유인죄(형법 제287조 이하), 체포·감금죄(형법 제276조 이하), 주거침입·퇴거불응죄(형법 제319조) 등이 이에 해당된다. 즉, 로마규정의 발효이전에 범해진 범죄로서 로마규정의 발효 이후에도 계속되는 범죄를 어떻게 처리해야 하는가의 문제가 제기된다. 예를 들어, 로마규정 제7조의 인도에 반한 죄 중 강제실종에 의한 인도에 반한 죄는 계속범에 해당할 수 있다. 왜냐하면, 과거 로마규정 발효 이전인 1970년대에 강제실종된 사람 중 아직 행방불명인 사람이 다수 있기 때문에 당시의 강제실종에 의한 인도에 반한 죄는 로마규정이 발효한 시점 이후에도 계속범으로서 존재가 가능하다고 볼 수 있기 때문이다. 로마회의시 퍼 살란드(Per Saland) 형법의 일반원칙 실무반(Working Group) 의장은 이 문제를 해결하기 위해 제24조 1항에서 "이 규정이 발효하기 전의 행위(the conduct prior to the entry into force of the Statute)"라는 표현을 사용하였다. 즉, 그는 이 규정이 발효하기 전에 "행해진(committed)", "발생한(occurred)", "시작된(commenced)" 또는 "완성된(completed)" 행위라는 표현을 사용하지 않고 단지 이 규정이 발효하기 전의 행위라는 표현을 함으로써 계속범의 문제를 해결해 보려고 하였다. 그러나 이 문제는 재판소에 의해 해결되어야 할 문제로 계속 남아있는 것으로 보인다.

Ⅲ. 규정 제24조와 규정 제11조

재판소의 시간적 관할권(jurisdiction ratione temporis)을 규정하고 있는 로마규정 제11조와 형벌불소급 원칙을 정하는 제24조는 일견 유사해 보이나 차이가 있다. 먼저, 제11조 1항은 재판소의 관할권이 로마규정의 발효이후에야 비로소 발생하는 것을 나타내며, 동조 2항은 로마규정이 발효한 후 당사국이 되는 국가에 대한 로마규정의 효력에 관하여 규정하고 있을 뿐으로서 제11조는 형벌불소급이라는 형법의 일반원칙을 다루고 있지 않다. 그러나 제24조는 형벌불소급의 원칙을 다루고 있는 것이다. 다음으로, 앞에서 논의한 바 있는 계속범의 문제와 관련하여 제24조가 "행해진", "발생한", "시작된" 등의 용어가 없이 "이 규정 발효 전의 행위"라고 규정하고 있는 반면, 제11조는 "재판소는 이 규정이 발효된 이후에 행하여진 범죄에 대하여만 관할권을 가진다"고 하여 "행하여진"이라는 용어를 사용하고 있어 양 조항이 차이를 보인다. 이 차이점 또한 계속범의 문제를 해결하는데 어려움을 더할 것으로 보인다.

제 4 절   개인의 형사책임(Individual Criminal Responsibility, 제25조)

Ⅰ. 의 의

이 책에서 가장 발전된 형태의 국제법상 개인의 형사책임은 국제법을 위반한 개인을 국제법을 적용하여 국제재판소에서 처벌하는 것을 의미한다. 이 개인의 형사책임을 인정한 것은 국제법의 발전과정에서 비교적 최근의 일에 해당한다고 할 수 있다. 그러나 국제법상 개인의 형사책임인정은 국제형사법의 발전에 가장 중요한 내용 중의 하나이다. 다음에서는 개인의 형사책임의 발전과정을 간략히 살펴보고자 한다.

Ⅱ. 제2차 세계대전 이전 개인의 국제법상 능력과 형사책임원칙

1. 19세기말 20세기 초의 지배적인 태도

라사 오펜하임(Lassa Oppenheim)이 1908년 미국국제법학회지 제2권(American Journal of International Law, Vol. 2)에서 설명한 국제법률실증주의(international legal positivism)의 고전적 패러다임에 의하면, 오직 국가만이 국제법의 주체이며 개인은 단지 국제법의 객체에 불과하다고 간주한다. 따라서 국가만이 국제법상의 권리를 주장하고 의무를 부담할 수 있으며 개인은 직접 국제법상의 권리를 주장하고 의무를 부담할 수 없는 것이 원칙이라고 주장되었다.[1]

그러므로 개인이 국제재판소에서 자신의 국제법상 권리를 주장할 수 있는 제소권이나 청원권은 인정되지 않고, 개인을 국제재판소에서 국제법을 위반했다는 이유로 처벌한다는 의미에서의 개인의 형사책임은 원칙적으로 인정되지 않았다.

2. 20세기 초부터 제2차 세계대전 이전까지의 발전

(1) 개인의 국제법상 권리능력(제소권 또는 청원권)의 발전

당시의 이러한 지배적인 국제법률실증주의의 태도에도 불구하고 개인의 국제법상 권리능력을 예외적으로 인정한 사례가 다음과 같이 등장하게 되었다.

1) 국제포획재판소(International Prize Court) 설치 협약

1907년 제2차 헤이그평화회의에서 채택된 국제포획재판소(International Prize Court, IPC) 설치협약 제4조와 제5조에 의하면 제한된 상황이지만 중립국 국민인 개인에게 IPC에 제소할 수 있는 출소권을 인정하고 있었다. 이는 개인의 제소권이 국제법원칙과 국제재판소의 절차에 있어서 인정된 초기적인

---

1) 프란시스 앤서니 보일, 세계질서의 기초 p. 67(김영석 역, 2002).

사례가 된 것이었다. 이러한 IPC에 대한 개인의 제소권 인정은 독일의 제안으로 이루어진 것이었다.2)

2) 중미사법재판소(Central American Court of Justice)

또한, 1907년 중미사법재판소(Central American Court of Justice) 설치협약도 국제포획재판소 설치협약과 유사하게 중미국가 국민이 그 국적국 정부의 의사와 관계없이 다른 체약국 정부를 상대로 조약위반이나 국제적 성격의 문제에 관해 중미사법재판소에 제소할 수 있도록 하였다. 그러나 이 재판소가 존재하였던 10년 동안인 1908년에서 1918년까지, 재판소는 오직 2건의 원고승소 판결을 내렸고 개인이 제소한 5건의 청구는 모두 인용할 수 없다고 선언하였다.3)

3) 베르사이유 조약에 의한 혼합중재재판소

1차 대전 후의 베르사이유 평화조약에 의해 설치된 혼합중재재판소도 전승국의 국민이 패전국을 상대로 중재재판소에 직접 손해배상소송을 제기할 권리를 인정하였다.

(2) 1차 대전 후 개인의 형사책임추구

1) 침략범죄

제1차 세계대전 후, 침략범죄와 관련하여 1919년 베르사이유 조약 제227조는 독일의 빌헬름(Wilhelm) 2세를 전쟁을 일으킨 범죄로 기소하기 위해 임시 국제형사재판소를 창설할 것을 규정하였다. 그러나 빌헬름 2세는 그의 사촌이 왕으로 있는 네덜란드로 도피하였고 그에 대한 범죄인 인도요구는 거절되었다.

2) 전쟁범죄

전쟁범죄에 관하여 베르사이유 조약 제228조와 제229조는 독일 군인들을 국제재판소인 연합군사재판소(Allied Military Tribunal)나 승전국의 군사재판소에서 전쟁범죄로 처벌할 것을 규정하고 있었다. 그러나 승전국은 그 후 "1919년 전쟁을 일으킨 자들의 책임과 처벌을 위한 위원회(1919 Commission

---

2) Id.
3) Id. p. 118 참조.

on the Responsibilities of the Authors of War and on the Enforcement of Penalties, 전쟁범죄위원회)"가 제출한 895명의 명단 중에서 45명만을 독일이 처벌할 것을 요구하였고, 궁극적으로 12명의 군장교만이 라이프찌히(Leipzig)의 독일대법원에서 처벌되었다. 즉 국제재판소가 아닌 독일 국내재판소에서 처벌을 받은 것이다.

3) 인도에 반한 죄

인도에 반한 죄에 관하여 앞에서 살펴본 바와 같이, 1919년의 전쟁범죄위원회는 1915년경 터키가 아르메니아인들을 살해한 것이 "인도주의 법에 반한 범죄(crimes against laws of humanity)"를 구성한다고 보고하였다. 그러나 미국과 일본은 이 보고서의 인도에 반한 죄의 개념과 내용에 반대하였고, 터키정부에 대해 인도주의 법에 반한 범죄를 저지른 자들을 승전국에 인도할 것을 요구한 1919년의 세브르 조약(Treaty of Sevre)은 비준되지 않았고, 1923년의 로잔 조약(Treaty of Lausanne)은 이러한 범죄자를 인도하도록 한 조항을 삭제하고 추가의정서를 채택함으로써 터키의 범죄자들에게 모두 사면조치를 내렸다.

4) 소 결

이와 같이 제1차 세계대전 직후, 국제사회는 국제법을 위반한 범죄자를 국제재판소를 통해 국제법을 직접 적용하여 처벌하려고 시도하였다. 비록 침략범죄와 인도에 반한 죄에 대한 개인의 국제법상 형사책임이 실효적으로 추궁되지 않았고, 독일의 전쟁범죄자들은 일부만이 국제재판소가 아닌 독일의 국내재판소를 통해 처벌이 이루어졌지만, 국제법상 개인의 형사책임원칙을 수립하려는 국제사회의 노력은 매우 의미 있는 것이라고 볼 수 있다.

III. 제2차 세계대전 이후의 개인의 형사책임원칙의 발전

1. UN 체제하에서 개인의 청원권(Individual Complaint)을 인정하는 조약의 발전

(1) 인권위원회(the Human Rights Committee)

제2차 세계대전 이후 설립된 UN은 그 체제하에서 개인에게 자신의 권리침해에 대한 구제를 직접 국제기구에 청원할 수 있는 권리를 인정하는 조약을 채택하였다. 그 중 대표적인 것이 "시민적, 정치적 제권리에 관한 국제규약(B규약, ICCPR)"에 의해 창설된 인권위원회이다. 이 위원회는 4년 임기의 18인의 위원으로 구성되며, ICCPR과 그 선택의정서의 당사국 국민에게 권리침해에 대한 청원권을 부여하고 있다.

(2) 인종차별철폐위원회(the Committee on the Elimination of Racial Discrimination)

1965년 채택되고 1969년 발효한 "인종차별철폐협약(International Convention on the Elimination of All Forms of Racial Discrimination)"에 의해 설립된 인종차별철폐위원회도 개인의 청원권을 인정하고 있다. 이 위원회는 18명의 전문가로 구성되어 있다. 그러나 협약 비당사국의 국민이나 위원회의 개인청원권 접수권능을 인정하지 않는 국가의 국민이 제출한 청원을 접수하지 않는다. 우리나라는 협약당사국이며 위원회의 개인청원접수 권능을 인정하고 있다.

(3) 고문방지위원회(the Committee against Torture)

1984년 채택되고 1987년 발효한 "고문방지협약(the Convention against Torture and Other Cruel, inhuman or Degrading Treatment or Punishment)"에 의해 설립된 고문방지위원회도 개인의 청원권을 인정하고 있다. 이 위원회는 10명의 전문가로 구성되어 있고 고문방지협약의 이행을 감시하는 임무를 가지고 있다. 이 위원회도 위원회의 개인청원접수 권능을 인정하지 않는 국가의 국민이 제출한 청원은 접수할 수 없다.

2. 뉘른베르그 재판소, 동경재판소, 구유고재판소와 르완다재판소

구유고 재판소와 르완다 재판소, 뉘른베르그 재판소, 동경 재판소, 구유고 재판소와 르완다 재판소의 의의와 발전과정은 제1장 제3절 Ⅱ 참조.

Ⅳ. 국제형사재판소 규정상 개인의 형사책임

ICC 규정 제25조는 1항에서 "재판소는 이 규정에 따라 자연인에 대하여 관할권을 갖는다"고 하고 2항에서 "재판소의 관할범죄를 범한 자는 이 규정에 따라 개인적으로 책임을 지며 처벌을 받는다"고 규정함으로써, 국제법상 개인의 형사책임을 명확히 하고 있다. 또한, 절차적인 측면에서도 국제법을 위반한 개인을 국제재판소인 ICC 가 국제법인 ICC규정 등을 적용하여 처벌한다는 점에서 개인에 대한 형사책임추구 원칙의 가장 발전된 형태로서 평가된다.

한편 1항이 '자연인(natural person)'에 대하여 ICC가 관할권을 가진다고 함으로써 '법인(legal person)'에 대해서는 ICC가 형사책임을 추구하지 않음을 명확히 하고 있다.

Ⅴ. 로마규정과 개인의 형사책임에 관한 국제관습법

1. 개인의 형사책임에 관한 국제관습법상의 법적 확신(opinio juris)

국제사법재판소(International Court of Justice)의 규정 제38조는 국제 관습을 "법으로서 수락된 일반적 관행"이라고 정의하고 있다. 국제관습법은 양적 요소(국가들의 관행)와 질적 요소(법적 확신)를 갖추어야 한다. 가장 간결한 형식으로 축소된 법적 확신(opinio juris)은 국제법의 내용에 대한 국가들의 입장표명(articulation)이다. 로마회의시 개인의 형사책임을 명확히 한 뉘른베르그 판결의 원칙과 집단살해 등 핵심 범죄에 대한 보편적 관할권의 원칙들에 대한 국가들의 법적 확신은 대표단의 압도적인 다수, 특히 독일과 한국 대표단의 ICC 관할권제도와 관련한 반복적인 입장표명에 의하여 잘 나타났다. 로마회의시 국가들의 압도적인 대다수는 집단살해 협약과 뉘른베르그 재판소 헌장 이래 형성되어 온 개인의 형사책임원칙과 4가지 핵심적인 범죄를 범한 개인을 처벌할 모든 국가들의 의무를 선언하였다. 따라서 로마규정의 전문(preamble)에도 "국제범죄에 책임이 있는 자들에 대하여 형사관할권을 행사함이 모든 국가의 의무임을 상기하며"라는 문구가 포함되었다.

또한, 대다수 대표단은 토론과정에서 로마규정 제12조에 포함될 내용에 찬성하여 그들의 의견을 반복적으로 개진하였다. 그 내용은 "자동적 관할권", "4개의 핵심 범죄에 대한 보편적 관할권 또는 그것의 변형" 그리고 비규정당사국이 재판소의 관할권을 수락할 수 있는 권리를 포함하고 있었다. 특히 그들은 범죄인이 국제법 또는 국내법에 따른 재판을 피하지 못하도록 하기 위해 핵심범죄에 대해 보편적 관할권이나 그 변형에 따라 처벌하도록 하는 것에 동의하였다. 국가들의 압도적 다수는 그들의 법적 확신을 최대한 반영하기 위하여 범죄인들에게 뉘른베르그 헌장, 집단살해 협약, 그리고 국제인도법의 원칙에 따른 재판을 받게 하기를 원하였다.

2. 개인의 형사책임에 관한 국제관습법상의 국가들의 국제적 관행(practice)

국제관습법의 양적 요소로서의 국가들의 실제적인 관행은 국제적인 측면과 국내적 측면에 있어서의 국가들의 실제행위를 통해 알 수 있다. 로마회의에서 대다수의 국가들은 그들의 관행이 뉘른베르그 헌장과 집단살해죄 방지협약, 국제인도법의 원칙에 일치함을 주장하였다.

더구나 구유고전범재판소(ICTY)와 르완다전범재판소(ICTR)는 뉘른베르그 헌장, 집단살해협약과 국제인도법의 원칙을 국제관습법으로서 승인하는 국제관행으로서 인정될 수 있다. ICTY 규정은 "법률 없이는 범죄 없다"는 원칙(Nullem Crimen Sine Lege, 죄형법정주의)을 준수할 수 있도록 명백하게 국제 관습법화 한 것을 규정하였다. ICTY 규정 제2조는 1949년 제네바 4개 협약에 대한 중대한 위반을 저지른 자를 기소할 수 있는 권한을 ICTY에 부여하고 있다. ICTY 규정 제3조는 재판소에 대해, 국제관습법으로 이미 인정되는 1907년 육전법규에 관한 헤이그 제IV협약과 그 부속 규칙을 포함한, "전쟁에 대한 관습법"의 위반을 기소할 수 있는 권한을 부여하고 있다. ICTY 규정 제4조는 재판소에게 집단살해의 실행과 함께 교사, 방조, 미수, 공모행위를 기소할 수 있는 권한을 부여하고 있다. 또한, 동조는 1948년 집단살해죄 방지협약에 따라서 집단살해를 정의하고 있고, 이 협약은 UN 사무총장의 보고서에 의할 때, 국제관습법화한 것으로 인정된다. 제5조는 뉘른베르그 재판소의 판결과 헌장에서 나타난 것처럼 무력충돌시 저질러진 인도에 반한 죄를 기소할 수 있는 권한을 재판소에 부여하고 있다. 그러므로 ICTY는 뉘른베르그 헌장, 집단살해죄 방지협약과 국제인도법을 국제관습법으로 승인하고 있는 국가들의 "관행"에 대한 충분한 증거가 될 수 있다. 게다가 ICTY와 ICTR은 보충성의 원칙을 적용 받지 않고 국내 법원과 경합하는 관할권(concurrent jurisdiction)을 가지고 국내 법원에 대하여 일시적 유예를 요청함으로써 국내 법원에 대한 관할권적 우위를 선택할 수도 있는 반면, ICC는 보충성의 원칙 때문에 ICTY와 ICTR보다 더 약화된 관할권제도를 가지고 있다. 그러므로 로마규정, 특히 제12조가 현재의 국제법에 따른 국가들의 의무보다 더 큰 의무를 국가에게 강요한다는 주장은 이유가 없다.

3. 개인의 형사책임에 관한 국제관습법상의 국가들의 국내적 관행(domestic practice)

국제관습법을 위한 국내적인 측면에서의 실행의 좋은 예는 미 육군이 공표한 1956년 "전쟁에 관한 법(The Law of Land Warfare)"이라는 제목의 미 육군 교범 27-10(Army Field Manual 27-10)이다. 이 교범의 목적은 미국의 군사 요원들에게 육전에 적용되는 관습법과 조약법을 권위 있게 지도하기 위한 것이다. 이 교범은 기본적으로 뉘른베르그 헌장, 판결, 원칙에서 나타난 세 가지 국제적 범죄인 평화에 반한 죄, 인도에 반한 죄, 전쟁범죄를 포함하고 있다. 이 교범의 제498항 '국제법상의 범죄'는 3가지 범죄, 즉 평화에 반한 죄, 인도에 반한 죄, 전쟁범죄를 저지른 개인의 형사상의 책임을 승인하고 있다. 이 교범은 여전히 유효하고 현재도 적용되며 미국 정부에 의하여 철회된 적이 없다. 이 교범은 "전쟁에 관한 관습법이 미국의 법의 일부분이며, 미국이 규정 당사국인 조약 또는 유효한 행정부의 법이나 입법부의 법에 상반되지 않는 한에 있어서는 미국과 미국의 시민들과 미국을 위해 일하는 여타 사람들을 구속한다"고 명백히 하고 있다.

4. 소 결

위에서 살펴본 바와 같이 제2차 세계대전 이후 집단살해죄, 인도에 반한 죄, 전쟁범죄, 침략범죄를 범한 개인의 형사책임원칙은 뉘른베르그 재판과 동경재판을 통해 명확하게 되고 그 이후 국가들의 관행과 법적 확신을 얻게 되어 국제관습법화한 것으로 볼 수 있다. ICC는 이러한 국제관습법을 충실히 반영하여 국제법상 개인의 형사책임을 명문화한 조약으로서의 의미가 있다고 할 수 있다.

VI. 개인의 형사책임 종류

로마규정 제25조 3항은 국제형사재판소 규정상 개인의 형사책임의 종류를 규정하고 있다. 먼저 3항 (가)는 "개인적으로, 또는 다른 사람이 형사책임이 있는지 여부와는 관계없이 다른 사람과 공동으로 또는 다른 사람을 통하여 범죄를 범한 경우 그 개인은 형사책임 진다"고 하여 정범의 형사책임(liability of the principal)을 규정하고 있다. 3항 (나)는 "실제로 일어났거나 착수된 범죄의 실행을 명령·권유 또는 유인한 경우" 그러한 행위를 한 사람에 대해 형사책임을 추구하도록 규정하고 있다. 3항 (다)는 "범죄의 실행을 용이하게 할 목적으로 범행수단의 제공을 포함하여 범죄의 실행 또는 실행

의 착수를 방조, 교사 또는 달리 조력한 경우”를 처벌하도록 하고 있다. 3
항 (라)는 “공동의 목적을 가지고 활동하는 집단에 의한 범죄의 실행 또는
그 실행의 착수에 기타 여하한 방식으로 기여한 경우, 그러한 기여는 고의
적이어야 하며 다음의 어느 하나에 해당하여야 한다. (i) 그 집단의 범죄활
동 또는 범죄목적이 재판소의 관할범죄의 실행과 관련되는 경우, 그러한
활동 또는 목적을 촉진시키기 위하여 이루어진 것, 또는 (ii) 그 집단이 그
범죄를 범하려는 의도를 인식하고서 이루어진 것”이라고 규정하여 공모
(conspiracy)범죄를 저지른 자의 형사책임을 규정하고 있다. 공모의 개념은 영
미법계 국가들이 적극 지지하였고 대륙법계 국가들은 다소 소극적이었다.
그러나 로마회의시 대표단들은 “폭탄테러방지협약”[4]의 문구를 약간 수정
하여 공모의 개념을 채택하기로 하였다. 3항 (마)는 “집단살해죄와 관련하
여 집단살해죄를 범하도록 직접적으로 그리고 공공연하게 타인을 선동한
경우”도 관련되는 개인을 처벌하도록 하고 있다. 3항 (바)는 “실질적인 조치
에 의하여 범죄의 실행에 착수하는 행위를 함으로써 범죄의 실행을 기도하
였으나 본인의 의도와는 무관한 사정으로 범죄가 발생하지 아니한 경우.
그러나 범행의 실시를 포기하거나 또는 달리 범죄의 완성을 방지한 자는,
자신이 범죄 목적을 완전히 그리고 자발적으로 포기하였다면 범죄미수에
대하여 이 규정에 따른 처벌을 받지 아니한다”고 하여 미수범을 처벌하도
록 하고 있으나, 중지미수[5]의 경우는 처벌하지 않도록 하고 있다.

Ⅶ. 개인의 형사책임과 국가의 국제책임

로마규정 제25조 4항은 “개인의 형사책임과 관련된 이 규정의 어떠한
조항도 국제법상의 국가책임에 영향을 미치지 아니한다”고 하여 개인의 형
사책임과 관련 국가의 국제책임이 별개의 것임을 명확히 하고 있다. 이 항

---

4) United Nations International Convention for the Suppression of Terrorist Bombings, UN 총회 결의
   52/164호(1998년 12월 15일)의 부속서로 채택.
5) 우리 형법 제26조는 중지미수와 관련하여 “범인이 자의로 실행에 착수한 행위를 중지하거나
   그 행위로 인한 결과의 발생을 방지한 때에는 형을 감경 또는 면제한다”고 규정하고 있다.

은 로마회의시 이견이 거의 없이 채택되었다. 국가의 국제책임에는 국가공무원의 국제위법행위에 대한 민사책임 등이 포함될 것이다.

제 5 절   18세 미만자에 대한 관할권 배제(제26조)

로마규정 제26조는 "재판소는 범행당시 18세 미만자에 대하여 관할권을 가지지 아니한다"고 하여 18세 미만자에 대한 재판소의 관할권을 배제하고 있다. 본래 제26조는 통합초안의 형사책임연령(age of responsibility)에 관한 조항에서 유래하였다. 로마회의 이전의 여러 회의에서 각국은 정확한 책임무능력자의 상한연령에 대해 합의를 이룰 수가 없었다. 각국은 12세, 13세, 14세, 16세 그리고 18세 등 다양한 연령을 제시하였다. 이에 따라, 로마회의에서는 스웨덴 등이 형사책임연령을 정하기가 어려우므로 "관할권 연령(jurisdictional age)"이라는 개념을 도입하여 18세 미만자에 대해 국제형사재판소가 관할권을 행사할 수 없도록 하자고 제안하였다. 이러한 제안에 대해 많은 국가들이 18세 미만의 자에 대해서 처벌하지 않는 것이 아동의 권리에 관한 협약6) 등 많은 국제조약에 부합한다는 점에서 지지하였고, 제26조가 채택되게 되었다.

제 6 절   공적 지위와의 무관련성(제27조)

Ⅰ. 공적 지위의 무관련성

로마규정 제27조 1항은 "이 규정은 공적 지위에 근거한 어떠한 차별 없이 모든 자에게 평등하게 적용되어야 한다. 특히, 국가 원수 또는 정부 수반, 정부 또는 의회의 구성원, 선출된 대표자 또는 정부 공무원으로서의 공

---

6) Convention on the Rights of Child, 1989년 11월 20일 채택.

적 지위는 어떠한 경우에도 그 개인을 이 규정에 따른 형사책임으로부터 면제시켜 주지 아니하며, 또한 그 자체로서 자동적인 감형사유를 구성하지 아니한다"고 규정하여 형사책임과 공적 지위(official position)와의 무관련성을 명확히 하고 있다. 또한, 동조 2항은 "국내법 또는 국제법상으로 개인의 공적 지위에 따르는 면제나 특별한 절차규칙은 재판소의 그 자에 대한 재판소의 관할권 행사를 방해하지 아니한다"고 하여 특정인의 공적 지위가 재판소의 관할권 행사에 영향을 미치지 않음을 분명히 하고 있다.

공적지위의 무관련성 원칙은 국제관습법화된 뉘른베르그 원칙에 기초하고 있다. 뉘른베르그 헌장 제7조는 "피고의 공적 지위, 국가원수 또는 정부의 책임 있는 관리 여부는, 책임을 면하게 하거나 책임을 완화하는데 고려될 수 없다"고 규정하고 있다. 따라서 특정인의 공적지위는 그 사람의 형사책임을 면제해주거나 완화해 주는 사유가 될 수 없다. 다만, 로마규정 제27조는 "공적지위는 그 자체로서 자동적인 감형사유가 되지 아니한다"고 규정하여 일정한 사유가 있으면 공적지위를 감형사유로 주장할 여지를 남겨두고 있는 듯하다.

Ⅱ. 대한민국 헌법과 국제형사재판소 규정 제27조와의 부합가능성

1. 문제 제기

우리 헌법 제84조는 "대통령은 내란 또는 외환의 죄를 범한 경우를 제외하고는 재직 중 형사상의 소추를 당하지 아니한다"고 정하고 있으나, 로마규정 제27조 1항은 국가원수 또는 정부수반 등의 공적 지위는 그 개인을 로마 규정에 따른 형사책임으로부터 면제시키지 아니하며, 또한 그 자체로서 자동적인 감형사유가 되지 아니한다고 규정하고 있고, 동조 2항은 "개인의 공적 지위에 따르는 면제나 특별한 절차상의 원칙은 재판소의 그 자에 대한 관할권 행사에 장애가 되지 아니한다"라고 규정하여 우리 헌법 제84조와 로마규정 제27조가 충돌하는 것이 아닌가에 대한 의문이 제기된 바 있다.

2. 로마규정 제27조(공적 지위의 무관련성)의 법적 성격

로마규정 제27조는 우리 헌법 제6조 1항의 "일반적으로 승인된 국제법규" 즉 국제관습법(customary international law)에 해당한다. 따라서 우리 헌법 제6조 1항의 규정에 의하여 "국내법과 같은 효력"을 가진다. 즉, 공적 지위의 무관련성 원칙은 현재 국제관습법으로 인정되는 "뉘른베르그 재판소 헌장과 재판소 판결에서 승인된 국제법 원칙들" 중의 제3원칙에 해당한다. 그 후 동 원칙은 1994년 UN 안전보장이사회 결의로 채택된 구유고재판소(ICTY) 규정 제7조 2항, 르완다재판소(ICTR) 규정 제6조 2항에서 규정되었다. 또한, 로마회의 당시 동 원칙을 로마규정에 포함시키는데 참가국들의 반대가 없었고7) 이는 다시 한번 동 원칙이 "일반적으로 승인된 국제법규," 즉 국제관습법임을 확인하는 것이다.

3. 우리 헌법규정과 로마규정 제27조와의 조화 문제

위에서 보았듯이 로마규정 제27조는 국제관습법으로서 우리 헌법 제6조 1항에 따라 국내법과 같은 효력을 가진다. 이때 국내법과 같은 효력은 다수설에 의할 때 헌법보다는 하위의 국내법과 같은 효력을 의미한다고 한다. 그러나 국내법과 같은 효력을 가진다는 점은 분명하고 이는 다시 말하면 국제관습법이 우리 국내법의 일부를 이룬다는 의미로 이해할 수 있다. 따라서 헌법을 포함하여 우리 국내법을 해석할 때는 우리 국내법의 일부로서 편입되어있는 국제관습법을 비롯한 국제법에 합치하도록 해석해야 하는 의무가 우리 헌법 제6조에 근거하여 우리 정부에 대해 발생하게 된다. 즉, 우리 헌법 제84조를 해석함에 있어서 국제관습법인 로마규정 제27조의 내용에 합치하도록 해석해야 한다는 것이다.

또한, 국제법적으로 볼 때, 국제형사재판소가 관할대상범죄로 하고 있는 집단살해죄, 인도에 반한 죄, 전쟁범죄, 침략범죄에 대해서는 이러한 행위

---

7) Roy S. Lee, The International Criminal Court(1999) p. 202.

를 범죄로서 처벌하는 것이 국제법상 강행법규(jus cogens)[8]로 볼 수 있고, 그러하다면 우리 헌법 제84조를 해석함에 있어서 대통령이 집단살해죄 등을 범하더라도 재직 중 형사소추를 받지 않는다고 해석한다면 국제법상 강행법규를 위반하는 결과가 될 수도 있을 것이다. 따라서 우리 헌법 제84조를 국제관습법인 로마규정 제27조에 합치하게 해석하여, 대통령이 집단살해죄 등 국제형사재판소 관할범죄를 범했을 때에는 재직 중이라도 형사상 면책특권을 향유할 수 없다고 해석하여야 한다.

한편, 국내법적으로도 우리 헌법 제69조는 대통령은 취임에 즈음하여 "헌법을 준수"할 것을 선서하도록 하고 있다. 만약 대통령이 집단살해, 인도에 반한 죄, 침략범죄 등을 범한다면 우리 헌법의 여러 기본권 조항들과 국제평화주의의 기본이념 등을 위반한 것으로서 "헌법을 준수"할 대통령의 책무를 위반한 것이 된다. 이때에도 헌법 제84조의 "재직 중 형사상의 소추를 당하지 아니한다"라는 것을 문자적으로 해석하여 대통령이 면책특권을 누린다고 해석한다면 오히려 우리 헌법의 다른 전반적인 조항들을 위반하는 해석이 될 것이다. 또한, 헌법 제84조의 "재직중"이라는 표현은 주로 대통령의 공적 행위(official activity)를 의미한다고도 할 수 있는바, 집단살해 등을 저지르는 행위가 대통령의 공적 행위에 결코 포함될 수 없을 것이며, 따라서 공적 행위에 대한 형사상 면책특권은 집단살해 등의 행위를 저지른 경우에는 해당되지 않는다고 해석해야 할 것이다.

4. 집단살해죄 방지협약의 사례

우리나라가 집단살해죄 방지협약에 1950년 10월 가입할 때도 동협약이 로마규정 제27조의 원칙을 명시적으로 규정하고 있음에도 불구하고 당시의 헌법을 개정하지 않은 것은 국제법상의 공적지위의 무관련성 원칙과 당시의 헌법의 조화를 헌법 해석을 통해 추구한 사례로 판단된다.

또한 집단살해죄 방지협약은 우리나라에 대해 1951년 12월 12일자로 발

[8) 국제법상 강행법규는 비엔나 조약법협약 제53조에 의하면 "어떠한 일탈도 허용되지 않으며, 또한 사후에 발생한 동일성질의 일반 국제법규범에 의해서만 변경될 수 있는 규범으로서, 국제사회 전체에 의하여 수락되고 또한 승인된 규범"이라고 정의된다.

효하였기 때문에 헌법 제6조 1항을 고려할 때 적어도 현재의 우리 헌법 제 84조는 집단살해죄를 범한 대통령에게는 형사상 면책특권을 부여하지 않는 다는 의미로 해석되어야 할 것으로 판단된다.

5. 결 론

위에서 살펴본 바와 같이 우리 헌법 제84조는 로마규정 제27조에 부합 하게 해석하는 것이 국제법적으로나 국내법적으로 타당하며, 우리의 헌법 개정절차가 대단히 어려운 현실을 감안할 때 로마규정 제27조와 헌법 제84 조가 합치되는 것으로 해석하여야 할 것으로 판단된다.

제 7 절   지휘관 및 기타 상급자의 책임(제28조)

로마규정 제28조는 지휘관 및 기타 상급자의 책임을 규정하고 있다. 제 28조 (가)는 "군사지휘관 또는 사실상 군사지휘관으로서 행동하는 자는 자 신의 실효적인 지휘와 통제하에 있거나 또는 경우에 따라서는 실효적인 권 위와 통제하에 있는 군대가 범한 재판소 관할범죄에 대하여 그 군대를 적 절하게 통제하지 못한 결과로서의 형사책임을 진다"고 규정하고 있다. 즉 동항에 따르면 ⓘ 군지휘관 또는 사실상 군지휘관으로서 행동하는 자가 군 대가 그 범죄를 범하고 있거나 또는 범하려 한다는 사실을 알았거나 또는 당시 정황상 알았어야 하고 ⓘⓘ 군지휘관 또는 사실상 군지휘관으로서 역할 을 하는 자가 그들의 범행을 방지하거나 억제하기 위하여 또는 그 사항을 수사 및 기소의 목적으로 권한 있는 당국에 회부하기 위하여 자신의 권한 내의 모든 필요하고 합리적인 조치를 취하지 아니한 경우, 당해 군사지휘 관 등은 군대에 의해 저질러진 전쟁범죄에 관하여 형사책임을 져야 한다. 따라서 군사지휘관은 자신의 지휘, 통제하에 있는 군대가 전쟁범죄를 저지 르고 있다는 것을 알았을 때(knew) 또는 알았어야 했을 때(should have known) 에는 군대의 범행을 방지하거나 제지하기 위해, 또는 그 문제를 수사, 기소하기 위해 자신의 권한 내의 모든 필요하고 합리적인 조치를 취하여야 할 의무가 있다.

한편 제28조 (나)는 군사지휘관이 아닌 기타 상급자의 형사책임에 관하여 규정하고 있다. 즉 동항은 기타 상급자는 자신의 유효한 관할 및 통제 하에 있는 하급자에 의하여 범하여진 재판소의 관할권에 속하는 범죄에 대하여, "(i) 하급자가 그러한 범죄를 범하고 있거나 또는 범하려 한다는 사실을 상급자가 알았거나 또는 이를 명백히 보여주는 정보를 의식적으로 무시하였고, (ii) 범죄가 상급자의 실효적인 책임과 통제 범위 내의 활동과 관련된 것이었으며, (iii) 상급자가 하급자의 범행을 방지하거나 억제하기 위하여, 또는 그 문제를 수사 및 기소의 목적으로 권한있는 당국에 회부하기 위하여, 자신의 권한 내의 모든 필요하고 합리적인 조치를 취하지 아니한 경우, 그 하급자를 적절하게 통제하지 못한 결과로서의 형사책임을 진다고 규정하고 있다.

제28조는 군대지휘관 및 기타 상사의 책임을 명확히 한 조항으로서, 상기 뉘른베르그 헌장 제7조의 공적지위의 무관련성 조항과 미국의 육군교범 27-10(1956) 등에 기초하고 있다고 할 수 있다. 미국의 육군교범 27-10 제501항은 "군사지휘관은 보고나 다른 수단을 통하여 그의 통제하에 있는 군대나 다른 사람이 전쟁범죄를 범하려 하거나 범했다는 것을 실제로 알았거나 알았어야 했었고, 그가 전쟁법을 준수하도록 하거나 전쟁법 위반자를 처벌하는데 필요하고 합리적인 조치를 취하지 않으면, 그 역시 책임을 져야 한다"고 규정하고 있다. 미국 육군교범 27-10은 아직도 유효하며 구속력이 있고 미국정부의 관련 국제법 해석의 공식 표명이라고 할 수 있다. 또한, 미국연방대법원은 야마시타 사건(Application of Yamashita)에서 일본군 장군이었던 야마시타가 그의 지휘하에 있던 포로수용소에서 범하여진 미군 포로에 대한 가혹행위를 이유로 동경재판소에서 유죄판결을 받은 것을 유효한 것으로 확인하였다.9)

---

9) 야마시타는 그의 부하들이 가혹행위를 하는 것을 알지 못하였고 이를 지시하지도 않았으나 부하들의 전쟁범죄를 알았거나 알았어야 했을 때, 범죄를 방지하거나 범죄인을 처벌하지 않았다는 이유로 사형판결을 받았다. Application of Yamashita, 327 U. S. 1 (1946)

한편, 제28조 (가)항과 (나)항을 비교해 볼 때 (가)항은 "알았거나 알았어야 하고(knew or should have known)"의 용어를 사용함으로써 군사지휘관의 귀책사유로서의 정신적요건(mens rea)으로서 인식(knowledge) 또는 과실(negligence)을 기준으로 하는 반면, (나)항은 "알았거나 정보를 의식적으로 무시하였고(knew or consciously disregarded information)"의 용어를 사용함으로써 인식(knowledge) 또는 무모함(recklessness)을 기준으로 삼고 있다고 할 수 있다. 이는 범죄자의 정신적 요건 중 무모함을 입증하기가 과실을 입증하기보다 어렵다는 점을 감안하면, 군사지휘관보다 군사지휘관이 아닌 기타 상급자의 책임을 입증하기가 어렵고 또한 책임추궁도 어렵다는 것으로 이해된다.

제 8 절   공소시효의 부적용(제29조)

로마규정 제29조는 "재판소의 관할범죄에 대하여는 어떠한 시효도 적용되지 아니한다"고 규정하여 집단살해죄, 인도에 반한 죄, 침략범죄와 전쟁범죄에는 공소시효가 적용되지 않음을 명확히 하고 있다. 전쟁범죄와 인도에 반한 범죄에 대해 공소시효가 적용되지 않는다는 것은 "전쟁범죄와 인도에 반하는 범죄의 공소시효 부적용에 관한 협약"(Convention on the Non-Applicability of Statutory Limitations to War Crimes and Crimes against Humanity)[10]에 명시적으로 규정된 예가 있다. 로마회의시 일본 등 일부 국가 대표들은 전쟁범죄는 공소시효가 적용되어야 함을 주장한 바 있으나 압도적으로 많은 국가들은 전쟁범죄도 공소시효가 적용되어서는 안 된다는 입장을 표명하여 제29조가 채택되었다.

---

10) 이 협약의 채택일은 1968년 11월 26일이며 발효일은 1970년 11월 11일이고 당사국 수는 44개국이다. 우리나라는 아직 이 협약에 가입하지 않고 있다.

제 9 절 정신적 요건(mental element, mens rea, 제30조)

I. 정신적 요건

정신적 요건은 범죄의 주관적 구성요건이라고 할 수 있으나, 필자는 영문용어를 직역하여 이 용어를 사용하고자 한다.

로마규정 제30조 1항은 달리 규정되지 않는 한, 사람은 범죄의 객관적 요소, 즉 물적 요건(material element)이 의도(intent)와 인식(knowledge)하에 범하여진 경우에만 재판소의 관할범죄에 대하여 형사책임을 지며 처벌을 받는다고 하고 2항은 "(가) 행위와 관련하여, 그 사람이 그 행위를 하려고 의도하는 경우, (나) 결과와 관련하여, 그 사람이 그 결과를 야기하려고 의도하였거나 또는 사건의 통상적인 경과에 따라 그 결과가 발생할 것을 알고 있는 경우"에 그 사람은 "의도(intent)"를 가진 것이라고 정의하고 있다. 3항은 "이 조의 목적상, '인식'은 어떠한 상황이 존재한다는 것 또는 사건의 통상적인 경과에 따라 어떠한 결과가 발생할 것이라는 것을 알고 있음을 의미한다. '인식하다' 및 '인식하고서'는 이에 따라 해석된다"고 하여 '인식'을 정의하고 있다.

로마규정의 국문번역본 제30조는 영문본의 "intent"를 "고의"로 번역하고 있으나, "의도" 또는 "목적"이라고 번역하는 것이 더 타당하다고 생각된다. 왜냐하면, 우리 형법상 "고의"에는 미필적 고의도 포함되어 우리법의 미필적 고의와 유사한 미국법상 "무모함(recklessness)"도 포함되는 것으로 해석될 소지가 있기 때문이다. 로마회의시 대표단들은 원칙적으로 '무모함'을 가지고 범죄의 객관적 요소를 범한 것에 대해서는 형사책임을 추궁하지 않겠다고 하는 것이 로마규정 제30조를 채택한 이유이다. 따라서 'intent'를 '고의'로 번역하는 것보다는 '의도'로 번역하는 것이 제30조를 작성하는데 기본이 된 미국형법상의 정신적 요건을 나타내는 용어로서 더 적합한 것 같다.

미국 형법상 범죄의 정신적 요건(mental element)은 행위자의 범죄행위시 귀책사유 있는 심리상태를 말한다.11) 예를 들어 미국의 표준형법전(model penal code)은 정신적 요건을 목적(purpose), 인식(knowledge), 무모함(recklessness), 과실(negligence)로 분류하고, 범죄의 물적 요건(material element)을 행위(conduct), 상황(circumstance), 결과(result)로 분류하고 있다. 따라서 검사가 범죄인의 유죄를 입증하기 위해서는 관련범죄의 정의에 따라 범죄인이 필요한 정신적 요건하에 각각의 물적 요건을 범하였는지 여부를 입증하도록 하고 있다.

그런데, 로마규정 제30조가 미국형법상의 정신적 요건에서 유래한 것으로 보이지만 한 가지 큰 차이를 보이는 점이 있다. 그것은 소위 "부재규칙(default rule)"에 관한 것이다. 미국의 표준형법전은 범죄의 정의에서 정신적 요건에 대한 별도의 언급이 없을 때, 즉 소위 "부재규칙(default rule)"으로서 "무모함(recklessness)"을 정신적 요건의 최소한으로서 요구하고 있다.12) 다시 말하면, 특정범죄에 정신적 요건에 대한 언급이 없으면 검사는 적어도 범죄혐의자의 범죄행위시 무모함을 정신적 요건으로서 입증해야 한다는 것이 미국표준형법전의 규칙이라고 할 수 있다. 이에 비해, 로마규정 제30조는 부재규칙으로서 정신적 요건의 최소한으로서 "의도와 인식(intent and knowledge)"을 정하고 있는 것으로 보인다. 로마규정의 "의도"는 미국형법상 "목적(purpose)"과 유사한 것으로 보인다. 즉, 제30조 1항이 "달리 규정된 경우를 제외하고" 사람이 물적 요건을 의도와 인식하에 행한 경우에만 재판소의 관할권에 속하는 범죄에 대하여 형사책임을 지며 처벌을 받는다고 함으로써 별도의 규정이 없는 때에는 정신적 요건으로서 의도와 인식이 있을 때에만 관련자를 처벌하도록 하고 있다. 따라서 로마규정상 별도의 규정이 없을 때 범죄인의 정신적 요건으로서 무모함만을 소추관이 입증하고 의도나 인식을 입증하지 못한 경우에는 범죄인을 처벌할 수 없는 결과가 발생한다고 할 수 있다. 이는 로마규정이 미국의 표준형법전과 같은 국내형법

11) Paul H. Robinson, Criminal Law p. 141 (Aspen Publishers, 1997).
12) 미국 표준형법전 2.02(3)항은 "(3) Culpability Required Unless Otherwise Provided. When the culpability sufficient to establish a material element of an offense is not prescribed by law, such element is established if a person acts purposely, knowingly or recklessly with respect thereto."라고 부재규칙을 규정하고 있다.

기준보다 더 엄격한 정신적 요건을 부재규칙으로서 정하고 있음을 보여준다. 또한, 이러한 규정은 국제형사재판소의 소추관에게 더욱 무거운 입증책임의 부담을 지우고 있는 것으로 판단된다.

Ⅱ. 물적 요건(material element, actus reus)

범죄의 물적 요건은 범죄의 객관적 구성요건으로도 표현되며 특정범죄를 구성하는 행위, 상황, 결과를 의미한다. 로마회의 이전의 준비회의에서는 각국의 다양한 법제도로 인해서 어떠한 행위가 범죄행위가 되는지에 대한 지침을 위해서 범죄의 물적 요건에 대한 규정을 두는 것이 필요하다고 주장되었다. 따라서 통합초안 제28조는 범죄의 물적 요건에 대해 규정하고 있었다. 그런데, 로마회의시 각국은 범죄의 물적 요건으로서 부작위(omission)를 어떻게 정의할 것인가 등에 대한 이견을 보였고, 이에 따라 각 범죄의 구성요건을 정의하면서 각 해당범죄의 부작위에 대한 정의를 정하고 대신 일반적인 물적 요건에 관한 규정인 통합초안 28조를 삭제하기로 하였다. 그 결과 통합초안 제28조는 삭제되었고 로마규정에는 범죄의 구성요건 중 물적 요건에 대한 일반조항은 존재하지 않게 되었다.

제10절 형사책임 조각사유(grounds for excluding criminal responsibility, 제31조)

Ⅰ. 의의 및 종류

로마규정 제31조 1항은 "이 규정에서 정한 여타의 형사책임 조각사유에 더하여, 행위시 다음의 경우에 해당되면 형사책임을 지지 아니한다"고 하여 형사책임 조각사유를 규정하고 있다. 즉, 이러한 형사책임 조각사유에 해당하면 관련 개인이 국제형사재판소의 관할범죄를 구성하는 행위를 하였더라도 재판소로부터 형사처벌을 받지 않는다. 후술하는 바와 같이 제31조는 형사책임 조각사유로서 우리 형법에서 위법성조각사유로서 보는 "정당방위(self-defense)"와 우리 형법의 책임조각사유에 가까운 정신질환자(mental disease)의 경우, 중독상태(intoxication), 강박(duress)을 규정하고 있다. 또한 로마규정 제32조는 우리 형법상 책임조각사유로 보는 "착오(mistake)"를 별도의 조항으로 규정하고 있고 로마규정 제33조는 "초법규적 책임조각사유"로서 분류되는13) "상사의 명령" 등을 다루고 있다.

Ⅱ. 정신적 질환 또는 정신적 결함

로마규정 제31조 1항(가)는 "사람이 자신의 행위의 불법성이나 성격을 평가할 수 있는 능력이나 자신의 행위를 법의 요건에 따르도록 통제할 수 있는 능력을 훼손시키는 정신적 질환 또는 결함을 겪고 있는 경우"를 형사책임 조각사유로서 규정하고 있다. 로마회의시 국가들은 이 조항에 대해서 이견이 거의 없었다. 왜냐하면 정신질환자의 형사책임을 면제하거나 감경하는 것은 대부분 국가의 국내 형법원칙에도 부합하기 때문이었다. 우리 형법도 제10조에서 "① 심신장애로 인하여 사물을 판별할 능력이 없거나 의사를 결정할 능력이 없는 자의 행위는 벌하지 아니한다. ② 심신장애로 인하여 전항의 능력이 미약한 자의 행위는 형을 감경한다"고 하고 있다.

Ⅲ. 중독 상태

로마규정 제31조 1항(나)는 "사람이 자신의 행위의 불법성이나 성격을 평가할 수 있는 능력이나 자신의 행위를 법의 요건에 따르도록 통제할 수 있는 능력을 훼손시키는 중독 상태에 있는 경우. 다만, 중독의 결과로서 자신이 재판소의 관할권내의 범죄를 구성하는 행위에 관여하게 될 것임을 인식하였거나 또는 그 위험을 무시하고 자발적으로 중독된 경우는 그러하지

---

13) 유기천, 형법학(총론강의) pp. 248- 250 (1985) 참조.

아니하다"라고 하여 중독 상태에서 심신상실자가 된 경우에는 그 사람의 형사책임을 면제하도록 하고 있다. 그러나 자발적으로 중독 상태에 빠진 경우는 형사책임 조각사유가 되지 않는다. 예를 들어 미국 연방대법원도 "자발적으로 중독상태에 빠진 경우(voluntary intoxication)는 범죄의 정신적 요건(mens rea)을 결정할 때 고려하지 않는 것이 확립된 규칙"이라고 하였다.14)

Ⅳ. 정당방위

로마규정 제31조 1항(다)는 "사람이 급박하고 불법적인 무력사용으로부터 자신이나 다른 사람을 방어하기 위하여, 또는 전쟁범죄의 경우 자신이나 다른 사람의 생존을 위하여 필수적인 재산이나 군사적 임무를 달성하는데 필수적인 재산을 방어하기 위하여 자신이나 다른 사람 또는 보호되는 재산에 대한 위험의 정도에 비례하는 방식으로 합리적으로 행동한 경우. 군대가 수행하는 방어작전에 그 자가 관여되었다는 사실 자체만으로는 이 호에 따른 형사책임 조각사유를 구성하지 아니한다"고 하고 있다. 즉, 로마규정은 자신 또는 다른 사람을 방어하기 위하여 또는 전쟁범죄의 경우 자신 또는 다른 사람의 생존에 필수적인 재산(property)을 방어하기 위하여 행동한 경우는 정당방위로서 형사처벌을 받지 않도록 하고 있다. 로마회의시 이 조항과 관련하여 가장 논란이 많았던 문제는 "재산"의 보호를 위한 정당방위를 인정할 것인가의 문제였다. 재산의 보호를 위한 정당방위를 반대한 국가들은 집단살해죄나 인도에 반한 죄와 같은 범죄를 저지른 개인이 재산의 보호를 위한 정당방위를 주장하여 처벌받지 않는 것은 받아들일 수 없다고 주장하였다. 미국 등은 자국법에 비추어 재산의 보호를 위한 정당방위도 허용되어야 한다고 주장하였다. 논의 결과 로마규정은 위와 같이 전쟁범죄의 경우 생존에 필수적인 재산의 보호를 위한 정당방위만을 허용

---

14) Montana v. Egelhoff, 518 U.S. 37 (1996). 이 사건에서 미국연방대법원은 몬태나(Montana)주의 법이 비자발적인 중독상태를 책임조각사유의 증거로 제출하는 것을 금지한 것은 적법절차조항(due process)의 위반이 아니라고 판시하였다.

하기로 하였다. 다만, 특정인이 군대의 방어작전에 관여하였다는 사실 자체
만으로는 형사책임 조각사유가 되지 않았다.

V. 강 박(duress)

로마규정 제31조 1항(라)는 "재판소의 관할범죄를 구성하는 것으로 주장
된 행위가 자신 또는 다른 사람에 대한 급박한 사망 또는 계속적이거나 급
박한 중대한 신체적 위해의 위협으로부터 비롯된 강박에 의하여 야기되었
고, 그러한 위협을 피하기 위하여 합리적인 행동을 한 경우. 다만, 그 자가
피하고자 하는 것보다 더 큰 위해를 초래하려고 의도하지 않았어야 한다.
그러한 위협은 (i) 다른 사람에 의한 것이거나, 또는 (ii) 그 사람의 통제범위
를 넘어서는 기타 상황에 의하여 형성된 것일 수도 있다"고 규정하였다.
즉, 로마규정은 재판소의 관할대상 범죄를 행한 자가 강박에 의해 그러한
행위를 하였다면 일정한 요건 하에 그 사람의 형사책임을 면제하도록 하고
있는 것이다. 이 조항은 강박을 형사책임 조각사유로 인정하기 위해서는
세 가지 조건이 필요한 것으로 하고 있다. 첫째, 강박은 행위자 자신 또는
다른 사람에 대한 급박한 사망이나 계속적인 또는 급박한 중대한 신체상
위해의 위협으로부터 초래된 것이어야 한다. 둘째, 강박을 당해 행위한 자
가 그 위협을 피하기 위하여 필요하고 합리적인 행동을 하였어야 한다. 셋
째, 범죄행위자가 피하고자 하는 위해보다 더 큰 위해를 초래하려 하지 않
았어야 한다.
로마회의시 일부국가는 "재산"에 대한 위협으로 초래된 강박도 포함시
키자는 견해가 있었으나 이는 배척되었다. 또한, 로마회의시 범죄행위 결과
사망이 초래된 경우에도 강박이 책임조각사유가 되어야 하는지의 문제가
제기되었다. 왜냐하면, 이 경우 범죄행위자에 대한 최고의 위협이 사망의
위협이라면 자신의 사망을 피하기 위해 다른 사람(피해자)의 사망을 초래한
것이 책임조각 사유가 되는지 여부를 결정해야 할 것이기 때문이다. 결국,
이 문제는 국제형사재판소에서 구체적인 사안을 분석하여 결정할 문제라고

생각이 된다.

우리 형법 제12조도 "저항할 수 없는 폭력이나 자기 또는 가족의 생명, 신체에 대한 위해를 방어할 방법이 없는 협박에 의하여 강요된 행위는 벌하지 아니한다"고 하여 "강요된 행위"를 책임조각사유로 규정하고 있다.

Ⅵ. 형사책임 조각사유의 적용

로마규정 제31조 2항은 "재판소는 이 규정에 정한 형사책임 조각사유가 재판소에 제기된 사건에 적용되는지 여부를 결정한다"고 하여 재판소에게 형사책임 조각사유를 결정할 권한을 부여하였다. 일견 당연해 보이는 이 조항은 로마규정의 형사책임 조각사유의 정의에 대해 불만을 표시했던 일부 국가들의 동의를 얻는 교섭과정에서 중요한 역할을 하였다. 즉, 이 조항은 재판소가 구체적인 사건에서 형사책임 조각사유의 적용을 결정함으로써 구체적으로 공평한 판결을 내릴 수 있도록 한 것이다.

Ⅶ. 기타의 형사책임 조각사유

로마규정 제31조 3항은 "재판소는 제1항에 규정된 것 이외의 형사책임 조각사유라도 그 사유가 제21조에 규정된 적용 가능한 법에 의하여 도출된 경우, 이를 고려할 수 있다. 그러한 사유의 고려에 관한 절차는 절차 및 증거규칙에 규정된다"고 하여 기타의 형사책임 조각사유를 재판소가 고려할 수 있도록 하고 있다. 원래 이 조항은 "군사적 필요(military necessity)", "복구(reprisal)", "UN 헌장 제51조상의 자위권" 등 국제법상 책임조각사유가 있는 경우를 염두에 두고 채택되었다. 이러한 국제법상 책임조각사유는 로마규정 제21조의 적용 가능한 법(applicable law)이나 절차 및 증거규칙에 포함될 수 있을 것이다.

제11절   사실의 착오 또는 법률의 착오(제32조)

Ⅰ. 사실의 착오

로마규정 제32조 1항은 "1. 사실의 착오는 그것이 범죄성립에 요구되는 주관적 요소를 흠결시키는 경우에만 형사책임 조각사유가 된다"고 하여 사실의 착오를 형사책임 조각사유로서 규정하고 있다. 그러나 사실의 착오는 범죄성립에 필요한 정신적 요건을 흠결시키는 경우에만 형사책임 조각사유가 된다. 사실의 착오는 고의에 필요한 구성요건적 불법요소에 대한 인식이 없는 경우를 말한다.15) 예를 들어 유고에 대한 미국의 공습시 미국이 유고의 군사시설인줄로 착오하여 유고주재 중국대사관을 폭격한 경우 사실의 착오문제가 제기될 수 있다. 사실의 착오는 각국의 국내형법에서도 인정된다.16) 우리 형법 제15조 1항도 "특별히 중한 죄가 되는 사실을 인식하지 못한 행위는 중한 죄로 벌하지 아니한다"고 하여 사실의 착오를 인정하고 있다.

Ⅱ. 법률의 착오

로마규정 제32조 2항은 "특정 유형의 행위가 재판소의 관할범죄인지 여부에 관한 법률의 착오는 형사책임 조각사유가 되지 아니한다. 그러나 법률의 착오가 그 범죄성립에 요구되는 주관적 요소를 흠결시키는 경우나 제33조에 규정된 바와 같은 경우에는 형사책임 조각사유가 될 수 있다"고 하여 법률의 착오는 원칙적으로 형사책임 조각사유가 되지 않으나, 예외적으로 일정한 요건하에 형사책임 조각사유로 인정될 수 있도록 하고 있다.

---

15) 이재상, 형법총론 p. 167 (1988).

16) American Law Institute, Model Penal Code and Commentaries, Comment to § 2.04 (1985) 참조.

법률의 착오는 구성요건을 실현하는 행위임을 완전히 인식하였으나 그 행위가 위법함을 착오로서 인식하지 못한 것을 말한다.17) 사실의 착오와 달리 법률의 착오는 원칙적으로 형사책임 조각사유가 되지 못한다는 것이 여러 국가의 국내형법에서 확인된다. 우리 형법 제16조도 "자기의 행위가 법령에 의하여 죄가 되지 아니하는 것으로 오인한 행위는 그 오인에 정당한 이유가 있는 때에 한하여 벌하지 아니한다"고 하여 정당한 이유가 있는 경우에만 예외적으로 형을 감경할 수 있도록 하였다.18)

로마규정 제32조 2항은 법률의 착오가 형사책임 조각사유가 되기 위해서는 법률의 착오가 그 범죄성립에 필요한 정신적 요건을 흠결시키는 경우 또는 제33조에 규정된 경우이어야 한다고 하고 있다. 먼저, 법률의 착오가 범죄성립에 필요한 정신적 요건을 흠결시키는 경우를 보면 구체적으로 어떠한 경우가 이에 해당하는지 생각하기가 쉽지 않을 듯하다. 왜냐하면, 재판소의 관할범죄가 집단살해죄, 인도에 반한 죄, 전쟁범죄 등인데 이러한 범죄의 심각성을 고려할 때, 법률의 착오가 조각사유로서 인정될 수 있는 상황이 흔하지 않을 것이기 때문이다. 다음으로, 제33조 1항은 법률의 착오가 형사책임 조각사유가 되기 위한 세 가지 조건을 명시하고 있다. 즉, (가) 그 자에게 정부 또는 상급자의 명령에 따라야 할 법적 의무가 있었고, (나) 그 자가 그 명령이 불법임을 알지 못하였으며, 그리고 (다) 그 명령이 명백히 불법적이지는 않았던 경우의 세 가지 조건을 충족하여야만 법률의 착오를 형사책임 조각사유로서 인정할 수 있다는 것이다.

제12절   상사의 명령과 법률의 규정(제33조)

로마규정 제33조 1항은 1. 어떠한 자가 정부의 명령이나 군대 또는 민간인 상급자의 명령에 따라 재판소 관할범죄를 범하였다는 사실은 그 자의

---

17) 유기천, supra note 13, p. 236.
18) 김일수, 형법총론 pp. 381-389 (2000) 참조.

형사책임을 면제시켜 주지 않는다고 선언하고 있다. 다만 앞에서 본 바와 같이 일부 예외를 인정하고 있다. 또한 로마규정 제33조 2항은 "이 조의 목적상, 집단살해죄 또는 인도에 반한 죄를 범하도록 하는 명령은 명백하게 불법이다"라고 하여 1항의 예외사유를 판단할 때 고려하도록 하고 있다.

상사의 명령과 법률의 규정이 집단살해죄, 인도에 반한 죄, 전쟁범죄 등 국제형사재판소의 관할범죄를 범한 개인의 형사책임 조각사유가 되지 못한다는 것은 뉘른베르그 헌장 제8조와 구유고재판소(ICTY) 규정 제7조 4항에서도 확인된 바 있다.[19)]

로마규정 제33조는 대체로 이러한 선행 국제재판소의 선례를 따르고 있는 것으로 보인다.

제13절 결 론

이상으로 살펴본 바와 같이 로마규정 제3부는 그 동안 발전해 온 국제법상 개인의 형사책임 원칙과 그와 관련된 형법의 일반원칙을 종합적이고 체계적으로 법전화한 것으로서 평가할 수 있다. 로마규정 제3부의 형법의 일반원칙의 내용을 보면 죄형법정주의, 소급효금지 등의 세계 각국의 국내 형법의 확립된 원칙에서 유래한 듯한 내용도 있으나, 공적 지위의 무관련성, 지휘관 및 기타 상사의 책임원칙 등 국제형사법의 영역에서 발전해 온 특수한 원칙들도 포함하고 있다고 볼 수 있기 때문에 독자적인 성격(sui generis)도 가지고 있다고 할 수 있다.

---

19) 뉘른베르그 헌장 제8조는 "The fact that the Defendant acted pursuant to order of his Government or of a superior shall not free him from responsibility, but may be considered in mitigation of punishment if the Tribunal determines that justice so requires."라고 규정하고 있다. ICTY 규정 제7조 4항은 "The fact that an accused pursuant to an order of a Government or of a superior shall not relieve him of criminal responsibility, but may be considered in mitigation of punishment if the International Tribunal determines that justice so requires."라고 하고 있다.

제 5 장
재판소의 구성과 행정

제 5 장   재판소의 구성과 행정

제 1 절   재판소의 기관

로마규정 제34조는 재판소가 1) 소장단(The Presidency) 2) 상소심부, 1심부 및 전심부(An Appeals Division, a Trial Division and a Pre-Trial Division) 3) 소추부 (The Office of the Presecutor) 4) 사무국(The Registry)의 기관으로 구성된다고 규정한다. 소추부는 국가의 사법체계에서 검사의 역할을 하며 검사는 사법부와 독립적으로 존재하는 것이 대부분 국가의 체계인데 비해 ICC의 소추부는 국제형사재판소의 한 기관을 구성하는 특징을 보인다고 할 수 있다. 이러한 이유로 최태현 교수는 로마규정의 Prosecutor를 검사가 아닌 소추관로 번역해야 한다는 입장을 취하였고 이러한 의견이 반영되어 로마규정의 국문본은 소추관이라는 용어를 사용하고 있다.

국제형사재판소는 범죄인의 기소를 담당하는 소추부, 재판을 담당하는 재판부, 행정을 담당하는 사무국(Registry)으로 구성된다. 실제 재판은 3명의 재판관으로 구성된 1심부(trial chamber)가 재판하는 1심과, 5명의 판사로 구성된 상소부(appeals chamber)가 재판하는 상소심으로 이루어진 2심제이다.[1] 그리고, 전심재판부(pre-trial chamber)는 1명 또는 3명의 재판관으로 구성되며 수사개시의 허용과 재판적격성 등 여러 가지 절차문제를 다룬다.

한편, 소추부는 1명의 소추관과 복수의 부소추관으로 구성되며, 이들은 9년 단임의 임기를 가지고 범죄의 수사 및 기소를 담당하게 된다. 재판소의 행정은 사무국장(Registrar)이 이끄는 사무국이 맡게 되며, 재판운영과 관련된 주요결정을 위해서 재판소장과 2명의 부재판소장으로 구성된 재판소

---

[1] 신각수, 국제형사재판소: 정의를 통한 평화, 박수길 편, 21세기 유엔과 한국: 새로운 도전과 과제(도서출판 오름, 2002), pp. 405-450.

장단(presidency)이 설립된다.2)

제 2 절   재판관의 복무

　　로마규정 제35조는 재판관의 복무에 관해 규정하고 있다. 동조 1항은 모든 재판관은 재판소의 전임 구성원으로 선출되며, 그들의 임기가 개시되는 때로부터 그러한 방식으로 근무할 수 있어야 한다고 규정한다. 동조 2항은 소장단을 구성하는 재판관들은 선출된 때로부터 전임으로 근무한다고 하고, 동조 3항은 소장단에게 재판소의 업무량을 기초로 구성원들과의 협의를 거쳐, 수시로 나머지 재판관들의 어느 정도를 전임으로 근무하도록 할 것인가를 결정할 수 있도록 하고 있다. 즉 기본적으로 재판관은 전임으로 근무할 수 있어야 하되, 재판소의 업무량에 따라서 재판관들의 실제적인 전임근무범위가 결정되게 된다. 그러나 그러한 조치가 재판관의 독립성을 침해하여서는 안 된다. 동조 4항은 전임으로 근무할 필요가 없는 재판관에 대한 재정적 조치는 제49조에 따라 이루어진다고 규정하고 있으며 제49조는 당사국총회가 재판관의 보수 등을 정하도록 하고 있다.

제 3 절   재판관의 자격요건, 추천 및 선거

Ⅰ. 재판관의 수

　　로마규정 제36조는 재판관의 자격요건, 추천 및 선거에 관해 규정하고 있다. 동조 1항은 재판소에 18인의 재판관을 둔다고 규정한다. 동조 2항은 소장단이 증원이 필요하고 적절하다는 사유를 적시하여 제1항에 명시된 재판관의 증원을 제안할 수 있고, 그러한 제안은 제112조에 따라 소집되는

---

2) Id.

당사국총회의 회의에서 심의되도록 하고 있다. 또한 동항은 그 제안이 당사국총회 회원국의 3분의 2의 투표에 의하여 승인되면 채택된 것으로 간주하며, 당사국총회가 결정하는 시점에 발효한다고 하고 있다.

한편 소장단은 재판관의 감원을 제안할 수 있으나 18인 미만으로 감원하는 것은 허용되지 않는다.

Ⅱ. 재판관의 자격요건

재판관의 자격요건은 로마회의시 매우 논란이 많았던 것이다. 로마규정 제36조 3항에 의하면 재판관은 각국에서 최고 사법직(highest judicial office)에 임명되기 위해 필요한 자격을 갖추고, 높은 도덕성과 공정성 및 성실성을 가진 자 중에서 선출된다. 재판관 선거 후보자는 1) 형법과 형사절차에서의 인정된 능력과 판사, 검사, 변호사 또는 이와 유사한 다른 자격으로서 형사소송에서의 필요한 관련 경력, 또는 2) 국제인도법 및 인권법과 같은 국제법 관련 분야에서의 인정된 능력과 재판소의 사법업무와 관련되는 전문적인 법률 직위에서의 풍부한 경험을 갖추어야 한다. 재판관 선거 후보자는 재판소의 실무언어(working language) 중 최소한 하나의 언어에 탁월한 지식을 갖고 이를 유창하게 구사하여야 한다. 즉, ICC 재판관은 각국의 최고 사법직에 임명될 수 있는 자격을 갖추고 형사법분야의 전문가 또는 국제법분야의 전문가이어야 한다. 그런데, 우리나라의 경우에는 최고 사법직에 임명될 수 있는 자격에 국내변호사의 자격을 포함하는 것으로 해석하게 되면 국내변호사의 자격이 없는 국제법분야의 전문가는 ICC의 재판관으로 진출하기가 불가능한 것이 되기 때문에 불합리한 결과가 나타난다. 특히, 우리나라의 경우 국제법분야의 전문가는 사법시험이 아닌 외무고시나 국제법 학계 등을 통해 양성되어온 경우가 많기 때문에 유능한 국제법 전문가가 ICC의 재판관으로 진출하기가 더욱 어려운 현실이다. 법조인 양성제도가 우리와 유사했던 일본의 경우에도 최고재판소에 국제법전문가를 재판관으로서 포함시키고 있기 때문에 일본의 국제법 전문가는 ICC 재판관으로 진출하는

데 아무런 지장이 없다. 우리나라의 국제법 전문가도 ICC의 재판관으로 진출할 수 있도록 국내법적 제도를 정비하거나 최고사법직에 임명되기 위한 자격의 해석을 넓게 할 필요가 있다고 생각한다.

한편, ICC의 재판관 자격요건은 국제사법재판소의 판사의 자격요건과 차이가 있다. 즉 국제사법재판소 판사는 각국에서 최고 사법직에 임명되기 위해 필요한 자격을 가진자 또는 국제법에 정통하다고 인정된 법률가 중에서 선출된다. 따라서 국제사법재판소의 판사는 각국에서 최고 사법직에 임명될 자격이 없더라도 국제법에 정통하다고 인정된 법률가 중에서 선출될 수 있다.

Ⅲ. 재판관 추천 절차

로마규정 제36조 4항은 재판관 추천 절차를 정하고 있다. 재판관 선거 후보자의 추천은 로마규정 당사국만이 할 수 있으며, 1) 당해 국가에서 최고 사법직의 임명을 위한 후보자 추천 절차 또는 2) 국제사법재판소규정상 국제사법재판소에 대한 후보 추천을 정한 절차 중의 어느 한 절차에 따라야 한다. 추천에는 후보자가 제3항의 자격요건을 어떻게 충족하는지를 반드시 상세하게 명시하는 설명이 첨부되어야 한다. ICJ 판사는 상설중재재판소(Permanent Court of Arbitration, PCA)의 국별재판관단이 지명한 자의 명부 중에서 UN총회 및 안전보장이사회가 선출한다. 따라서 국제사법재판소에 대한 후보 추천을 정한 절차는 국별재판관단의 지명절차를 의미한다. 각 당사국은 모든 선거에서 꼭 자국민일 필요는 없으나 반드시 당사국의 국민인 1인의 후보자를 추천할 수 있다. 당사국총회는 적절한 경우 추천에 관한 자문위원회(Advisory Committee)를 설치하기로 결정할 수 있다. 그러한 경우 위원회의 구성과 임무는 당사국총회가 정한다.

Ⅳ. 재판관의 선출

로마규정 제36조 5항은 선거의 목적상 두 가지 후보자명부를 두도록 하고 있다. 첫째는 국내 형법과 형사절차분야에서의 자격요건을 갖춘 후보자의 명단을 포함하는 A명부이고 둘째는 국제인도법 및 인권법과 같은 국제법 관련 분야에서의 자격요건을 갖춘 후보자의 명단을 포함하는 B명부이다. 두 개 명부 모두에 해당하는 충분한 자격요건을 갖춘 후보자는 등재될 명부를 선택할 수 있다. 최초의 재판관 선거시 A명부로부터는 최소한 9인의 재판관이, 그리고 B명부로부터는 최소한 5인의 재판관이 선출되어야 한다. 그 후의 선거는 양 명부상의 자격요건을 갖춘 재판관들이 재판소에서 상응하는 비율을 유지하도록 이루어져야 한다.

동조 6항에 따라, 재판관은 제112조에 따라 재판관 선거를 위하여 소집되는 당사국총회의 회의에서 비밀투표로 선출된다. 재판관으로 선출되는 자는 출석하여 투표한 당사국의 3분의 2 이상의 최다득표를 한 18인의 후보자로 한다. 제1차 투표에서 충분한 수의 재판관이 선출되지 아니한 경우, 충원될 때까지 가호에 정해진 절차에 따라 계속 투표를 실시한다.

동조 7항은 어떠한 2인의 재판관도 동일한 국가의 국민이어서는 아니된다고 규정하고 재판소 구성의 목적상 2개 이상의 국가의 국민으로 인정될 수 있는 자는 그가 통상적으로 시민적 및 정치적 권리를 행사하는 국가의 국민으로 간주된다고 하고 있다. 관련되는 재판관의 국적은 그 재판관과 관련국가의 진정한 연관(genuine link)여부로 결정해야 할 것이다.

동조 8항은 당사국들이 재판관의 선출에 있어서 재판소 구성원 내에서 1) 세계의 주요 법체계의 대표성 2) 공평한 지역적 대표성 3) 여성 및 남성 재판관의 공정한 대표성의 필요성을 고려하도록 한다. 또한, 당사국들은 여성이나 아동에 대한 폭력을 포함하되 이에 국한되지 아니하는 특수한 문제에 대하여 법률 전문지식을 가진 재판관을 포함시킬 필요성도 고려하여야 한다.

V. 재판관의 임기

로마규정 제36조 9항에 의하면 재판관은 원칙적으로 9년간 재직하며 재선될 수 없다. 그러나 예외적으로 첫 번째 선거에서 선출된 재판관의 3분의 1은 추첨으로 3년의 임기 동안 복무하도록 선정되며, 또 다른 3분의 1의 재판관은 추첨으로 6년의 임기 동안 복무하도록 선정되며, 나머지 재판관은 9년의 임기 동안 복무한다. 이는 재판소의 연속성을 위해 필요한 조항이다. 이때, 3년의 임기 동안 복무하도록 선정된 재판관은 임기만료 후 완전한 9년 임기로 재선될 수 있다.

한편, 동조 10항은 9항의 규정에도 불구하고 제39조에 따라 1심부 또는 상소심부에 배정된 재판관은 그 재판부에서 이미 심리가 개시된 1심 또는 상소심이 종결될 때까지 계속 재직하도록 하고 있다. 이는 재판관이 이미 시작한 사건은 임기만료 후에도 계속 마무리할 수 있도록 하기 위한 것이다.

우리나라의 경우, ICC의 초대재판관에 진출하기 위하여 우리나라의 재판관후보로서 서울대학교의 송상현 교수가 지명되어 2003년 2월 뉴욕에서 개최된 당사국총회에서 선거를 통해 ICC의 재판관으로 선출되었다. 송상현 재판관은 3년 임기의 재판관으로 선정되었다가 그 임기가 만료 후에 9년 임기의 재판관으로 재선되었고 ICC의 소장(President)으로 선출되어 복무하였다.

제 4 절   특권과 면제

로마규정 제48조 1항은 재판소가 각 당사국의 영역에서 재판소의 목적 달성을 위하여 필요한 특권과 면제를 향유하도록 하고 있다. 동조 2항은 재판관, 소추관, 부소추관 및 사무국장은 재판소의 업무나 그와 관련된 업무를 수행하는 경우 외교사절의 장에게 부여되는 것과 동일한 특권과 면제를 향유하도록 하였다. 동조 3항은 사무차장, 소추부의 직원 및 사무국의 직원은 재판소의 특권 및 면제에 관한 협정에 따라 자신의 직무수행에 필요한 특권, 면제와 편의를 향유하도록 하여 재판관 등이 누리는 특권과 면제보다 제한적인 특권과 면제를 허용하고 있다. 또한, 동조 4항은 변호인, 전문가, 증인 또는 재판소에 출석이 요구되는 다른 자는 재판소의 특권 및 면제에 관한 협정에 따라 재판소의 적절한 기능수행을 위하여 필요한 대우를 부여받도록 하였다. 재판관 등의 특권과 면제는 포기될 수 있다. 제48조 5항에 의하면 재판관 또는 소추관의 특권과 면제는 재판관들의 과반수의 의결에 의하여 포기될 수 있다. 다음으로 사무국장의 특권과 면제는 소장단에 의하여 포기될 수 있다. 부소추관과 소추부 직원의 특권과 면제는 소추관에 의하여 포기될 수 있다. 마지막으로, 사무차장과 사무국 직원의 특권과 면제는 사무국장에 의하여 포기될 수 있다. 이러한 포기요건을 볼 때 재판관과 소추관의 특권과 면제의 포기가 가장 엄격한 요건을 가지고 있다고 할 수 있다. 특권과 면제에 관해서는 준비위원회에서 초안을 작성하고 ICC와 국가간에 체결예정인 특권면제에 관한 협정에 자세하게 규정되어 있다.

제 6 장
수사, 기소와 재판절차

제 6 장 수사, 기소와 재판절차

이 장은 로마규정 제5부 수사와 기소, 제6부 재판, 제7부 형벌, 제8부 상소 및 재심, 제10부 집행에 관한 규정을 중요한 규정을 중심으로 간략히 살펴보기 위한 장이다. 이들 규정은 크게 보면 형사소송절차에 해당하며 자세한 절차규정을 두고 있다. 이 책에서는 이들 절차규정을 모두 다루는 것보다는 피의자 등의 인권보장과 공정한 재판을 보장하는 관점에서 중요하다고 생각되는 조항을 중심으로 논의를 하고자 한다.

이 장에서 다룰 조항들은 형사소송절차에 관한 것으로서 로마회의시 각 국가의 형사소송절차가 다르기 때문에 모든 국가가 수락할만한 규정을 작성하는 것이 상당히 어려운 과제였다. 그러나 회의에 참석한 국가들은 협력과 타협의 정신으로 ICC의 형사소송절차를 작성하는데 성공하였다. 로마규정은 대륙법계와 영미법계의 독특한 법적 전통을 건설적으로 결합하였으며 명확하고 자세한 소송규칙을 작성하고 있고 관련되는 국제적 인권조약에도 합치하는 것으로 판단된다.

제 2 절 수사와 기소

I. 수사의 개시

로마규정 제53조 1항은 "소추관은 자신에게 이용 가능한 정보를 평가한 후, 이 규정에 따른 절차를 진행할 합리적 근거가 없다고 판단하지 않는 한 수사를 개시하여야 한다"고 하여 소수관에게 합리적 근거가 있을 경우에 수사를 개시하도록 하고 있다. 동조 2항은 수사 후 소추관이 기소할 충분한 근거가 없다고 결정하는 경우, 소추관에게 전심재판부 및 제14조에 따라 회부한 국가 또는 제13조 나호에 따른 사건의 경우 안전보장이사회에 자신의 결정과 그 이유를 통지할 의무를 부과하고 있다. 동조 3항에 의하면 제14조에 따른 사건 회부국 또는 제13조 나호에 따른 안전보장이사회의 요청이 있는 경우, 전심재판부는 제1항 또는 제2항에 따른 소추관의 절차 종결 결정을 재검토할 수 있으며, 소추관에게 그 결정을 재고할 것을 요청할 수 있다. 동조 4항은 소추관에게 새로운 사실이나 정보를 근거로 수사 또는 기소의 개시 여부에 대한 결정을 언제든지 재고할 수 있도록 하였다.

제53조는 소추관에게 수사를 위한 합리적 근거가 있는지 그리고 기소를 위한 충분한 근거가 있는지를 결정하는 상당한 재량권을 부여하고 있다. 그러면서도, 제53조는 이러한 소추관의 재량권이 전심재판부의 사법심사에 의해 통제를 받도록 하고 있다.

Ⅱ. 수사절차

소추관은 기소에 필요한 사실적, 법적 근거가 있고 재판적격성 요건을 충족하며 기소가 모든 관련 상황에 비추어 정의에 합치한다고 판단한 경우 수사를 개시한다. 체포영장 또는 증인 소환장은 소추관의 요청에 따라 전심재판부가 발급한다. 당사국은 긴급체포(provisional arrest) 또는 정식체포 그리고 인도의 요청을 접수한 경우 범죄인의 체포를 위한 조치를 즉시 취하여야 한다.1) 체포된 사람은 가석방(interim release)을 요구할 수 있다.2) 범죄피의자가 재판소에 인도되거나 자발적으로 출석하면 전심재판부는 소추관이 재판을 구하고자 하는 공소사실을 확인하기 위한 심리(hearing)를 행해야

---

1) 로마규정 제59조.
2) 로마규정 제59조.

한다.3) 심리는 소추관과 피의자 및 피의자의 변호인의 출석하에 이루어진다. 전심재판부는 1) 당해인이 출석할 권리를 포기한 경우, 2) 당해인이 도주하여 소재를 알 수 없는 경우 등에 피의자가 출석하지 않은 상태에서 공소사실을 확인하기 위한 심리를 행할 수 있다.4) 그러나 유의할 점은 이러한 절차는 재판전의 단계에서 가능한 것이며 정식재판의 단계에서는 피고인이 출석하지 않는 재판은 허용되지 않는다.5)

Ⅲ. 수사 중 개인의 권리

로마규정 제55조는 수사 중 개인의 권리에 관해 규정하고 있다. 동조 1항은 다음과 같다.

> 이 규정에 따른 수사와 관련하여 개인은,
> 가. 스스로 복죄하거나 자신의 유죄를 시인하도록 강요받지 아니한다.
> 나. 어떠한 형태의 강요, 강박 또는 위협, 고문, 또는 다른 어떠한 형태의 잔혹하거나 비인도적이거나 굴욕적인 대우나 처벌을 받지 아니한다.
> 다. 자신이 충분히 이해하고 말하는 언어 이외의 언어로 신문받는 경우, 무료로 유능한 통역과 공정성의 요건을 충족시키는데 필요한 번역의 도움을 받는다.
> 라. 자의적인 체포 또는 구금을 당하지 아니하며, 이 규정에서 정한 근거와 절차에 따른 경우를 제외하고는 자유를 박탈당하지 아니한다.

동항 가호는 소위 "자기부죄거부의 특권(privilege against self-incrimination)"을 규정하고 있다. 이 자기부죄거부의 특권은 우리 국내법과 같은 효력을 가진 국제인권규약 B규약(ICCPR) 제14조 3항(g)에도 규정되어 있다. 동항 나호는 개인의 강요, 강박, 고문을 받지 않을 권리를 규정한다. 이 권리는 국제인권규약 B규약 제7조에도 규정되어 있다. 동항 다호는 통역을 받을 권리를 정하고 있다. 이 권리는 특히 ICCPR 제14조 3항(f)에도 규정되어 있다. 동항 라호는 자의적인 체포 또는 구금을 당하지 않을 권리를 정하고 있다. 이 권리는 ICCPR 제9조 1항에도 규정되어 있다.

---

3) 로마규정 제61조.
4) 로마규정 제61조.
5) 로마규정 제63조.

로마규정 제55조 2항은 개인이 신문을 받게 될 경우, 신문에 앞서 자신에게 고지되어야 할 다음의 권리를 가진다고 규정하고 있다.

　가. 신문에 앞서 그가 재판소 관할범죄를 범하였다고 믿을 만한 근거가 있음을 고지받을 권리
　나. 침묵이 유죄 또는 무죄를 결정함에 있어서 참작됨이 없이 진술을 거부할 권리
　다. 자신이 선택하는 법적 조력을 받을 권리, 또는 자신이 법적 조력을 받지 못하고 있다면 정의를 위하여 요구되는 경우에 자신에게 지정된 법적 조력을 받을 권리, 그리고 자신이 비용을 지불할 충분한 수단이 없는 경우에는 이를 무료로 제공받을 권리
　라. 자신이 자발적으로 변호인의 조력을 받을 권리를 포기하지 아니하는 한 변호인의 참석하에 신문을 받을 권리

동항 가호는 범죄혐의와 그 근거를 고지받을 권리를 규정한다. 이 권리는 ICCPR 제9조 2항과 ICCPR 제14조 3항(a)에도 규정되어 있다고 볼 수 있다. 동항 나호는 묵비권을 규정하고 있다. 이 권리는 구유고재판소(ICTY) 규칙 42조 (A)항 (iii)에도 규정되어 있다. 동항 다호는 법적 조력을 받을 권리 또는 변호인의 조력을 받을 권리(right to counsel)를 규정한다. 이 권리는 ICCPR 제14조 3항 (d)에도 규정되어 있다. 동항 라호는 변호인의 참석하에 신문을 받을 권리를 규정한다. 이 권리는 ICTY 규칙 제42조 (B)항에도 규정되어 있다.

결론적으로 로마규정 제55조가 보장하고 있는 수사중 피의자의 권리내용은 국제인권법에 합치한다고 평가할 수 있다.

제 3 절　재　판

Ⅰ. 재판 장소와 피고인 출석하의 재판

로마규정 제62조에 따라, 달리 결정되지 않는 한 재판 장소는 재판소의 소재지인 헤이그가 된다. 로마규정 제63조는 피고인 출석하의 재판을 요구하고 있다. 즉 동조 1항은 "피고인은 재판하는 동안 출석하여야 한다"고

하여 피고인에 대한 궐석재판(trial in absentia)을 금지하고 있다. 그리고, 동조 2항에서 "재판소에 출석한 피고인이 계속하여 재판을 방해하는 경우"에만 1심재판부는 그를 퇴정시킬 수 있도록 하고 있다. 그 경우에도 필요하다면 통신기술을 이용하여 피고인이 재판정 밖에서 재판을 관찰하고 변호인에게 지시할 수 있도록 피고인을 위하여 조치를 취하여야 한다. 또한, 퇴정조치는 다른 합리적인 대안이 부적절한 것으로 확인된 후, 오직 예외적인 상황에서 엄격히 필요한 기간 동안만 취해져야 한다.

로마회의시 피고인의 궐석재판을 피고인의 신병확보가 곤란한 경우 예외적으로 인정하자는 의견도 있었으나, 피고인의 권리보호를 위해 로마규정은 제62조 2항의 조치 이외의 궐석재판을 인정하지 않고 있다.

Ⅱ. 재판절차

재판은 원칙적으로 공개로 진행된다. 재판이 시작되면 1심재판부는 전심재판부가 확인한 공소사실을 피고인에게 낭독한다. 그리고 1심재판부는 피고인이 공소사실의 성격을 이해하고 있음을 확인하며, 피고인에게 제65조에 따라 유죄를 인정하거나 무죄를 주장할 기회를 부여한다.6) 로마규정 제65조는 피고인의 유죄인정(admission of guilty) 절차를 규정하고 있다. 1심재판부는 피고인이 자신의 유죄를 인정할 때, 그 피고인에게 유죄판결을 내리기 위해 세가지 사항을 확인하여야 한다. 그것은 1) 피고인이 유죄인정의 성격 및 결과를 이해하고 있는지 여부, 2) 피고인이 변호인과의 충분한 협의를 거쳐 자발적으로 유죄를 인정한 것인지 여부, 3) 유죄의 인정이 공소사실등에 포함된 사실관계에 의하여 뒷받침되고 있는지 여부이다.7) 만일 이 세 가지 사항이 모두 충족되지 않을 경우 1심재판부는 피고인의 유죄인정이 이루어지지 아니한 것으로 간주하여 재판절차를 계속하게 된다. 이 유죄인정 절차는 미국법상의 유죄의 답변(plea of guilty) 절차와 유사한 것으

---

6) 로마규정 제64조
7) 로마규정 제65조

로서 ICC의 재판부담을 경감시키기 위해 유용한 제도이다. 다만 피고인의 권리를 보호하기 위하여 전술한 세 가지 요건을 요구하고 있는 것이다. 이 세 가지 요건은 미국의 연방형사절차규칙상의 유죄의 답변이 유효한 것으로 성립되기 위한 요건과 거의 같다.8)

Ⅲ. 무죄의 추정

로마규정 제66조는 무죄추정의 원칙에 관해 규정하고 있다. 동조 1항은 모든 사람은 적용법규에 따라 재판소에서 유죄가 입증되기 전까지는 무죄로 추정된다고 하고, 동조 2항은 피고인의 유죄를 입증할 책임은 소추관에게 있다고 규정한다. 또한 동조 3항은 피고인을 유죄판결하기 위하여는, 재판소가 피고인의 유죄를 합리적인 의심의 여지가 없이(beyond reasonable doubt) 확신하여야 한다고 규정한다.

무죄추정의 원칙은 세계 각국의 법체계상 근본원칙으로 널리 인정되고 있다. 또한, 주요 국제인권규정에서도 발견되는데 예를 들어 국제인권규약 B규약(ICCPR) 제14조 2항도 무죄추정의 원칙을 규정하고 있다.

Ⅳ. 피고인의 권리

로마규정 제67조는 재판을 받는 피고인의 권리를 규정하고 있다. 먼저 동조 1항은 다음과 같다.

1. 공소사실의 확인에 있어서 피고인은 이 규정에 정한 바에 따른 공개 심리, 공평하게 진행되는 공정한 심리 그리고 완전히 평등하게 다음과 같은 최소한의 보장을 받을 권리를 가진다.
   가. 공소사실의 성격, 근거 및 내용에 대하여 피고인이 완전히 이해하고 말하는 언어로 신속하고 상세하게 통지받는다.
   나. 방어 준비를 위하여 적절한 시간과 편의를 받으며, 피고인이 선택한 변호인과 비공개로 자유로이 통신한다.
   다. 부당한 지체없이 재판을 받는다.

8) 미국연방형사절차규칙 제11조 참조.

라. 제63조제2항을 조건으로 재판에 출석하고 스스로 또는 자신이 선택하는 법적 조력을 통하여 변호하며, 피고인이 법적 조력을 받지 못하고 있다면 정의를 위하여 요구되는 경우에 재판소가 지정한 법적 조력을 받으며 자신의 비용을 지불할 충분한 수단이 없는 경우에는 이를 무료로 제공받는다는 것을 통지받고 이러한 조력을 제공받는다.

마. 자신에게 불리한 증인을 신문하거나 또는 신문받게 하고, 자신에게 불리한 증인과 동등한 조건하에 자신에게 유리한 증인의 출석 및 신문을 확보한다. 피고인은 또한 항변을 제기하고 이 규정에 따라 증거능력이 있는 다른 증거를 제출할 권리를 가진다.

바. 재판소의 절차나 재판소에 제출된 문서가 피고인이 완전히 이해하고 말하는 언어로 되어 있지 않은 경우, 유능한 통역자의 조력이나 그러한 번역을 무상으로 제공받는다.

사. 증언하거나 또는 유죄를 시인하도록 강요받지 아니하며, 침묵이 유죄 또는 무죄의 결정에 참작됨이 없이 진술을 거부할 수 있다.

아. 자신의 변호를 위하여 선서 없이 구두 또는 서면으로 진술한다.

자. 입증책임의 전환이나 반증 책임을 부과받지 아니한다.

1항의 총칙부분은 피고인의 "공개 심리"(public hearing)를 받을 권리와 "공평하게 진행되는 공정한 심리"(fair hearing conducted impartially)를 받을 권리를 규정하고 있다. 1항의 가호는 피고인이 공소사실의 성격, 근거 및 내용을 통지받을 권리가 있음을 규정한다. 이 권리는 국제인권규약 B규약 제14조 3항(a)에도 규정되어 있다. 1항 나호는 피고인의 "방어권"(right to defense)과 변호인과 접견교통할 권리(right to communicate with counsel)를 규정한다. 이 권리는 국제인권규약 B규약 제14조 3항 (b)에 의해서도 보장된다. 1항 다호는 피고인의 신속한 재판을 받을 권리(right to a speedy trial)를 규정한다. 이 권리는 국제인권규약 B규약 제14조 3항(c)에 의하여도 보장되는 권리이다. 1항 라호는 피고인이 변호인의 조력을 받을 권리(right to counsel)가 있음을 규정한다. 이 권리는 국제인권규약 B규약 제14조 3항(d)에 의해서도 확인된다. 1항 마호는 피고인의 반대신문권(right to cross examination)을 규정한다. 이 권리는 국제인권규약 B규약 제14조 3항 (e)에 의하여도 확인된다. 1항 바호는 피고인이 통역자의 조력을 받을 권리가 있음을 규정한다. 이 권리는 국제인권규약 B규약 제14조 3항(f)에 의해서도 보장된다. 1항 사호는 피고인의 자기부죄거부의 특권을 규정하고 있다. 이 권리는 국제인권규약 B규약 제14조 3항(g)에 의하여도 보장된다. 1항 아호는 피고인이 선서 없이 진술할 수 있는 권리를 규정한다. 이 권리는 국제인권규약에 의해서는 명시적으로 보장되지 않는 권리이다. 이 권리는 피고인이 자신의 변호를 위해서 선서 없이 구두 또는 서면 진술을 할 수 있도록 함으로써, 선서 없이 진술하는 다른 증인과 동등한 조건하에 증언할 수 있는 기회를 주기 위한 것이다. 1 항 자호는 피고인이 입증책임의 전환이나 반증책임을 부과 받지 않을 권리를 규정한다. 이 권리는 국제인권규약에 명시되어 있지는 않으나 무죄추정 원칙에 기초하고 있는 권리라고 할 수 있다.

로마규정 제67조 2항은 소추관에게 소추관이 보유하거나 통제하고 있는 증거로서 피고인이 무죄임을 보여주거나 보일 수 있다고 믿는 증거, 피고인의 죄를 감경시킬 수 있는 증거, 또는 소추관측 증거의 신빙성에 영향을 미칠 수 있는 증거를 가능한 한 신속히 피고인측에 공개할 의무를 부과하고 있다.

생각건대, 로마규정 제67조 등이 보장하는 피고인의 권리는 국제법 특히 국제인권법과 각국의 형법원칙에 충실하게 기초하고 있는 것으로 평가된다.

제 4 절   형벌, 상소와 집행

Ⅰ. 형 벌

ICC가 부과하는 형벌(penaltie)에 관하여는 로마규정 제7부에 규정되어 있다. 로마규정 제77조는 적용 가능한 형벌로서 1) 최고 30년을 초과하지 아니하는 유기징역, 2) 범죄의 극도의 중대성과 유죄판결을 받은 자의 개별적 정황에 의하여 정당화될 경우에는 무기징역을 규정하고, 징역에 추가하여 재판소는 1) 절차및증거규칙에 규정된 기준에 따른 벌금, 2) 선의의 제3자의 권리를 침해함이 없이, 당해 범죄로부터 직접적 또는 간접적으로 발생한 수익·재산 및 자산의 몰수를 명할 수 있다고 규정한다. 이 제77조에 명시된 형벌은 로마규정 제23조의 형벌법정주의(nulla poena sine lege)원칙상 열거적인 것이다. 따라서 ICC는 사형을 부과하지 않으며 범죄가 극도로 중대한 경우 등에 종신형을 부과할 수 있을 뿐이다. 그러나 ICC가 사형을 부과하지 않는다는 사실이 사형제도를 유지하는 국가의 형법체계에 영향을 주는 것이 아님은 로마규정 제80조에 의해 명백하여진다. 제80조는 "이 부의 어떠한 규정도 국가가 자국법에 규정된 형을 적용하는데 영향을 미치지 아니하며, 또한 이 부에 규정된 형을 규정하고 있지 아니한 국가의 법에 영향을 미치지 아니한다"고 규정한다.

Ⅱ. 피해자에 대한 배상

로마규정 제75조는 재판소에게 피해자에 대한 원상회복(restitution), 보상(compensation) 및 사회복귀(rehabilitation) 등 피해자에 대한 배상(reparations to victims)의 원칙을 수립하도록 하고, 재판소가 유죄판결을 받은 자에게 직접 배상할 것을 명령할 수 있도록 하였다. 또한, 적절한 경우에는 신탁기금(Trust Fund)을 통해 배상이 이루어지도록 명령할 수 있다. 신탁기금은 로마규정 제79조에 따라 당사국총회에 의하여 설립되며 벌금 또는 몰수를 통해 징수한 현금과 기타 재산이 신탁기금에 귀속될 수 있다.

Ⅲ. 상 소

로마규정 제8부는 상소 및 재심(Appeal and Revision)에 관해 규정하고 있다. 그러나 뉘른베르그 헌장은 유죄판결 받은 자의 상소를 허용하지 않았다. 동 헌장 제26조는 뉘른베르그 재판소의 판결이 최종적인 것(final)이라고 규정하고 있다. 이에 비해 구유고재판소(ICTY)와 르완다재판소(ICTR)는 모두 상소를 허용하고 있다.

로마규정 제81조는 유·무죄 판결이나 양형에 대한 상소를 허용하고 있다. 먼저 소추관은 1) 절차상의 하자, 2) 사실의 오인, 또는 3) 법령 위반을 근거로 상소할 수 있다. 다음으로 유죄판결을 받은 자 또는 그 자를 대신한 소추관은 1) 절차상의 하자, 2) 사실의 오인, 3) 법령 위반, 또는 4) 절차 또는 판결의 공정성 또는 신뢰성에 영향을 주는 기타 여하한 근거를 근거로 상소할 수 있다.

로마규정 제82조는 유·무죄 판결이나 양형에 대한 상소 이외의 기타 결정에 대한 상소를 허용하고 있다. 동조에 의하면 어느 당사자도 절차 및 증거규칙에 따라 1) 관할권 또는 재판적격성에 관한 결정, 2) 수사 중이거나 기소 중인 자의 석방을 허가 또는 거부하는 결정, 3) 제56조 제3항에 따른 전심재판부의 직권에 의한 결정, 4) 절차의 공정하고 신속한 진행 또는 재판의 결과에 중대한 영향을 미치게 될 문제와 관련되며 상소심재판부의 신속한 결정이 절차를 현저히 촉진시킬 수 있다고 전심재판부 또는 1심재판부가 판단하는 결정에 대하여 상소할 수 있다.

Ⅳ. 집 행

로마규정 제10부는 형벌의 집행(Enforcement)에 관해 규정하고 있다. 로마규정상의 집행과 관련하여 특징적인 것은 규정당사국들이 집행에 있어서 중요한 역할을 한다는 것이다. 즉, ICC는 자체의 수형시설이 아주 미약할 것으로 보이기 때문에 규정당사국들의 수형시설을 이용하여 유죄판결을 받은 범죄인의 징역형을 집행해야 한다. 이에 관해 로마규정 제103조 1항 가호는 "징역형은 재판소가 재판소에 대하여 수형자 인수 의사를 표시한 국가의 명단 중에서 지정된 국가에서 집행된다"고 규정하고 있다. 다시 말하면 징역형의 집행은 수형자 인수의사를 표시한 국가 중에서 ICC가 지명한 국가가 하게 된다. 이러한 제도를 집행의 선택수락(opting in)제도라고 로마회의시 국가들은 표현하였다.

로마회의시 제10부 집행과 관련하여 크게 3가지의 쟁점이 있었다. 첫째는 ICC의 판결이 당사국에 의해 별도의 절차 없이 직접 승인되고 집행되는지 아니면 당사국에 의해 그 국내법 등에 따라 효력이 부여되는 절차를 거친 후에 집행되는지에 관한 쟁점이었다. 이 쟁점에 대해 로마회의시 대표단들은 결론을 내릴 수가 없었다. 그 결과, 징역형에 관한 판결의 집행에 관해서는 그 집행의 성격에 관한 명확한 개념정의 없이 로마규정과 절차 및 증거규칙에 따라 ICC의 판결을 집행하는 것으로 결정하였다. 그러나 벌금형 또는 몰수형에 관해서는 로마규정 제109조가 당사국은 선의의 제3자의 권리를 침해함이 없이 그리고 자국의 국내법 절차에 따라, 재판소가 제7부에 따라 명령한 벌금 또는 몰수 명령을 집행한다(give effect)고 규정하고 있으므로 집행국의 국내적 효력부여절차를 거쳐야 하는 것으로 하고 있다.

두 번째 쟁점은 앞에서 말한 집행의 선택수락 제도가 바람직한 것인가에 대한 것이었는데, 로마규정은 제103조에서 이 제도를 채택하고 있다. 세 번째 쟁점은 형의 사면, 감형 등을 집행국가의 사법당국도 할 수 있는지 아니면 ICC 만이 형의 감형 등을 할 수 있는지에 관한 것이었는데, 로마규정은 제110조에서 ICC 만이 형의 감형을 할 수 있도록 하였다.

제 7 장
국제형사재판소 규정상의 국제적 협력과 사법공조

제 7 장   국제형사재판소 규정상의 국제적 협력과 사법공조

국제형사재판소 규정(로마규정) 제9부는 국제형사재판소(ICC)와 규정당사국과 비당사국간의 국제적 협력(international cooperation)과 사법공조(judicial assistance)를 규정하고 있다. 로마규정상의 국제적 협력과 사법공조는 크게 두 가지 내용으로 구성된다. 첫째는 ICC와 관련국가간의 범죄인인도를 내용으로 하며, 둘째는 ICC와 관련국가간의 형사사법공조를 내용으로 한다.

국제적 협력과 사법공조의 문제는 로마회의에서 해결해야 할 가장 중요한 쟁점 중의 하나였다. 특히 국제적 협력과 사법공조는 ICC의 실효적 운영과 관련하여 매우 중요한 의미를 가진다. 왜냐하면, ICC와 관련된 다른 주요한 쟁점들, 예를 들어 ICC에 자동적 관할권을 부여하는 문제, 관할대상 범죄를 넓게 정의하는 문제, 공정한 재판절차를 보장하는 문제 등의 주요한 쟁점들이 잘 해결된다고 해도 로마규정의 당사국 등이 ICC의 협력요청을 거부하고 응하지 않는다면, ICC는 제대로 그 기능을 다하지 못할 것이기 때문이다.

통합초안(Draft Statute)의 제9부는 대단히 복잡한 구조를 가지고 있었기 때문에 로마회의에서는 파키소 모초초코(Phakiso Mochochoko) 레소토(Lesotho) 대표를 의장으로 한 "국제협력과 사법공조에 관한 실무그룹(Working Group on International Cooperation and Judicial Assistance)"을 구성하여 제9부에 관한 논의를 계속하였다.

로마규정에서의 국제협력과 사법공조는 전통적인 국가간의 범죄인인도나 사법공조와는 다른 특수한 성격을 가지고 있다. 그 이유는 로마규정에서의 국제협력은 ICC의 관할대상범죄인 집단살해죄, 인도에 반한 죄, 전쟁범죄 등 심각한 국제범죄를 염두에 두고 있기 때문이다. ICC의 설립목적이 바로 이러한 잔혹한 국제범죄를 처벌하기 위한 것이나, ICC는 그 자체의 경찰관이나 수사관을 충분히 가지고 있지 않다. 결국, 관할대상범죄와 관련이 있는 개인을 체포하고 신병을 확보하는 일 등은 그 개인이 체류하고 있는 국가 등 관련국가에서 대부분 담당해야 할 일이다. 따라서 이러한 관련국가와 ICC와의 협력과 사법공조는 ICC의 성공적 운영을 위해 매우 긴요한 일이라고 할 수 있다. 그러므로, 로마규정은 규정의 당사국들에게 전통적인 국가간의 범죄인인도나 사법공조보다도 더 강화된 협력을 ICC에 대해 제공할 것을 요구하고 있다. 이러한 강화된 협력의 내용으로서 로마규정 제9부는 특히 다음과 같은 내용을 포함하고 있다.

첫째, 규정 당사국은 국제협력을 ICC에 제공하기 위한 자국의 국내절차를 준비하여야 하는 의무를 가진다(로마규정 제88조). 둘째, ICC와의 관계에 있어서는 전통적인 국가간의 범죄인인도나 사법공조시에 고려되는 여러 가지 공조거절사유가 대부분 적용되지 않는다(로마규정 제89조, 제93조). 셋째, ICC에 대한 국제협력을 하기 곤란한 사유가 발생하더라도 관련국가는 단순히 국제협력 제공을 거절하기보다는 ICC와 협의(consultation)하여야 할 의무를 진다(로마규정 제97조). 넷째, 전통적인 의미의 특정성의 원칙(rule of speciality)은 로마규정에서는 완화된 형태로 존재하고 있다(로마규정 제101조). 이러한 내용의 구체적인 의미는 해당 조항을 논하면서 후술하기로 한다.

제 2 절   일반적 협력의무

로마규정 제86조는 "당사국은 이 규정에 정한 바에 따라 재판소 관할범죄의 수사 및 기소에 있어서 재판소에 최대한 협력한다(cooperate fully with the Court)"고 규정하고 있다. 이 조항은 당사국이 ICC에 대해 협력해야 하는 이유를 규정하고 있다. 특히 이 조항은 당사국이 수사 및 기소에 있어서 재판소에 최대한 협력한다고 하여 명시적이지는 않으나 ICC가 당사국에게 구속력 있는 명령을 내릴 수 있도록 하고 있는 것으로 볼 수 있다.

또한 로마규정 제88조는 당사국이 모든 형태의 협력에 이용 가능한 절차가 국내법에 포함되도록 조치할 것을 요구하고 있으므로 당사국은 그들의 국내절차가 준비되어 있지 않음을 이유로 ICC의 요청을 거절해서는 안 된다. 국제사법기구가 당사국들에게 구속력 있는 명령을 내릴 수 있는 것은 여러 가지 국제적 선례를 통해서도 확인된다. 국제사법재판소(ICJ) 규정 제48조는 "재판소는 사건의 진행을 위한 명령을 발하고, 각 당사자가 각각의 진술을 종결하여야 할 방식 및 시기를 결정하며, 증거조사에 관련된 모든 조치를 취한다"고 하여 ICJ가 당사국에게 구속력 있는 명령을 내릴 수 있도록 하고 있다.

제 3 절   협력요청에 관한 일반규정(제87조)

Ⅰ. 요청경로

로마규정 제87조 1항은 재판소가 당사국에 협력을 요청할 권한을 가진다고 하고, 요청경로로서 외교경로 또는 각 당사국이 지정한 경로를 규정한다. 또한 동 조항에 의하여 ICC는 국제형사경찰기구(interpol) 또는 적절한 지역기구를 통하여도 협조요청을 전달할 수 있다.

Ⅱ. 번 역

로마규정 제87조 2항은 협력요청 및 이를 증빙하는 문서는 피요청국의 공식언어로 작성되거나, 공식언어의 번역본이 첨부되거나 또는 재판소의 실무언어 중의 하나로 작성될 것을 요구하고 있다. 로마회의시 논란이 되었던 것은 협력요청서 등이 재판소의 "공식언어(official language)"로 작성되어야 하는지 아니면 "실무언어(working language)"로 작성되어야 하는지에 관한 것이었다. 로마규정 제50조에 의해 재판소의 공식언어는 아랍어, 중국어, 영어, 프랑스어, 러시아어, 스페인어이며 재판소의 실무언어는 영어와 프랑스어이다. 논의결과 재판소의 신속하고 경제적인 협조요청을 위해서는 요청서 등을 실무언어 중 하나로 작성하는 것이 바람직하다는 의견에 따라 동 조항과 같이 규정하게 되었다.

Ⅲ. 협력요청의 비밀유지

로마규정 제87조 3항은 피요청국이 공개가 협력요청의 이행에 필요한 정도 외에는 협력요청과 이를 증빙하는 문서를 비밀로 유지할 것을 요구하고 있다. 이 규정은 도주한 범죄인을 체포하거나 증인이나 증거를 보호하기 위해 매우 필요한 것이라고 판단된다.

Ⅳ. 피해자 또는 증인의 보호

로마규정 제87조 4항은 재판소가 정보의 보호와 관련된 조치를 포함하여 피해자, 잠재적 증인 및 그 가족의 안전 또는 신체적, 정신적 안녕을 보장하는데 필요한 조치를 취할 수 있도록 하고 있다. 또한 재판소는 제9부에 따라 입수된 모든 정보를 피해자 등의 안전 및 신체적, 정신적 안녕을 보호하는 방식으로 제공되고 처리되도록 요청할 수 있다.

로마회의시 피해자와 증인의 보호문제는 주요한 관심사항이었다. 대표단들은 원칙적으로 피해자와 증인의 보호가 매우 중요하다는 점에서는 의견을 같이 하였다. 다만 이들의 보호를 위한 조항들이 통합초안의 여러 부분에 나뉘어 규정되어 있었기 때문에 이 조항들을 조화롭게 규정하는 것이 대표단간의 주요 토의대상이었다.

V. 비당사국의 협력초청

로마규정 제87조 5항 가는 재판소가 비규정당사국에게 그 국가와의 특별약정, 협정 또는 기타 적절한 근거에 기초하여 제9부에 따른 조력을 제공하도록 초청(invite)하는 것을 규정하고 있다. 로마회의시 호주, 네델란드 등 일부국가는 재판소가 비규정당사국에게도 협력을 "요청(call upon)"할 수 있어야 한다고 주장하였다. 왜냐하면 모든 국가는 집단살해죄, 인도에 반한 죄, 전쟁범죄를 범한 사람들을 처벌할 의무가 있으며, 따라서 비규정당사국도 재판소에 협력할 의무를 부담한다는 것이 이들 국가의 주장이었다.

그러나 독일, 스페인 등의 국가들은 비규정당사국이 로마규정상의 협력요청에 응할 직접적인 조약상 의무를 부담하지 않기 때문에 "초청(invite)"이라는 용어가 더 타당하다고 주장하였다. 논의결과 대표단들은 "요청"이라는 용어 대신 "초청"이라는 용어를 채택하기로 하였다. 이러한 결과는 로마회의시 대표단들이 비규정당사국과 규정당사국을 구별하여 전자에게는 재판소가 오직 협력을 특별협정체결 등을 통해 초청할 수 있을 뿐이나 후자에게는 협력을 요청(request)할 수 있도록 할 것을 나타낸다. 또한 이러한 결과는 집단살해죄 등을 범한 개인을 처벌해야 할 의무를 모든 국가에게 부과하는 뉘른베르그 원칙으로부터는 다소 후퇴한 감이 있으나, 일부국가들의 로마규정이 지나치게 확대 적용되어서는 안 된다는 입장을 반영한 것이라고 할 수 있다. 한편, 우리나라의 로마규정 번역문을 보면 비규정당사국에 대한 협력초청을 규정한 제87조 5항과 규정당사국에 대한 협력요청을 규정한 제89조 7항에서 모두 협력을 "요청"한다는 용어를 사용하나 이는 적절치 않은 것으로 보인다. 앞에서 보았듯이 제89조 5항 가호는 invite라는 용어를 영문에서 사용하고 있으므로 "초청"이라는 용어가 적절하다고 할 수 있다.

Ⅵ. 비규정당사국이 협력하지 않는 경우의 조치

로마규정 제87조 5항 나호는 재판소와 특별약정 또는 협정을 체결한 비규정당사국이 그러한 약정 또는 협정에 따른 요청에 협력하지 않는 경우, 재판소가 이를 당사국총회 또는 UN 안전보장이사회에 통지할 수 있도록 하고 있다. 다만 UN 안전보장이사회에 비협력을 통지하는 경우는 안전보장이사회가 관련사태를 재판소에 회부한 경우에만 할 수 있다.

제89조 5항 가호는 재판소가 비규정당사국의 협력을 특별협정 등을 통해 초청하는 것을 규정하나, 일단 비규정당사국이 재판소의 초청에 응하여 특별협정 등을 체결한 경우에는 이 협정에 따라 비규정당사국에 대해 재판소는 협력을 요청(request)할 수 있고, 비규정당사국은 협력할 의무가 발생한다. 그럼에도 불구하고 비규정당사국이 협력을 하지 않으면 재판소는 이를 당사국 총회나 UN 안전보장이사회에 통지할 수 있다는 것이다. 특히 UN 안전보장이사회가 UN 헌장 제7장에 따라 채택하는 결의는 UN 회원국에 대해 구속력이 있으므로 ICC의 비규정당사국이라 하더라도 UN 회원국인 경우에는 UN 안전보장이사회의 결의에 따라야 할 경우가 있으므로 로마규정 제87조 5항 나호는 ICC가 기능하는데 유용한 조항이 될 수 있을 것이다.

Ⅶ. 정부간 기구에 대한 요청

로마규정 제87조 6항은 재판소가 정부간기구에 정보나 문서의 제공 등 협력을 요청할 수 있도록 하고 있다. 예를 들어 재판소는 평화유지군에게 정보나 문서의 제공을 요청할 수 있을 것이며, 북대서양조약기구(NATO)에 대해서 정보나 문서의 제공을 요청할 수도 있을 것이다.

Ⅷ. 규정당사국이 협력요청에 이행하지 않는 경우의 조치

로마규정 제87조 7항은 당사국이 재판소의 협력요청을 이행하지 않고 이로 인하여 재판소가 이 규정에 따른 기능과 권한을 행사하지 못하게 된 경우, 재판소는 그러한 취지의 결정을 하고 그 사안을 당사국 총회에 회부하거나 또는 안전보장이사회가 그 사태를 재판소에 회부하여 재판소가 관할권을 행사하게 된 경우에는 안전보장이사회에 그 사안을 회부할 수 있도록 하였다.

이 조항은 규정당사국이 재판소의 협력요청에 응하지 않을 경우, 당사국총회나 UN 안전보장이사회에 이 문제를 회부하여 해결하도록 하고 있다. 비규정당사국이 협력요청에 응하지 않을 경우 제87조 5항 나호가 당사국총회나 UN안전보장이사회에 단순히 통지(inform)하도록 한 반면 제87조 7항은 이 사안을 회부(refer)하도록 한 점에서 차이를 보이고 있다. 이 또한 비규정당사국과 규정당사국을 차별화하려는 노력이라고 볼 수 있다.

제 4 절 국내법상 절차의 이용가능성

로마규정 제88조는 당사국은 이 부에 명시된 모든 형태의 협력에 이용 가능한 절차가 국내법에 포함되도록 한다고 규정하여 당사국에게 재판소와의 협력을 위한 국내법 절차를 마련할 의무를 부과하고 있다. 이 규정은 로마회의시 새롭게 제안되어 채택되었다. 이 조항은 당사국이 국내법상 절차의 미비로 재판소에 협력할 수 없는 상황을 방지하기 위한 것이다. 특히 ICC는 국제기구로서 주권국가간의 전통적인 범죄인인도나 형사사법공조와는 다른 독특한 측면이 있기 때문에 제88조의 의의는 더욱 크다고 할 수 있다.

한 예로서 미국연방대법원은 르완다인으로서 교회지도자였던 엔타키루

티마나(Ntakirutimana)를 르완다전범재판소(ICTR)에 1994년 집단살해죄를 방조한 혐의로 인도하였다. 그는 그의 교회에 피난해 있던 투치(Tutsi)족 수백명이 후투(Hutu)족에 의해 살해당하도록 하였다는 혐의로 ICTR에 의해 수배중이였으나, 미국에 체류하면서 미국이 그를 송환하는 것에 대해 법적 대응을 하였다. 그러나 미국 연방대법원은 그의 항소를 기각하였다. 이에 따라 그는 국제기구인 ICTR에 인도되게 되었다.[1] 이 사건은 미국이 국제기구인 ICTR에 범죄인을 인도한 선례가 된다.

제 5 절   재판소에의 인도(제89조)

Ⅰ. 용어의 사용

로마회의시 한 국가가 로마규정에 따라 재판소에 범죄인 등을 인도하는 것을 나타내는 영문용어로서 surrender, extradition, transfer 중 어느 것이 적절한지에 관해 논의가 있었다. 논의결과 재판소로 범죄인을 인도하는 것은 surrender를 채택하고, 국가간의 범죄인인도는 extradition이라는 용어를 사용하기로 하였다. 이에 따라 로마규정 제102조가 채택되었다. 로마규정 제102조는 "이 규정의 목적상 가. '인도'라 함은 이 규정에 따라 국가가 어떠한 사람을 재판소에 넘겨주는 것을 말한다. 나. '범죄인인도'라 함은 조약, 협약 또는 국내법에 규정된 바에 따라 어떠한 사람을 한 국가에서 다른 국가로 넘겨주는 것을 말한다"고 규정하였다. 우리 국문본은 영어의 surrender를 '인도'로서, extradition을 '범죄인인도'로서 번역하고 있는 것으로 보인다.

---

1) Barbara Crossette, Way Clear for U.S. to Deliver Rwanda War Crimes Suspect, N.Y. Times, 2000. 1. 25., A. 3면.

Ⅱ. 제89조 1항

로마규정 제89조 1항은 재판소가 어떤 자에 대한 체포 및 인도청구서를 제91조에 기재된 증빙자료와 함께 그 영역 안에서 그자가 발견될 수 있는 국가에 송부할 수 있으며, 그자의 체포 및 인도에 관하여 그 국가의 협력을 요청할 수 있도록 하고 있다. 또한 동조항은 당사국이 제9부의 규정과 자국 국내법상의 절차에 따라 체포 및 인도청구를 이행할 의무를 부과하고 있다.

로마회의시 캐나다, 독일 등 일부국가들은 "자국 국내법상의 절차"에 따라 체포 및 인도청구를 이행한다는 것에 대해 우려를 표시하였다. 즉 피요청국이 자국 국내법상의 절차로 인해 협조요청을 거절할 경우 ICC는 체포 및 인도청구의 이행을 확보할 수 없다는 것이 이들 국가의 주장이었다. 따라서 이들 국가는 "자국 국내법상의 절차"에 따라 체포 및 인도청구를 이행한다는 것에 대해 우려를 표시하였다. 즉 피요청국이 자국 국내법상의 절차로 인해 협조요청을 거절할 경우 ICC는 체포 및 인도청구의 이행을 확보할 수 없다는 것이 이들 국가의 주장이었다. 따라서 이들 국가는 "자국 국내법상의 절차에 따라"라는 문구를 삭제할 것을 주장하였다. 미국, 일본 등은 이 문구를 유지할 것을 주장하였다. 논의 결과 타협안으로서 이 문구를 유지하되 앞에서 살펴 본 로마규정 제88조를 신설하여 자국 국내법상의 절차로 인해 체포 및 인도청구를 이행할 수 없는 일이 발생하지 않도록 하였다.

Ⅲ. 국내 법원에서의 이의제기

로마규정 제89조 2항은 인도청구된 자가 제20조에 규정된 일사부재리의 원칙에 근거하여 국내법원에 이의를 제기한 경우, 피청구국은 재판적격성에 대한 관련 결정이 있었는지 여부를 확정하기 위하여 재판소와 즉시 협의하도록 하고 있다. 동항은 또한 그 사건이 재판적격성이 있는 경우는 피청구국이 그 요청을 이행하도록 하고, 재판적격성에 관한 결정이 계류 중인 경우는 피청구국이 재판적격성에 대한 결정이 내려질 때까지 인도청구의 이행을 연기할 수 있도록 하고 있다.

이 조항은 일부 국가들이 일사부재리의 원칙을 위반하여 특정인을 처벌할 수 있는 가능성을 방지하여야 한다고 주장하여 채택된 것이다. 일사부재리의 원칙(Ne bis in idem)은 많은 범죄인인도조약에서 인도거절사유로 규정되어 있었다.[2] 그러나 로마규정에서는 일사부재리의 원칙을 인도거절사유로 규정하지 않고, 다만 일사부재리원칙 위반을 이유로 인도청구된 사람이 국내법원에 이의를 제기한 경우 이 문제에 관해 ICC와 피청구국이 협의하도록 하고 있다. 즉, 로마규정상 피청구국은 일사부재리 원칙을 근거로 피청구인의 인도를 거절할 수 없고 재판소와 협의하거나, 재판적격성에 관한 결정이 내려질 때까지 연기할 수 있을 뿐이다.

로마규정 제89조 2항이 이렇게 규정한 것은 ICC의 주요기능이 범죄인을 ICC로부터 보호하려는 허위재판(sham trial)을 방지하려는 것이라는 점과 관련이 있다고 할 수 있다.

Ⅳ. 인도 중인 자의 통과

로마규정 제89조 3항은 인도 중인 자의 통과에 관하여 규정하고 있다. 당사국은 다른 국가에서 재판소로 인도 중인 자가 자국의 영역을 통하여 이송되는 것을 자국의 국내법 절차에 따라 허가하여야 한다. 다만 자국을 통한 통과가 인도를 방해하거나 지연시키게 될 경우에는 그 통과를 허가하지 않을 수 있다. 재판소의 통과요청서는 제89조에 따라 전달되는데, 통과요청서는 (1) 이송될 자에 대한 설명, (2) 사건의 사실 및 그 법적 성격에 대한 간략한 서술, (3) 체포 및 인도영장을 포함하여야 한다. 또한 이송되는 자는 통과기간 동안 구금되어 있어야 한다. 항공편으로 이송되고 통과국의

---

2) 범죄인인도에 관한 UN 표준조약 제3조 (d)

영역에 착륙이 예정되지 않은 경우 통과국의 허가를 받을 필요가 없다. 그러나 통과국의 영역에서 예정되지 아니한 착륙이 이루어지는 경우, 통과국은 위에 설명된 통과요청서를 재판소에 요구할 수 있다. 이 경우 통과국은 통과요청서가 접수되고 통과가 이루어질 때까지 이송중인 자를 구금한다. 다만 이때의 구금은 예정되지 않은 착륙으로부터 96시간을 초과하여 연장될 수 없다. 다만 96시간 내에 요청서가 접수되는 경우는 96시간 이상 연장도 가능한 것으로 보인다. 위와 같은 로마규정 제89조 3항의 내용은 범죄인인도에 관한 UN 표준조약 제15조도 이송중인 범죄인의 통과에 관한 조항을 가지고 있다.

V. 재판소와의 협의

로마규정 제89조 4항은 인도청구된 자가 재판소가 인도를 구하는 범죄와 다른 범죄로 피청구국에서 절차가 진행중이거나 형을 복역하고 있는 경우, 피청구국은 그 청구를 허가하기로 결정한 후, 재판소와 협의하여야 한다고 하고 있다. 이 조항은 통합초안 제87조 8항에서 유래한 것으로서 통합초안은 피청구국은 인도청구범죄와 다른 범죄로 피청구인이 재판중이거나 형을 복역중인 경우에 그 피청구인의 ICC에의 인도나 이송을 연기시킬 수 있도록 하였다. 그러나 이 통합초안의 규정은 비협조적인 국가가 계속해서 인도청구를 연기하거나 지연시킬 수 있는 근거로 남용될 수 있다는 비판이 강하였다. 로마회의에서는 이러한 문제를 해결하기 위해 인도청구된 자가 인도청구범죄와 다른 범죄로 절차가 진행중이거나 형을 복역하고 있는 경우 재판소와 협의하도록 하여, 피청구국에서의 절차진행이나 형의 복역이 인도청구의 연기사유가 되지 않도록 하였다. 이는 기존의 범죄인인도조약에서 유사한 경우 인도청구를 연기할 수 있도록 한 것에 비해 더 진전된 내용이라고 할 수 있다.3)

---

3) 범죄인인도에 관한 UN 표준조약(UN Model Treaty) 제12조는 다음과 같다.

Article 12 (postponed or conditional surrender)

1. The requested State may, after making its decision on the request for extradition, postpone the

VI. 통합초안의 인도거절사유

로마회의시 논의의 기초가 되었던 통합초안의 제87조 3항은 두 가지 선택(option)을 가지고 있었다. option 1은 인도거절사유를 인정하지 않는 것이었고 option 2는 여러 가지 인도거절사유를 포함하였다.

1. 피청구국이 ICC의 관할권을 인정하지 않은 범죄

통합초안 제87조 3항 option 2의 (a)는 피청구국이 인도청구범죄에 대해 ICC의 관할권을 수락하지 않은 경우에 인도청구를 거절할 수 있도록 하였다. 그러나 이는 로마회의시 ICC의 관할대상범죄에 대해 당사국이 관할권을 수락하는 범죄를 선택하거나(opt-in), 관할권을 배제하는 범죄를 선언하는(opt-out) 제도를 염두에 둔 조항이었다. 로마회의 결과 이러한 선택수락, 선택제외(opt-in, opt-out) 제도는 배척되고 규정당사국은 로마규정을 비준하는 동시에 자동적으로 ICC의 모든 관할대상범죄에 대해 ICC의 관할권을 수락하는 자동적 관할권이 채택됨에 따라 이 조항은 삭제되었다.

2. 자국민 불인도 규정

통합초안 제87조 3항 option 2의 (b)는 ICC의 관할범죄를 범했다고 인도청구된 자가 자국민인 경우 피청구국이 인도를 거절할 수 있도록 하고 있었다. 이에 대해 로마회의시 참가대표단은 논란 끝에 이 조항을 삭제하기로 하였다. 특히 프랑스 대표는 1920년 이래 프랑스가 자국민을 외국에 범죄인인도한 예가 없지만 ICC 관할범죄를 범한 자에 대해서는 자국민 불인도규정이 적용되어서는 않된다고 주장하였다. 많은 국가들은 범죄인인도조

---

surrender of a person sought, in order to proceed against that person, or, if that person has already been convicted, in order to enforce a sentence imposed for an offence other than that for which extradition is sought. In such a case requested State shall advise the requesting State accordingly.

2. The requested State may, instead of postponing surrender, temporarily surrender the person sought to the requesting State in accordance with conditions to be determined between the Parties.

약에 자국민 불인도 원칙을 규정하고 있고, 일부 국가들은 헌법에 자국민 불인도 조항을 규정하고 있다. 그 주된 이유는 자국민이 외국에서 불공정한 대우를 받을 것을 우려하기 때문이다. 그러나 ICC는 피고인이나 혐의자를 국적 때문에 불공정하게 대우할 가능성이 거의 없다. 따라서 ICC에 대한 인도에는 자국민 불인도 원칙이 적용될 근거가 희박하다고 할 것이고 실제로 로마회의시 참가국들은 자국민 불인도 원칙을 규정한 조항을 삭제한 것이다.

3. 일사부재리 원칙(*Ne Bis in Idem*)

통합초안 제87조 3항 option 2의 (c)는 동일한 범죄에 대해 관련 국가의 국내재판절차가 이루어졌다는 이유로 인도를 거절할 수 있도록 하여 일사부재리원칙을 인도거절사유로서 규정하였다. 일사부재리원칙은 ICC에 의해 인도청구된 범죄와 동일한 범죄에 대해 피청구국에서 국내재판절차가 진행되었다는 점에서 피청구국에서 인도청구된 범죄와 다른 범죄로 국내재판절차가 진행된 경우인 로마규정 제89조 4항의 상황과 차이를 보인다. 로마회의시 많은 국가들이 ICC의 주요기능이 범죄인을 처벌받지 않도록 하려는 "허위재판(sham trial)"을 방지하려는 것임을 강조하면서 일사부재리원칙이 ICC에로의 범죄인 인도를 거절하는 사유가 되어서는 안된다고 주장하였다. 따라서 통합초안의 이 조항은 삭제되었다. 즉 일사부재리원칙이 ICC에로의 범죄인인도를 거절하는 사유가 될 수 없다는 것이다. 그러나 로마규정은 제89조 2항에서 일사부재리원칙에 의거하여 인도청구된 사람은 국내법원에 이의를 제기할 수 있도록 하고 있다.

4. 피청구국에서의 증거법적 요건

통합초안 제87조 3항 option 2의 (d)는 피청구국이 인도청구시 제출된 정보가 그 국가의 자국 증거법상 요건을 충족하지 못할 경우 인도청구를 거절할 수 있도록 규정하였다. 대다수 국가들은 이 조항이 피청구국에게 ICC의 인도청구를 다시 심사하도록 하여 규정 당사국이 사실상 ICC의 구속력 있는 청구를 거절할 수 있게 한다는 점에서 반대하였다. 논의결과 이 조항도 삭제되었다. 따라서 규정당사국은 ICC의 인도청구를 자국 증거법상 요건을 충족하지 못했다는 이유로 거절할 수 없다. 그러나 ICC의 체포영장 등은 거의 대부분의 국가들의 증거법상 요건을 충족하는 공정한 심사의 결과일 것이다.

5. 기존의 국제의무위반

통합초안 제87조 3항 option 2의 (e)는 피청구국이 ICC의 명령에 응할 경우 다른 국가에 대해 부담하고 있는 기존의 국제법상 의무를 위반하게 된다면, ICC의 명령에 응할 것을 거절할 수 있다고 하였다. 그러나 많은 국가는 이 규정에 반대하였다. 기존의 국제의무는 기본적으로 두 가지 범주를 포함한다. 첫째는 인도청구의 경합이 발생하는 경우와 관련된 것이고, 둘째는 ICC가 국제법과 기준에 따른 공정한 재판을 할 의무와 관련되는 것이다. 다시 말하면 인도청구의 경합과 관련해서의 국제의무는 피청구국이 ICC에 범죄인을 인도한다면 다른 국가가 기존의 범죄인 인도조약에 의해 동일인을 인도청구했을 때 그 다른 국가에게 범죄인을 인도하게 못하는 결과 발생하는 국제의무 위반을 상정할 수 있다. 다음으로 공정한 재판의무와 관련해서는 만일 ICC가 불공정한 재판으로 특정인을 처벌한다면 피청구국은 공정한 재판을 받게 할 국제법상의 의무를 위반한 것이 될 것이다. 첫 번째 인도청구의 경합과 관련해서 로마규정 제90조는 상세한 규정을 두고 있다. 두 번째 공정한 재판의무와 관련해서는 ICC가 공정한 재판을 지향하고 있으며 특정인을 불공정하게 대우할 이유가 없다는 점에서 ICC로의 범죄인 인도를 거절하는 사유로 기존의 국제의무 위반 즉 공정한 재판절차 위반을 포함시키는 것이 의미가 없을 것이다. 이에 따라, 통합초안의 이 조항은 삭제되었다.

Ⅶ. 기타의 인도거절사유

1. 의 의

통합초안에는 포함되지 않았으나 기존의 범죄인인도 조약에는 여러 가지 인도거절사유가 규정되어 있다. 따라서 이러한 국가간의 전통적인 범죄인 인도 거절사유가 ICC와 국가간의 범죄인 인도에도 적용되는지를 살펴볼 필요가 있다고 할 수 있다. 아래에서는 이러한 범죄인 인도 거절사유에 관해 좀 더 자세히 살펴보기로 하겠다.

2. 특정성의 원칙(Rule of Speciality)

특정성의 원칙이란 범죄인인도 청구시 청구된 범죄에 의해서만 청구국이 범죄인을 처벌할 수 있다는 원칙이다. 예를 들어 절도죄로 범죄인을 인도청구하여 송환받은 청구국은 이 범죄인을 절도죄로서 처벌해야지 다른 범죄 예를 들어 살인죄로 처벌할 수 없다는 것이 특정성의 원칙의 내용이라고 할 수 있다. ICC와 국가간의 범죄인 인도에도 특정성의 원칙이 있으나, 이때의 특정성의 원칙은 로마규정 제101조에 의해 국가간의 특정성의 원칙보다 그 요건이 완화되어 있다. 제101조에 관해서는 후술하기로 한다.

3. 공소시효(Statutory Limitation)

많은 범죄인인도조약은 공소시효의 완성을 범죄인 인도의 거절사유로 규정하고 있다.4) 그러나 시효완성은 ICC의 관할대상범죄를 범한 범죄인을 인도하기를 거절하는 거절사유로 인정되어서는 안 된다. 왜냐하면 집단살해죄, 인도에 반한 죄, 전쟁범죄에 대해서는 시효완성이 적용되지 않는다는 "전쟁범죄와 인도에 반한 죄에 대한 시효부적용에 관한 협약(the Convention

---

4) 예를 들어 범죄인 인도에 관한 UN 표준협약 제3조 (g) 는 시효완성과 사면을 인도거절사유로 다음과 같이 규정한다.
  "(g) if the person whose extradition is requested has under the law of either Party, because immune from prosecution or punishment for any reason, including lapse of time or amnesty".

on the Non-Applicability of Statutory Limitation to War Crimes and Crimes against humanity)"이 채택되었고, 이 협약의 내용은 생성되는 국제관습법으로 인정되기 때문이다.5)

4. 사 면(Amnesty)

범죄인 인도에 관한 UN 표준조약 제3조 (g)는 범죄인에 대한 사면을 인도거절사유로 규정한다. 그러나 극악한 국제범죄인 집단살해죄, 인도에 반한 죄, 전쟁범죄에 대한 국내적 사면이 ICC에 대한 범죄인 인도를 거절하는 사유가 되어서는 안될 것으로 판단된다.6)

5. 인도적 사유(Humanitarian Reasons)

범죄인 인도에 관한 UN 표준협약 제4조 (h)는 인도거절사유로서 인도적 사유를 규정하고 있다.7) 이 인도적 사유에는 범죄인 인도청구를 받은 사람

---

5) Convention on the Non-Applicability of Statutory Limitations to War Crimes and Crimes against Humanity, November 26, 1968. art. 1, United Nations, A Compilation of International Instruments 678-681 (Vol: 1.. 1994).
이 협약 제1조는 다음과 같이 규정한다.
Article 1
"No statutory limitation shall apply to the following crimes, irrespective of the date of their commission: (a) War crimes as they are defined in the Charter of the International Military Tribunal, Nuremberg, of 8 August 1945 and confirmed by resolutions 3(1) of 13 February 1946 and 95(1) of 11 December 1946 of the General Assembly of the United Nations, particularly the "grave breaches" enumerated in the Geneva Conventions of 12 August 1949 for the protection of war victims; (b) Crimes against humanity whether committed in time of war or in time of peace as they are defined in the Charter of the International Military Tribunal, Nuremberg, of 8 August 1945 and confirmed by resolutions 3(1) of 13 February 1946 and 95(1) of 11 December 1946 of the General Assembly of the United Nations, eviction by armed attack or occupation and inhuman acts resulting from the policy of apartheid, and the crime of genocide as defined in the 1948 Convention on the Prevention and Punishment of the Crime of Genocide, even if such acts do not constitute a violation of the domestic law of the country in which they were committed."
6) Amnesty International, The Interntional Criminal Court Part Ⅲ: Ensuring effective state cooperation, (1997) 참조.
7) 이 조항은 다음과 같다.
"If the requested State, while also taking into account the nature of the offense and the interests of the requesting State, considers that, in the circumstances of the case, the extradition of that person would be incompatible with humanitarian considerations in view of age, health or other personal circumstances of that person." UN Center for Social Development and Humanitarian Affairs, Compendium of United Nations Standards and Norms in Crime Prevention and Criminal Justice 50-60 (1992) 참조.

의 연령, 건강 또는 질병 등이 포함된다. 그러나 ICC에의 범죄인 인도에서 이러한 인도적 사유를 고려해야 하는 것은 ICC의 역할이지 규정 당사국이 할 일은 아니라고 판단된다. 따라서 피청구국이 ICC에 범죄인인도 여부를 판단할 때, 인도적 사유를 이유로 인도를 거절할 수는 없고 ICC와 협의해야 할 것이다.

6. 정치범 불인도 원칙

정치범 불인도 원칙도 전통적인 국가간 범죄인 인도조약에서는 인도거절사유로서 널리 인정되고 있다. 범죄인 인도에 관한 UN 표준조약도 제3조에서 정치범 불인도 원칙을 규정하고 있다.[8]

정치범 불인도 원칙을 많은 범죄인 인도조약에서 규정하는 이유는 범죄인 인도조약이 정치적 박해를 위해 남용되는 것을 방지하기 위한 것이다. 정치범이란 어느 특정 국가의 정치질서의 변혁을 목적으로 한 범죄라고 할 수 있으며, 정치범죄는 국가사회의 공익을 위한 것이라고 확신하면서 행하는 행위이므로 사익을 추구하는 일반범죄와 구별된다.[9]

그러나 ICC의 관할대상범죄인 집단살해죄, 인도에 반한 죄, 전쟁범죄, 침략범죄는 정치범죄로 인정되지 않고 이러한 범죄를 범한 개인을 ICC로 인도할 때는 정치범 불인도 원칙이 적용되지 않는다.

먼저 집단살해방지협약 제7조는 집단살해죄를 범죄인 인도 목적상의 정치범죄로 간주하지 않는다고 규정하고 있다. 다음으로 UN 총회는 인도에 반한 죄와 전쟁범죄에 대해서는 정치범 불인도 원칙이 적용되지 않는다고 선언하였다.[10]

침략범죄도 정치범죄로 인정되어서는 안 된다. 왜냐하면, 첫째 침략의 정의에 관한 UN 총회결의 3314의 제5조 2항은 "침략전쟁은 국제평화에 반

---

8) 제3조 (a)는 절대적 인도거절사유의 하나로서 다음과 같이 규정하여 정치범 불인도 원칙을 규정하고 있다. "If the offence for which extradition is regarded by the requested state as an offense of a political nature"

9) 이한기, 국제법강의, p. 457.

10) UN G.A. Res. 3074 (ⅩⅩⅧ) (Principles of International Co-operation in the Detention, Arrest, Extradition and Punishment of Persons Guilty of War Crimes and Crimes against Humanity), 3 December 1973.

하는 범죄이다. 침략은 국제적 책임(international responsibility)을 야기한다"고 규정하고 있어 모든 국가가 국제범죄인 침략을 처벌하기 위해 협력해야 하기 때문이다. 둘째, 침략범죄는 인도에 반한 죄, 전쟁범죄, 집단살해죄 등 범죄가 일어나는 원인을 제공하는 범죄라는 점을 볼 때 집단살해죄 등이 범죄인 인도의 목적상 정치범죄로 인정되지 않는 상황에서 침략범죄를 정치범죄로 인정하는 것은 타당하지 않기 때문이다. 위와 같이 정치범 불인도원칙은 ICC와 국가간의 국제협력에는 적용되지 않는다고 하겠다.

7. 군사범 불인도 원칙

전통적인 범죄인인도조약에서는 순수군사범죄(pure military offense)를 범한 자를 인도하지 않는다는 군사범 불인도 원칙을 택하고 있다. 범죄인 인도에 관한 UN 표준협약도 제3조 (c)항에서 "인도청구된 범죄가 군법에서만 범죄가 되고 일반형법상으로는 범죄가 되지 않는 범죄"인 경우, 즉 순수군사범죄가 인도청구범죄인 경우를 절대적 인도거절사유(mandatory grounds for refusal)로서 규정하고 있다. 이러한 순수군사범죄의 예로서 탈영행위 등을 들 수 있다.

그러나 ICC의 관할대상범죄는 일반형법도 위반하는 중대한 범죄이기 때문에 순수군사범죄가 아니다. 따라서 군사범불인도원칙이 ICC 관할대상범죄를 범한 사람의 인도결정시에 인도거절사유로서 적용될 수 없다고 하겠다.

8. 쌍방범죄성(dual criminality)의 원칙

쌍방범죄성의 원칙이란 인도청구국과 피청구국의 형법이 다같이 처벌대상으로 규정한 행위만이 인도대상의 범죄가 된다는 원칙이다.[11] 이 원칙은 죄형법정주의에 그 근거를 두고 있다.[12] 범죄인인도에 관한 UN 표준조약 제2조도 인도대상범죄(Extraditable offenses)는 양당사국의 법에 의해 처벌 가

---

11) 이한기, 국제법강의, p. 456.

12) Id.

능한(punishable) 범죄라고 하고 있다.

그러나 ICC의 관할범죄에 대하여 피청구국이 쌍방범죄성 원칙이 충족되지 못하였다는 이유로 ICC에 대한 인도를 거절할 수는 없다고 하겠다. 왜냐하면 ICC의 관할범죄인 집단살해죄 등은 모든 국가의 보편적 관할권이 인정되는 범죄로서 모든 국가에서 처벌 가능한(punishable) 범죄이기 때문에 쌍방범죄성이 충족된다고 할 수 있다. 즉 이러한 범죄는 ICC의 관할대상범죄로서 처벌 가능하고 세계 모든 국가들도 처벌 가능한 범죄로서 ICC와 관련당사국 쌍방의 법에 의해 처벌 가능한 범죄라고 할 수 있다.

9. ICC로의 인도(surrender)와 국가간 범죄인인도(extradition)의 차이

로마규정상 ICC로의 범죄인인도는 독특한(sui generis) 성격을 가진 것으로서 기존의 국가간 범죄인 인도제도와 차이를 보이는 점이 있다. 그 주요 차이점으로는 다음과 같은 것을 들 수 있다.

(1) 인도거절사유의 차이

앞에서 살펴본 바와 같이 로마규정상의 인도제도에는 기존의 국가간 범죄인 인도조약상의 인도거절사유인 정치범 불인도, 자국민 불인도, 순수군사범 불인도 등 원칙이 적용되지 않으며, 쌍방범죄성원칙, 공소시효제도도 적용되지 않는다. 또한 일사부재리원칙은 인도거절사유가 아닌 협의사유로써 인정되고 특정성의 원칙도 완화된 요건하에 적용되도록 하였다.

(2) 인도 주체의 차이

ICC로의 인도는 범죄인 인도의 주체가 관련 당사국과 국제기구인 ICC로서 기존의 주권 국가간의 범죄인 인도제도와 차이를 보인다고 할 수 있다. 또한 ICC로의 인도는 한 국가에서 이민법상 불법체류자의 송환(deportation) 등과도 다른 개념이다.

제 6 절   청구의 경합(Competing requests)

I. 의　의

청구의 경합은 ICC의 인도청구와 다른 국가의 인도청구가 동일인에 대해 같이 이루어져서 피청구국이 범죄인을 어디에 인도해야 할지 결정해야 하는 경우를 의미한다. 범죄인 인도에 관한 UN 표준조약 제16조는 청구의 경합(Concurrent request)과 관련하여 "당사국이 동일인에 대하여 다른 당사국과 제3국으로부터 인도청구를 받았을 때, 이 당사국은 그 사람을 어느 국가에 인도할지 재량으로 결정해야 한다"고 규정하고 있다. 따라서 UN 표준협약은 인도청구의 경합시 피청구국이 그 재량으로 범죄인을 인도할 국가를 결정하도록 하고 있다. 그러나 로마규정은 아래에서 살펴보는 바와 같이 피청구국이 청구경합이 발생하는 경우 인도할 국가를 결정할 때 일정한 조건하에 ICC의 청구에 우선권을 주도록 하고 있다. 이는 ICC의 실효적인 기능 수행을 위해 바람직한 것으로 보인다.

II. 동일인에 대한 동일한 행위를 근거로 한 인도청구 경합

1. 청구경합의 통지

로마규정 제90조 1항은 제89조에 따라 재판소로부터 인도청구를 접수한 당사국이 재판소가 인도를 구하는 자의 범죄의 기초를 구성하는 것과 동일한 행위에 대하여 다른 국가로부터 범죄인인도청구를 접수한 경우, 그 당사국은 재판소와 그 청구국에게 그 사실을 통지하도록 하고 있다. 즉 피청구국은 청구경합이 발생한 것을 ICC와 범죄인 인도청구국에게 통지하여야 한다.

2. 청구국이 규정당사국인 경우

로마규정 제90조 2항은 ICC의 청구와 청구경합을 이루게 된 청구국이 규정당사국인 경우 "가. 재판소가 제18조 또는 제19조에 따라 인도가 청구된 사건에 대하여 재판적격성이 있다는 결정을 내렸고, 그 결정이 청구국이 범죄인 인도청구와 관련하여 수행한 수사 또는 기소를 고려한 경우, 또는 나. 재판소가 제1항에 따른 피청구국의 통지에 따라 가호에 기술된 결정을 내린 경우"에는 ICC의 청구에 우선권을 주도록 하고 있다. 즉 청구국이 규정당사국인 경우, ICC가 당해사건이 재판적격성이 있다는 결정을 내리면 피청구국은 ICC의 청구에 우선권을 주어야 한다는 것이다. 이러한 피청구국의 의무는 청구경합시의 청구국이 규정당사국이라면 ICC의 재판적격성 인정결정을 존중한다는 의미에서 합리적인 것으로 보인다.

한편, 로마규정 제90조 2항과 관련하여 ICC가 재판적격성이 없다는 결정을 내린 사실이 그 자체로서 피청구국에게 대해 범죄인을 청구국에 인도해야 할 어떠한 국제적 의무도 발생시키지 않는다는 것에 참가국들간의 일반적 합의가 있었음을 주의해야 한다. 즉 청구경합시 ICC가 관련사건이 재판적격성이 없다는 결정을 해도 그 결정이 피청구국이 범죄인을 청구국에 인도할지 여부를 결정함에 있어서 아무런 영향을 주지 않는다는 것이다. 따라서 피청구국은 사건이 ICC에 의해 재판적격성이 없다는 결정이 있더라도 여러 요건을 검토한 후 청구국에 대한 범죄인인도를 거절할 수 있는 것이다. 이러한 상황은 로마규정 제90조 8항에 규정되어 있다.

3. 재판적격성 결정이 진행 중인 경우의 조치

로마규정 제90조 3항은 재판적격성 결정이 내려지지 않을 경우 피청구국은 그 재량으로 청구경합시의 청구국의 범죄인인도청구의 처리를 진행할 수는 있으나, 재판소가 그 사건에 재판적격성이 없다고 결정할 때까지는 범죄인인도를 하지 않도록 하고 있다. 즉 ICC가 재판적격성 판단을 심리중에 있을 때 신속한 범죄인인도청구의 처리를 위해 절차를 피청구국이 국내적으로 진행할 수는 있으나 범죄인인도 자체는 ICC가 재판적격성이 없다는 결정을 내린 후에 하도록 하고 있는 것이다. 또한 동조항은 ICC의 재판적격성 결정은 신속히 이루어져야 한다고 규정하고 있다.

4. 청구국이 비규정당사국이고 피청구국의 국제적 의무가 없는 경우

로마규정 제90조 4항은 청구국이 비규정당사국이고 피청구국이 청구국에 범죄인인도를 하여야 할 국제적 의무를 부담하지 않는다면, ICC가 그 사건이 재판적격성이 있다고 결정할 경우 ICC의 인도청구에 우선권을 주도록 하고 있다. 그러나 동조 4항에서 ICC가 사건에 재판적격성이 있다고 결정하지 않은 경우, 동조 5항은 피청구국이 재량으로 청구국으로부터의 범죄인인도청구에 대한 처리를 진행할 수 있도록 하고 있다.

5. 청구국이 비규정당사국이고 피청구국이 국제적 의무가 있는 경우

로마규정 제90조 6항은 청구국이 비규정당사국이고 피청구국이 청구국에 범죄인인도를 하여야 할 국제적 의무를 부담한다면, 피청구국이 범죄인을 ICC에 인도할 것인지 또는 청구국에 인도할 것인지를 결정하도록 하고 있다. 또한 동항은 그 결정을 함에 있어서 피청구국은 1) 각 청구일자, 2) 관련되는 경우, 범죄가 청구국의 영역 안에서 범하여졌는지 여부 및 피해자와 인도청구된 자의 국적을 포함한 청구국의 이해관계, 3) 재판소와 청구국간의 추후 인도가능성 등을 고려하도록 하고 있다.

Ⅲ. 동일인에 대한 다른 행위를 근거로 한 인도청구 경합

로마규정 제90조 7항은 재판소로부터 인도청구를 받은 당사국이 다른 국가로부터 재판소가 인도를 구하는 범죄를 구성하는 행위 이외의 행위를 근거로 동일한 자에 대한 범죄인 인도청구를 받는 경우를 두 가지로 나누어 규정하고 있다. 첫째 피청구국이 청구국에 범죄인인도를 하여야 할 기존의 국제적 의무를 부담하지 않는 경우는 ICC의 청구에 우선권을 주도록 하고 있다. 둘째 피청구국이 청구국에 범죄인인도를 하여야 할 기존의 국제적 의무를 부담하고 있는 경우, ICC에 인도할 것인지 또는 청구국에 범죄인 인도를 할 것인지 피청구국이 결정하도록 하고 있다. 그 결정을 함에 있어서 피청구국은 각 청구일자 등 로마규정 제90조 6항에 열거된 사항 등 모든 관련 요소를 고려하되, 관련 행위의 상대적 성격과 중대성을 특별히 고려해야 한다.

Ⅳ. 제90조 8항

ICC가 재판적격성이 없다는 결정을 내리고 청구국에 대한 범죄인인도가 거절된 경우 로마규정 제90조 8항은 피청구국이 범죄인인도 거절결정을 ICC에 통지하도록 하고 있다. 이 경우 청구의 대상이 되었던 사람은 ICC와 청구국에서 절차를 모두 진행할 수 없으므로 석방될 수 있다. 그러나 로마회의시 이러한 경우 ICC는 범죄인 인도거절통지를 받은 후 새로운 상황임을 근거로 사건의 재판적격성이 없다는 그 결정을 다시 고려할 수 있어야 한다는 주장이 표명되었다. 비록 8항이 ICC의 이러한 재결정권한에 관해 명시적으로 규정하고 있지 않으나, 범죄인의 불법상태를 방지한다는 차원에서 이러한 상황에서의 ICC의 재결정권한은 인정되는 것이 바람직하다고 생각된다.

제 7 절 체포 및 인도청구의 내용

Ⅰ. 공통요건

로마규정 제91조는 체포 및 인도청구의 내용을 인도청구인이 유죄판결을 받기 이전의 경우(2항)와 유죄판결을 받은 경우(3항)로 나누어서 체포 및 인도청구의 내용을 규정하고 있다. 그런데 동조 제1항은 위의 두 경우에서

공통적으로 갖추어야 할 요건을 정하고 있다. 1항은 체포 및 인도의 청구
는 서면으로 이루어져야 한다고 규정한다. 또한 긴급한 경우, 청구는 문자
기록을 전달할 수 있는 어떠한 매체에 의하여도 이루어질 수 있으나 추후
외교경로 등 제87조 1항 가호에 규정된 경로를 통하여 확인되어야 한다고
규정하고 있다. 이때 문자기록은 전달할 수 있는 어떠한 매체에는 팩스나
이메일을 통한 청구도 포함될 수 있을 것이다.

II. 유죄판결을 받기 이전인 자의 경우

로마규정 제91조 2항은 전심재판부가 제58조에 따라 체포영장을 발부한
자의 체포 및 인도청구의 경우, 그 청구는 1) 인도청구된 자의 신원확인에
충분하게 기술된 정보 및 인도청구된 자의 개연적 소재지에 관한 정보, 2)
체포영장의 사본, 3) 피청구국과 다른 국가간의 조약 등에 따른 범죄인인도
청구에 적용할 수 있는 것 보다 부담이 더 크지 않은 피청구국에서의 인도
절차상의 요건을 충족시키는데 필요한 문서, 진술 또는 정보를 포함하여야
한다. 이러한 내용은 현재의 범죄인인도에 관한 국제관행을 볼 때 합리적
인 것으로 평가된다.[13]

III. 유죄판결을 받은 자의 경우

로마규정 제91조 3항은 이미 유죄판결을 받은 자에 대한 체포 및 인도
청구의 경우, 1) 인도청구된 자에 대한 체포영장 사본, 2) 유죄판결문 사본,
3) 인도청구된 자가 유죄판결문에서 언급된 자임을 증명하는 정보, 4) 인도
청구된 자가 형을 선고 받은 경우, 부과된 선고형량문의 사본과 징역형인
경우에는 이미 복역한 기간과 잔여형기에 대한 서술을 청구에 포함하여야
한다. 이러한 내용 역시 범죄인 인도에 관한 국제관행과 유사한 것으로 보
인다.[14]

---

13) 범죄인인도에 관한 UN 표준협약 제5조 2항 (b) 참조.

Ⅳ. 당사국의 ICC에 대한 조언의무

로마규정 제91조 4항은 "재판소의 청구가 있으면 당사국은 일반적 또는 특정한 사안에 대하여 제2항 나호에 따라 적용될 수 있는 자국 국내법상의 요건에 관하여 재판소와 협의한다. 협의 중에 당사국은 자국 국내법상의 특별한 요건에 관하여 재판소에 조언한다"고 하고 있다. 이는 당사국에게 자국 국내법상의 특별한 요건에 관하여 ICC에 조언할 의무를 부과함으로써 ICC가 범죄인 인도를 위한 국내법상의 요건을 충족시키기 용이하게 하려는 것이다. 또한 자국 국내법상의 요건이 충족되지 못했다는 이유로 피청구국이 ICC의 청구를 거절하거나 지연시키지 못하도록 하는데도 도움이 될 것으로 보인다.

제 8 절 긴급인도구속(Provisional arrest)

Ⅰ. 긴급인도구속의 필요성

로마규정 제92조 1항은 긴급한 경우 재판소가 인도청구서 및 제91조에 명시된 청구증빙서류가 제출되기 전에 피청구자의 긴급인도구속을 청구할 수 있도록 하고 있다. 긴급인도구속은 임시구속으로서 피청구자의 도주 등을 방지하기 위해 그 필요성이 인정된다. 긴급인도구속의 필요성은 여러 가지 범죄인인도조약에서 긴급인도구속제도가 채택됨으로써 널리 인정되었다.15)

---

14) Id. 제5조 2항 (c) 참조.
15) 범죄인인도에 관한 UN 표준조약 제9조, 범죄인인도에 관한 유럽협약 제16조 참조.

Ⅱ. 긴급인도구속청구의 내용 및 절차

로마규정 제92조 2항에 의하면, 긴급인도구속에 대한 청구는 문자기록을 전달할 수 있는 어떠한 매체에 의하여도 이루어질 수 있으며 1) 긴급인도구속이 청구된 자의 신원확인에 충분하게 기술된 정보 및 그 자의 개연적 소재지에 관한 정보, 2) 가능한 경우 범죄의 일시 및 장소를 포함하여 긴급인도구속이 청구된 자의 청구가 요청된 범죄와 그 범죄를 구성하는 것으로 주장되는 사실에 대한 간결한 서술, 3) 긴급인도구속이 청구된 자에 대한 체포영장 또는 유죄판결문의 존재에 관한 서술, 4) 긴급인도구속이 청구된 자에 대한 인도청구가 뒤따를 것이라는 서술 등을 포함하여야 한다. 이러한 내용은 범죄인인도에 관한 UN 표준협약 제9조의 내용과 유사하다.16)

로마규정 제92조 3항은 피청구국이 절차 및 증거규칙에 명시된 시한 내에 인도청구서 및 제91조에 명시된 청구증빙서류를 접수받지 못하는 경우, 긴급인도구속된 자가 석방될 수 있음을 규정한다. 그러나 동항은 피청구국의 국내법상 허용되는 경우, 긴급인도구속된 자가 이 기간의 만료 전에 ICC로 인도되는 것에 동의할 수 있도록 하였다. 이 경우 피청구국은 가능한 한 신속히 그 자를 재판소에 인도하기 위하여 절차를 취하여야 한다.

한편 절차 및 증거규칙 188항은 긴급인도청구일자로부터 60일 안에 인도청구서와 청구증빙서류를 제출하여야 한다고 정하고 있다.

---

16) 동조 2항은 "2. The application shall contain a description of the person sought, a statement that extradition is to be requested, a statement of the existence of one of the documents mentioned in paragraph 2 of article 5 of the present Treaty, authorizing the apprehension of the person, a statement of the punishment that can be or has been imposed for the offence, including the time left to be served and a concise statement of the facts of the case, and a statement of the location, where known of the person"로 규정되어 있다.

Ⅲ. 기간만료 후에 도달된 인도청구서의 경우

로마규정 제92조 4항은 긴급인도구속이 청구된 자가 인도청구서와 청구 증빙서류가 60일 이내에 접수되지 않을 경우 구금으로부터 석방되었다는 사실이 그 자에 대한 추후의 체포와 인도를 저해하지 않는다고 규정한다. 따라서 60일 이후에 인도청구서와 청구증빙서류가 접수되더라도 피청구국 은 석방되었던 피청구자를 다시 체포하여 인도할 수도 있다.

이는 다른 범죄인인도조약에서도 인정된다. 예를 들어 범죄인인도에 관 한 UN 표준협약 제9조 5항은 유사한 경우의 재체포 등을 규정하고 있 다.[17]

제 9 절 기타 형태의 협력

Ⅰ. 의 의

로마규정 제93조는 기타 형태의 협력을 규정하고 있다. 이는 범죄인을 ICC로 인도하는 것 이외의 여러 가지 형태의 사법협력을 의미한다. 전통적 으로 국가간 형사사법협력은 두 가지 범주로 나누어진다. 첫째는 증거수집, 서류송달 등 형사소송절차에서 협력하는 형사사법공조이며, 둘째는 형사사 법공조의 가장 극단적 형태인 범죄인인도이다.

이러한 분류에 따라 각 국가는 형사사법공조조약(Treaty on the Mutual Legal Assistance in Criminal Matters)과 범죄인인도조약(Extradition Treaty)을 나누어 체결하는 관행을 가지고 있다.[18]

---

[17] 동항은 다음과 같다. "5. The release of the person pursuant to paragraph 4 of the present article shall not prevent rearrest and institution of proceedings with a view to extraditing the person sought if the request and supporting documents are subsequently received."

[18] 우리 나라도 범죄인인도조약과 별도로 형사사법공조조약을 체결하는 관행을 가지고 있으며, UN 표준조약도 범죄인인도에 관한 UN 표준조약과 형사사법공조에 관한 UN 표준조약을 각

로마규정도 이러한 전통적인 관행에 따라 국가간 범죄인인도에 상응하는 인도(surrender)제도와 국가간 형사사법공조에 상응하는 '기타 형태의 협력' 제도를 나누어 규정하고 있다고 할 수 있다. 따라서 로마규정 제93조는 국가간 형사사법공조제도에 상응하는 국가와 ICC간의 형사사법공조에 관한 내용을 규정하고 있다고 할 수 있다. 그러나 로마규정 제93조의 내용은 다음에서 살펴보는 바와 같이 기존의 국가간 형사사법공조제도와 다른 점도 있음을 유의해야 한다.

Ⅱ. 협력의 형태

로마규정 제93조 1항은 "당사국은 이 부의 규정과 국내법상의 절차에 따라 수사 또는 기소와 관련하여 다음 지원을 제공하도록 하는 재판소의 요청을 이행한다"고 하여 당사국의 사법공조의무를 규정하였다. 또한 동항은 협력의 형태로써 (가) 사람의 신원과 소재지 또는 물건의 소재지, (나) 선서된 증언을 포함한 증거의 수집과 재판소에 필요한 감정인의 의견 및 보고서를 포함한 증거의 제출, (다) 수사 또는 기소중인 자의 신문, (라) 재판서류를 포함한 서류의 송달, (마) 증인 또는 감정인(experts)으로서의 자발적 재판소출석에 대한 편의제공, (바) 제7항에 규정된 자의 일시적 이송, (사) 매장장소의 발굴과 조사를 포함하여 장소나 현장의 조사, (아) 수색 및 압수의 집행, (자) 공적 기록 및 공문서를 포함한 기록과 서류의 제공, (차) 피해자 또는 증인의 보호 및 증거의 보전, (카) 선의의 제3자의 권리를 침해함이 없이, 궁극적으로 몰수를 위한 수익, 재산, 자산 및 범행도구의 확인, 추적 및 동결 또는 압수, (타) 재판소 관할범죄의 수사와 기소를 용이하게 하기 위한 것으로서 피요청국의 법에 금지되지 아니한 기타 형태의 지원을 규정하고 있다. 이러한 로마규정 제93조 1항상의 사법공조형태는 형사사법공조에 관한 UN 표준조약 제1조 2항과 비교해 볼 때 국제관행과 대체로 부합한다고 볼 수 있다.19)

각 가지고 있다.

Ⅲ. 증인 또는 감정인의 보호

로마규정 제93조 2항은 ICC가 ICC에 출석하는 증인 또는 감정인이 피요청국을 떠나기 전에 행한 작위 또는 부작위에 관하여 ICC에 의하여 기소되거나 구금되거나 또는 어떠한 개인적 자유를 제한 받지 않는다는 점을 보증할 권한이 있다고 규정한다. 이 조항은 증인이나 감정인이 재판소에 출석할 때 ICC가 이 증인이나 감정인을 기소하거나 구금하지 않을 것을 보증함으로써 이들의 출석을 용이하게 할 수 있도록 한 것이다.

Ⅳ. "피요청국에서 일반적으로 적용되는 기존의 근본적 법원칙"

로마규정 제93조 1항에 따라 제출된 요청에 기술된 특별한 지원조치의 이행이 피요청국에서 일반적으로 적용되는 기존의 근본적 법원칙상 금지되는 경우, 로마규정 제93조 3항은 피요청국에게 그 문제를 해결하기 위하여 신속히 재판소와 협의할 의무를 부과하고 있다. 동항은 또한 협의시 그 지원이 다른 방식으로 또는 조건부로 제공될 수 있는지를 검토하도록 하고, 협의 후에도 그 문제가 해결될 수 없는 경우 재판소는 필요한 만큼 그 요청을 수정하도록 하고 있다. 이 항은 UN 헌장 제103조와 같이 "일반적으로 적용되는 기존의 근본적 법원칙(existing fundamental legal principle of general application)"을 위반하여 지원을 제공할 수는 없다는 점을 인정하면서도 피

---

19) UN 표준조약 제1조 2항은 다음과 같다.

2. Mutual assistance to be afforded in accordance with the present Treaty may include:
   (a) Taking evidence or statements from persons:
   (b) Assisting in the availability of detained persons or others to give evidence or assist in investigations:
   (c) Effecting service of judicial documents:
   (d) Executing searches and seizures:
   (e) Examining objects and sites:
   (f) Providing information and evidentiary items:
   (g) Providing originals or certified copies of relevant documents and records, including bank, financial, corporate or business records.

요청국이 이 법원칙을 근거로 요청을 거절(deny)하지 않고 재판소와 협의(consult)하도록 하였다는 점에서 의의가 있다고 할 수 있다. 통합초안 제90조 2항에는 "기존의 국제법 또는 조약상 의무(existing international law or treaty obligation)"라는 표현이 있었으나, 로마회의시 이 보다 엄격한 요건을 가진 "일반적으로 적용되는 기존의 근본적 법원칙"이라는 용어를 채택하여 로마규정에 포함시켰다.

V. 협력거절사유

통합초안 제90조 2항은 협력거절사유를 규정하였다. 제2항 option 1은 협력거절사유가 없음을 규정하였고, 제2항의 option 2는 여러 가지 협력거절사유를 규정하였다.[20]

로마회의시 일부국가는 협력거절사유가 없어야 한다고 주장하였고 일부국가는 협력거절사유를 포함하자고 주장하였으나, 협력거절사유를 포함하자는 국가들 간에도 구체적으로 어떠한 협력거절사유을 인정해야 하는가에 대해서는 이견이 있었다.

1. 피요청국이 재판소의 관할권을 수락하지 않은 경우

통합초안 제90조 2항의 option 2 (a)는 피요청국이 재판소의 관할권을 수락하지 않을 경우에 피요청국이 협력요청을 거절할 수 있도록 하였다. 그러나 로마규정이 ICC의 당사국은 ICC의 관할권을 자동적으로 수락하는 자동적 관할권제도를 채택하게 되어 이 협력거절사유는 존재의의가 없어 삭

---

20) option 2 의 협력거절사유를 원문인용하면 다음과 같다.
 (a) it has not accepted the jurisdiction of the Court
 (b) the national laws of the requested State prohibit the assistance
 (c) execution of the request would seriously prejudice its national security, <u>ordre public</u> or other essential interests
 (d) the request would disclose evidence relating to its national [security] [defence]
 (e) execution of the request would interfere with an ongoing investigation or prosecution in the requested State or in another State
 (f) compliance with the request would put it in breach of an existing [international law][treaty] obligation undertaken to another [State][non-State Party].

제되었다.

2. 피요청국 국내법이 협력을 금지하는 경우

통합초안 제90조 2항의 option 2 (b)는 피요청국 국내법이 협력제공을 금지하는 경우, 피요청국은 협력제공을 거절할 수 있도록 하였다. 이에 대해 로마회의시 대표단들은 로마규정의 당사국은 국내법을 이유로 로마규정상의 협력의무를 회피할 수 없기 때문에, 이 협력거절사유는 삭제되어야 한다고 판단하여 이 거절사유는 삭제되었다. 더구나 로마규정 제88조가 "당사국은 이 부에 명시된 모든 형태의 협력에 이용 가능한 절차가 국내법에 포함되도록 한다"고 규정하여 당사국은 국내법으로 로마규정 제9부의 일부인 제93조에 명시된 협력제공을 금지해서는 안되는 것으로 보인다.

3. 국가안보, 공서, 기타 본질적 이익

통합초안 제90조 2항의 option 2 (c)는 요청의 이행이 피요청국의 국가안보, 공서(ordere public, public order) 또는 기타 본질적 이익을 심각하게 침해하는 경우, 협력요청을 거절할 수 있도록 하였다. 이에 대해 우리나라, 캐나다 등 다수 국가가 "공서"의 개념이 협력거절사유로 사용하기에는 지나치게 넓고 국가마다 상이한 내용을 가진 개념이기 때문에 "공서"를 침해하는 경우는 삭제하자고 주장하여 삭제되었다.

또한 이들 국가는 option 2 (c) 전체를 삭제하기를 희망하였다. 더구나 option 2 (d) 항도 "국가안보"에 관한 것이기 때문에 대표단들은 이 두 항을 모두 삭제하고 로마규정 제93조 4항을 별도로 규정하기로 하였다. 로마규정 제93조 4항은 피요청국이 국가안보에 관한 것을 이유로 협력요청을 거절할 수 있도록 하고 있다.

4. 협력요청이행이 진행 중인 수사나 기소에 영향을 주는 경우

통합초안 제90조 2항의 option 2 (e)는 요청의 이행이 피요청국 또는 다른 국가에서 진행 중인 수사나 기소에 영향을 주는 경우, 피요청국은 협력요청을 거절할 수 있도록 하였다. 이에 대해 로마회의시 각국은 이 조항의 삭제여부를 두고 대립하다가 독일과 이스라엘이 공동으로 제안한 안이 일부수정을 거쳐 로마규정 제94조로 채택됨에 따라 이 조항은 삭제되었다.[21]

독일과 이스라엘의 제안은 협력요청의 즉각이행이 피요청국에서 진행중인 수사나 기소에 영향을 주는 경우 피요청국은 협력요청을 거절하지 말고 연기할 수 있도록 한 것이다.

따라서 협력요청이행이 진행 중인 수사나 기소에 영향을 주는 경우 피요청국은 협력요청을 거절할 수 있는 것이 아니라 연기할 수 있게 된 것으로 보아야 할 것이다.

5. 요청의 이행이 기존의 국제법 또는 조약상 의무에 위반되는 경우

통합초안 제90조 2항의 option 2 (f)는 요청의 이행이 피요청국이 다른 국가에 대해 부담하는 기존의 국제법 또는 조약상 의무에 위반되는 경우, 피요청국이 협력제공을 거절할 수 있도록 하였다. 이에 대해 다수국가들은 반대하였으나, 일부국가가 유지를 주장하였다. 궁극적으로 이 항은 삭제되었으나, 로마규정 제93조 3항이 채택되었다. 제3항은 앞에서 살펴본 바와 같이 "지원조치의 이행이 피요청국에서 일반적으로 적용되는 기존의 근본적 법원칙상 금지되는 경우"에 피요청국과 ICC가 협의하도록 하였다.

6. 소 결

이상으로 통합초안에서 제시되었던 협력거절사유와 로마규정에 어떻게 채택되었는지에 관해 살펴보았다. 앞에서 보았듯이 통합초안에 제시되었던 사유 중 "국가안보"에 관한 사항만이 협력거절사유로 인정된 것으로 보인다. 따라서 로마규정상 기타 형태의 협력도 기존의 국가간 형사사법공조에

---

21) 1998년 7월 11일 비공식협의에서 독일과 이스라엘은 다음과 같은 제안을 하였다.

The requested State may postpone the execution of a request, if its immediate execution would interfere with an ongoing investigation or prosecution in the requested State. However the postponement shall be no longer that is necessary to complete the relevant investigation or prosecution in the requested State or for a period of six months, whichever shall be the earlier. Before making a decision to postpone, the requested State should consider whether the assistance may be immediately granted subjected to certain conditions.

서 인정될 수 있는 공조거절사유의 대부분을 인정하지 않고 있는 것을 발견할 수 있다. 이는 로마규정상의 형사사법공조제도가 국가간 형사사법공조제도와 차이를 보이는 중요한 요소라고 판단된다.22)

Ⅵ. 국가안보

로마규정 제93조 4항은 "당사국은 요청이 당사국의 국가안보와 관련된 문서의 제출 또는 증거의 공개와 관련되는 경우에만 제72조에 따라 요청의 전부 또는 일부를 거절할 수 있다"고 하여 국가안보와 관련된 협력요청을 거절할 수 있도록 하고 있다. 이 조항은 통합초안 제90조 2항의 option 2 (d)에서 국가안보를 협력거절사유로 한 것에서 유래한 것이다. 로마규정 제72조는 "국가안보정보의 보호"에 관해 규정하고 있으며, 국가안보와 관련된 정보의 공개에 관해 자세한 절차를 규정하고 있다. 그런데 제72조 1항은 "이 조는 국가의 정보 또는 문서의 공개가 당해국의 판단으로 자국의 국가안보이익을 침해할 수 있는 모든 경우에 적용된다"고 하여 특정문서의 공개 등이 국가안보이익을 침해하는지의 여부는 당해 국가가 판단하도록 하고 있다. 따라서 로마규정 제93조 4항과 제92조를 종합하면, 피요청국이 자국의 국가안보를 침해한다는 명목하에 특정 정보에 대한 ICC의 접근가능성을 제약할 위험이 존재한다고 할 수 있다.

---

22) 우리나라의 국제형사사법공조법 제6조는 공조의 제한사유를 다음과 같이 규정한다.
　제6조 (공조의 제한) 다음 각 호의 1에 해당하는 경우에는 공조를 하지 아니할 수 있다.
　　1. 대한민국의 주권, 국가안전보장, 안녕질서 또는 미풍양속을 해할 우려가 있는 경우
　　2. 인종·국적·성별·종교·사회적 신분 또는 특정 사회단체에 속한다는 사실이나 정치적 견해를 달리한다는 이유로 처벌되거나 형사상 불이익한 처분을 받을 우려가 있다고 인정되는 경우
　　3. 공조범죄가 정치적 성격을 지닌 범죄이거나 공조요청이 정치적 성격을 지닌 다른 범죄에 대한 수사 또는 재판을 할 목적으로 행하여진 것이라고 인정되는 경우
　　4. 공조범죄가 대한민국의 법률에 의하여 범죄를 구성하지 아니하거나 공소를 제기할 수 없는 범죄인 경우
　　5. 이 법에 요청국이 보증하도록 규정되어 있는데도 불구하고 요청국의 보증이 없는 경우
　우리나라 법의 이러한 사유 중 국가안전보장을 해할 우려가 있는 경우만 ICC에 대한 형사사법공조를 거절할 수 있을 것이다. 따라서 국제형사사법공조법과 로마규정이 차이를 보이고 있으므로 이 문제도 로마규정의 국내 이행법률의 제정시 고려하여 해결해야 할 것이다.

Ⅶ. 조건부 협력 또는 대체협력

로마규정 제93조 5항은 "제1항 타호에 따른 지원요청을 거절하기 전, 피요청국은 지원이 특정한 조건부로 제공될 수 있는지 또는 지원이 추후에 또는 대체적인 방식으로 제공될 수 있는지를 검토한다. 단, 재판소 또는 소추관은 그 조건을 준수한다"고 하고 있다. 즉 이 조항은 피요청국이 제1항 타호에 따른 지원요청을 거절하기보다 조건부 지원(conditional assistance), 추후지원(later assistance), 또는 대체지원(alternative assistance)을 제공할 것을 검토하도록 하고 있다.

제1항 타호는 피요청국의 법에 금지되지 아니한 기타 형태의 지원을 나타낸다. 그러면 제1항 타호 이외의 1항상의 여러 협력 및 지원에는 제93조 5항의 내용이 적용되는지 여부와 동조항이 적용되지 않는다면 제1항상 여러 협력형태에는 조건부 지원이나 대체지원 등은 불가능한가 등의 의문이 제기된다. 먼저 로마규정 제93조 5항의 문언상 제1항 타호 이외의 협력 및 지원에는 동조 5항이 적용되지 않는다고 보아야 한다. 로마회의시 교섭과정에서도 일부 대표단은 로마규정 제93조 5항이 유래하게 된 통합초안 제90조 3항은 피요청국이 협력 거절사유가 있을 때 협력을 거절하지 말고 조건부 협력이나 대체협력을 할 것을 의도한 것이며, 통합초안의 협력 거절사유가 삭제되었으므로 이 조항도 삭제되어야 한다는 입장을 취하였다. 그러나 다른 일부 대표단은 협력거절사유가 완전히 없어지지 않았기 때문에 이 조항은 유지되어야 한다고 주장하였다. 논의 끝에 타협안으로서 "제1항 타호에 따른 지원요청을 거절하기 전"에만 피요청국이 조건부 지원이나 대체지원을 할 수 있도록 하는 현재의 규정이 채택되었다. 따라서 로마규정 제93조 5항은 제93조 1항 타호에 따른 지원요청을 거절할 때에만 적용되고 제93조 1항의 다른 호에 따른 지원요청을 거절할 수가 없기 때문에 1항 타호 이외의 1항상의 지원요청에 대해서는 조건부 지원이나 대체지원을 할 수 없다고 해야 할 것이다.

한편, 이러한 로마규정 제93조 5항의 해석론에도 불구하고 로마규정 제93조 4항에 따른 국가안보를 이유로 한 지원거절도 있을 수 있기 때문에, 국가안보를 이유로 한 지원거절 전에 피요청국이 지원거절 대신에 조건부 지원이나 대체지원을 하는 것은 가능할 것으로 보인다. 다시 말하면, 로마규정 제93조의 기타 형태의 협력을 당사국이 거절할 수 있는 경우는 동조 4항에 따라 국가안보를 이유로 하는 것과 동조 5항에 따라 제1항 타호에 따른 지원요청을 거절하는 것의 두 가지 경우만이 있고 후자의 거절사유에 의한 지원거절 전에는 동조 5항에 명문으로 피요청국이 조건부 지원 또는 대체지원을 검토하도록 하였으나, 전자의 국가안보에 의한 지원거절 전에는 ICC의 효율적인 운영이라는 취지상 피요청국이 조건부 지원이나 대체지원을 검토하는 것도 해석상 가능하다는 것이 필자의 사견이다.

Ⅷ. 요청 거절이유의 통지

로마규정 제93조 6항은 "지원요청이 거절된 경우, 피요청국은 신속히 재판소 또는 소추관에게 그 이유를 통지한다"고 하여 피요청당사국이 지원요청을 거절할 경우 신속히 재판소 또는 소추관에게 그 이유를 통지하도록 하고 있다. 여기서 한 가지 유의해야 할 것은 우리 국문본에는 '피요청국'이라고 되어 있으나 영문본에는 '피요청당사국(the requested state party)'이라고 되어 있는 점이다.

따라서 로마규정의 당사국인 피요청국만이 지원요청을 거절할 경우 신속히 재판소 또는 소추관에게 그 이유를 통지할 의무를 부담한다고 보아야 한다.

Ⅸ. 구금 중인 자의 일시적 이송

로마규정 제93조 7항은 다음과 같이 구금 중인 자의 일시적 이송을 규정하고 있다.

6. 가. 재판소는 신원확인을 목적으로 또는 증언이나 기타 지원을 얻기 위하여 구금중인 자의 일시적 이송을 요청할 수 있다. 그 자는 다음 조건이 충족되는 경우 이송될 수 있다.

　(1) 그 자가 내용을 알고 자유로이 이송에 대하여 동의하고,

　(2) 피요청국과 재판소가 합의하는 조건에 따라 피요청국이 이송에 동의한 경우

나. 이송되는 자는 이송중 구금된다. 이송의 목적이 달성된 경우, 재판소는 그 자를 지체 없이 피요청국으로 송환한다.

이 조항은 로마회의시 새롭게 도입된 조항이다. 이 조항은 ICC가 증언이나 기타 지원을 얻는데 구금 중인자를 일시적으로 이송 받아 활용할 수 있으므로 ICC의 효율적인 기능수행을 위해 유용할 것으로 보인다. 또한 형사사법공조에 관한 UN 표준협약 제13조도 구금 중인 자의 일시적 이송을 규정하여 로마규정 제93조 7항과 유사한 내용이 국제적 관행으로 존재하고 있음을 보여준다.23)

X. 문서와 정보의 비밀보장

로마규정 제93조 8항은 문서와 정보의 비밀보장에 관해 규정한다. 동항 가호는 "재판소는 요청에 기재된 수사 및 절차에 필요한 경우를 제외하고는 문서 및 정보의 비밀을 보장한다"고 하여 요청시 기재된 수사 및 절차에 필요한 경우 이외에는 문서 및 정보의 비밀을 ICC가 보장할 것을 규정한다. 동항 나호는 "피요청국은 필요한 경우 문서 또는 정보를 비공개를 조건으로 소추관에게 전달할 수 있다. 이 경우 소추관은 오직 새로운 증거를 산출할 목적으로만 그것을 사용할 수 있다"고 하여 피요청국이 소추관

---

23) 형사사법공조에 관한 UN 표준협약 제13조를 원문 인용하면 다음과 같다.

1. Upon the request of the requesting State, and if the requested State agrees and its law so permits, a person in custody in the latter State may subject to his or her consent, be temporarily transferred to the requesting State to give evidence or to assist in the investigation.

2. While the person transferred is required to be held in custody under the law of the requested State, the requesting State shall hold that person in custody and shall return that person in custody to the requested State at the conclusion of the matter in relation to which transfer was sought or at such earlier time as the person's presence is no longer required.

3. Where the requested State advises the requesting State that the transferred person is no longer required to be held in custody, that person shall be set at liberty and be treated as a person referred to in article 14 of the present Treaty.

에게 문서 또는 정보의 비공개를 조건으로 문서 등을 전달할 경우, 소추관
은 오직 새로운 증거를 산출할 목적으로만 그 정보들을 사용할 수 있도록
하고 있다. 이는 지나치게 제한적인 조항으로 보인다. 왜냐하면 소추관이
이 비밀정보 등을 다른 증거를 보강하기 위한 것 등으로 사용하는 것이 조
약 문언상 허용되지 않는 것으로 보이기 때문이다. 한편 8항 다호는 "피요
청국은 스스로 또는 소추관의 요청에 따라 추후 그러한 문서나 정보의 공
개에 동의할 수 있다. 이 경우 그것은 제5부 및 제6부의 절차및증거규칙에
따라 증거로 사용될 수 있다"라고 규정하여 피요청국이 비밀문서나 정보의
공개에 동의하는 경우 수사 및 재판절차에서 증거로 사용될 수 있도록 하
고 있다.

로마규정 제93조 8항의 내용은 형사사법공조에 관한 UN 표준협약 제9
조 (b) 등 국제관행과 대체로 부합하나 보다 자세하고 제한적인 것으로 보
인다.24)

XI. 인도(surrender)나 범죄인 인도(extradition)가 아닌 다른 요청의 경합

로마규정 제93조 9항 가호는 당사국이 인도나 범죄인 인도가 아닌 다른
경합되는 요청을 ICC와 자신의 국제적 의무에 따라 다른 국가로부터 받는
경우 당해 당사국은 ICC와 다른 국가와 협의하여 필요한 경우 그 중 하나
의 요청을 연기시키거나 또는 그 요청에 조건을 첨부함으로써 두 요청 모
두를 충족시키도록 노력해야 한다고 규정하고 있다. 동항은 두 요청 모두
를 충족시키려고 했으나 그렇게 할 수 없는 경우 로마규정 제90조에 규정
된 원칙, 즉 인도청구가 경합되는 경우의 원칙에 따라 해결해야 한다고 규
정하고 있다. 한편 동항 나호는 재판소의 요청이 국제협정에 의하여 제3국

---

24) 형사사법공조에 관한 UN 표준협약 제9조 (b)는 다음과 같다.

   (b) The requesting State shall keep confidential evidence and information provided by the requested State, except to the extent that the evidence and information is needed for the investigation and proceedings described in the request.

또는 국제기구의 통제하에 있는 정보·재산 또는 사람과 관계된 경우, 피요청국은 재판소에 이를 통지하며 재판소는 그 제3국 또는 국제기구에 요청을 하도록 하고 있다.

XII. 재판소에 의한 지원제공

로마규정 제93조 10항은 재판소가 당사국에 대해 협력하거나 지원을 제공할 수 있음을 규정하고 있다. 즉 10항 가호는 "재판소는 요청이 있는 경우, 재판소 관할범죄를 구성하는 행위 또는 요청국의 국내법상 중대한 범죄를 구성하는 행위에 대하여 수사 또는 재판을 수행하는 당사국에 협력하거나 지원을 제공할 수 있다"고 규정한다. 여기서 유의할 점은 ICC가 당사국에 협력하는 것을 결정하는 것은 ICC가 재량으로 할 수 있다는 점이다.

이 점은 국가간의 형사사법공조조약이 당사국간 상호주의에 입각하여 상호공조의무를 부담하는 점과 차이를 보이는 측면이다. 10항 나호는 ICC가 제공하는 협력으로서 특히 두 가지, 즉 "(가) 재판소가 수행하는 수사 또는 재판 과정에서 얻은 진술, 문서 또는 다른 형태의 증거의 송부, (나) 재판소의 명령으로 구금된 자에 대한 신문"을 규정하고 있다. 재판소가 다른 국가의 지원으로 문서 또는 다른 형태의 증거를 획득하였고 이러한 증거 등을 송부하는 경우, 재판소는 그 국가의 동의를 얻어야 한다. 재판소가 증인 또는 감정인에 의해 제공된 진술, 문서 또는 다른 형태의 증거를 송부한 경우는 로마규정 제68조의 규정에 따라야 한다. 제68조는 "피해자 및 증인의 보호와 절차 참여"를 규정하고 있다. 10항 다호는 ICC가 비규정당사국에 대한 지원요청도 허가할 수 있도록 하고 있다.

제10절 진행 중인 수사 또는 기소와 관련된 요청의 이행연기

로마규정 제94조는 진행 중인 수사 또는 기소와 관련된 요청의 이행연기를 다음과 같이 규정한다.

1. 요청의 즉각적인 이행이 요청과 관련된 사건 이외의 다른 사건에 대하여 진행 중인 수사나 기소를 방해하게 될 경우, 피요청국은 재판소와 합의한 기간 동안 요청의 이행을 연기할 수 있다. 그러나 연기는 피요청국이 관련 수사나 기소를 완료하는데 필요한 기간보다 더 길어서는 아니 된다. 연기 결정을 내리기 전, 피요청국은 지원이 일정한 조건부로 즉시 제공될 수 있는지 여부를 고려한다.
2. 제1항에 따라 연기결정이 내려진 경우, 소추관은 제93조 제1항 차호에 따라 증거를 보전하기 위한 조치를 구할 수 있다.

이 조항은 앞에서 보았듯이 로마회의시 통합초안 제90조 2항 (e)의 협력거절사유를 연기사유로 대체하려는 독일과 이스라엘의 공동제안으로부터 유래한 것이다. 1항은 진행 중인 수사 또는 기소와 관련된 요청의 경우 지원의 연기와 조건부 지원을 피요청국이 할 수 있도록 한 것이다. 2항은 소추관이 증거보전조치를 구할 수 있도록 하고 있다. 로마규정 제94조는 형사사법공조에 관한 UN 표준조약 제4조 3항 등 국제관행과 부합한다고 할 수 있다.25)

제11절 재판적격성에 대한 이의제기와 관련된 요청의 이행연기

로마규정 제95조는 "재판소가 제18조 또는 제19조에 따라 재판적격성에

---

25) 동조항은 다음과 같다.
"The requested State may postpone the execution of the request if its immediate execution would interfere with an ongoing investigation or prosecution in the requested State."

대한 이의제기를 심의중인 경우, 소추관이 제18조 또는 제19조에 따라 그러한 증거의 수집을 계속할 수 있다고 재판소가 명시적으로 명령하지 않는한, 피요청국은 재판소의 결정이 계류 중인 동안 이 부에 따른 요청의 이행을 연기할 수 있다"고 규정한다. 이 조항은 관련사건에 관해 ICC가 재판적격성에 대한 이의제기를 심의중인 경우 ICC의 사법협력 요청의 이행을 피요청국이 연기할 수 있도록 하고 있다. 다만, 재판소가 명시적으로 소추관이 증거의 수집을 계속하도록 명령하는 경우는 사법협력 요청의 이행을 연기할 수 없다. 로마규정 제95조의 문언상 "이 부에 따른 요청(a request under this part)"이라는 표현을 사용하므로 제95조는 인도(surrender)에 관한 요청과 기타 형태의 협력요청에 모두 적용된다고 보아야 할 것이다. 이와 관련하여 로마규정 제89조 2항은 일사부재리원칙에 근거한 재판적격성 심사가 계류 중인 경우 결정이 이루어질 때까지 인도청구 이행을 연기할 수 있도록 하고 있는데 제95조와 제89조 2항과는 어떤 관련이 있는지 의문이 제기될 수 있다. 사견으로는 이 두 조항이 로마회의시 관련되어 논의가 되었으며 동일한 상황에 동시에 적용될 수 있는 경우도 상상해 볼 수 있겠으나, 기본적으로 별개의 적용요건을 가진 것으로 보아야 할 것 같다.

로마규정 제95조는 재판적격성에 대한 이의제기를 제9부상의 요청에 대한 거절사유로서 허용하지는 않았으나, 요청에 대한 연기사유로서 인정함으로써 로마회의시 대표단간의 타협의 산물임을 보여준다.

제12절   제93조에 따른 기타 형태의 지원요청의 내용

로마규정 제96조 1항은 "제93조에 규정된 기타 형태의 지원 요청은 서면으로 한다. 긴급한 경우, 요청은 문자기록을 전달할 수 있는 어떠한 매체에 의하여도 이루어질 수 있으나 제87조 제1항 가호에 규정된 경로를 통하여 확인되어야 한다"고 규정한다. 동조 2항은 요청에 포함될 내용을 다음과 같이 정하고 있다.

2. 요청은 해당하는 대로 다음을 포함하거나 또는 이에 의하여 증빙되어야 한다.

  가. 요청의 법적 근거 및 이유를 포함하여 요청의 목적과 요청되는 지원에 대한 간결한 서술

  나. 요청되는 지원이 제공되기 위하여 발견되거나 확인되어야 할 사람이나 장소의 소재 또는 신원에 대한 가능한 상세한 정보

  다. 요청의 기초를 이루는 필수적인 사실에 대한 간결한 서술

  라. 추후의 절차 또는 요건의 이유와 상세

  마. 요청을 이행하기 위하여 피요청국의 법률에 따라 요구되는 정보

  바. 요청되는 지원을 제공하는데 관련된 기타 정보

로마규정 제96조 2항의 내용은 형사사법공조에 관한 UN 표준조약과 우리나라의 국제형사사법공조법과 비교할 때 합리적인 것으로 보인다.[26] 국제형사사법공조법 제12조는 다음과 같다.

제12조 (공조요청서)

  ① 공조요청은 다음 각호의 사항을 기재한 서면(이하 "공조요청서"라 한다)에 의한다.

  1. 공조요청과 관련된 수사 또는 재판을 담당하는 기관

  2. 공조요청사건의 요지

  3. 공조요청의 목적과 내용

  4. 기타 공조를 실시하는 데 필요한 사항

  ② 증인신문, 물건의 인도, 요청국에서의 증언 등 협조에 관한 요청의 경우에는 그것이 수사 또는 재판에 반드시 필요하다는 요청국의 소명이 있어야 한다.

로마규정 제96조 3항은 재판소의 요청에 따라 당사국에게 일반적 또는

---

26) 형사사법공조법에 관한 UN 표준조약 제5조는 다음과 같다.

  1. Requests for assistance shall include:

    (a) The name of the requesting office and the competent authority conducting the investigation or court proceedings to which the request relates:

    (b) The purpose of the request and a brief description of the assistance sought:

    (c) A description of the facts alleged to constitute the offence and a statement or text of the relevant laws, except in cases of a request for service of documents:

    (d) The name and address of the person to be served, where necessary:

    (e) The reason for and details of any particular procedure or requirement that the requesting State wishes to be followed, including a statement as to whether sworn or affirmed evidence or statements are required:

    (f) Specification of any time-limit within which compliance with the request is desired:

    (g) Such other information as is necessary for the proper execution of the request.

  2. Requests, supporting documents and other communication made pursuant to the present Treaty shall be accompanied by a translation into the language of the requested State or another language acceptable to that State.

  3. If the requested State considers that the information contained in the request is not sufficient to enable the request to be dealt with, it may request additional information.

특정한 문제에 대하여, 제2항 마호에 따라 적용될 수 있는 자국 국내법상의 특별한 요건에 관하여 재판소와 협의해야 할 의무를 부과하고 있다. 협의 중에 당사국은 자국 국내법상 특별한 요건에 관하여 재판소에 조언해야 한다. 이 조항은 요청을 이행하기 위하여 피요청국의 법률에 따라 적용될 수 있는 국내법상의 특별한 요건을 재판소가 잘 지킴으로써 피요청국의 협력을 원활히 얻기 위한 조항이다.

로마규정 제96조 4항은 "이 조의 규정은 적용 가능한 경우 재판소에 대한 지원요청에 관하여 적용된다"고 하여 재판소에 대한 지원요청이 있는 경우 재판소가 당사국 등에게 지원을 제공하는 경우를 상정하고 있다. 즉, ICC는 필요한 경우 당사국 등에게 증거수집, 서류송달 등 지원을 제공할 수 있을 것이다.

제13절 협 의(consultation)

로마규정 제97조는 당사국이 제9부에 따라 받은 요청에 관하여 요청의 이행을 방해하거나 저지시킬 수 있는 문제점을 확인하는 경우 그 당사국은 그 사안을 해결하기 위하여 지체 없이 재판소와 협의하도록 규정한다. 그러한 문제점에는 다음과 같은 것이 포함된다.

가. 요청을 이행하기에 불충분한 정보
나. 인도청구의 경우, 최선의 노력에도 불구하고 인도청구된 자의 소재를 파악할 수 없거나 또는 수행된 수사 결과 피청구국 내에 있는 자는 영장에서 거명된 자가 명백히 아닌 것으로 판정된 사실
다. 현재 형태의 요청 이행은 피요청국이 다른 국가에 대하여 부담하는 기존의 조약상 의무를 위반하도록 요구한다는 사실

로마규정 제97조는 당사국이 ICC가 제9부에 따라 요청하는 것을 거절할 가능성을 줄이기 위한 것이다. 즉 당사국은 ICC의 요청을 이행하기 곤란한 사유가 발생하면 ICC의 요청을 거절하기보다 ICC와 협의해야 한다는 것이

제97조의 취지라고 할 것이다. 제97조는 로마회의시 새로이 도입된 조항으로서 제9부에 따른 국가의 협력을 확보하는데 유용하고 혁신적인 수단이라고 평가할 수 있다.

제14절 면제의 포기 및 인도동의에 관한 협력

Ⅰ. 제98조의 교섭과정

로마규정 제98조는 통합초안 제87조 6항이 인도청구의 경합을 규정하고 있었던 것에서 유래한다. 그러나 로마회의시 대표단들은 외국군지위협정(Status of Forces Agreement, SOFA)을 고려하게 되었고, 이 문제는 청구경합의 문제라기 보다는 면제(immunity)와 관련된 문제라고 판단하였다. 그래서 통합초안 제89조 6항과는 별도의 조항을 작성하기 위한 논의를 시작했고 통합초안 제87조 6항에 관한 의장의 논의문서(chairman's discussion paper on Article 87, paragraph 6)에서는 "피청구국이 SOFA 협정상 제3국 군대의 구성원의 체포나 인도를 위해 그 제3국의 동의를 얻어야 하는 국제적 의무를 부담하고 있는 경우, 재판소는 그 동의를 주기 위한 제3국의 협력을 이 부에 따라 추가적으로 얻어야 한다(Where the requested State is under an international obligation to a third state under a Status of Forces Agreement pursuant to which the third state's consent is required for the arrest and surrender of a person who is a member of the armed forces of that third state, the Court shall in addition obtain under this Part the cooperation of that third state for the giving of that consent.)"고 하는 조항을 포함하였다. 그 후 이 조항은 제90조 quarter로서 논의되었고 싱가폴이 이에 대해 비공식협의시에 추가적인 수정제안을 하였다.[27]

---

27) 싱가폴의 수정제안은 다음과 같다.

"The Court may not proceed with a request for surrender/cooperation which would require the requested State to act inconsistently with its obligation under international law with respect to the State or diplomatic immunity of person or property of a third sate or its obligations under international agreements pursuant to which the consent of a sending state is required to surrender a

논의 끝에 궁극적으로 로마규정 제98조는 면제에 관한 내용을 규정하게 되었고, 동조 1항은 국가면제와 외교면제의 포기에 관해 규정하고, 동조 2항은 SOFA 협정상의 면제에 관해 규정하려는 의도로 채택되었다. 따라서 교섭과정을 볼 때 로마규정 제98조 2항에서의 "국제협정(international agreement)"은 외국군지위협정(SOFA)을 의미한다고 보아야 한다.

Ⅱ. 제98조의 내용

동조 1항은 재판소가 피요청국이 제3국의 사람 또는 재판에 대하여 국가면제 또는 외교면제에 관한 국제법상의 의무에 부합되지 않게 행동하도록 하는 인도청구 또는 지원요청을 진행시키기 위해서는 먼저 그 제3국으로부터 면제의 포기를 위한 협력을 얻도록 하고 있다. 예를 들어 외교면제를 누리는 A국의 외교관을 ICC에 B국이 인도하려면 ICC가 A국의 면제포기를 위한 협력을 얻은 후에 B국이 인도절차를 진행시키도록 해야 한다는 것이다. 국가면제(state immunity)는 주권면제(sovereign immunity)와 유사한 개념으로서 기본적으로 일국의 재판소는 외국의 권력적 행위 등에 대해 재판관할권을 갖지 않는다는 원칙으로서 세계 각국은 국내법 등을 제정하거나 국내 판례로서 인정하고 있다.28)

외교면제는 외교사절의 특권면제 등을 나타내며 외교관계에 관한 비엔나협약, 영사관계에 관한 비엔나 협약 등 국제조약에 의해 인정되고 있는 면제제도이다. 그러나 이 외교면제의 향유주체는 외교관 개인이 아니라 외교관을 파견한 국가이므로 그 국가는 외교면제를 포기할 수 있고 이 외교면제를 포기할 경우 관련된 외교관 개인은 외교면제를 향유할 수 없게 된다.

한편 로마규정 제98조 2항은 재판소가 피청구국이 파견국의 사람을 재

---

person of that state to the Court, unless the Court can first obtain the cooperation of the third state for the waiver of the immunity or of the sending state for the giving of consent for the surrender, as the case may be."

28) 예를 들어 미국은 Foreign Sovereign Immunity Act를 제정하여 미국의 재판소가 외국정부의 권력적 행위에 대해 관할권을 갖지 않도록 하고 있다. 그러나 동법은 외국정부의 상업적 행위에 대해서는 미국의 재판소가 관할권을 가질 수 있도록 하고 있다.

판소에 인도하기 위해서는 파견국의 동의를 요하는 국제협정상의 의무에 부합되지 않게 행동하도록 하는 인도청구를 진행시키려면, 먼저 파견국으로부터 인도동의를 주기위한 협력을 얻어야 한다고 규정한다. 예를 들어 ICC가 A국 군인을 B국으로부터 인도 받고자 하고 A국과 B국의 SOFA협정상 이러한 경우 A국의 동의가 필요한 경우, ICC는 먼저 A국의 동의를 위한 협력을 얻어야 한다는 것이다.

III. 미국의 제98조 2항 관련 양자협정 체결노력

미국은 로마규정이 2002년 7월 1일 발효하기 전 몇 달 전부터 미국민을 ICC의 관할권으로부터 면제시키기 위해 제98조 2항의 "국제협정"에 해당하는 양자협정(소위 "제98조 협정")체결을 세계 각국에 제의하였다. 이는 미국민이 로마규정 당사국 영토에서 ICC 관할대상범죄를 저질렀다고 주장되는 경우 로마규정 제12조의 규정상 ICC가 그 미국인에 대해 관할권을 행사할 수 있는데, 미국은 이러한 상황을 양자협정을 체결함으로써 피하려는 것이다.[29]

---

29) 미국의 제안은 다음과 같으며, 조항 번호는 편의상 부여한 것이다.

Proposed Text of Article 98 Agreements with the United States

July 2002

A. Reaffirming the importance of bringing to justice those who commit genocide, crimes against humanity and war crimes,

B. Recalling that the Rome Statute of the International Criminal Court done at Rome on July 17, 1998 by the United Nations Diplomatic Conference of Plenipotentiaries on the Establishment of an International Criminal Court is intended to complement and not supplant national criminal jurisdiction,

C. Considering that the Government of the United States of America has expressed its intention to investigate and to prosecute where appropriate acts within the jurisdiction of the International Criminal Court alleged to have been committed by its officials, employees, military personnel, or other nationals,

D. Bearing in mind Article 98 of the Rome Statute,

E. Hereby agree as follows:

　　1. For purposes of this agreement, "person" are current or former Government officials, employees (including contractors), or military personnel or nationals of one Party.

　　2. Persons of one Party present in the territory of the other shall not, absent the expressed consent of the first Party,

　　　(a) be surrendered or transferred by any means to the International Criminal Court for any

이 미국의 양자협정체결 제의에 따라 루마니아, 이스라엘, 인도 등 10여 개국이 양자협정에 서명하였다. 이러한 미국의 양자협정 체결노력에 대해 국제사면기구(Amnesty International)는 제98조 2항은 기존의 SOFA 협정이 그 후 체결된 로마규정으로 인해 무효화되지 않도록 하기 위한 것이지, 로마규정의 전체 체계를 훼손하는 후속 양자협정을 체결하는 것을 허용하여 ICC로부터의 처벌을 피하기 위한 것이 아니라고 주장하면서 미국의 양자협정 체결노력을 비판하였다.30)

생각건대, 미국의 이러한 양자협정 체결노력은 집단살해죄 등 ICC 관할범죄를 처벌하려는 로마규정의 의도와 취지를 훼손하는 것이며, 로마규정의 교섭과정상의 의도와도 다른 것으로서 판단된다.

Ⅳ. 우리나라가 미국과 제98조 협정을 체결할 필요성 유무

우리나라가 미국인과 미군의 신병을 ICC에 인도하지 않겠다는 소위 제98조 협정을 체결할 필요성이 있는가의 의문이 제기된다. 앞에서 보았듯이 제98조 2항의 국제협정은 SOFA 협정을 의도한 것이었고, 또한 SOFA 협정

---

   purpose, or

   (b) be surrendered or transferred by any means to any other entity or third country, or expelled to a third country, for the purpose of surrender to or transfer to the International Criminal Court.

   3. When the United States extradites, surrenders, or otherwise transfer a person of the other Party to a third country, the United States will not agree to the surrender or transfer of that person to the International Criminal Court by the third country, absent the expressed consent of the Government of X.

   4. When the Government of X extradites, surrenders, or otherwise transfers a person of the United States of America to a third country, the Government of X will not agree to the surrender or transfer of that person to the International Criminal Court by a third country, absent the expressed consent of the Government of the United States.

   5. This Agreement shall enter into force upon an exchange of notes confirming that each Party has completed the necessary domestic legal requirements to bring the Agreement into force. It will remain in force until one year after the date on which one Party notifies the other of its intent to terminate this Agreement. The provisions of this Agreement shall continue to apply with respect to any act occurring, or any allegation arising, before the effective date of termination.

 30) Amnesty International, International Criminal Court : U.S. efforts to obtain impunity for genocide, crimes against humanity and war crimes, (2002년 8월) 참조.

으로 해석하는 것이 로마규정 전체의 목적과 취지에도 부합한다고 보인다. 더구나, 우리나라는 미국과 이미 SOFA 협정을 체결하고 있다. 따라서 우리나라는 미국이 다른 일부국가와 체결 추진 중인 제98조에 근거한 양자협정을 체결할 필요가 없다고 판단된다. 만약 우리나라가 미국과 이러한 양자협정을 체결한다면 로마규정의 당사국인 우리나라가 로마규정의 목적과 취지를 훼손하는 결과를 가져오고 이는 "유효한 모든 조약은 그 당사국을 구속하며 또한 당사국에 의하여 성실하게 이행되어야 한다"는 조약법에 관한 비엔나 협약 제26조상의 조약의 성실이행의무의 위반을 구성할 수도 있을 것이다.

한편, 우리나라는 미국과 한·미범죄인인도조약을 체결하고 있고 미국은 이 조약의 비준서에 양해사항을 부과하여 우리나라에 통보하였다. 그 내용은 이 조약 제15조의 특정성의 원칙의 내용에는 미국으로부터 인도받은 사람을 미국이 동의하지 않는 한 우리나라가 ICC로 재인도할 수 없으며, 미국은 로마규정이 미국에 대해서 발효하지 않는 한 우리나라가 ICC에 그 사람을 재인도하는 것을 동의하지 않을 것이라는 양해(understanding)이다.[31]

---

31) 동비준서의 전문은 아래와 같다.

WILLIAM J. CLINTON
President of the United States of America
TO ALL TO WHOM THESE PRESENTS SHALL COME, GREETING:

CONSIDERING THAT:
The Extradition Treaty between the Government of the United States of America and the Government of the Republic of Korea was signed at Washington on June 9, 1998; and
The Senate of the United States of America by its resolution of November 5, 1999, two-thirds of the Senators present concurring therein, gave its advice and consent to ratification of the Treaty, subject to the following understanding:

PROHIBITION ON EXTRADITION TO THE INTERNATIONAL CRIMINAL COURT.
The United States understands that the protections contained in Article 15 concerning the Rule of Speciality would preclude the resurrender of any person from the United States to the International Criminal Court agreed to in Rome, Italy, on July 17, 1998, unless the United States consents to such resurrender; and the United States shall not consent to the transfer of any person extradited to the Republic of Korea by the United States to the International Criminal Court agreed to in Rome, Italy, on July 17, 1998, unless the treaty establishing that Court has entered into force for the United States by and with the advice and consent of the Senate, as required by Article Ⅱ, section 2 of the United States Constitution.

이 양해사항의 법적 구속력에 관해서는 논란이 있을 수 있으나 적어도 우리나라가 미국으로부터 인도받은 사람을 ICC로 재인도하는 것은 곤란할 것으로 보인다. 또한 이러한 한미범죄인인도조약상의 제약을 고려할 때도 미국인에 대한 ICC의 관할권을 배제하려는 미국과의 양자협정을 체결할 필요성이 줄어든다는 것이 사견이다.

제15절   제93조와 제96조에 따른 요청의 이행

로마규정 제99조는 범인인도를 제외한 기타 형태의 사법협력의 이행에 관해 규정하고 있다.

Ⅰ. 이행방식

로마규정 제99조 1항에 의하면, 지원요청은 피요청국법상의 관련절차에 따라 이행된다. 그리고 피요청국에서 금지되지 않는 한, 요청서에 명시된 방식으로 이행된다. 요청서에 명시된 방법에는 요청서에 약속된 절차에 따르거나 또는 요청서에 명시된 자가 이행과정에 출석하고 협력하도록 허용하는 것을 포함한다.

Ⅱ. 긴급한 요청

제99조 2항은 긴급한 요청의 경우, 그에 응하여 제공되는 문서 또는 증

Now, THEREFORE, I, William J. Clinton, President of the United States of America, ratify and confirm the Treaty, subject to the aforesaid understanding.

IN TESTIMONY WHEREOF, I have signed this instrument of ratification and caused the Seal of the United States of America to be affixed.

DONE at the city of Washington this ninth day of December in the year of our Lord one thousand nine hundred ninety-nine and of the Independence of the United States of America the two hundred _____

By the President : William J. Clinton

거는 재판소의 요청이 있으면 신속히 전달되도록 하고 있다. 이 조항은 ICC가 긴급한 사건을 처리할 경우 유용한 조항으로 판단된다.

Ⅲ. 회신언어와 양식

제99조 3항은 피요청국의 회신은 그 국가의 언어와 양식으로 작성, 송부한다고 규정한다. 로마회의시 피요청국의 회신을 ICC의 실무언어(working language)로 해야 하는지, 피요청국의 언어로 해야 하는지에 관해 논의가 있었다. 그런데 피요청국이 규정당사국인 경우도 있지만 비규정당사국인 경우도 있기 때문에 비규정당사국인 피요청국에게 재판소의 실무언어로 회신하도록 하는 것은 타당하지 않다는 주장이 우세하여 피요청국의 회신은 피요청국의 언어로 하게 한 것이다. 이는 재판소의 실무언어인 영어와 프랑스어로 피요청국이 회신하는 것이 재판소의 입장에서는 더 효율적이나 비당사국인 피요청국의 입장을 우선 고려한 조항이라고 할 수 있다. 그러나 예를 들어 당사국인 우리나라가 ICC로부터 제93조에 따른 요청을 받고 이에 대해 회신할 때는 제99조 3항에 따라 한국어로 회신하여야 할 것이다. 왜냐하면 제99조 3항이 피요청국은 당사국이든 비당사국이든 지원요청에 대한 회신을 피요청국의 언어로 하도록 하고 있기 때문이다.

Ⅳ. 비강제조치의 직접이행

로마규정 제99조 4항은 소추관이 피요청국의 영역에서 비강제적 조치로서 이행될 수 있는 요청을 직접 이행하는 것을 다음과 같이 규정하고 있다.

4. 이 부의 다른 규정을 침해함이 없이, 요청의 이행에 필수적이라면 피요청국 당국의 입회 없이 수사를 수행하는 것을 포함하여, 특정인과의 자발적인 면담 또는 그 자로부터의 증거 수집 및 공개된 장소 또는 기타 공공장소의 변형 없는 조사 등 강제조치 없이 이행될 수 있는 요청을 성공적으로 이행하는데 필요한 경우, 소추관은 그러한 요청을 다음과 같이 국가의 영역에서 직접 이행할 수 있다.
　가. 피요청국이 그 영역 안에서 범죄가 범하여졌다는 혐의를 받는 국가이고 또한 제18조

또는 제19조에 따라 재판적격성이 있다고 결정된 경우, 소추관은 피요청국과 가능한 모든 협의를 거쳐 요청을 직접 이행할 수 있다.

나. 기타의 경우, 소추관은 피요청국과 협의를 거쳐 피요청국이 제기한 모든 합리적 조건이나 우려에 따를 것을 조건으로 요청을 이행할 수 있다. 피요청국이 이 호에 따른 요청의 이행에 대한 문제를 확인하는 경우, 피요청국은 그 문제를 해결하기 위하여 지체없이 재판소와 협의한다.

이 조항은 로마회의시 캐나다가 필요한 경우 피요청국의 영역에서 소추관이 피요청국 국가관헌의 입회 없이 비강제적으로 이행될 수 있는 면담 등을 직접하는 것이 허용되어야 한다는 제안에서 유래하였다.[32]

이 캐나다의 제안에 관해 일본 등은 이 제안의 내용은 피요청국의 주권을 침해할 수 있기 때문에 반대한다는 의견을 표명하였다. 그러나 독일, 영국 등 다수국가가 캐나다의 제안을 지지하여 계속 협의한 결과 로마규정 제99조 4항이 채택되었다. 이 조항은 비록 많은 조건을 가지고 있지만 소추관이 직접 피요청국의 영역에서 증거수집 등을 할 수 있다는 점에서 중요성을 가진다고 할 수 있다.

V. 국가안보와 관련된 비밀정보

로마규정 제99조 5항은 제72조에 따라 국가안보와 관련된 비밀정보를 공개하는 것을 제한하는 것이 제99조에 따른 지원요청의 이행에도 적용된다고 규정하고 있다. 따라서 재판소에 의하여 조사 받는 자가 국가안보와 관련되었다는 이유로 정보의 공개를 거절할 수 있는 경우가 있을 것으로 보인다.

---

32) 캐나다의 제안은 UN Doc.A/CONF.183/C.1/WGIC/L. 12 (2 July 1998)의 문서로 제출되었으며, 통합초안 제91조 4항에 관한 것으로서 그 내용은 다음과 같다.

Article 91 (4)

(4) In the case of a request which can be executed without any compulsory measures, such as the interview of or taking of evidence from a person on a voluntary basis or the examination of a place or site which is accessible to the public, upon his or her request, the Prosecutor and other authorities within his or her office may conduct any such examination, interview or the taking of evidence, and may do so outside the presence of national authorities if that is essential for the request to be successfully executed.

제16절 비 용(costs)

로마규정 제100조 1항은 피요청국의 영역에서 요청을 이행하기 위한 일 상적 비용(ordinary costs)을 피요청국이 부담하도록 하고 있다. 다만 다음과 같은 비용은 ICC가 부담하도록 한다.

가. 증인 및 감정인의 여행 및 안전, 또는 구금중인 자의 제93조에 따른 이송과 관련된 비용
나. 번역비, 통역비 및 복사비
다. 재판관, 소추관, 부소추관, 사무국장, 사무차장 및 재판소의 다른 기관 직원의 여비와 수당
라. 재판소가 요청한 감정인의 견해나 보고서의 비용
마. 구금국이 재판소로 인도하는 자의 이송 관련 비용
바. 협의에 따라, 요청의 이행으로부터 발생할 수 있는 특별비용

제100조 2항은 ICC가 당사국에 대해 협력하는 경우에 1항의 규정이 적 용되며, 그 경우 ICC가 일상적인 이행비용을 부담한다고 하고 있다. 제100 조의 비용부담 내용은 형사사법공조에 관한 UN 표준협약 제19조와 비교할 때 국제관행에 부합하는 것으로 보인다.[33]

---

33) 제19조는 다음과 같다.
The ordinary costs of executing a request shall be borne by the requested State, unless otherwise determined by the Parties. If expenses of a substantial or extraordinary nature are or will be required to execute the request, the Parties shall consult in advance to determine the terms and conditions under which the request shall be executed as well as the manner in which the costs shall be borne.
또한 제19조의 각주는 다음과 같이 설명한다.
"More detailed provisions may be included, for example, the requested State would meet the ordinary cost of fulfilling the request for assistance except that the requesting State would bear (a) the exceptional or extraordinary expenses required to fulfill the request, where required by the requested State and subject to previous consultations; (b) the expenses associated with conveying any person to or from the territory of the requested State, and any fees, allowances or expenses payable to that person while in the requesting State pursuant to a request under article 11, 13 or 14; (c) the expenses associated with conveying custodial or escorting officers; and (d) the expenses involved in obtaining reports of exports."

제17절 특정성의 원칙(Rules of Speciality)

I. 특정성의 원칙의 완화

로마규정 제101조는 다음과 같이 특정성의 원칙을 규정하고 있다.

1. 이 규정에 따라 재판소에 인도된 자는 인도되게 된 범죄의 기초를 이루는 행위 또는 행위의 과정이 아닌, 인도 전에 범한 행위에 대하여 절차가 취해지거나 처벌 또는 구금되지 아니한다.
2. 재판소는 재판소에 인도를 행한 국가에 대해 제1항의 요건을 포기하도록 요청할 수 있으며, 필요한 경우 제91조에 따라 추가 정보를 제공할 수 있다. 당사국은 위 요건에 관하여 재판소에 포기할 권한을 가지며, 그렇게 하도록 노력한다.

특정성의 원칙은 인도된 범죄인 또는 피의자는 인도청구의 대상이 된 범죄행위에 한하여 소추되며 처벌된다는 원칙이다.[34] 이 원칙은 피의자의 인권보호라는 측면과 범죄인 인도국과 인도청구국간의 계약적인 측면을 모두 가지고 있다. 이 원칙을 엄격히 해석하는 입장에서는 범죄인은 그가 인도청구된 범죄(offense)에 대해서만 처벌을 받는다는 의미로서 인도청구서에 기재된 범죄의 명칭이 중요한 역할을 하게 된다. 그런데, ICC에 대해 범인을 인도하는 경우, 재판소의 관할대상범죄가 특정한 행위에 대해 중복하여 성립하는 가능성이 존재한다. 예를 들어, 피고인이 다수인을 살해했을 때 그는 인도에 반한 죄를 범한 것이 될 수도 있고, 일정한 조건이 충족되면 집단살해죄를 범한 것이 될 수도 있다. 이때 만일 ICC가 인도에 반한 죄로 범죄인을 인도청구하여 신병을 확보한 후 집단살해죄의 성립을 추가적으로 인정하여 처벌하려고 할 경우, 특정성의 원칙을 적용하면 ICC는 인도에 반한 죄로써만 범죄인을 처벌할 수 있고 집단살해죄로서는 처벌할 수 없는 결과가 발생할 것이다. 따라서 로마회의시 대표단들은 ICC로의 인도에도 특정성의 원칙을 적용해야 하는지에 관해 많은 논의를 하였다. 미국, 일본

---

34) 이한기, 국제법강의, p. 456.

등은 특정성의 원칙이 범죄인 인도조약상 잘 확립된 원칙이므로 ICC로의 인도에도 적용되어야 한다고 주장하였고, 스웨덴, 스위스 등은 특정성의 원칙이 적용되어서는 않된다고 주장하였다. 논의결과 타협안이 도출되어 특정성의 원칙을 인정하되, ICC로의 인도에 적용되는 특정성의 원칙은 "죄명(name of offenses)"을 기준으로 할 것이 아니라 "범죄의 기초를 이루는 행위 또는 행위의 과정(the conduct or course of conduct which forms the basis of the crimes)"을 기준으로 사용하기로 하였다. 이는, 예를 들어 범죄인이 인도에 반한 죄로 인도청구되어 ICC로 인도된 후 인도에 반한 죄의 기초를 이루는 동일한 행위가 집단살해죄도 구성한다면 ICC가 집단살해죄로 처벌할 수 있다는 것을 의미한다. 따라서 로마규정 제101조 1항은 기존의 국가간 범죄인 인도조약에서 인정되고 있는 특정성의 원칙을 완화한 형태의 특정성 원칙을 규정하고 있다고 할 수 있다.

II. 특정성의 원칙의 포기(waiver)

로마규정 제101조 2항은 ICC가 ICC로 범죄인을 인도한 국가에 대해 특정성의 원칙을 지킬 것을 요구하는 것을 포기(waiver)하도록 요청할 수 있게 하였다. 그리고 필요하면 ICC가 추가정보를 제공함으로써 특정성의 원칙준수가 불합리한 결과, 예를 들어 범죄인의 불법상태를 초래할 수 있음을 관련국가에 설명할 수도 있을 것이다. 특히 규정당사국은 ICC의 포기요청을 따르도록 노력해야 한다고 동항은 규정한다.

앞서 설명하였듯이 특정성의 원칙은 범죄인의 인권보호의 측면과 관련 국가간의 계약적인 측면을 모두 가지고 있기 때문에 범죄인 인도를 한 국가가 특정성의 원칙준수 요구를 포기할 수 있을 것으로 판단된다. 특히 특정성의 원칙은 국제법상 국가간의 원칙이지 개인이 주장할 수 있는 권리를 내용으로 하지 않기 때문에, 국가가 특정성 원칙의 준수요구를 포기했다고 해서 범죄인 개인이 이에 대해 항변할 수는 없을 것이다.[35]

---

35) 백충현, 국제법상의 범죄인인도제도, p. 101 (서울대학교 박사학위논문 1976).

제 8 장

침략범죄와 관련된
국제형사재판소 규정의 개정

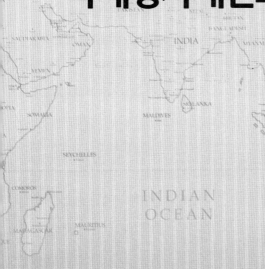

제 8 장   침략범죄와 관련된 국제형사재판소 규정의 개정

Ⅰ. 서 론

국제형사재판소 당사국총회의 침략범죄에 관한 특별워킹그룹(The Special Working Group on the Crime of Aggression of the Assembly of States Parties to the Rome Statute of the International Criminal Court, 이하 침략범죄의 특별워킹그룹으로 약칭함)은 2009년 2월 13일 침략범죄의 정의와 관할권행사 요건을 정하는 조항의 초안을 채택하였다.[1] 이 초안은 1998년 로마회의[2] 이후 2009년 특별워킹그룹까지 10여 년간의 논의 결과를 정리한 의의가 있다. 그리고 이 초안은 2010년 예정된 로마규정의 재검토회의(Review Conference)에서 토의된 후 필요한 수정을 거쳐 채택이 되었다.

한편 로마회의부터 설립준비위원회(The Preparatory Commisison)를 거쳐 당사국총회(Assembly of Sates Parties)의 특별워킹그룹(SWGCA)에 이르기까지의 주요 쟁점을 살펴보는 것은 2009년 2월의 초안을 이해하고 침략범죄에 관한 논의를 전반적으로 이해하는데 필요하다고 생각된다.

다음에서는 로마회의와 그 이후의 설립준비위원회 그리고 당사국총회에서 침략범죄와 관련한 주요 쟁점을 살펴보고, 2009년 초안의 내용과 2010년 캄팔라에서 채택된 침략범죄의 개정 조항을 검토하여 보고자 한다.

---

1) Report of the Special Working Group on the Crime of Aggression, ICC-ASP/7/SWGCA/2 (20 February 2009) Annex I.
2) The United Nations Diplomatic Conference of Plenipotentiaries on the Establishment of an International Criminal Court, 로마회의는 1998년 6월 15일부터 7월 17일까지 이태리 로마의 UN 식량농업기구의 본부에서 개최되었다. 로마회의는 1998년 7월 17일 국제형사재판소규정 (로마규정)과 회의의 최종의정서 (Final Act of the Conference)를 채택하였다.

II. 로마회의에서의 침략범죄 논의

로마회의에서는 침략범죄에 관해 세 가지 주요쟁점이 있었다. 첫째는 침략범죄를 ICC 관할대상범죄로서 로마규정에 포함시킬 것인지 여부, 둘째, 침략범죄의 정의방식과 셋째, 침략범죄와 관련한 UN 안보리의 역할에 관한 쟁점이 로마회의 대표단 간에 논의되었다.3)

1. 침략범죄의 포함여부

로마회의에서는 침략범죄를 ICC의 관할범죄로 포함시킬 것인지에 대해 의견이 대립하였다.4) 독일, 한국, 러시아 등 다수 국가는 침략범죄를 ICC의 관할범죄로 포함시키자는 의견을 나타내었다. 이 국가들은 침략범죄는 가장 중대한 범죄이며, 인도에 반한 죄와 전쟁범죄의 모태가 되는 범죄(mother crime)이기 때문에 ICC가 관할범죄로서 처벌하여야 한다고 주장하였다.5) 그러나 미국, 인도, 이스라엘 등은 침략범죄를 ICC의 관할범죄로 포함시키는 것에 반대하였다. 미국은 침략범죄의 정의가 불분명하며, 침략의 정의(definition of aggression)를 규정하고 있는 UN총회 결의 3314호6)는 개인의 형사책임을 추구하기 위한 것이 아니라고 하면서, 침략범죄의 정의가 없이는 침략범죄를 ICC의 관할범죄로 포함시키는 것에 반대한다고 하였다.7)

이러한 의견대립의 결과 그에 대한 타협안으로서 로마규정 제5조는 다음과 같이 침략범죄를 ICC의 관할범죄로 포함시키되, ICC는 침략범죄의 정의와 관할권 행사 조건을 정하는 조항이 채택된 후에 침략범죄에 대한 관할권을 행사하도록 하였다 :

---

3) Young Sok Kim, The Law of the International Criminal Court 34 (William S. Hein & Co., Inc., 2007)

4) Id.

5) Id.

6) U.N.G.A. Res. 3314 (XXIV), UN Doc. A/9631 (1975), reprinted in 13 I.L.M. 710 (1974).

7) Young Sok Kim, supra note 3, at 34.

제5조

재판소의 관할범죄

재판소의 관할권은 국제공동체 전체의 관심사인 가장 중대한 범죄에 한정된다. 재판소는 이 규정에 따라 다음의 범죄에 대하여 관할권을 가진다.

집단살해죄
인도에 반한 죄
전쟁범죄
침략범죄

2. 제121조 및 제123조에 따라 침략범죄를 정의하고 재판소의 관할권 행사 조건을 정하는 조항이 채택된 후, 재판소는 침략범죄에 대한 관할권을 행사한다. 그러한 조항은 국제연합헌장의 관련 규정과 부합되어야 한다.

또한 로마회의 최종의정서(Final Act)8)는 설립준비위원회가 침략범죄에 관한 정의와 ICC의 침략범죄에 관한 관할권 행사의 요건을 규정한 제안을 준비하도록 하는 임무를 부여하였다.9) 이에 따라, 설립준비위원회는 침략범죄의 정의와 관할권 행사 조건을 정하는 조항의 채택을 위해 노력하게 되었다. 침략범죄의 정의에 관한 조항이 없이는 ICC는 침략범죄에 대해 관할권을 행사할 수 없다.

2. 침략범죄의 정의(Definition of Crime of Aggression)에 관한 대립

침략범죄의 정의와 관련하여서는 두 가지 대립되는 주장이 로마회의시에 제기되었다. 그 하나는 침략범죄의 정의를 1974년 침략에 관한 UN총회 결의에 열거된 침략의 정의를 그대로 사용하자는 "열거적(enumerative)" 정의를 선호하는 아랍국가들의 주장이며,10) 또 다른 하나는 독일을 중심으로

---

8) The Final Act of the UN Diplomatic Conference of Plenipotentiaries on the Establishment of an International Criminal Court, UN Doc. A/CONF.183/10 (1998).

9) 최종의정서, 결의 F, 제7항은 다음과 같이 규정하고 있다. 7. The Commission shall prepare proposals for a provision on aggression, including the definition and Elements of Crimes of aggression and the conditions under which the International Criminal Court shall exercise its jurisdiction with regard to this crime. The Commission shall submit such proposals to the Assembly of States Parties at a Review Conference, with a view to arriving at an acceptable provision on the crime of aggression for inclusion in this Statute. The provisions relating to the crime of aggression shall enter into force for the States Parties in accordance wit the relevant provisions of this Statute.

10) United Nations Diplomatic Conference of Plenipotentiaries on the Establishment of an International Criminal Court, Report of the Preparatory Committee on the Establishment of an International Criminal Court, UN Doc. A/CONF.183/2/Add.1 (14 April 1998) (이 문서에는 Draft Statute for the

하는 다수 서방국가들이 선호하는 "일반적(generic)"정의 방식으로서 침략범죄로 인한 사소한 법률분쟁 가능성을 예방하기 위해 명백한 경우만을 포함하도록 일반적인 정의규정을 마련하자는 주장이었다.[11] 열거적 정의방식을

---

international criminal court 와 Draft Final Act of the United Nations Diplomatic Conference of the Plenipotentiaries on the Establishment of an international criminal court 가 수록되어 있지만 이하 통합초안 또는 Draft Statute 라고 약칭함) pp. 13-14.   열거적 정의 방식을 찬성하는 국가들은 다음과 같은 통합초안에 있는 침략범죄의 option 2를 지지하였다.

 Option 2

1. [For the purposes of this Statute, the crime of aggression is committed by a person who is in a position of exercising control or capable of directing political/military actions in his State, against another State, in contravention to the Charter of the United Nations, by resorting to armed force, to threaten or violate the sovereignty, territorial integrity or political independence of that State.]

2. [Acts constituting [aggression] [armed attack] include the following:]7

[Provided that the acts concerned or their consequences are of sufficient

gravity, acts constituting aggression [are] [include] the following:]

(a) the invasion or attack by the armed forces of a State of the territory

of another State, or any military occupation, however temporary, resulting from such invasion or attack, or any annexation by the use of force of the territory of another State or part thereof;

(b) bombardment by the armed forces of a State against the territory of

another State [, or the use of any weapons by a State against the territory of another State];

(c) the blockade of the ports or coasts of a State by the armed forces of

another State;

(d) an attack by the armed forces of a State on the land, sea or air

forces, or marine and air fleets of another State;

(e) the use of armed forces of one State which are within the territory of

another State with the agreement of the receiving State in contravention of the conditions provided for in the agreement, or any extension of their presence in such territory beyond their termination of the agreement;

(f) the action of a State in allowing its territory, which it has placed

at the disposal of another State, to be used by that other State for

perpetrating an act of aggression against a third State;

(g) the sending by or on behalf of a State of armed bands, groups,

irregulars or mercenaries, which carry out acts of armed force against another State of such gravity as to amount to the acts listed above, or its substantial involvement therein.]

11) 일반적 정의를 선호하는 국가들은 다음과 같은 통합초안의 침략범죄 option 3을 지지하였다.

 Option 3

[1. For the purpose of the present Statute [and subject to a determination by the Security Council referred to in article 10, paragraph 2, regarding the act of a State], the crime of aggression means either of the following acts committed by an individual who is in a position of exercising control or capable of directing the political or military action of a State:

(a) initiating, or

(b) carrying out

an armed attack directed by a State against the territorial integrity or

political independence of another State when this armed attack was undertaken in [manifest] contravention of the Charter of the United Nations [with the object or result of establishing a [military] occupation of, or annexing, the territory of such other State or part thereof by armed forces of the attacking State.]

주장하는 국가들은 UN총회결의 3314호가 잘 정의되어 있고 국가들의 법적 확신을 반영하고 있다고 주장하였다.12) 이에 반해 일반적 정의방식을 주장하는 국가들은 결의 3314호에 열거된 모든 행위가 형사적 처벌을 받아야 하는 행위인지에 대해 의문이 있다고 주장하였다.13) 이들은 침략범죄의 정의는 통합초안의 option 3에 있는 것처럼 법적으로 명확하여야 한다고 하였다. 결국 로마회의에서는 이 문제에 대한 합의를 이룰 수 없었기 때문에 이 문제는 설립준비위원회와 당사국총회의 특별워킹그룹에서 계속 논의되게 되었다.

3. 침략범죄에 대한 ICC의 관할권 행사 요건(Conditions of Jurisdiction over Crime of Aggression by the ICC)에 관한 대립

로마회의에서는 UN 안전보장이사회의 역할에 대해서도 국가들은 안보리의 침략행위(act of aggression) 결정이 있어야만 침략범죄(crime of aggression)의 처벌이 가능하다는 안보리 상임이사국 등의 주장과 이러한 안보리의 사전결정이 불필요하다는 다수국가들의 주장이 대립되었다.14)

이 문제는 침략행위의 결정에 관한 안보리의 1차적 역할을 존중하여야 한다는 입장과 침략범죄에 대한 ICC의 독자적인 판단권한을 인정하여야 한다는 입장이 대립하는 것과 관련이 된다. 전자의 입장에서는 UN헌장 제39조에 의해 침략행위의 결정은 안보리의 우선적인 권한이라고 주장한다. 즉, 이 입장에서는 안보리가 침략행위가 존재한다고 결정한 이후에만 ICC가 침략범죄를 처벌하기위한 절차를 진행시킬 수 있다고 주장한다.

이에 비해 ICC의 독자적인 판단권한을 인정하여야 한다는 입장에서는

---

2. Where an attack under paragraph 1 has been committed, the

  (a) planning,

  (b) preparing, or

  (c) ordering

thereof by an individual who is in a position of exercising control or capable of directing the political or military action of a State shall also constitute a crime of aggression.]

12) Young Sok Kim, supra note 3, at 37.

13) Id. at 36.

14) Id. at 38.

ICC는 UN의 기관이 아니며 독자적인 재판소로서 침략범죄에 대한 개인의
형사책임을 결정할 수 있어야 한다고 주장하였다.

   궁극적으로 로마규정 제5조 2항의 후단은 "그러한 조항은 국제연합헌
장의 관련 규정과 부합하여야 한다"고 규정하게 되었다. 이는 로마규정의
침략범죄조항이 UN헌장상 안보리의 침략행위 결정 권한을 침해할 수 있다
는 UN안전보장이사회의 상임이사국들의 우려를 반영한 것이다.[15]

Ⅲ. 설립준비위원회(The Preparatory Commission)에서의 침략범 죄 논의

   제1장 제4절 Ⅰ. 참조.

   1999년부터 2002년까지 10차에 걸쳐 개최되었던 준비위원회에서 침략범
죄에 관한 규정의 초안은 위의 두 가지 주요쟁점에 대한 국가들간의 이견
으로 채택되지 못하였다. 준비위원회의 침략범죄에 관한 워킹그룹의 마지
막 조정자(Coordinator)는 그동안의 논의 결과를 정리한 토의문서(Discussion
Paper)[16]를 당사국총회에 제출하고, 당사국총회가 침략범죄에 관한 새로운
워킹그룹을 구성할 것을 제안하였다. 제1차 당사국총회는 침략범죄에 관한
특별워킹그룹을 설립하고 침략범죄에 대한 논의를 계속하도록 하였다.[17]

---

15) Mahnoush H. Arsanjani, The Rome Statute of the International Criminal Court, 93 AJIL 22, 30 (1999).

16) Discussion paper proposed by the Coordinator: Consolidated texts of proposals on the crime of aggression, UN Doc. PCNICC/2002/WGCA/RT.1/Rev.2 (2002).

17) Continuity of work in respect of the crime of aggression, Resolution ICC-ASP/1/Res.1 (2002). 2002 년 9월 9일 채택.

Ⅳ. 침략범죄에 관한 특별워킹그룹(Special Working Group on the Crime of Aggression, SWGCA)에서의 논의

1. 특별워킹그룹의 활동과 최종보고서 채택

특별워킹그룹은 앞에서 언급한 2002년 준비위원회 워킹그룹 조정자의 토의문서를 기초로 논의를 시작하였다.[18] 2002년 이후 특별워킹그룹은 당사국총회 기간 동안 일정한 시간을 얻어 회의를 계속하였고, 미국 프린스턴 대학의 리히텐쉬타인 연구소(The Liechtenstein Institute on Self-Determination at the Woodrow Wilson School, Princeton University)에서 비공식회의를 여러 차례 개최하였다. 이 워킹그룹의 의장은 크리스찬 베나베제(Christian Wenaweser) UN 주재 리히텐쉬타인 대사가 맡았다.

특별워킹그룹은 침략범죄를 논의하면서 기존의 두 가지 주요 쟁점, 즉 침략범죄의 정의방식과 안전보장이사회의 역할이라는 쟁점 이외에 추가적으로 침략범죄와 관련한 개인의 행위를 어떻게 정의할 것인가의 문제와 "지도자 조항(leadership clause)" 등을 추가적으로 논의하였다. 이러한 쟁점을 반영한 것이 2006년 프린스턴 비공식회의의 의장보고서에 반영되었는데, 이 보고서에 의하면 침략범죄에 대한 논의는 다섯 가지 의제로 진행되었다. 이 의제들은 (1) 침략"범죄"-개인의 행위 정의 (2) 관할권행사의 조건 (3) 침략"행위"-국가의 행위 정의 (4) 다른 실질문제 (5)특별워킹그룹의 향후 작업이었다.[19]

마침내, 2009년 2월 9일에서 13일까지 뉴욕의 UN본부 회의실에서 특별워킹그룹은 마지막 회의를 개최하고 "침략범죄에 관한 특별워킹그룹의 보

---

18) Roger Clark, The Crime of Aggression and the International Criminal Court, in The Legal Regime of the International Criminal Court: Essays in Honor of Professor Igor Pavlovich Blishchenko (Jose Doria, Hans-Peter Gaser & M. Cherif Bassiouni eds., 2006).

19) Draft Report of Informal Inter-sessional Meeting of the Special Working Group on the Crime of Aggression, held at the Liechtenstein Institute on Self-Determination, Woodrow Wilson School, Princeton University, United States, from 8 to 11 June 2006 (11 June 2006).

고서(Report of the Special Working Group on the Crime of Aggression)"를 채택하였
다.20) 이 보고서에서 특별워킹그룹은 첨부한 부록 1(Annex 1)과 같이 침략
범죄에 관한 조항의 초안을 작성하고 당사국총회와 재검토회의(review
conference)에서 이 초안을 추가적으로 검토하도록 제출하였다. 이렇게 채택
된 침략범죄에 관한 조항초안("2009년 초안"으로 약칭함)은 그 동안의 침략범
죄에 관한 논의를 종합적으로 정리한 문서로서의 의의를 가진다. 다음에서
는 2009년 초안의 주요 내용을 간략히 검토하고자 한다.

2. 침략범죄에 관한 조항의 2009년 초안의 주요 내용 검토

(1) 침략범죄의 정의
1) 개인의 행위 정의와 지도자 조항

2009년 초안은 침략범죄의 정의로서 로마규정에 제8조 bis를 신설하여
규정하도록 제안하고 있다. 제8조 1항은 침략범죄를 범한 개인의 행위를
규정하고 있다. 이 조항을 비공식 번역하면 "1. 이 규정의 목적상, "침략범
죄"는 한 국가의 정치적 또는 군사적 행동을 실효적으로 통제하거나 지시
할 수 있는 지위에 있는 사람이 침략행위를 계획, 준비, 개시 또는 실행하
는 것을 의미하며, 그 침략행위는 그 성질, 중대함과 규모에 의하여 UN헌
장의 명백한 위반을 구성하는 것이다."로서 침략범죄를 범하는 개인의 행
위를 정의하고 있다.

또한, 그 개인은 한 국가의 지도자의 지위에 있는 사람임을 규정하고
있다. 아울러 2009년 초안은 로마규정에 제25조 3항 bis 로서 "침략범죄에
관하여는, 이 조의 조항들이 오직 한 국가의 정치적 또는 군사적 행동을
실효적으로 통제하거나 지시할 수 있는 지위에 있는 사람에게만 적용된다"
고 규정하여 침략범죄관련 조항은 한 국가의 지도자적 지위에 있는 사람에
게만 적용된다는 점을 명확히 하고 있다. 이 조항은 "지도자 조항(leadership
clause)"이라고 회의 중에 지칭되었다. 이 지도자 조항에 대해서는 국가들

---

20) Report of the Special Working Group on the Crime of Aggression, ICC-ASP/7/SWGCA/2 (20
February 2009). (이하 2009년 특별워킹그룹보고서 라고 함)

간에 매우 강한 컨센서스가 이루어졌다.[21] 그러나 이 지도자 조항이 정치
적, 군사적 지도자만이 포함하는지 아니면 정치적, 군사적 지도자는 아니지
만 침략행위에 참여한 산업적 지도자(industrialist)도 포함되어야 한다는 주장
이 제기되었고 이 주장에 대한 명시적인 반대는 회의 중에 제기되지 않았
다.[22] 한편, 뉘른베르그와 동경재판의 선례를 따르기 위해서는 교섭과정의
문서들(traveaux préparatoires)에 교섭자들이 산업적 지도자도 지도자에 포함됨
을 의도하였다는 것을 명확히 하자는 의견도 제기되었다.[23] 예를 들어 파
벤(Farben)[24] 사건에서 통제위원회법 제10호(Control Council Law No. 10)에 의
해 설립된 재판소는 파벤 사건의 피고였던 파벤회사의 24명의 이사들을 궁
극적으로 석방하였지만, 산업적 지도자가 침략범죄로서 처벌될 수 있음을
명확히 하였다.[25]

2) 침략행위의 정의방식

로마회의와 준비위원회에서 해결되지 못하였던 주요 쟁점인 침략범죄의
정의방식과 관련하여 제8조 bis 의 2항은 열거적 정의방식과 일반적 정의방
식을 결합하는 방식으로 이 문제를 해결하였다. 즉, 동 조 2항의 첫 문장은
일반적인 정의규정을 두고 두 번째 문장은 UN총회 결의 3314호의 제3조를
그대로 규정한 것이다. 제8조 bis도 국가들의 강력한 지지를 받았다.[26]

제8조 bis 2항을 비공식 번역하면 다음과 같다.

제1항의 목적상, "침략행위"는 한 국가가 다른 국가의 주권, 영토적 존엄 또는 정치적 독립
성에 반하여 무력을 사용하거나, 또는 UN헌장에 위반되는 기타의 방식으로 무력을 사용하
는 것을 의미한다. 다음의 행위는, 선전포고의 유무와 관계없이, 1974년 12월 14일의 UN총
회결의 3314(XXIX)에 의하여 침략행위가 될 수 있다:

---

21) Claus Kress, The Crime of Aggression before the First Review of the ICC Statute, Leiden Journal of
    International Law vol. 20 (2007). p. 855.
22) 2009년 특별워킹그룹보고서 제25항, ICC-ASP/7/SWGCA/2 (2009).
23) Claus Kress, supra note 21, at 855. 또한, 산업적 지도자도 포함되어야 한다는 주장을 잘 나타
    낸 논문으로서 K. J. Heller, Retreat from Nuremberg: The Leadership Requirement in the Crime of
    Aggression, 18 European Journal of International Law 477 (2007) 참조.
24) United States of America v. Carl Krauch et al. (the I.G. Farben case), United Nations, Historical
    Review of the Developments relating to Aggression (2003) 참조.
25) K. J. Heller, supra note 23, at 483.
26) 2009년 특별워킹그룹보고서 제13항.

(가) 한 국가의 타국 영토에 대한 무력침입(invasion) 또는 공격 (attack), 또는 아무리 일
시적이라도 그러한 침입이나 공격에 의한 군사점령, 또는 무력행사에 의한 타국영토나
그 영토 일부의 합병;

(나) 한 국가에 의한 타국의 영토에 대한 폭격(bombardment) 또는 한 국가의 타국 영토에
대한 어떠한 무기의 사용;

(다) 한 국가의 항구나 연안에 대한 타국의 무력 봉쇄;

(라) 타국의 육군, 해군, 공군 또는 함대와 항공대에 대해 한 국가의 군대가 공격하는 행위

(마) 한 국가가 접수국과의 협정으로 타국의 영토에 있는 자국군대를 협정에 규정된 조건을
위반하여 사용하거나 그 협정의 종료 이후에도 그 영토에 계속 잔류하는 행위

(바) 한 국가가 타국이 제3국에 대한 침략행위를 범하도록 자국의 영토를 이용하는 것을 방
임하는 행위

(사) 한 국가가 위에서 열거된 행위와 유사하게 중대한 무력사용행위를 타국에 대해 수행하
도록 무장집단, 단체, 비정규병력, 용병을 보내는 행위

필자의 생각으로는 제8조bis 2항은 상당히 폭넓게 국가의 침략행위를 규
정하고 있다. 더구나, 동 조 1항과 함께 본다면 이렇게 넓은 범위의 침략행
위를 기초로 개인의 침략범죄에 대한 형사책임을 추구할 가능성이 상당히
넓게 확보되어 있다고 보인다. 예를 들어 카세세(Cassese)교수는 타국 영토에
대한 산발적이거나 대규모가 아닌 무력사용을 통해 UN헌장 제2조 4항을
위반한 것은 국제적인 불법행위(international wrongful act)로서 국가책임(state
responsibility)을 부담하게 할 수 있지만, 국제범죄(international crime)는 아니라고
하였다.[27] 그러나 현재의 제8조 bis 2항 (나)와 동 조 1항에 의하면 이러한
행위를 범한 지도자가 침략범죄로서 처벌될 가능성이 있다고 볼 수 있다.
따라서 현재의 제8조bis 는 침략범죄의 정의를 상당히 넓게 규정하고 있다
고 판단된다.

(2) 관할권행사의 조건

ICC의 침략범죄에 대한 관할권행사의 조건으로서 특별워킹그룹은 제15
조 bis 를 규정할 것을 제안하였다. 제15조 bis는 안전보장이사회의 역할과
관련이 된다. 특히 동 조 4항은 안전보장이사회가 침략행위가 발생하였다

---

27) Antonio Cassese, On Some Problematical Aspects of the Crime of Aggression, Leiden Journal of
International Law, 20 (2007) p. 845.

는 결정을 하지 않은 경우에 두 가지 대안(Alternative)을 제시하고 있다.

대안1의 옵션 1은 안보리의 그러한 결정이 없을 때, ICC의 소추관은 침략범죄에 대한 수사를 진행할 수 없다고 규정한다. 이는 안보리 상임이사국의 지지를 받는 입장이다. 대안 1의 옵션 2는 안보리의 침략행위의 존재에 대한 결정이 없었지만, 안보리가 헌장 제7장상의 결의로 ICC의 소추관에게 침략범죄에 대한 수사를 진행하도록 요청하는 경우에는 ICC가 침략범죄에 대해 관할권을 행사할 수 있도록 하였다. 이는 소위 "녹색등(green light)" 옵션으로서 안보리가 침략행위의 존재여부를 결정하지 않고, ICC에게 침략범죄에 대한 관할권을 행사하도록 명시적으로 승인한 경우를 상정한 것이다.28)

대안 2의 옵션 1은 안보리가 침략행위의 존재를 통보 후 6개월 이내에 결정하지 않을 때 ICC가 침략범죄에 대해 관할권을 행사할 수 있도록 하고 있다. 이는 ICC의 침략범죄에 대한 독자적인 재판권을 인정하는 것으로서 우리나라를 비롯한 다수 국가들이 지지하는 방안이다. 대안 2의 옵션 2는 안보리가 6개월 이내에 침략행위의 존재를 결정하지 못할 때 ICC의 전심재판부가 침략범죄에 대한 수사를 승인하면 ICC 가 침략범죄에 대한 관할권을 행사할 수 있도록 한 방안이다. 대안 2의 옵션 3은 UN총회가 침략행위의 존재를 결정하면 ICC가 침략범죄에 대한 관할권을 행사할 수 있도록 한 것이다. 이는 UN총회가 "평화를 위한 단결결의"에 의해 특정국가가 침략을 범했는지 여부를 판단할 권한이 있음을 배경으로 한 것이다.29)

대안 2의 옵션 4는 국제사법재판소(ICJ)가 침략행위의 존재를 결정하면 ICC가 침략범죄에 대한 관할권을 행사할 수 있도록 한 방안이다. 이는 국제사법재판소가 특정국가가 침략을 범하였는지 여부를 판단할 권한이 있음

---

28) Discussion Paper on the crime of aggression proposed by the Chairman, p.4 n. 5, ICC-ASP/6/SWGCA/2 (14 May 2008). 또한, Report of the Special Working Group on the Crime of Aggression, 제35항부터 제38항, ICC-ASP/6/SWGCA/1 (13 December 2007) 참조.

29) *Legal consequences for States of the continued presence of South Africa in Namibia (South West Africa) notwithstanding Security Council Resolution 276 (1970)*, Order, 29 January 1971, 1971 ICJ Rep. 50. *in* Niels Blokker, *The Crime of Aggression and the United Nations Security Council*, Leiden Journal of International Law 20 (2007), p.879.

을 배경으로 한 것이다. 국제사법재판소가 UN의 주요 사법기관으로서 침략의 존재여부를 판단할 권한이 있다는 것은 오늘날 이견이 없다.[30]

제15조 bis의 제4항을 제외한 제1항부터 제3항과 제5항, 제6항에 대해서는 국가들이 대체로 수락하였다.[31] 그러나 제4항은 국가들이 합의를 이루지 못하였다.[32]

결국 관할권행사의 조건과 관련된 안보리의 역할의 문제는 2010년 우간다에서 개최되는 재검토회의에서 국가들의 정치적 결단과 타협에 의해 최종적으로 해결될 사안이었다. 다만, 독일 쾰른대학교의 크레스(Kress) 교수가 지적하였듯이 안보리상임이사국의 거부권에 따라 ICC가 침략범죄에 대해 재판을 할 수 없도록 하는 대안 1의 옵션 1은 법 앞의 평등이라는 국제형사법의 근본원칙에 위배되어 최소한의 정당성(legitimacy)도 갖지 못한 것으로서 배척되어야 할 방안이다.[33]

(3) 로마규정 제9조와 제20조의 일부 개정

침략범죄의 정의조항이 제8조bis 와 제15조 bis 등으로 추가됨에 따라서 로마규정 제9조(범죄구성요건)과 제20조(일사부재리의 원칙)의 일부 조항을 개정할 필요가 있다. 이를 반영한 것이 첨부한 부록의 제5항과 제6항에 제안되어 있다. 즉, 로마규정 제9조 1항은 "범죄구성요건은 재판소가 제6조, 제7조 및 제8조를 해석하고 적용하는 것을 보조한다…"고 규정하고 있는데, 침략범죄의 정의조항이 제8조의 2로서 로마규정에 추가되면 제9조 1항도 이에 따라 "범죄구성요건은 재판소가 제6조, 제7조, 제8조 및 제8조의 2를 해석하고 적용하는 것을 보조한다…"로 수정되어야 한다는 것이다. 또한, 로마규정 제20조 3항의 "제6조, 제7조 또는 제8조상의 금지된 행위"도 "제6조, 제7조, 제8조 또는 제8조의 2 상의 금지된 행위"로 개정되어야 한다는 의미이다.

---

30) Niels Blokker, supra note 29, at 879.
31) 2009년 특별워킹그룹보고서 제19항.
32) Id.
33) Claus Kress, supra note 21, at 862.

3. 침략범죄조항의 발효절차 관련 논의

(1) 논의의 중요성

특별워킹그룹의 논의과정에서 침략범죄조항이 로마규정의 개정으로서 어떠한 절차를 거쳐 발효되는 지에 대해 국가들 간에 이견이 제기되었다. 로마규정 제5조 2항은 "제121조 및 제123조에 따라 침략범죄를 정의하고 재판소의 관할권 행사 조건을 정하는 조항이 채택(adopt)된 후, 재판소는 침략범죄에 대한 관할권을 행사한다."라고 규정할 뿐 침략범죄조항이 어떠한 절차를 통해 발효하는지에 대해서는 명확히 하지 않고 있다.

이에 따라 국가들 간에는 크게 침략범죄조항의 발효절차와 관련하여 로마규정의 해석을 두고 의견이 대립하였으며, 이와 관련하여 크게 세 가지의 발효절차 방안이 나타났다.

(2) 로마규정 제121조 5항에 따른 발효절차를 선호하는 방안

첫 번째 방안은 로마규정 제121조 5항에 따라 침략범죄조항을 개정하자는 것이다. 동 조항은 "5. 이 규정의 제5조, 제6조, 제7조 및 제8조에 대한 어떠한 개정규정도 당사국이 비준서 또는 수락서를 기탁한 때로부터 1년 후에 그 개정규정을 수락한 당사국에 대하여 발효한다. 그 개정규정을 수락하지 아니한 당사국에 대하여 재판소는 그 개정에 포함되는 범죄가 그 국가의 국민에 의하여 또는 그 국가의 영역에서 행해진 경우 그러한 범죄에 대하여 관할권을 행사하지 아니한다."고 규정하고 있다.

즉, 이 방안은 침략범죄조항의 개정을 로마규정 제5조, 제6조, 제7조 및 제8조에 대한 개정으로 보고 제121조 5항의 개정절차가 적용되어야 한다는 것이다.[34] 이 방안에 의하면 침략범죄조항을 수락한 당사국들에 대해서만 침략범죄조항이 효력을 갖게 된다.[35] 따라서 로마규정의 당사국들에게 침

---

34) June 2008 Report of the Special Working Group, contained in: *Official Records of the Assembly of States Parties to the Rome Statute of the International Criminal Court, Resumed sixth session, New York, 2-6 June 2008*, ICC-ASP/6/20/Add.1, annex II, 제6항에서 14항까지 참조. (이하 2008년 6월 보고서라고 함)

35) Id.

략범죄에 대한 ICC의 관할권을 "선택수락(opt-in)"할 수 있도록 한다.36) 이 방안은 국가들에게 침략범죄에 대한 ICC의 관할권을 수락할 지 여부를 결정할 수 있도록 한다는 점에서 국가들의 주권을 더 존중하는 방안이라고 주장되었다.37)

그러나 이 방안은 침략범죄에 대한 ICC의 관할권을 로마규정의 당사국들이 선택 수락하는 것은 로마규정 제12조 1항의 자동적 관할권제도에 위반된다는 비판을 받고 있다.38) 필자는 특별워킹그룹에 참여하는 우리나라 대표단의 일원으로서 2008년 11월의 특별워킹그룹회의와 2009년 2월의 회의에서 이러한 취지의 발언을 한 바 있다. 즉, 로마규정 제5조 1항에 의해 침략범죄는 이미 ICC의 관할범죄로 규정되었고, 제12조 1항에 의해 로마규정의 당사국들 이미 침략범죄에 대한 ICC의 관할권을 이미 자동적으로 수락하였으므로, 로마규정 제121조 5항에 의해 침략범죄에 대한 ICC의 관할권을 선택적으로 수락한다는 것은 제12조 1항에 위반된다는 것이 우리나라의 견해였다.39) 벨기에, 그리스 등 많은 국가가 이러한 우리나라의 의견에

---

36) Id.

37) Id.

38) 2009년 특별워킹그룹보고서, 제9항, ICC-ASP/7/SWGCA/2 (2009)

39) 2008년 11월 18일 필자가 특별워킹그룹회의 시 우리나라를 대표하여 발언한 발언문은 다음과 같다.

Thank you. Mr. Chairman.

With respect to Article 121 paragraph 5, second sentence, my delegation thinks this sentence is not applicable for the crime of aggression. In the previous session, my delegation expressed view that Article 121 (4) should be applied in the procedure for entry into force of amendments on aggression. The reason is that under Art. 12 (1) of the Statute, a State Party accepts the jurisdiction of the Court with respect to the crime referred to in Art. 5 including the crime of aggression. A State Party has already accepted the ICC's jurisdiction over the crime of aggression under Art. 12 (1). Therefore, a State party cannot opt-out crime of aggression by not accepting the amendment on the crime of aggression. This will be inconsistent with Art. 12(1). This also, as we have seen in the table suggested by the Chairman, will give a "jurisdictional nightmare" to the ICC judges.

Concerning a Non-State Party that becomes party to the Rome Statute after the entry into force of an amendment on aggression, I think the state cannot choose to be bound by an amendment on aggression because of Art. 12, paragraph (1). Article 12(1) provides for automatic jurisdiction. Under Art 12(1), by becoming a party to the Statute, a State is considered as having accepted, and agreed to the exercise of the jurisdiction of the Court over the crime of aggression once and for all.

There is no opt-in procedure under Art. 12. Under Art. 12, a State may choose to become a State Party to the Statute and accept and agree to the exercise of the jurisdiction of the ICC over all the crimes including the crime of aggression under Art. 5. Otherwise, a state may choose to be a non-State party and accept the ICC's jurisdiction in ad hoc basis with respect to the crime of

동조하였다.

(3) 로마규정 제121조 4항에 따른 발효절차를 선호하는 방안

제121조 4항은 "제5항에 규정된 경우를 제외하고, 개정규정은 당사국의 8분의 7의 비준서 또는 수락서가 국제연합사무총장에게 기탁된 때로부터 1년 후에 모든 당사국에 대하여 발효한다."고 규정한다. 이 방안에 의하면 침략범죄조항은 로마규정 제5조부터 제8조까지의 개정이 아니므로 제121조 5항이 적용되지 않는다고 주장하면서, 제121조 4항이 적용되어야 한다는 입장이다. 즉, 침략범죄조항은 제8조 bis와 제15조 bis 등을 추가하는 개정이므로 로마규정 제5조부터 제8조까지의 개정이 아니라는 입장이다.[40] 제121조 4항이 적용되면, 침략범죄조항은 로마규정 당사국의 8분의 7이 비준 또는 수락하면 모든 당사국에게 적용된다.

이 방안은 제121조 5항을 적용할 때와 달리 침략범죄조항이 모든 당사국들에게 적용되도록 하고, 로마규정에도 위반되지 않는다는 장점이 있다.[41] 특히 제121조 5항을 적용하였을 때 나타나는 로마규정 제12조 1항의 위반문제도 발생하지 않는다.

그러나 이 방안의 단점은 로마규정 당사국의 8분의 7이 침략범죄조항을 수락 또는 비준하는 데 시간이 많이 소요된다는 점이다. 또한, 제121조 6항에 의해 침략범죄조항에 반대하는 당사국은 로마규정을 탈퇴할 수 있는 가능성도 남아있다는 것이 문제점으로 지적될 수 있다.[42]

---

aggression.

This leads to the next question, whether a provision would be useful that separate the acceptance of the substantive amendments on aggression from the acceptance of the court's jurisdiction. I think this provision will be inconsistent with Art. 12 (1). At the Rome Conference, delegations agreed that, for the ICC to be as effective as possible, state consent constituting the base of the jurisdiction of the Court should not be separated at the two different stages: acceptance and exercise of the Court's jurisdiction. That is the reason why Art. 12(1) was agreed at the Rome Conference. We should bear in mind the object and purpose of Art. 12.

Thank you. Mr. Chairman.

40) 2008년 6월보고서 제13항.

41) Id.

42) 2008년 6월보고서 제9항. 제121조 6항은 "6. 개정규정이 제4항에 따라 당사국의 8분의 7에 의하여 수락된 경우, 그 개정규정을 수락하지 아니한 어떠한 당사국도, 제127조 제1항에도 불구

(4) 로마규정 제121조 3항에 따른 발효절차를 선호하는 방안

제121조 3항은 "당사국총회의 회의 또는 검토회의에서 컨센서스에 도달할 수 없는 경우, 개정안의 채택(adoption)은 당사국의 3분의 2의 다수결을 요한다."고 규정하고 있다.   이 조항은 개정안의 채택을 규정하고 있는 조항이다. 이 방안에 의하면 로마규정 제5조 2항이 "침략범죄를 정의하고 재판소의 관할권 행사조건을 정하는 조항이 채택(adopt)된 후, 재판소는 침략범죄에 대한 관할권을 행사한다"고 규정하고 있기 때문에 침략범죄조항이 "채택"만 되면 ICC가 관할권을 행사할 수 있다는 것이다.43) 따라서 이 방안에 의할 때 침략범죄조항의 발효를 위해 국가들의 비준이나 수락이 필요 없다.44) 이 방안을 주장하는 국가들은 로마규정의 당사국들이 로마규정을 비준할 때 침략범죄에 대한 ICC의 미래의 관할권을 예측하고 이미 동의하였다는 견해를 취한다.45) 그러나 이러한 견해에 대해 강한 반대의사를 표시한 국가들도 있었다.46) 일부 국가들은 침략범죄에 대한 ICC의 관할권의 인정과 같이 중요한 문제를 자국의 비준 절차 없이 재검토회의에서의 채택만으로 결정하는 것에 대해 반대할 가능성도 크다.47)

이 방안은 로마규정 제5조 2항의 문언에 기초한 해석으로서 가장 효율적인 발효방안이라고 생각된다. 그러나 상당수 국가들이 이러한 해석을 강하게 반대하였고, 침략범죄조항의 채택 이후에 추가적인 조치가 더 필요하다고 주장하고 있는 점을 고려할 때 설득력이 다소 약하다는 생각이 든다.

하고, 그러나 제127조 제2항에 따를 것을 조건으로, 그러한 개정규정이 발효한 후 1년 이내의 통보에 의하여 이 규정에서 탈퇴할 수 있으며, 탈퇴는 바로 효력이 있다."고 규정하고 있다.

43) 2009년 특별워킹그룹보고서 제10항.

44) Id. 또한, Ellen S. Podgor & Roger Clark, Understanding International Criminal Law 162 n.37 (2nd. ed. LexisNexis)(2008) 참조.

45) 2009년 특별워킹그룹보고서 제10항. 필자의 관찰로는 영국 등이 반대의사를 표시하였다.

46) Id.

47) Oscar Solera, Defining the Crime of Aggression 439 (2007).

Ⅴ. 캄팔라 재검토 회의에서 채택된 침략범죄 관련 개정 조항

1. 침략범죄 관련 개정 조항

캄팔라 재검토 회의에서는 침략범죄와 관련한 ICC 규정의 개정 조항을 다음과 같이 채택하였다.48)

침략 범죄

재검토회의는

로마 규정의 제12조 제1항을 상기하고,

로마 규정의 제5조 제2항을 상기하며,

1998년 7월 17일 국제형사재판소 설립에 관한 UN전권대사외교회의에서 채택된 결의 F의 제7항을 상기하고,

침략 범죄에 관한 계속적 논의에 관한 추가 결의 ICC_ASP/1/Res.1을 상기하며, 침략 범죄의 규정에 관한 제안을 제출해 준 침략 범죄에 관한 특별워킹그룹에 감사를 표명하며,

당사국총회가 재검토회의에서의 고려를 위해 침략 범죄에 관한 조항을 제안한 결의 ICC-ASP/8/Res.6에 주시하며,

재판소의 침략범죄에 대한 관할권 개시를 가능한 빨리 하도록 결의하며,

1. 국제형사재판소의 로마규정(이하 '규정') 제5조 제2항에 따라 현 결의의 부록 I에 포함된 규정의 개정을 채택하기로 결정하며, 이 개정은 비준 또는 수락의 대상이 되며 제121조 제5항에 따라 발효한다; 또한 어떤 당사국도 비준 또는 수락에 앞서 제15조 bis에 언급된 선언을 할 수 있음을 유념한다;

2. 또한 이 결의의 부록 II에 포함된 범죄구성요건에 대한 개정을 채택하는 것을 결정한다;

3. 그리고 이 결의의 부록 III에 포함되어 있는 앞서 언급한 개정의 해석과 관련한 양해(Understanding)를 채택하도록 결정한다;

4. 또한 재판소가 관할권을 행사하기 시작한지 7년 후에 침략 범죄의 개정에

---

48) Resolution RC/RES.6.

대한 검토를 하도록 결정한다;

5. 모든 당사국이 부록 I에 포함된 개정을 비준 또는 수락할 것을 요청한다.

부록 I

1. 규정 제5조 2항을 삭제한다.
2. 다음 문언을 규정 제8조 다음에 추가한다.

제8조 bis

2009년 초안의 침략범죄 정의와 동일

3. 다음 문언을 규정 제15조 다음에 추가한다.

제15조 bis
침략 범죄에 대한 관할권의 행사 (국가 회부, 직권)

1. 재판소는 이 조의 규정의 전제하에 제13조 (a)와 (c)에 따라 침략 범죄에 대한 관할권을 행사한다.

2. 재판소는 30개의 당사국에 의해 개정안이 비준 혹은 수락된지 1년 이후에 발생한 침략 범죄에 관하여만 관할권을 행사할 수 있다.

3. 재판소는 이 규정의 개정안 채택을 위해 요구되는 당사국의 수와 같은 국가들이 2017년 1월 1일 이후에 채택하는 결정을 전제로, 이 조에 따라 침략 범죄에 대한 관할권을 행사한다.

4. 재판소는 당사국이 침략 범죄의 관할권을 승낙하지 않겠다는 것을 사전에 사무국장에게 선언하지 않는 한, 제12조에 따라 당사국이 행한 침략 행위로 인한 침략 범죄에 대해 관할권을 행사할 수 있다.

5. 이 규정의 당사국이 아닌 국가와 관련하여, 재판소는 그 국민이 행하였거나 그 국가의 영토에서 일어난 침략범죄에 대해서 관할권을 행사하지 아니한다.

6. 소추관이 침략범죄와 관련한 수사를 진행할만한 합리적인 근거가 있다는 결정을 내리는 경우에, 그는 관련국이 저지른 침략 행위에 관한 안전보장이사회의 결정이 있었는지의 여부를 먼저 확인하여야 한다. 소추관은 UN 사무총장에게 관련된 모든 정보와 서류를 포함하여 재판소에 회부된 상황에 대해 알려야 한다.

7. 안전보장이사회가 그러한 결정을 하게 되면 소추관은 침략 범죄와 관련하여

수사를 진행할 수 있다.

8. 통고한 날로부터 6개월 이내에 안전보장이사회의 결정이 없는 경우, 전심재판부(Pre-Trial Division)가 제15조에 의한 절차에 따라 침략행위와 관련한 수사의 개시를 허가하고, 안전보장이사회가 제16조에 따라 다른 결정을 하지 않는 경우에 한해 소추관은 침략범죄에 관한 수사를 계속할 수 있다.

9. 침략 행위에 대한 외부 기관의 결정은 이 규정하에서의 재판소의 결정에 영향을 주지 않는다.

10. 이 조는 제5조에 규정된 다른 범죄들에 관한 관할권 행사와 관련한 조항들에 영향을 주지 않는다.

4. 다음 문언을 규정 제15조bis 다음에 추가한다.

제15조 ter
침략범죄에 관한 관할권의 행사 (안전보장이사회의 회부)

1. 재판소는 이 조에 의거하여 제13조 (b)에 따라 침략 범죄에 대한 관할권을 행사한다.

2. 재판소는 30개의 당사국에 의해 개정안이 비준 또는 수락된 지 1년 이후에 발생한 침략 범죄에 관해서만 관할권을 행사할 수 있다.

3. 재판소는 이 규정의 개정안 채택을 위해 요구되는 당사국의 수와 같은 수의 국가들이 2017년 1월 1일 이후에 채택하는 결정을 전제로, 이 조에 따라 침략 범죄에 관한 관할권을 행사한다.

4. 침략 행위에 대한 외부 기관의 결정은 이 규정 하에서의 재판소의 결정에 영향을 주지 않는다.

5. 이 조는 제5조에 규정된 다른 범죄들에 관한 관할권 행사와 관련한 조항에 영향을 주지 않는다.

5. 다음에 언급되는 문구는 규정의 제25조 제3항 이하에 삽입된다.
   3 bis. 침략 범죄와 관련하여 이 조의 규정은 국가의 정치적 혹은 군사적인 행동을 지시하거나 실효적으로 통제할 수 있는 지위에 있는 사람에 대해서만 적용한다.

6. 규정의 제9조 제1항 1문은 다음의 문장으로 대체된다:

   1. 범죄구성요건은 제6조, 제7조, 제8조와 제8조 bis의 해석에 있어 재판소를 보조한다.

7. 규정 제20조 제3항의 총칙은 다음 문단으로 대체된다; 나머지 문단은 변하지 않는다:

   3. 제6조, 제7조, 제8조와 제8조 bis에서 금지하는 행위로 다른 재판소에서 재판을 받은 자는 같은 행위로 인해 국제형사재판소에서 재판 받지 아니한다.49)

부록 II
범죄구성요건 개정

서론

1. 제8조 bis 2항에서 언급된 어떠한 행위도 침략 행위를 구성할 수 있다고 이해된다.

2. 가해자가 무력사용이 UN헌장에 위배하는 것이었는지 여부에 대한 법적인 평가를 했다는 증명을 요구하지 않는다.

3. "명백한"이라는 용어는 객관적인 기준이다.

4. UN헌장 위반의 "명백한" 성격에 관하여 가해자가 법적인 평가를 하였는지에 대한 증명은 요구하지 아니한다.

요건

1. 가해자가 침략 행위를 계획, 준비, 개시 또는 실행하였다.

2. 가해자가 침략 범죄를 행한 국가의 정치적 또는 군사적인 행위를 지시하였거나 행위 통제권을 실효적으로 수행할 수 있는 지위에 있는 사람이었다.

3. 침략 행위 – 타국의 주권, 영토의 존엄성 또는 정치적 독립에 반하는 무력의 사용, 또는 UN헌장에 위배되는 다른 어떠한 형태의 무력사용 – 가 범하여졌다.

4. 가해자가 그러한 무력의 사용이 UN헌장에 위반된다는 것을 수립하는 사실

---

49) ICC-ASP/8/Res.6.

적 상황을 알고 있었다.

5. 그 침략행위가 그 성격, 중대성 또는 규모로 보아 UN헌장의 명백한 위반을 구성한다.

6. 가해자가 UN헌장의 명백한 위반이 있다는 것을 수립하는 사실적 상황을 알고 있었다.'50)

부록 III
침략범죄에 관한 국제형사재판소 로마규정 개정에 대한 양해

안전보장이사회에 의한 회부

재판소는 제15조ter 3항에 따른 결정과 개정에 대한 30개 당사국의 비준 또는 수락이후 1년 후 중 나중의 시점이후에 범하여진 침략범죄에 대해서만 규정 제13조 (b)항에 따른 안전보장이사회의 회부를 근거로 관할권을 행사할 수 있다고 이해된다.

재판소는 규정 제13조(b)에 따른 안전보장이사회의 회부를 근거로, 관련국가가 이에 관한 재판소의 관할권을 수락하였는지 여부에 관계없이 침략범죄에 대한 관할권을 행사할 수 있다고 이해된다.

시간적 관할권

3. 제13조 (a)항 또는 (c)의 경우, 재판소는 제15조ter 3항에 따른 결정과 개정에 대한 30개 당사국의 비준 또는 수락이후 1년 후 중 나중의 시점이후에 범하여진 침략범죄에 대해서만 관할권을 행사할 수 있다고 이해된다.

침략범죄에 관한 국내관할권

4. 침략행위와 침략범죄의 정의를 언급한 개정은 이 규정의 목적을 위해서만 언급하고 있는 것으로 이해된다. 개정은 로마규정 제10조에 따라 이 규정과 다른 목적을 위한 기존의 또는 발전중인 국제법 원칙을 결코 제한하거나 침해하는 것으로 해석되지 아니한다.

5. 개정은 다른 국가에 의해 범하여진 침략행위에 대해 국내적 관할권을 행사

---

50) ICC-ASP/8/Res.6.

할 권리나 의무를 창설하는 것으로 해석되어서는 안 된다고 이해된다.

다른 양해사항

6. 침략은 불법적인 무력사용의 가장 심각하고 위험한 형태이며; 또한 침략행위의 발생여부는 UN헌장에 따라 그 결과와 관련된 행위의 중대성을 포함하여 각각의 사건의 모든 상황을 종합하여 고려하여야 하는 것으로 이해된다.

7. 침략행위가 UN헌장의 명백한 위반을 구성하는지의 여부를 결정함에 있어, 그 성격, 중대성과 규모의 세 가지 구성요소가 "명백함"의 정의를 정당화하기에 충분하여야 한다고 이해된다. 어떠한 구성요소도 명백성의 기준을 그 하나만으로 충족시키기에 충분할 수는 없다.

2. 침략범죄의 정의 조항

재검토회의는 침략범죄의 정의 조항으로 2009년의 초안을 그대로 채택하여 ICC규정의 제8조bis를 신설하였다.

3. 범죄구성요건 초안에 관한 합의

2009년 침략범죄의 정의에 관한 합의가 이루어졌을 때, 호주와 사모아의 대표단이 주도적으로 새로운 범죄구성요건 초안을 준비하였다. 2009년 4월, 이 초안은 스위스의 몽트뢰에서 개최된 비공식 회의에서 심도 있는 논의의 주제가 되었다. 이 회의에서 도출된 범죄구성요건 초안과 그에 대한 자세한 설명은 2009년 여름 뉴욕의 프린스턴 클럽에서 열린 회기간 회의(inter-sessional meeting)에서 모든 대표단들에게 배부되었다. 이 회의에서 캄팔라에서 합의가 될 범죄구성요건 초안의 잠정적 합의가 이루어졌다.

이 범죄구성요건 초안은 캄팔라 재검토회의에서 변경 없이 채택이 되었고, 그 전문은 위에서 인용한 바 있다.

4. 관할권행사의 요건

침략범죄에 대한 ICC의 관할권 행사 요건으로서 이번 개정은 제15조 bis와 제15조 ter를 신설하였다. 제15조 bis는 ICC 당사국이나 ICC의 소추관이 직권으로 상황을 회부한 경우에 적용된다. 제15조 ter는 안전보장이사회가 상황을 회부한 경우에 적용된다. 제15조 bis와 제15조 ter 모두 30개 당사국 이상이 침략범죄 개정을 비준 또는 수락한 지 1년 이후에 발생하는 침략범죄에 대해서만 ICC가 관할권을 행사할 수 있도록 규정하고 있다.[51] 또한, 제15조 bis와 제15조 ter의 3항은 2017년 1월 1일 이후에 ICC 당사국의 3분의 2가 결정을 하여야만, ICC가 침략범죄에 대해 관할권을 행사할 수 있도록 하고 있다.

제15조 bis 4항부터 8항까지는 제15조 ter 에는 존재하지 않는 내용을 규정하고 있다. 즉, 이 조항들은 당사국이 상황을 회부하거나 소추관이 직권으로 수사를 시작한 경우에만 적용되는 조항이다. 제15조 bis 4항은 ICC가 당사국이 범한 침략행위에서 발생하는 침략범죄에 대해 관할권을 행사할 수 있지만, 그 당사국이 ICC 사무국장에게 그러한 관할권을 수락하지 않겠다는 선언을 한 경우에는 관할권을 행사할 수 없다고 규정한다. 이는 당사국이 침략범죄에 대해 선택제외(opt-out) 선언을 할 수 있음을 의미한다. 그러한 선언의 철회는 언제나 할 수 있고 3년 이내에 그 당사국이 고려할 수 있다. 제15조 bis 5항에 의하면, ICC는 규정의 비당사국의 국민이 침략범죄를 범하거나 비당사국의 영토에서 침략범죄가 범하여진 경우에는 침략범죄에 대한 관할권을 행사할 수 없다. 동조 6항에 의하면 소추관이 침략범죄와 관련한 수사를 진행할만한 합리적인 근거가 있다는 결정을 내리는 경우에, 그는 관련국이 저지른 침략 행위에 관한 안전보장이사회의 결정이 있었는지의 여부를 먼저 확인하여야 한다. 소추관은 UN 사무총장에게 관련된 모든 정보와 서류를 포함하여 재판소에 회부된 상황에 대해 알려야 한다.

제15조 bis 7항은 안전보장이사회가 침략행위에 대한 결정을 하게 되면 소추관은 침략 범죄와 관련하여 수사를 진행할 수 있도록 규정한다. 동조 8항은 UN사무총장에게 통고한 날로부터 6개월 이내에 안전보장이사회의 결정이 없는 경우, 전심재판부(Pre-Trial Division)가 제15조에 의한 절차에 따

---

51) 제15조bis 2항, 제15조ter 2항.

라 침략행위와 관련한 수사의 개시를 허가하고, 안전보장이사회가 제16조에 따라 다른 결정을 하지 않는 경우에 한해 소추관은 침략범죄에 관한 수사를 계속 할 수 있다고 규정한다. 이 조항에 의하면 안전보장이사회의 침략행위에 관한 결정이 없더라도 ICC가 침략범죄에 대한 관할권을 행사할 수 있다.

5. 발효 절차

침략범죄의 개정이 ICC규정 제121조 3항, 4항, 5항 중 어느 조항에 의해 발효하는지에 관한 논쟁이 캄팔라 재검토회의 이전에 제기되어 왔다. 재검토회의에서는 동 개정이 ICC규정 제121조 5항의 절차에 의해 발효되는 것으로 결정하였다.

VI. 결 론

로마규정 제5조는 침략범죄를 ICC의 관할범죄로 포함시키면서도, 침략범죄의 정의와 관할권행사 조건이 정하여질 때까지 ICC가 관할권을 행사하지 못하도록 하였다. 로마규정 제5조는 가장 중대한 국제범죄인 침략범죄를 처벌하고자 하는 희망과 국가들이 그들 자신의 고도의 정치적 문제에 대해 ICC의 사법적 심사를 받는 것을 기피하는 현실적인 상황의 불행한 타협이라고 할 수 있다.

1998년 로마회의 이후 준비위원회를 거쳐 2009년 특별워킹그룹에서 침략범죄의 정의와 관할권행사 조건에 관한 조항의 초안을 채택하기까지 국가들은 오랜시간 많은 논의와 교섭을 하여왔다. 그 결과 국가들은 2009년의 초안에서 침략범죄의 정의에 대해 대체로 합의하였고, 침략범죄가 지도자의 범죄라는 점 등에 대해서는 컨센서스를 이루었다. 이 침략범죄의 정의 조항은 2010년 캄팔라 재검토회의에서 ICC 규정 제8조bis로 채택되었다.

또한, 침략범죄에 대한 관할권행사 조건과 관련하여 UN안전보장이사회의 권한문제와 침략범죄조항의 발효절차 문제 등이 캄팔라 회의에서 ICC

규정 제15조bis 와 제15조ter의 채택과 양해사항 등이 채택됨으로써 결정되
었다.

로마회의와 준비위원회 그리고 특별워킹그룹에서 안보리의 상임이사국
들은 그들의 사전 동의없이 ICC가 침략범죄에 대해 관할권을 행사하는 것
에 대해 강하게 반대하여 왔다. 하지만, 안보리 상임이사국들의 주장대로
ICC가 침략범죄에 대해 관할권을 행사하기 위해서 안보리의 침략행위 존
재결정이 사전에 요구된다면, ICC는 상임이사국들의 거부권으로 인해 침략
범죄에 대한 독자적인 재판권을 심하게 훼손당할 우려가 있을 뿐만 아니
라, 상임이사국들과 상임이사국이 아닌 국가들사이의 불평등을 초래함으로
써 주권평등이라는 국제법의 근본원칙을 위반하는 결과를 초래할 우려가
있는 비판이 제기되어 왔다. 더구나, 그러한 경우 국제형사법상의 근본원칙
인 법 앞의 평등이라는 원칙에도 위반되는 것이 될 것이다. 캄팔라 재검토
회의에서는 이러한 국가들의 입장이 반영되어 안전보장이사회의 침략행위
에 대한 결정이 없는 경우에도 전심재판부가 허락하는 경우에 ICC가 침략
범죄에 대한 관할권을 행사할 수 있도록 하였다.

이번 침략범죄의 개정은 ICC가 침략범죄를 억제하는 역할을 할 수 있
도록 하는데 매우 중요한 역할을 할 것이고 세계는 침략범죄와 집단살해
죄, 인도에 반한 죄, 전쟁범죄가 없는 바람직한 사회가 될 수 있을 것이다.

이번 침략범죄의 개정은 일견 부족한 점이 많이 보이지만 앞으로 국제
평화의 유지에 중요한 기여를 할 것으로 기대한다. 왜냐하면, 로마규정의
채택 자체가 1998년에는 매우 불확실하였지만 국가들은 논의와 타협으로
로마규정을 채택하였고, 2002년 국제형사재판소는 꿈이 아닌 현실로 존재
하게 되었던 경험이 있다. 예를 들어, 로마규정 제12조에 규정된 자동적 관
할권제도와 관할권행사의 전제조건은 미국의 매우 제한적인 관할권제도와
독일의 보편적 관할권제도의 타협안으로서 탄생하였다. 로마회의가 시작되
기 전과 회의도중에도 국가들은 미국과 독일의 입장이 너무 달라서 양자를
타협하는 것이 거의 불가능하다고 생각하였다. 그러나 우리나라가 이 양자
를 타협하는 제안을 하였고, 국가들은 우리나라의 제안을 구심점으로하여

합의를 이룰 수 있었다.

침략범죄에 관한 조항도 재검토회의에서 안보리상임이사국들의 입장과 다른 국가들의 입장을 모두 반영한 타협안이 도출되었다. 우리나라가 ICC 의 강력한 지지자로서 ICC가 침략범죄와 싸우는 강력한 무기가 될 수 있도록 하는데 계속 기여할 수 있기를 바란다. 이를 위해 조속한 시일 내에 침략범죄에 관한 ICC규정의 개정을 비준하여야 한다.

우리나라가 침략범죄에 대한 개정을 비준하게 되면, ICC 규정의 당사국인 일본이 우리나라에 대해 침략범죄를 저지를 위험이 줄어들게 될 것이다. 북한이 우리나라에 대해 침략범죄를 저지를 가능성도 현저히 감소하게될 것이다. 왜냐하면, 북한이 현재 ICC 규정의 비당사국이지만 UN안전보장이사회가 관련 상황을 회부하게 되면 ICC는 북한의 침략범죄에 대해 관할권을 행사할 수 있게 된다.52) ICC의 침략범죄에 관한 개정 조항은 우리나라를 침략범죄로부터 보호하는 매우 유익한 국제법적 수단이 될 것으로 기대된다.

---

52) ICC 규정 제15조ter.

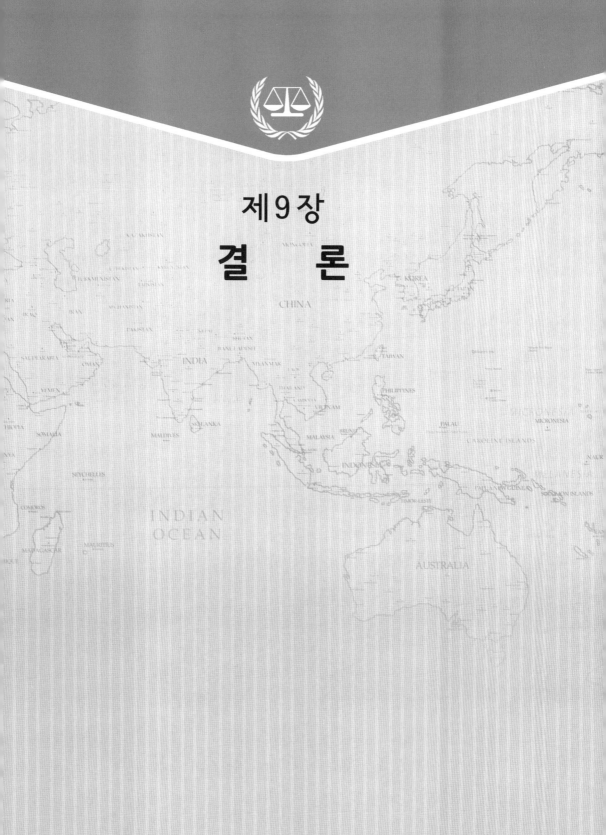

제 9 장

결　론

제 9 장 결 론

이 책에서 국제형사재판소규정을 중심으로 국제형사재판소의 관할범죄, 관할권제도, 형법의 일반원칙, 구성과 행정, 수사, 기소와 재판절차, 국제적 협력제도 등을 살펴보았다.

로마규정은 완벽한 것도 아니고 미래의 모든 악에 대한 만병통치약과 같은 수단도 아니다. 로마규정은 국가대표단간의 타협의 산물임에 틀림없으며 여러 가지 결점도 나타날 수 있다. 그러나 로마규정은 기존의 국제법에 충실하게 근거하고 있다고 생각한다. 또한, 로마규정의 채택은 제1차 세계대전 후부터 시작된 역사적 진행과정의 완성이자 새로운 국제형사법의 역사가 시작된다는 의미를 가지고 있다.

국제형사재판소의 설립은 세계 모든 인류가 공유하는 근본적인 가치와 기대를 상징하고 구체화하고 있다. 따라서 재판소의 설립은 인류 전체의 승리라고 할 수 있다.

ICC 설립을 위한 로마규정은 현재, 미국, 러시아, 대부분의 유럽국가, 캐나다, 호주 등 139개국이 서명하였다. 또한 우리나라, 독일, 프랑스, 이태리 등 120여개 국가가 로마규정을 비준하였다. 로마규정은 60개국의 비준 후 발효하게 되어있으므로[1] 2002년 7월 1일부로 발효하였다. 미국은 규정서명을 위해 개방된 마지막 날인 2000년 12월 31일 로마규정에 서명하였다가 후에 그 서명도 철회하였다.

우리나라는 국제법의 지배를 희망하며 반인류적 범죄행위의 진압을 위한 국제사회의 노력에 동참하는 의미에서 2000년 3월 8일 로마규정에 서명하였다. 우리나라는 로마회의와 설립준비위에서 로마규정 제12조 관할권조항과 관련한 대단히 중요한 제안을 하는 등 로마규정 채택과 범죄구성요건

---

1) 로마규정 제126조.

및 절차 및 증거규칙 작성에 많은 기여를 하여왔다. 또한 2002년 11월 18일 로마규정을 비준하였고 ICC의 초대 재판관으로 우리나라의 송상현 교수가 선출되었다. 그 후 송상현 재판관은 ICC의 소장으로서도 국제정의의 실현을 위해 많은 기여를 하였다.

우리나라는 ICC가 방지하고 처벌하려는 관할대상범죄의 피해를 당한 역사적 경험을 가지고 있다. 과거 일본에 의한 침략범죄, 군대위안부 관련 전쟁범죄, 강제징용 등 인도에 반한 죄의 결과 우리나라의 국민들이 당했던 아픈 과거의 역사가 아직 완전히 치유되었다고 볼 수 없다. 국제형사재판소는 이러한 만행들이 다시 일어나지 않도록 하고 만일 이러한 만행을 저지른 개인이 있다면 반드시 법의 심판을 받도록 하기 위한 국제사회의 노력의 산물이라고 할 수 있다.

또한, 국제형사재판소 규정은 20세기에 인류가 목격한 대량학살, 인종청소 등 비인도적 만행에 대한 반성을 반영하고 있으며, 앞으로는 그러한 참혹한 범죄가 다시 발생하지 않도록 예방하고, 만일 그러한 범죄를 저지른 자가 있다면 반드시 정의의 심판을 받도록 하자는 목적에서 출범한 것이다. ICC의 설립은 우리나라가 겪었던 것과 같은 전쟁범죄와 인도에 반한 죄나 캄보디아에서의 대량학살과 같은 참혹한 범죄를 처벌할 수 있는 국제법적인 제도가 수립되었다는 점에서 의의가 크다.

앞에서 본 바와 같이 국제형사재판소 규정상의 관할대상범죄는 국제조약과 국제관습법 등 기존의 국제법에 충분한 근거가 있고, 더구나 우리 헌법 제6조 1항이 "헌법에 의하여 체결·공포된 조약과 일반적으로 승인된 국제법규는 국내법과 같은 효력을 가진다"고 규정하고 있으며, 이 헌법 조항에 따라 우리나라는 이미 UN 회원국으로서 조약인 UN 헌장을 준수할 의무가 있는 점과 일반적으로 승인된 국제법규 즉 국제관습법(customary international law)의 국내법적 효력을 인정하고 있는 점 등을 고려할 때, 우리나라가 국제조약과 국제관습법에 충실하게 근거하고 있는 로마규정상의 관할대상범죄 조항을 국내적으로 이행하기가 어렵지 않을 것으로 보인다. 또한, ICC의 관할권은 보충성의 원칙과 규정상의 여러 안전장치에 의해 행사된다고 할 수 있다. 구체적으로는 로마규정의 국내이행을 위한 이행법률로서 국제형사재판소 관할범죄의 처벌 등에 관한 법률을 제정한 것은 매우 적절한 일이라고 평가된다.

그 동안 국제평화와 인권의 신장을 위해 노력해 온 국제사회와 우리나라의 노력이 공평하고 효과적인 ICC의 설립이라는 좋은 결실을 맺을 수 있기를 기원한다. 그리고 이 책을 쓰는 시점에서 우리나라가 아직 비준하지 않은 ICC의 침략범죄 개정조항과 전쟁범죄 개정조항의 조속한 비준을 기원하면서 이 글을 마치고자 한다.

부　록(Annex)

부 록(Annex) 1

국제형사재판소에 관한 로마규정

전 문

이 규정의 당사국들은,

모든 국민들은 공동의 유대로 결속되어 있으며, 그들의 문화는 공유의 유산으로 서로 결합되어 있다는 점을 의식하고, 이러한 섬세한 모자이크는 어느 때라도 깨질 수 있음을 우려하며,

금세기 동안 수백만의 아동·여성 및 남성이 인류의 양심에 깊은 충격을 주는 상상하기 어려운 잔학 행위의 희생자가 되어 왔음에 유념하며,

그러한 중대한 범죄가 세계의 평화안전과 복지를 위협하고 있음을 인식하며,

국제공동체 전체의 관심사인 가장 중대한 범죄는 처벌되지 않아서는 안되며, 그러한 범죄에 대한 실효적 기소는 국내적 수준에서 조치를 취하고 국제협력을 제고함으로써 확보되어야 함을 확인하며,

이러한 범죄를 범한 자들이 처벌받지 않는 상태를 종식시키고, 이를 통하여 그러한 범죄의 예방에 기여하기로 결정하며,

국제범죄에 책임이 있는 자들에 대하여 형사관할권을 행사함이 모든 국가의 의무임을 상기하며,

국제연합헌장의 목적과 원칙, 특히 모든 국가는 다른 국가의 영토보전이나 정치적 독립을 저해하거나 또는 국제연합의 목적과 양립하지 아니하는 다른 어떠한 방식으로도 무력의 위협이나 무력의 사용을 삼가야 한다는 것

을 재확인하며,

이와 관련하여 이 규정의 어떠한 조항도 어느 국가의 국내문제 또는 무력충돌에 간섭할 권한을 당사국에게 부여하는 것으로 해석되어서는 안 된다는 점을 강조하며,

이러한 목적과 그리고 현재와 미래의 세대를 위하여, 국제연합 체제와의 관계 속에서 국제공동체 전체의 관심사인 가장 중대한 범죄에 대하여 관할권을 갖는 독립적인 상설 국제형사재판소를 설립하기로 결정하며,

이 규정에 따라 설립되는 국제형사재판소는 국가의 형사관할권을 보충하는 것임을 강조하며,

국제정의에 대한 지속적인 존중과 그 집행을 보장할 것을 결의하며,

다음과 같이 합의하였다.

제 1 부 재판소의 설립

제 1 조
재판소

국제형사재판소(이하 "재판소"라 한다)를 이에 설립한다. 재판소는 상설적 기구이며, 이 규정에 정한 바와 같이 국제적 관심사인 가장 중대한 범죄를 범한 자에 대하여 관할권을 행사하는 권한을 가지며, 국가의 형사관할권을 보충한다. 재판소의 관할권과 기능은 이 규정에 정한 바에 의하여 규율된다.

제 2 조
재판소와 국제연합과의 관계

재판소는 이 규정의 당사국총회가 승인하고 그 후 재판소를 대표하여 재판소장이 체결하는 협정을 통하여 국제연합과 관계를 맺는다.

제 3 조
재판소의 소재지

1. 재판소의 소재지는 네덜란드(이하 "소재지국"이라 한다)의 헤이그로 한다.

2. 재판소는 당사국총회가 승인하고 그 후 재판소를 대표하여 재판소장이 체결하는 본부 협정을 소재지국과 맺는다.

3. 재판소는 이 규정에 정한 바에 따라 재판소가 바람직하다고 인정하는 때에는 다른 장소에서 개정할 수 있다.

제 4 조
재판소의 법적 지위와 권한

1. 재판소는 국제적 법인격을 가진다. 또한 재판소는 그 기능의 행사와 목적 달성에 필요한 법적 능력을 가진다.

2. 재판소는 모든 당사국의 영역에서는 이 규정에 정한 바와 같이, 그리고 다른 여하한 국가의 영역에서는 특별협정에 의하여 자신의 기능과 권한을 행사할 수 있다.

제 2 부 관할권, 재판적격성 및 적용법규

제 5 조
재판소의 관할범죄

1. 재판소의 관할권은 국제공동체 전체의 관심사인 가장 중대한 범죄에 한정된다. 재판소는 이 규정에 따라 다음의 범죄에 대하여 관할권을 가진다.

   가. 집단살해죄

   나. 인도에 반한 죄

   다. 전쟁범죄

라. 침략범죄

2. 제121조 및 제123조에 따라 침략범죄를 정의하고 재판소의 관할권 행
사 조건을 정하는 조항이 채택된 후, 재판소는 침략범죄에 대한 관할
권을 행사한다. 그러한 조항은 국제연합헌장의 관련 규정과 부합되어
야 한다.

제 6 조
집단살해죄

이 규정의 목적상 "집단살해죄"라 함은 국민적, 민족적, 인종적 또는 종
교적 집단의 전부 또는 일부를 그 자체로서 파괴할 의도를 가지고 범하여
진 다음의 행위를 말한다.

　　가. 집단 구성원의 살해

　　나. 집단 구성원에 대한 중대한 신체적 또는 정신적 위해의 야기

　　다. 전부 또는 부분적인 육체적 파괴를 초래할 목적으로 계산된 생활
　　　　조건을 집단에게 고의적으로 부과

　　라. 집단내의 출생을 방지하기 위하여 의도된 조치의 부과

　　마. 집단의 아동을 타집단으로 강제 이주

제 7 조
인도에 반한 죄

1. 이 규정의 목적상 "인도에 반한 죄"라 함은 민간인 주민에 대한 광범
위하거나 체계적인 공격의 일부로서 그 공격에 대한 인식을 가지고
범하여진 다음의 행위를 말한다.

　　가. 살해

　　나. 절멸

　　다. 노예화

　　라. 주민의 추방 또는 강제이주

　　마. 국제법의 근본원칙을 위반한 구금 또는 신체적 자유의 다른 심각

한 박탈

바. 고문

사. 강간, 성적 노예화, 강제매춘, 강제임신, 강제불임, 또는 이에 상당
하는 기타 중대한 성폭력

아. 이 항에 규정된 어떠한 행위나 재판소 관할범죄와 관련하여, 정치
적·인종적·국민적·민족적·문화적 및 종교적 사유, 제3항에 정의
된 성별 또는 국제법상 허용되지 않는 것으로 보편적으로 인정되
는 다른 사유에 근거하여 어떠한 동일시될 수 있는 집단이나 집합
체에 대한 박해

자. 사람들의 강제실종

차. 인종차별범죄

카. 신체 또는 정신적·육체적 건강에 대하여 중대한 고통이나 심각한
피해를 고의적으로 야기하는 유사한 성격의 다른 비인도적 행위

2. 제1항의 목적상,

가. "민간인 주민에 대한 공격"이라 함은 그러한 공격을 행하려는 국
가나 조직의 정책에 따르거나 이를 조장하기 위하여 민간인 주민
에 대하여 제1항에 규정된 행위를 다수 범하는 것에 관련된 일련
의 행위를 말한다.

나. "절멸"이라 함은 주민의 일부를 말살하기 위하여 계산된, 식량과
의약품에 대한 접근 박탈과 같이 생활조건에 대한 고의적 타격을
말한다.

다. "노예화"라 함은 사람에 대한 소유권에 부속된 어떠한 또는 모든
권한의 행사를 말하며, 사람 특히 여성과 아동을 거래하는 과정에
서 그러한 권한을 행사하는 것을 포함한다.

라. "주민의 추방 또는 강제이주"라 함은 국제법상 허용되는 근거 없
이 주민을 추방하거나 또는 다른 강요적 행위에 의하여 그들이 합
법적으로 거주하는 지역으로부터 강제적으로 퇴거시키는 것을 말
한다.

마. "고문"이라 함은 자신의 구금하에 있거나 통제하에 있는 자에게 고의적으로 신체적 또는 정신적으로 고통이나 괴로움을 가하는 것을 말한다. 다만, 오로지 합법적 제재로부터 발생하거나, 이에 내재되어 있거나 또는 이에 부수하는 고통이나 괴로움은 포함되지 아니한다.

바. "강제임신"이라 함은 주민의 민족적 구성에 영향을 미치거나 또는 국제법의 다른 중대한 위반을 실행할 의도로 강제적으로 임신시킨 여성의 불법적 감금을 말한다. 이러한 정의는 임신과 관련된 각국의 국내법에 어떠한 영향을 미치는 것으로 해석되지 아니한다.

사. "박해"라 함은 집단 또는 집합체와의 동일성을 이유로 국제법에 반하는 기본권의 의도적이고 심각한 박탈을 말한다.

아. "인종차별범죄"라 함은 한 인종집단의 다른 인종집단에 대한 조직적 억압과 지배의 제도화된 체제의 맥락에서 그러한 체제를 유지시킬 의도로 범하여진, 제1항에서 언급된 행위들과 유사한 성격의 비인도적인 행위를 말한다.

자. "사람들의 강제실종"이라 함은 국가 또는 정치조직에 의하여 또는 이들의 허가·지원 또는 묵인을 받아 사람들을 체포·구금 또는 유괴한 후, 그들을 법의 보호로부터 장기간 배제시키려는 의도하에 그러한 자유의 박탈을 인정하기를 거절하거나 또는 그들의 운명이나 행방에 대한 정보의 제공을 거절하는 것을 말한다.

3. 이 규정의 목적상, "성별"이라는 용어는 사회적 상황에서 남성과 여성의 양성을 지칭하는 것으로 이해된다. "성별"이라는 용어는 위와 다른 어떠한 의미도 표시하지 아니한다.

제 8 조
전쟁범죄

1. 재판소는 특히 계획이나 정책의 일부로서 또는 그러한 범죄의 대규모 실행의 일부로서 범하여진 전쟁범죄에 대하여 관할권을 가진다.

2. 이 규정의 목적상 "전쟁범죄"라 함은 다음을 말한다.

  가. 1949년 8월 12일자 제네바협약의 중대한 위반, 즉 관련 제네바협약
     의 규정하에서 보호되는 사람 또는 재산에 대한 다음의 행위 중
     어느 하나

    (1) 고의적 살해

    (2) 고문 또는 생물학적 실험을 포함한 비인도적인 대우

    (3) 고의로 신체 또는 건강에 커다란 괴로움이나 심각한 위해의 야기

    (4) 군사적 필요에 의하여 정당화되지 아니하며 불법적이고 무분별
       하게 수행된 재산의 광범위한 파괴 또는 징수

    (5) 포로 또는 다른 보호인물을 적국의 군대에 복무하도록 강요하
       는 행위

    (6) 포로 또는 다른 보호인물로부터 공정한 정식 재판을 받을 권리
       를 고의적으로 박탈

    (7) 불법적인 추방이나 이송 또는 불법적인 감금

    (8) 인질행위

  나. 확립된 국제법 체제 내에서 국제적 무력충돌에 적용되는 법과 관
     습에 대한 기타 중대한 위반, 즉 다음 행위 중 어느 하나

    (1) 민간인 주민 자체 또는 적대행위에 직접 참여하지 아니하는 민
       간인 개인에 대한 고의적 공격

    (2) 민간 대상물, 즉 군사 목표물이 아닌 대상물에 대한 고의적 공
       격

    (3) 국제연합헌장에 따른 인도적 원조나 평화유지임무와 관련된 요
       원, 시설, 자재, 부대 또는 차량이 무력충돌에 관한 국제법에
       따라 민간인 또는 민간 대상물에게 부여되는 보호를 받을 자격
       이 있는 한도에서 그들에 대한 고의적 공격

    (4) 예상되는 구체적이고 직접적인 제반 군사적 이익과의 관계에
       있어서 명백히 과도하게 민간인에 대하여 부수적으로 인명의
       살상이나 상해를, 민간 대상물에 대하여 손해를, 또는 자연환경

에 대하여 광범위하고 장기간의 중대한 피해를 야기한다는 것
을 인식하고서도 의도적인 공격의 개시

(5) 어떤 수단에 의하든, 방어되지 않고 군사 목표물이 아닌 마을·
촌락·거주지 또는 건물에 대한 공격이나 폭격

(6) 무기를 내려놓았거나 더 이상 방어수단이 없이 항복한 전투원
을 살해하거나 부상시키는 행위

(7) 사망 또는 심각한 신체적 상해를 가져오는, 제네바협약상의 식
별표장뿐만 아니라 휴전 깃발, 적이나 국제연합의 깃발 또는
군사표식 및 제복의 부적절한 사용

(8) 점령국이 자국의 민간인 주민의 일부를 직접적 또는 간접적으
로 점령지역으로 이주시키거나, 피점령지 주민의 전부 또는 일
부를 피점령지내 또는 밖으로 추방시키거나 이주시키는 행위

(9) 군사 목표물이 아닌 것을 조건으로, 종교·교육·예술·과학 또
는 자선 목적의 건물, 역사적 기념물, 병원, 병자와 부상자를
수용하는 장소에 대한 고의적 공격

(10) 적대 당사자의 지배하에 있는 자를 당해인의 의학적치과적 또
는 병원적 치료로서 정당화되지 아니하며 그의 이익을 위하여
수행되지 않는 것으로서, 당해인의 사망을 초래하거나 건강을
심각하게 위태롭게 하는 신체의 절단 또는 여하한 종류의 의
학적 또는 과학적 실험을 받게 하는 행위

(11) 적대국 국가나 군대에 속한 개인을 배신적으로 살해하거나 부
상시키는 행위

(12) 항복한 적에 대하여 구명을 허락하지 않겠다는 선언

(13) 전쟁의 필요에 의하여 반드시 요구되지 아니하는 적의 재산의
파괴 또는 몰수

(14) 적대 당사국 국민의 권리나 소송행위가 법정에서 폐지, 정지
또는 불허된다는 선언

(15) 비록 적대 당사국 국민이 전쟁개시 전 교전국에서 복무하였을

지라도, 그를 자신의 국가에 대한 전쟁 수행에 참여하도록 강
요하는 행위

(16) 습격에 의하여 점령되었을 때라도, 도시 또는 지역의 약탈

(17) 독이나 독성 무기의 사용

(18) 질식가스, 유독가스 또는 기타 가스와 이와 유사한 모든 액체·
물질 또는 장치의 사용

(19) 총탄의 핵심부를 완전히 감싸지 않았거나 또는 절개되어 구멍
이 뚫린 단단한 외피를 가진 총탄과 같이, 인체 내에서 쉽게
확장되거나 펼쳐지는 총탄의 사용

(20) 과도한 상해나 불필요한 괴로움을 야기하는 성질을 가지거나
또는 무력충돌에 관한 국제법에 위반되는 무차별적 성질의 무
기, 발사체, 장비 및 전투방식의 사용. 다만, 그러한 무기, 발사
체, 장비 및 전투방식은 포괄적 금지의 대상이어야 하며, 제121
조와 제123조에 규정된 관련 조항에 따른 개정에 의하여 이 규
정의 부속서에 포함되어야 한다.

(21) 인간의 존엄성에 대한 유린행위, 특히 모욕적이고 품위를 손상
시키는 대우

(22) 강간, 성적 노예화, 강제매춘, 제7조제2항바호에 정의된 강제임
신, 강제불임 또는 제네바협약의 중대한 위반에 해당하는 여하
한 다른 형태의 성폭력

(23) 특정한 지점, 지역 또는 군대를 군사작전으로부터 면하도록 하
기 위하여 민간인 또는 기타 보호인물의 존재를 이용하는 행위

(24) 국제법에 따라 제네바협약의 식별표장을 사용하는 건물, 장비,
의무부대와 그 수송수단 및 요원에 대한 고의적 공격

(25) 제네바협약에 규정된 구호품 공급의 고의적 방해를 포함하여,
민간인들의 생존에 불가결한 물건을 박탈함으로써 기아를 전
투수단으로 이용하는 행위

(26) 15세 미만의 아동을 군대에 징집 또는 모병하거나 그들을 적대

행위에 적극적으로 참여하도록 이용하는 행위

다. 비국제적 성격의 무력충돌의 경우 1949년 8월 12일자 제네바 4개 협약 공통 제3조의 중대한 위반, 즉 무기를 버린 군대 구성원과 질병·부상·억류 또는 기타 사유로 전투능력을 상실한 자를 포함하여 적대행위에 적극적으로 가담하지 않은 자에 대하여 범하여진 다음의 행위 중 어느 하나

(1) 생명 및 신체에 대한 폭행, 특히 모든 종류의 살인, 신체절단, 잔혹한 대우 및 고문

(2) 인간의 존엄성에 대한 유린행위, 특히 모욕적이고 품위를 손상키는 대우

(3) 인질행위

(4) 일반적으로 불가결하다고 인정되는 모든 사법적 보장을 부여하는 정규로 구성된 법원의 판결없는 형의 선고 및 형의 집행

라. 제2항다호는 비국제적 성격의 무력충돌에 적용되며, 따라서 폭동이나 국지적이고 산발적인 폭력행위 또는 이와 유사한 성격의 다른 행위와 같은 국내적 소요나 긴장사태에는 적용되지 아니한다.

마. 확립된 국제법 체제 내에서 비국제적 성격의 무력충돌에 적용되는 법과 관습에 대한 여타의 중대한 위반으로 다음의 행위 중 어느 하나

(1) 민간인 주민 자체 또는 적대행위에 직접 참여하지 않는 민간인 개인에 대한 고의적 공격

(2) 국제법에 따라 제네바협약의 식별표장을 사용하는 건물, 장비, 의무부대와 그 수송수단 및 요원에 대한 고의적 공격

(3) 국제연합헌장에 따른 인도적 원조나 평화유지임무와 관련된 요원, 시설, 자재, 부대 또는 차량이 무력충돌에 관한 국제법에 따라 민간인 또는 민간 대상물에 대하여 부여되는 보호를 받을 자격이 있는 한도에서 그들에 대한 고의적 공격

(4) 군사 목표물이 아닌 것을 조건으로 종교·교육·예술·과학 또는

자선 목적의 건물, 역사적 기념물, 병원, 병자와 부상자를 수용하는 장소에 대한 고의적 공격

(5) 습격에 의하여 점령되었을 때라도, 도시 또는 지역의 약탈

(6) 강간, 성적 노예화, 강제매춘, 제7조제2항바호에서 정의된 강제임신, 강제불임 또는 제네바 4개 협약 공통 제3조의 중대한 위반에 해당하는 여하한 다른 형태의 성폭력

(7) 15세 미만의 아동을 군대 또는 무장집단에 징집 또는 모병하거나 그들을 적대행위에 적극적으로 참여하도록 이용하는 행위

(8) 관련 민간인의 안전이나 긴요한 군사적 이유상 요구되지 않음에도 불구하고, 충돌과 관련된 이유로 민간인 주민의 퇴거를 명령하는 행위

(9) 상대방 전투원을 배신적으로 살해하거나 부상시키는 행위

(10) 항복한 적에 대하여 구명을 허락하지 않겠다는 선언

(11) 충돌의 타방당사자의 지배하에 있는 자를 당해인의 의학적·치과적 또는 병원적 치료로서 정당화되지 아니하며 그의 이익을 위하여 수행되지도 않는 것으로서, 당해인의 사망을 초래하거나 건강을 심각하게 위태롭게 하는 신체의 절단이나 또는 여하한 종류의 의학적 또는 과학적 실험을 받게 하는 행위

(12) 충돌의 필요에 의하여 반드시 요구되지 않는 적의 재산의 파괴 또는 몰수

바. 제2항마호는 비국제적 성격의 무력충돌에 적용되며, 따라서 폭동이나 국지적이고 산발적인 폭력행위 또는 이와 유사한 성격의 다른 행위와 같은 국내적 소요나 긴장사태에는 적용되지 아니한다. 제2항마호는 정부당국과 조직화된 무장집단간 또는 무장집단들간에 장기적인 무력충돌이 존재할 때, 그 국가의 영역에서 발생하는 무력충돌에 적용된다.

3. 제2항 다호와 마호의 어떠한 조항도 모든 합법적 수단에 의하여 그 국가내에서 법과 질서를 유지 또는 재확립하거나 또는 그 국가의 통

일과 영토적 일체성을 보호하려는 정부의 책임에 영향을 미치지 아니
한다.

제 9 조
범죄구성요건

1. 범죄구성요건은 재판소가 제6조, 제7조 및 제8조를 해석하고 적용하는
   것을 보조한다. 이는 당사국총회 회원국의 3분의 2의 다수결에 의하여
   채택된다.
2. 범죄구성요건에 대한 개정은 다음에 의하여 제안될 수 있다.
   가. 당사국
   나. 절대과반수의 재판관
   다. 소추관
   그러한 개정은 당사국총회 회원국의 3분의 2의 다수결에 의하여 채택
   된다.
3. 범죄구성요건과 그 개정은 이 규정에 부합되어야 한다.

제10조

이 부의 어느 조항도 이 규정과 다른 목적을 위한 기존의 또는 발전중인
국제법 원칙을 결코 제한하거나 침해하는 것으로 해석되지 아니한다.

제11조
시간적 관할권

1. 재판소는 이 규정의 발효 후에 범하여진 범죄에 대하여만 관할권을
   가진다.
2. 어느 국가가 이 규정의 발효 후에 규정의 당사국이 되는 경우, 그 국
   가가 제12조 제3항에 따른 선언을 하지 않는 한, 재판소는 이 규정이
   당해 국가에 대하여 발효된 이후에 범하여진 범죄에 대하여만 관할권
   을 행사할 수 있다.

제12조

관할권 행사의 전제조건

1. 이 규정의 당사국이 된 국가는 이에 의하여 제5조에 규정된 범죄에 대하여 재판소의 관할권을 수락한다.

2. 제13조가호 또는 다호의 경우, 다음 중 1개국 또는 그 이상의 국가가 이 규정의 당사국이거나 또는 제3항에 따라 재판소의 관할권을 수락 하였다면 재판소는 관할권을 행사할 수 있다.

   가. 당해 행위가 발생한 영역국, 또는 범죄가 선박이나 항공기에서 범 하여진 경우에는 그 선박이나 항공기의 등록국

   나. 그 범죄 혐의자의 국적국

3. 제2항에 따라 이 규정의 당사국이 아닌 국가의 수락이 요구되는 경우, 그 국가는 사무국장에게 제출되는 선언에 의하여 당해 범죄에 대한 재판소의 관할권 행사를 수락할 수 있다. 그 수락국은 제9부에 따라 어떠한 지체나 예외도 없이 재판소와 협력한다.

제13조

관할권의 행사

재판소는 다음의 경우 이 규정이 정한 바에 따라 제5조에 규정된 범죄에 대하여 관할권을 행사할 수 있다.

   가. 1개 또는 그 이상의 범죄가 범하여진 것으로 보이는 사태가 제14 조에 따라 당사국에 의하여 소추관에게 회부된 경우

   나. 1개 또는 그 이상의 범죄가 범하여진 것으로 보이는 사태가 국제 연합헌장 제7장에 따라 행동하는 안전보장이사회에 의하여 소추관 에게 회부된 경우

   다. 소추관이 제15조에 따라 그러한 범죄에 대하여 수사를 개시한 경우

제14조

당사국에 의한 사태의 회부

1. 당사국은 재판소 관할권에 속하는 하나 또는 그 이상의 범죄의 범행에 대하여 1인 또는 그 이상의 특정인이 책임이 있는지 여부를 결정하기 위하여 그러한 범죄가 범하여진 것으로 보이는 사태를 수사하도록 소추관에게 요청하여, 재판소 관할권에 속하는 하나 또는 그 이상의 범죄가 범하여진 것으로 보이는 사태를 소추관에게 회부할 수 있다.

2. 회부시에는 가능한 한 관련 정황을 명시하고 그 사태를 회부한 국가가 입수할 수 있는 증빙문서를 첨부한다.

제15조

소 추 관

1. 소추관은 재판소 관할범죄에 관한 정보에 근거하여 독자적으로 수사를 개시할 수 있다.

2. 소추관은 접수된 정보의 중대성을 분석한다. 이러한 목적을 위하여 소추관은 국가, 국제연합의 기관, 정부간 또는 비정부간 기구, 또는 소추관이 적절하다고 여기는 다른 믿을 만한 출처로부터 추가 정보를 구할 수 있으며, 재판소의 소재지에서 서면 또는 구두의 증언을 접수할 수 있다.

3. 소추관이 수사를 진행시킬 만한 합리적인 근거가 있다고 판단하는 경우, 수집된 증빙자료와 함께 수사허가요청서를 전심재판부에 제출한다. 피해자는 절차및증거규칙에 따라 전심재판부에서 진술할 수 있다.

4. 전심재판부가 수사허가요청서와 증빙자료를 검토한 후, 수사를 진행시킬만한 합리적인 근거가 있고 당해 사건이 재판소의 관할권에 속한다고 판단하는 경우, 동 재판부는 수사의 개시를 허가한다. 다만, 이 허가는 사건의 관할권과 재판적격성에 관한 재판소의 추후 결정에 영향을 미치지 아니한다.

5. 전심재판부의 수사허가 거부는 소추관이 동일한 사태에 관한 새로운

사실이나 증거에 근거하여 추후 요청서를 제출하는 것을 배제하지 아니한다.

6. 제1항과 제2항에 규정된 예비조사 후 제공된 정보가 수사를 위한 합리적인 근거를 구성하지 않는다고 결론짓는 경우, 소추관은 정보를 제공한 자에게 이를 통지한다. 이는 소추관이 동일한 사태에 관하여 자신에게 제출된 추가 정보를 새로운 사실이나 증거로 검토하는 것을 배제하지 아니한다.

제16조
수사 또는 기소의 연기

안전보장이사회가 국제연합헌장 제7장에 따라 채택하는 결의로 재판소에 수사 또는 기소의 연기를 요청하는 경우 12개월의 기간 동안은 이 규정에 따른 어떠한 수사나 기소도 개시되거나 진행되지 아니한다. 그러한 요청은 동일한 조건하에서 안전보장이사회에 의하여 갱신될 수 있다.

제17조
재판적격성의 문제

1. 전문 제10항과 제1조를 고려하여 재판소는 다음의 경우 사건의 재판적격성이 없다고 결정한다.

가. 사건이 그 사건에 대하여 관할권을 가지는 국가에 의하여 수사되고 있거나 또는 기소된 경우. 단, 그 국가가 진정으로 수사 또는 기소를 할 의사가 없거나 능력이 없는 경우에는 그러하지 아니하다.

나. 사건이 그 사건에 대하여 관할권을 가지는 국가에 의하여 수사되었고, 그 국가가 당해인을 기소하지 아니하기로 결정한 경우. 단, 그 결정이 진정으로 기소하려는 의사 또는 능력의 부재에 따른 결과인 경우에는 그러하지 아니하다.

다. 당해인이 제소의 대상인 행위에 대하여 이미 재판을 받았고, 제20조제3항에 따라 재판소의 재판이 허용되지 않는 경우

라. 사건이 재판소의 추가적 조치를 정당화하기에 충분한 중대성이 없는 경우

2. 특정 사건에서의 의사부재를 결정하기 위하여, 재판소는 국제법에 의하여 인정되는 적법절차의 원칙에 비추어 적용 가능한 다음 중 어느 하나 또는 그 이상의 경우가 존재하는지 여부를 고려한다.

　가. 제5조에 규정된 재판소 관할범죄에 대한 형사책임으로부터 당해인을 보호할 목적으로 절차가 취해졌거나, 진행 중이거나 또는 국내적 결정이 내려진 경우

　나. 상황에 비추어, 당해인을 처벌하려는 의도와 부합되지 않게 절차의 부당한 지연이 있었던 경우

　다. 절차가 독립적이거나 공정하게 수행되지 않았거나 수행되지 않고 있으며, 상황에 비추어 당해인을 처벌하려는 의도와 부합되지 않는 방식으로 절차가 진행되었거나 또는 진행 중인 경우

3. 특정 사건에서의 능력부재를 결정하기 위하여, 재판소는 당해 국가가 그 국가의 사법제도의 전반적 또는 실질적 붕괴나 이용불능으로 인하여 피의자나 필요한 증거 및 증언을 확보할 수 없는지 여부 또는 달리 절차를 진행할 수 없는지 여부를 고려한다.

제18조
재판적격성에 관한 예비결정

1. 사태가 제13조가호에 따라 재판소에 회부되어 소추관이 수사를 개시할 합리적인 근거가 있다고 결정하였거나 소추관이 제13조다호와 제15조에 따라 수사를 개시한 경우, 소추관은 모든 당사국과 이용 가능한 정보에 비추어 당해 범죄에 대하여 통상적으로 관할권을 행사할 국가에게 이를 통지한다. 소추관은 그러한 국가에게 비밀리에 통지할 수 있으며 또한 소추관이 어느 자를 보호하거나 증거의 인멸을 방지하거나 또는 어느 자의 도주를 방지하기 위하여 필요하다고 믿는 경우, 국가에게 제공되는 정보의 범위를 제한할 수 있다.

2. 그러한 통지를 접수한 후 1개월 내에, 국가는 제5조에 규정된 범죄를 구성하며 자국에 대한 통지에서 제공된 정보와 관련된 범죄행위에 대하여, 자국의 관할권 내에 있는 자국민 또는 기타의 자를 수사하고 있다거나 수사하였음을 재판소에 통지할 수 있다. 전심재판부가 소추관의 신청에 따라 수사를 허가하기로 결정하지 아니하는 한, 소추관은 당해 국가의 요청이 있으면 당해인에 대한 그 국가의 수사를 존중한다.

3. 국가의 수사 존중에 따른 소추관의 보류는 보류일로부터 6개월 후 또는 그 국가의 수사를 수행할 의사 또는 능력의 부재에 근거한 중대한 사정변경이 있는 때에는 언제든지 소추관에 의하여 재검토된다.

4. 당해 국가 또는 소추관은 전심재판부의 결정에 대하여 제82조에 따라 상소심재판부에 상소할 수 있다. 상소는 신속하게 심리될 수 있다.

5. 소추관이 제2항에 따라 수사를 보류한 경우, 소추관은 당해 국가가 정기적으로 수사 및 후속 기소의 진전상황에 대하여 통지하여 줄 것을 요청할 수 있다. 당사국은 부당한 지체 없이 그 요청에 응하여야 한다.

6. 전심재판부의 결정이 계류 중이거나 또는 소추관이 이 조에 따라 수사를 보류한 때에는 언제든지, 소추관은 중요한 증거를 확보할 유일한 기회가 있는 경우 또는 그러한 증거를 이후에는 입수할 수 없게 될 중대한 위험이 있는 경우에는 예외적으로 증거를 보전하기 위하여 필요한 수사상의 조치를 취하기 위한 허가를 전심재판부에 요청할 수 있다.

7. 이 조에 따른 전심재판부의 결정에 이의를 제기한 국가는 추가적인 중대한 사실 또는 중대한 사정변경을 근거로 제19조에 따라 사건의 재판적격성에 대한 이의를 제기할 수 있다.

제19조
재판소의 관할권 또는 사건의 재판적격성에 대한 이의제기

1. 재판소는 자신에게 회부된 모든 사건에 대하여 재판소가 관할권을 가지고 있음을 확인하여야 한다. 재판소는 직권으로 제17조에 따라 사건

의 재판적격성을 결정할 수 있다.

2. 제17조의 규정에 근거한 사건의 재판적격성에 대한 이의제기 또는 재판소의 관할권에 대한 이의제기는 다음에 의하여 이루어질 수 있다.

　　가. 피의자 또는 제58조에 따라 체포영장이나 소환장이 발부된 자

　　나. 사건을 수사 또는 기소하고 있거나 또는 수사 또는 기소하였음을 근거로 그 사건에 대하여 관할권을 갖는 국가

　　다. 제12조에 따라 관할권의 수락이 요구되는 국가

3. 소추관은 관할권 또는 재판적격성의 문제에 관하여 재판소의 결정을 구할 수 있다. 관할권 또는 재판적격성에 관한 절차에 있어서는 피해자 뿐만 아니라 제13조에 따라 사태를 회부한 자도 재판소에 의견을 제출할 수 있다.

4. 사건의 재판적격성 또는 재판소의 관할권에 대한 이의는 제2항에 규정된 자 또는 국가에 의하여 1회에 한하여 제기될 수 있다. 이의제기는 재판이 시작되기 전 또는 시작되는 시점에 이루어져야 한다. 예외적인 상황에서 재판소는 1회 이상 또는 재판시작 이후의 이의제기를 허가할 수 있다. 재판이 시작되는 시점에서 또는 재판소의 허가를 받아 그 후에 행하는 사건의 재판적격성에 대한 이의제기는 오직 제17조제1항 다호에 근거하여 할 수 있다.

5. 제2항 나호와 다호에 규정된 국가는 가능한 한 신속하게 이의제기를 한다.

6. 공소사실의 확인 이전에는 사건의 재판적격성 또는 재판소의 관할권에 대한 이의제기는 전심재판부에 회부된다. 공소사실의 확인 이후에는 이의제기가 1심재판부에 회부된다. 관할권 또는 재판적격성에 관한 결정에 대하여 제82조에 따라 상소심재판부에 상소할 수 있다.

7. 제2항 나호 또는 다호에 규정된 국가가 이의제기를 한 경우, 소추관은 재판소가 제17조에 따라 결정을 내릴 때까지 수사를 정지한다.

8. 재판소의 결정이 계류 중인 동안, 소추관은 재판소로부터 다음의 허가를 구할 수 있다.

　가. 제18조 제6항에 규정된 종류의 필요한 수사 조치의 수행

　나. 증인으로부터의 진술이나 증언의 취득 또는 이의제기를 하기 전에
　　　시작된 증거의 수집 또는 조사의 완료

　다. 관련 국가들과 협력하여, 소추관이 제58조에 따라 이미 체포영장
　　　을 신청한 자의 도주 방지 조치

9. 이의제기는 이의제기 이전에 소추관이 수행한 여하한 행위 또는 재판
　소가 발부한 여하한 명령이나 영장의 효력에 영향을 미치지 아니한다.

10. 재판소가 제17조에 따라 사건의 재판적격성이 없다고 결정하였더라도,
　　소추관은 그 사건이 제17조에 따라 재판적격성이 없다고 판단되었던
　　근거를 부정하는 새로운 사실이 발생하였음을 충분히 확인한 때에는
　　그 결정에 대한 재검토 요청서를 제출할 수 있다.

11. 소추관이 제17조에 규정된 사항을 고려하여 수사를 보류하는 경우, 소
　　추관은 관련국이 절차 진행에 관한 정보를 제공하여 줄 것을 요청할
　　수 있다. 그 정보는 관련 국가의 요청이 있으면 비밀로 한다. 소추관
　　이 그 후 수사를 진행하기로 결정하는 경우, 소추관은 자신이 보류하
　　였던 절차에 관하여 해당 국가에게 통지한다.

제20조
일사부재리

1. 이 규정에 정한 바를 제외하고, 누구도 재판소에 의하여 유죄 또는 무
　죄판결을 받은 범죄의 기초를 구성하는 행위에 대하여 재판소에서 재
　판받지 아니한다.

2. 누구도 재판소에 의하여 이미 유죄 또는 무죄판결을 받은 제5조에 규
　정된 범죄에 대하여 다른 재판소에서 재판받지 아니한다.

3. 제6조, 제7조 또는 제8조상의 금지된 행위에 대하여 다른 재판소에 의
　하여 재판을 받은 자는 누구도, 그 다른 재판소에서의 절차가 다음에
　해당하지 않는다면 동일한 행위에 대하여 재판소에 의하여 재판받지
　아니한다.

가. 재판소 관할범죄에 대한 형사책임으로부터 당해인을 보호할 목적
   이었던 경우

나. 그 밖에 국제법에 의하여 인정된 적법절차의 규범에 따라 독립적
   이거나 공정하게 수행되지 않았으며, 상황에 비추어 당해인을 처
   벌하려는 의도와 부합하지 않는 방식으로 수행된 경우

제21조
적용법규

1. 재판소는 다음을 적용한다.

   가. 첫째, 이 규정, 범죄구성요건 및 절차및증거규칙

   나. 둘째, 적절한 경우 무력충돌에 관한 확립된 국제법 원칙을 포함하
      여 적용 가능한 조약과 국제법상의 원칙 및 규칙

   다. 이상이 없는 경우 적절하다면 범죄에 대하여 통상적으로 관할권을
      행사하는 국가의 국내법을 포함하여 세계의 법체제의 국내법들로
      부터 재판소가 도출한 법의 일반원칙. 다만, 그러한 원칙은 이 규
      정, 국제법 및 국제적으로 승인된 규범 및 기준과 저촉되어서는
      아니 된다.

2. 재판소는 재판소의 기존 결정 속에서 해석된 법의 원칙과 규칙을 적
   용할 수 있다.

3. 이 조에 따른 법의 적용과 해석은 국제적으로 승인된 인권과 부합되
   어야 하며, 제7조제3항에서 정의된 성별, 연령, 인종, 피부색, 언어, 종
   교 또는 신념, 정치적 또는 기타 견해, 국민적·민족적 또는 사회적 출
   신, 부, 출생 또는 기타 지위와 같은 사유에 근거한 어떠한 불리한 차
   별도 없어야 한다.

제 3 부   형법의 일반원칙

제22조
범죄법정주의

1. 누구도 문제된 행위가 그것이 발생한 시점에 재판소 관할범죄를 구성하지 않는 경우에는 이 규정에 따른 형사책임을 지지 아니한다.
2. 범죄의 정의는 엄격히 해석되어야 하며 유추에 의하여 확장되어서는 아니된다. 범죄의 정의가 분명하지 않은 경우, 정의는 수사·기소 또는 유죄판결을 받는 자에게 유리하게 해석되어야 한다.
3. 이 조는 이 규정과는 별도로 어떠한 행위를 국제법상 범죄로 성격지우는 데 영향을 미치지 아니한다.

제23조
형벌법정주의

재판소에 의하여 유죄판결을 받은 자는 이 규정에 따라서만 처벌될 수 있다.

제24조
소급효 금지

1. 누구도 이 규정이 발효하기 전의 행위에 대하여 이 규정에 따른 형사책임을 지지 아니한다.
2. 확정판결 전에 당해 사건에 적용되는 법에 변경이 있는 경우, 수사 중이거나 기소 중인 자 또는 유죄판결을 받은 자에게 보다 유리한 법이 적용된다.

제25조
개인의 형사책임

1. 재판소는 이 규정에 따라 자연인에 대하여 관할권을 갖는다.

2. 재판소의 관할범죄를 범한 자는 이 규정에 따라 개인적으로 책임을 지며 처벌을 받는다.

3. 다음의 경우에 해당하는 자는 재판소의 관할범죄에 대하여 이 규정에 따른 형사책임을 지며 처벌을 받는다.

   가. 개인적으로, 또는 다른 사람이 형사책임이 있는지 여부와는 관계 없이 다른 사람과 공동으로 또는 다른 사람을 통하여 범죄를 범한 경우

   나. 실제로 일어났거나 착수된 범죄의 실행을 명령·권유 또는 유인한 경우

   다. 범죄의 실행을 용이하게 할 목적으로 범행수단의 제공을 포함하여 범죄의 실행이나 실행의 착수를 방조, 교사 또는 달리 조력한 경우

   라. 공동의 목적을 가지고 활동하는 집단에 의한 범죄의 실행 또는 실행의 착수에 기타 여하한 방식으로 기여한 경우. 그러한 기여는 고의적이어야 하며, 다음 중 어느 하나에 해당하여야 한다.

      (1) 집단의 범죄활동 또는 범죄목적이 재판소 관할범죄의 실행과 관련되는 경우, 그러한 활동 또는 목적을 촉진시키기 위하여 이루어진 것

      (2) 집단이 그 범죄를 범하려는 의도를 인식하고서 이루어진 것

   마. 집단살해죄와 관련하여 집단살해죄를 범하도록 직접적으로 그리고 공공연하게 타인을 선동한 경우

   바. 실질적인 조치에 의하여 범죄의 실행에 착수하는 행위를 함으로써 범죄의 실행을 기도하였으나 본인의 의도와는 무관한 사정으로 범죄가 발생하지 아니한 경우. 그러나 범행의 실시를 포기하거나 또는 달리 범죄의 완성을 방지한 자는 자신이 범죄 목적을 완전히 그리고 자발적으로 포기하였다면 범죄미수에 대하여 이 규정에 따

른 처벌을 받지 아니한다.

4. 개인의 형사책임과 관련된 이 규정의 어떠한 조항도 국제법상의 국가 책임에 영향을 미치지 아니한다.

제26조
18세 미만자에 대한 관할권 배제

재판소는 범행 당시 18세 미만자에 대하여 관할권을 가지지 아니한다.

제27조
공적 지위의 무관련성

1. 이 규정은 공적 지위에 근거한 어떠한 차별없이 모든 자에게 평등하 게 적용되어야 한다. 특히 국가 원수 또는 정부 수반, 정부 또는 의회 의 구성원, 선출된 대표자 또는 정부 공무원으로서의 공적 지위는 어 떠한 경우에도 그 개인을 이 규정에 따른 형사책임으로부터 면제시켜 주지 아니하며, 또한 그 자체로서 자동적인 감형사유를 구성하지 아니 한다.

2. 국내법 또는 국제법상으로 개인의 공적 지위에 따르는 면제나 특별한 절차규칙은 그 자에 대한 재판소의 관할권 행사를 방해하지 아니한다.

제28조
지휘관 및 기타 상급자의 책임

재판소의 관할범죄에 대하여 이 규정에 따른 형사책임의 다른 근거에 추가하여,

　가. 다음과 같은 경우, 군지휘관 또는 사실상 군지휘관으로서 행동하 는 자는 자신의 실효적인 지휘와 통제하에 있거나 또는 경우에 따 라서는 실효적인 권위와 통제하에 있는 군대가 범한 재판소 관할 범죄에 대하여 그 군대를 적절하게 통제하지 못한 결과로서의 형 사책임을 진다.

(1) 군지휘관 또는 사실상 군지휘관으로서 행동하는 자가 군대가 그러한 범죄를 범하고 있거나 또는 범하려 한다는 사실을 알았거나 또는 당시 정황상 알았어야 하고,

(2) 군지휘관 또는 사실상 군지휘관으로서 역할을 하는 자가 그들의 범행을 방지하거나 억제하기 위하여 또는 그 사항을 수사 및 기소의 목적으로 권한있는 당국에 회부하기 위하여 자신의 권한 내의 모든 필요하고 합리적인 조치를 취하지 아니한 경우

나. 가호에 기술되지 않은 상급자와 하급자의 관계와 관련하여 다음의 경우 상급자는 자신의 실효적인 권위와 통제하에 있는 하급자가 범한 재판소 관할범죄에 대하여 하급자를 적절하게 통제하지 못한 결과로서의 형사책임을 진다.

(1) 하급자가 그러한 범죄를 범하고 있거나 또는 범하려 한다는 사실을 상급자가 알았거나 또는 이를 명백히 보여주는 정보를 의식적으로 무시하였고,

(2) 범죄가 상급자의 실효적인 책임과 통제 범위 내의 활동과 관련된 것이었으며,

(3) 상급자가 하급자의 범행을 방지하거나 억제하기 위하여 또는 그 문제를 수사 및 기소의 목적으로 권한 있는 당국에 회부하기 위하여 자신의 권한 내의 모든 필요하고 합리적인 조치를 취하지 아니한 경우

제29조
시효의 부적용

재판소의 관할범죄에 대하여는 어떠한 시효도 적용되지 아니한다.

제30조
주관적 요소

1. 달리 규정되지 않는 한, 사람은 고의와 인식을 가지고 범죄의 객관적

요소를 범한 경우에만 재판소 관할범죄에 대하여 형사책임을 지며 처벌을 받는다.

2. 이 조의 목적상 다음의 경우 고의를 가진 것이다.

　가. 행위와 관련하여, 사람이 그 행위에 관여하려고 의도한 경우

　나. 결과와 관련하여, 사람이 그 결과를 야기하려고 의도하였거나 또는 사건의 통상적인 경과에 따라 그러한 결과가 발생할 것을 알고 있는 경우

3. 이 조의 목적상 "인식"이라 함은 어떠한 상황이 존재한다는 것 또는 사건의 통상적인 경과에 따라 어떠한 결과가 발생할 것이라는 것을 알고 있음을 말한다. "인식하다" 및 "인식하고서"는 이에 따라 해석된다.

제31조
형사책임 조각사유

1. 이 규정에서 정한 여타의 형사책임 조각사유에 더하여, 행위시 다음의 경우에 해당되면 형사책임을 지지 아니한다.

　가. 사람이 자신의 행위의 불법성이나 성격을 평가할 수 있는 능력이나 자신의 행위를 법의 요건에 따르도록 통제할 수 있는 능력을 훼손시키는 정신적 질환 또는 결함을 겪고 있는 경우

　나. 사람이 자신의 행위의 불법성이나 성격을 평가할 수 있는 능력이나 자신의 행위를 법의 요건에 따르도록 통제할 수 있는 능력을 훼손시키는 중독 상태에 있는 경우. 다만, 중독의 결과로서 자신이 재판소 관할범죄를 구성하는 행위에 관여하게 될 것임을 인식하였거나 또는 그 위험을 무시하고 자발적으로 중독된 경우는 그러하지 아니하다.

　다. 사람이 급박하고 불법적인 무력사용으로부터 자신이나 다른 사람을 방어하기 위하여 또는 전쟁범죄의 경우 자신이나 다른 사람의 생존을 위하여 필수적인 재산이나 군사적 임무를 달성하는데 필수적인 재산을 방어하기 위하여 자신이나 다른 사람 또는 보호되는

재산에 대한 위험의 정도에 비례하는 방식으로 합리적으로 행동한 경우. 군대가 수행하는 방어작전에 그 자가 관여되었다는 사실 자체만으로는 이 호에 따른 형사책임 조각사유를 구성하지 아니한다.

라. 재판소의 관할범죄를 구성하는 것으로 주장된 행위가 자신 또는 다른 사람에 대한 급박한 사망 또는 계속적이거나 급박한 중대한 신체적 위해의 위협으로부터 비롯된 강박에 의하여 야기되었고, 그러한 위협을 피하기 위하여 합리적으로 행동한 경우. 다만, 그 자가 피하고자 하는 것보다 더 큰 위해를 초래하려고 의도하지 않아야 한다. 그러한 위협은,

(1) 다른 사람에 의한 것이거나, 또는

(2) 그 사람의 통제범위를 넘어서는 기타 상황에 의하여 형성된 것일 수도 있다.

2. 재판소는 이 규정에 정한 형사책임 조각사유가 재판소에 제기된 사건에 적용되는지 여부를 결정한다.

3. 재판소는 제1항에 규정된 것 이외의 형사책임 조각사유라도 그 사유가 제21조에 규정된 적용 가능한 법에 의하여 도출된 경우, 재판에서 이를 고려할 수 있다. 그러한 사유의 고려에 관한 절차는 절차및증거규칙에 규정된다.

제32조
사실의 착오 또는 법률의 착오

1. 사실의 착오는 그것이 범죄성립에 요구되는 주관적 요소를 흠결시키는 경우에만 형사책임 조각사유가 된다.

2. 특정 유형의 행위가 재판소의 관할범죄인지 여부에 관한 법률의 착오는 형사책임 조각사유가 되지 아니한다. 그러나 법률의 착오가 범죄성립에 요구되는 주관적 요소를 흠결시키는 경우나 제33조에 규정된 바와 같은 경우에는 형사책임 조각사유가 될 수 있다.

제33조
상급자의 명령과 법률의 규정

1. 어떠한 자가 정부의 명령이나 군대 또는 민간인 상급자의 명령에 따라 재판소 관할범죄를 범하였다는 사실은, 다음의 경우를 제외하고는 그 자의 형사책임을 면제시켜 주지 아니한다.

   가. 그 자가 정부 또는 관련 상급자의 명령에 따라야 할 법적 의무하에 있었고,

   나. 그 자가 명령이 불법임을 알지 못하였으며,

   다. 명령이 명백하게 불법적이지는 않았던 경우

2. 이 조의 목적상, 집단살해죄 또는 인도에 반한 죄를 범하도록 하는 명령은 명백하게 불법이다.

제 4 부   재판소의 구성과 행정

제34조
재판소의 기관

재판소는 다음 기관으로 구성된다.

   가. 소장단

   나. 상소심부, 1심부 및 전심부

   다. 소추부

   라. 사무국

제35조
재판관의 복무

1. 모든 재판관은 재판소의 전임 구성원으로 선출되며, 그들의 임기가 개시되는 때로부터 그러한 방식으로 근무할 수 있어야 한다.

2. 소장단을 구성하는 재판관들은 선출된 때로부터 전임으로 근무한다.

3. 소장단은 재판소의 업무량을 기초로 구성원들과의 협의를 거쳐, 수시로 나머지 재판관들의 어느 정도를 전임으로 근무하도록 할 것인가를 결정할 수 있다. 그러한 조치는 제40조의 규정을 해하지 아니한다.

4. 전임으로 근무할 필요가 없는 재판관에 대한 재정적 조치는 제49조에 따라 이루어진다.

제36조
재판관의 자격요건, 추천 및 선거

1. 제2항의 규정을 조건으로 재판소에는 18인의 재판관을 둔다.

2. 가. 재판소를 대표하여 행동하는 소장단은 증원이 필요하고 적절하다는 사유를 적시하여 제1항에 명시된 재판관의 증원을 제안할 수 있다. 사무국장은 이러한 제안을 신속히 모든 당사국에 회람한다.

   나. 그러한 제안은 제112조에 따라 소집되는 당사국총회의 회의에서 심의된다. 제안은 당사국총회 회원국의 3분의 2의 투표에 의하여 승인되면 채택된 것으로 간주하며, 당사국총회가 결정하는 시점에 발효한다.

   다. (1) 나호에 따라 재판관의 증원을 위한 제안이 채택된 경우, 추가되는 재판관의 선거는 제3항 내지 제8항 및 제37조제2항에 따라 당사국총회의 다음 회기에서 실시된다.

      (2) 나호와 다호(1)에 따라 재판관의 증원을 위한 제안이 채택되고 발효한 경우, 소장단은 재판소의 업무량이 이를 정당화할 경우 그 후 언제든지 재판관의 감원을 제안할 수 있다. 다만, 재판관의 수는 제1항에 명시된 수 미만으로 감원되어서는 아니 된다. 제안은 가호 및 나호에 정하여진 절차에 따라 처리된다. 제안이 채택된 경우, 재판관의 수는 필요한 수에 도달될 때까지 재직 중인 재판관의 임기가 만료됨에 맞추어 점진적으로 감소시킨다.

3. 가. 재판관은 각국에서 최고 사법직에 임명되기 위해 필요한 자격을

갖추고, 높은 도덕성과 공정성 및 성실성을 가진 자 중에서 선출
된다.

나. 재판관 선거 후보자는 다음을 갖추어야 한다.

(1) 형법과 형사절차에서의 인정된 능력과 판사, 검사, 변호사 또는
이와 유사한 다른 자격으로서 형사소송에서의 필요한 관련 경
력. 또는,

(2) 국제인도법 및 인권법과 같은 국제법 관련 분야에서의 인정된
능력과 재판소의 사법업무와 관련되는 전문적인 법률 직위에서
의 풍부한 경험

다. 재판관 선거 후보자는 재판소의 실무언어중 최소한 하나의 언어에
탁월한 지식을 갖고 이를 유창하게 구사하여야 한다.

4. 가. 재판관 선거 후보자의 추천은 이 규정의 어떠한 당사국도 할 수
있으며, 다음 중 어느 절차에 따라야 한다.

(1) 당해 국가에서 최고 사법직의 임명을 위한 후보자 추천 절차

(2) 국제사법재판소규정상 국제사법재판소에 대한 후보 추천을 정
한 절차

추천에는 후보자가 제3항의 요건을 어떻게 충족하는지를 반드
시 상세하게 명시하는 설명이 첨부되어야 한다.

나. 각 당사국은 모든 선거에서 꼭 자국민일 필요는 없으나 반드시 당
사국의 국민인 1인의 후보자를 추천할 수 있다.

다. 당사국총회는 적절한 경우 추천에 관한 자문위원회를 설치하기로
결정할 수 있다. 그러한 경우 위원회의 구성과 임무는 당사국총회
가 정한다.

5. 선거의 목적상 다음과 같은 두 가지 후보자명부를 둔다.

제3항나호(1)에 명시된 자격요건을 갖춘 후보자의 명단을 포함하는 A
명부

제3항나호(2)에 명시된 자격요건을 갖춘 후보자의 명단을 포함하는 B
명부

두 개 명부 모두에 해당하는 충분한 자격요건을 갖춘 후보자는 등재될 명부를 선택할 수 있다. 최초의 재판관 선거시 A명부로부터는 최소한 9인의 재판관이, 그리고 B명부로부터는 최소한 5인의 재판관이 선출되어야 한다. 그 후의 선거는 양 명부상의 자격요건을 갖춘 재판관들이 재판소에서 상응하는 비율을 유지하도록 이루어져야 한다.

6. 가. 재판관은 제112조에 따라 재판관 선거를 위하여 소집되는 당사국 총회의 회의에서 비밀투표로 선출된다. 제7항을 조건으로, 재판관으로 선출되는 자는 출석하여 투표한 당사국의 3분의 2 이상의 최다득표를 한 18인의 후보자로 한다.

   나. 제1차 투표에서 충분한 수의 재판관이 선출되지 아니한 경우, 충원될 때까지 가호에 정해진 절차에 따라 계속 투표를 실시한다.

7. 어떠한 2인의 재판관도 동일한 국가의 국민이어서는 아니 된다. 재판소 구성의 목적상 2개 이상의 국가의 국민으로 인정될 수 있는 자는 그가 통상적으로 시민적 및 정치적 권리를 행사하는 국가의 국민으로 간주된다.

8. 가. 당사국들은 재판관의 선출에 있어서 재판소 구성원 내에서 다음의 필요성을 고려한다.
   (1) 세계의 주요 법체계의 대표성
   (2) 공평한 지역적 대표성
   (3) 여성 및 남성 재판관의 공정한 대표성

   나. 당사국들은 여성이나 아동에 대한 폭력을 포함하되 이에 국한되지 아니하는 특수한 문제에 대하여 법률 전문지식을 가진 재판관을 포함시킬 필요성도 고려한다.

9. 가. 재판관은 나호를 조건으로 9년간 재직하며, 다호 및 제37조제2항을 조건으로 재선될 수 없다.

   나. 첫 번째 선거에서, 선출된 재판관의 3분의 1은 추첨으로 3년의 임기동안 복무하도록 선정되며, 또 다른 3분의 1의 재판관은 추첨으로 6년의 임기동안 복무하도록 선정되며, 나머지 재판관은 9년의

임기동안 복무한다.

다. 나호에 따라 3년의 임기동안 복무하도록 선정된 재판관은 완전한 임기로 재선될 수 있다.

10. 제9항의 규정에도 불구하고 제39조에 따라 1심부 또는 상소심부에 배정된 재판관은 그 재판부에서 이미 심리가 개시된 1심 또는 상소심이 종결될 때까지 계속 재직하여야 한다.

제37조
재판관의 결원

1. 결원이 발생한 경우 제36조에 따라 결원을 채우기 위한 선거를 실시한다.

2. 결원을 채우기 위하여 선출된 재판관은 전임자의 잔여임기 동안 재직하며, 그 기간이 3년 이하일 경우에는 제36조에 따라 완전한 임기로 재선될 수 있다.

제38조
소 장 단

1. 재판소장과 제1부소장 및 제2부소장은 재판관들의 절대다수결에 의하여 선출된다.

그들은 각각 3년의 임기 또는 그들 각자의 재판관 임기의 종료중 먼저 만료되는 때까지 재직한다. 그들은 한 번 재선될 수 있다.

2. 제1부소장은 재판소장이 직무를 수행할 수 없거나 자격을 상실한 경우 재판소장의 직무를 대리한다. 제2부소장은 재판소장과 제1부소장 모두 직무를 수행할 수 없거나 자격을 상실한 경우 재판소장의 직무를 대리한다.

3. 재판소장은 제1부소장 및 제2부소장과 함께 소장단을 구성하며, 소장단은 다음에 대하여 책임을 진다.

가. 소추부를 제외한 재판소의 적절한 운영

나. 이 규정에 따라 소장단에 부여된 다른 기능

4. 제3항가호에 따른 책임을 수행함에 있어서 소장단은 상호 관심사인 모든 사항에 대하여 소추관과 조정하고 동의를 구한다.

제39조
재 판 부

1. 재판관 선거후 가능한 한 신속히, 재판소는 제34조나호에 명시된 담당 부를 구성한다. 상소심부는 재판소장과 4인의 다른 재판관으로, 1심부 는 6인 이상의 재판관으로, 그리고 전심부는 6인 이상의 재판관으로 구성된다. 재판관의 담당부 배정은 각 부가 수행할 기능의 성격과 선 출된 재판관의 자격과 경력에 기초하여 각 부에 형법 및 형사절차와 국제법에서의 전문지식이 적절히 배합되는 방식으로 이루어져야 한다. 1심부와 전심부는 형사소송의 경력이 있는 재판관들을 위주로 구성된다.

2. 가. 재판소의 사법적 기능은 각 부의 재판부에 의하여 수행된다.

　나. (1) 상소심재판부는 상소심부의 모든 재판관들로 구성된다.

　　(2) 1심재판부의 기능은 1심부의 3인의 재판관에 의하여 수행된다.

　　(3) 전심재판부의 기능은 전심부의 3인의 재판관 또는 이 규정과 절 차및증거규칙에 따라 전심부의 단독 재판관에 의하여 수행된다.

　다. 이 항의 어떠한 규정도 재판소 업무량의 효율적인 관리상 필요한 경우에 2개 이상의 1심재판부 또는 전심재판부를 동시에 구성하는 것을 배제하지 아니한다.

3. 가. 1심부와 전심부에 배정된 재판관은 그 부에서 3년간 복무하며, 그 후에도 해당부에서 이미 심리가 개시된 사건에 대하여는 그 사건 종결시까지 복무한다.

　나. 상소심부에 배정된 재판관은 그들의 전체 임기동안 그 부에서 복 무한다.

4. 상소심부에 배정된 재판관은 오직 그 부에서만 근무한다. 그러나 이 조의 어떠한 규정도 소장단이 재판소 업무량의 효율적 관리상 필요하

다고 판단하는 경우, 1심부에서 전심부로 또는 그 반대로 재판관을 잠
정적으로 배정하는 것을 배제하지 아니한다. 다만, 어떠한 상황에서도
사건의 전심재판 단계에 참여하였던 재판관은 당해 사건을 심리하는
1심재판부에 참여할 수 없다.

제40조
재판관의 독립

1. 재판관은 그 직무를 수행함에 있어서 독립적이다.
2. 재판관은 자신의 사법적 기능에 방해가 될 수 있거나 또는 자신의 독
   립성에 대한 신뢰에 영향을 미칠 수 있는 어떠한 활동에도 종사하여
   서는 아니된다.
3. 재판소의 소재지에서 전임으로 복무하는 재판관은 다른 영리적 성격
   의 직업에 종사하여서는 아니된다.
4. 제2항과 제3항의 적용에 관한 문제는 재판관의 절대다수결에 의하여
   결정된다. 그러한 문제가 재판관 개인에 관한 것인 경우 당해 재판관
   은 결정에 참여하지 아니한다.

제41조
재판관의 회피와 제척

1. 소장단은 재판관의 요청이 있으면 절차및증거규칙에 따라 당해 재판
   관이 이 규정상의 직무 수행을 회피하도록 할 수 있다.
2. 가. 재판관은 어떠한 사유에서든 자신의 공정성이 합리적으로 의심받
      을 수 있는 어떠한 사건에도 참여하지 아니한다. 특히 재판관이
      전에 어떤 자격으로든 재판소에 제기된 사건에 관여하였거나 또는
      현재 수사 중이거나 기소 중인 자가 연루된 국내 형사사건에 관여
      한 경우, 재판관은 이 항에 따라 그 사건으로부터 제척된다. 재판
      관은 절차및증거규칙에 규정된 다른 사유로도 제척된다.
   나. 소추관 또는 수사중이거나 기소중인 자는 이 항에 따라 재판관의

제척을 요청할 수 있다.

다. 재판관의 제척에 관한 모든 문제는 재판관의 절대다수결에 의하여 결정된다. 이의가 제기된 재판관은 이 문제에 관한 자신의 의견을 진술할 권리가 있으나 결정에는 참여하지 아니한다.

제42조
소 추 부

1. 소추부는 재판소의 별개 기관으로서 독립적으로 활동한다. 소추부는 재판소에 회부되는 관할범죄와 그 범죄에 관한 구체적 정보를 접수하며, 이를 조사하고 수사하여 재판소에 기소를 제기하는데 대한 책임을 진다. 소추부의 구성원은 외부로부터 지시를 구하거나 지시에 따라 활동하여서는 아니 된다.

2. 소추부의 장은 소추관으로 한다. 소추관은 직원, 시설 및 다른 자원을 포함하여 소추부의 관리 및 행정에 전권을 가진다. 소추관은 이 규정에 따라 소추관에게 요구되는 모든 활동을 수행할 권한을 가지는 1인 이상의 부소추관의 조력을 받는다. 소추관과 부소추관은 서로 다른 국적을 가져야 한다. 그들은 전임으로 근무한다.

3. 소추관과 부소추관은 높은 도덕성과 형사사건의 기소와 재판에 있어 고도의 능력과 풍부한 실무경력을 갖춘 자이어야 한다. 그들은 재판소의 실무언어중 최소한 하나의 언어에 탁월한 지식을 갖고 이를 유창하게 구사하여야 한다.

4. 소추관은 당사국총회 회원국의 비밀투표에 의하여 절대다수결로 선출된다. 부소추관은 소추관이 제시한 후보자 명부로부터 동일한 방식으로 선출된다. 소추관은 충원될 부소추관의 각 직에 대하여 각각 3인의 후보자를 추천한다. 선출시 더 짧은 임기로 결정되지 아니하는 한, 소추관과 부소추관은 9년의 임기동안 재직하며 재선될 수 없다.

5. 소추관과 부소추관은 자신의 소추기능에 방해가 될 수 있거나 자신의 독립성에 대한 신뢰에 영향을 미칠 수 있는 어떠한 활동에도 종사하

지 아니한다. 그들은 다른 영리적 성격의 직업에도 종사하지 아니한다.

6. 소장단은 소추관 또는 부소추관의 요청에 따라 특정 사건을 다루는 것을 회피하도록 할 수 있다.

7. 소추관과 부소추관은 어떠한 사유에서든 자신의 공정성이 합리적으로 의심받을 수 있는 어떠한 사건에도 참여하지 아니한다. 특히 그들이 전에 어떠한 자격으로든 재판소에 제기된 사건에 관여하였거나 또는 현재 수사 중이거나 기소 중인 자가 연루된 국내 형사사건에 관여한 경우, 그들은 이 항에 따라 그 사건으로부터 제척된다.

8. 소추관과 부소추관의 제척에 관한 모든 문제는 상소심재판부가 결정한다.

    가. 수사 중이거나 기소 중인 자는 언제든지 이 조에 규정된 사유에 근거하여 소추관과 부소추관의 제척을 요청할 수 있다.

    나. 소추관과 부소추관은 적절한 경우 이 사안에 대하여 자신의 의견을 진술할 권리가 있다.

9. 소추관은 성폭력 또는 성별 폭력 및 아동에 대한 폭력을 포함하되 이에 국한되지 아니하는 특수한 문제에 대하여 법률 전문지식을 가진 자문관을 임명한다.

제43조

사 무 국

1. 사무국은 제42조에 따른 소추관의 직무와 권한을 침해함이 없이 재판소의 행정과 사무의 비사법적 측면에 대하여 책임을 진다.

2. 사무국은 재판소의 수석행정관인 사무국장이 이끈다. 사무국장은 재판소장의 권위하에서 자신의 직무를 수행한다.

3. 사무국장과 사무차장은 높은 도덕성을 가진 탁월한 능력의 소유자이어야 하며, 재판소의 실무언어 중 최소한 하나의 언어에 탁월한 지식을 갖고 이를 유창하게 구사하여야 한다.

4. 재판관들은 당사국총회의 추천을 고려하여 비밀투표에 의하여 절대다

수결로 사무국장을 선출한다. 필요한 경우 사무국장의 추천에 따라, 재판관들은 동일한 방식으로 사무차장을 선출한다.

5. 사무국장은 5년 임기동안 재직하며 한번 재선될 수 있고, 전임으로 근무한다. 사무차장의 임기는 5년 또는 재판관들의 절대다수결로 결정하는 더 짧은 기간으로 하며, 사무차장의 근무가 필요하다고 요구되는 경우 선출될 수 있다.

6. 사무국장은 사무국내에 피해자·증인 담당부를 둔다. 이 담당부는 소추부와 협의하여 증인, 재판소에 출석한 피해자, 그리고 그러한 증인이 행한 증언으로 인하여 위험에 처한 다른 자들을 위한 보호조치와 안전조치, 상담 및 기타 적절한 지원을 제공한다. 이 부에 성폭력 범죄와 관련된 정신장애를 포함하여 정신장애에 전문지식을 가진 직원을 포함한다.

제44조
직 원

1. 소추관과 사무국장은 각각의 업무에 필요한 자격을 가진 직원을 임명한다. 소추관의 경우에는 수사관의 임명을 포함한다.

2. 직원을 채용함에 있어서, 소추관과 사무국장은 최고 수준의 효율성·능력 및 성실성을 확보하여야 하며, 제36조제8항에 규정된 기준을 준용한다.

3. 사무국장은 소장단 및 소추관의 합의를 얻어 재판소 직원의 임명, 보수 및 해고에 관한 조건들을 포함하는 직원규칙을 제안한다. 직원규칙은 당사국총회의 승인을 받아야 한다.

4. 재판소는 예외적인 경우 재판소의 각 기관의 업무를 보조하기 위하여 당사국, 정부간 또는 비정부간 기구가 제공하는 무보수 요원의 전문지식을 활용할 수 있다. 소추관은 소추부를 대표하여 그러한 제공을 수락할 수 있다. 그러한 무보수 요원은 당사국총회가 제정한 지침에 따라 채용된다.

제45조
선　서

재판관, 소추관, 부소추관, 사무국장 및 사무차장은 이 규정에 따른 각자의 임무를 맡기 전에 공개된 법정에서 자신의 직무를 공정하고 양심적으로 수행할 것을 각자 엄숙히 선서한다.

제46조
직의 상실

1. 재판관, 소추관, 부소추관, 사무국장 또는 사무차장은 다음의 경우에 해당하여 제2항에 따른 결정이 내려지면 그 직을 상실한다.

    가. 절차및증거규칙에 규정되어 있는 바와 같이 중대한 부정행위 또는 이 규정에 따른 의무의 중대한 위반을 범한 것으로 밝혀진 경우

    나. 이 규정이 요구하는 직무를 수행할 수 없는 경우

2. 제1항에 따른 재판관, 소추관 또는 부소추관의 직의 상실에 관한 결정은 당사국총회에서 비밀투표로 다음과 같이 이루어진다.

    가. 재판관의 경우, 다른 재판관들의 3분의 2의 다수결에 의하여 채택된 권고에 대하여 당사국의 3분의 2의 다수결

    나. 소추관의 경우, 당사국의 절대다수결

    다. 부소추관의 경우, 소추관의 권고에 따른 당사국의 절대다수결

3. 사무국장 또는 사무차장의 직의 상실에 관한 결정은 재판관들의 절대다수결에 의하여 이루어진다.

4. 재판관, 소추관, 부소추관, 사무국장 또는 사무차장은 자신의 행동 또는 이 규정이 요구하는 직무를 수행할 능력에 대하여 이 조에 따른 이의제기가 있는 경우, 절차및증거규칙에 따라 증거를 제출하거나 접수하고 의견을 개진할 충분한 기회를 가진다. 그 외에는 본인은 이 사안에 대한 심의에 참여하지 아니한다.

제47조
징계처분

제46조제1항에 규정된 것보다 덜 중대한 성격의 부정행위를 범한 재판관, 소추관, 부소추관, 사무국장 또는 사무차장은 절차및증거규칙에 따라 징계처분을 받는다.

제48조
특권과 면제

1. 재판소는 각 당사국의 영역에서 재판소의 목적 달성을 위하여 필요한 특권과 면제를 향유한다.

2. 재판관, 소추관, 부소추관 및 사무국장은 재판소의 업무나 그와 관련된 업무를 수행하는 경우, 외교사절의 장에게 부여되는 것과 동일한 특권과 면제를 향유하며, 임기가 만료된 후에도 그들이 공적 지위에서 행한 구두 또는 서면의 진술과 행위에 대하여 모든 종류의 법적 절차로부터 계속 면제를 부여받는다.

3. 사무차장, 소추부의 직원 및 사무국의 직원은 재판소의 특권 및 면제에 관한 협정에 따라 자신의 직무수행에 필요한 특권면제와 편의를 향유한다.

4. 변호인, 전문가, 증인 또는 재판소에 출석이 요구되는 다른 자는 재판소의 특권 및 면제에 관한 협정에 따라 재판소의 적절한 기능수행을 위하여 필요한 대우를 부여받는다.

5. 가. 재판관 또는 소추관의 특권과 면제는 재판관들의 절대다수결에 의하여 포기될 수 있다.

   나. 사무국장의 특권과 면제는 소장단에 의하여 포기될 수 있다.

   다. 부소추관과 소추부 직원의 특권과 면제는 소추관에 의하여 포기될 수 있다.

   라. 사무차장과 사무국 직원의 특권과 면제는 사무국장에 의하여 포기될 수 있다.

제49조
급여·수당 및 비용

재판관, 소추관, 부소추관, 사무국장 및 사무차장은 당사국총회에서 결정되는 급여수당 및 비용을 받는다. 이러한 급여와 수당은 그들의 재직기간 동안 삭감되지 아니한다.

제50조
공식언어 및 실무언어

1. 재판소의 공식언어는 아랍어, 중국어, 영어, 프랑스어, 러시아어 및 스페인어로 한다. 재판소의 판결과 재판소에 제기된 중대한 문제를 해결하는 기타 결정은 공식언어로 공표된다. 소장단은 절차및증거규칙이 정한 기준에 따라 이 항의 목적상 어떠한 결정이 근본적 문제를 해결하는 것으로 되는지를 결정한다.

2. 재판소의 실무언어는 영어와 프랑스어로 한다. 절차및증거규칙은 다른 공식언어가 실무언어로 사용될 수 있는 경우를 결정한다.

3. 절차의 당사자 또는 절차에 참가가 허용된 국가의 요청이 있으면, 재판소는 그러한 허가가 충분히 정당화될 수 있다고 판단하는 경우에, 그 당사자나 국가가 영어 또는 프랑스어 이외의 언어를 사용할 수 있도록 허가한다.

제51조
절차및증거규칙

1. 절차및증거규칙은 당사국총회 회원국의 3분의 2의 다수결에 의한 채택으로 발효한다.

2. 절차및증거규칙의 개정은 다음에 의하여 제안될 수 있다.

　　가. 당사국

　　나. 절대과반수의 재판관

　　다. 소추관

그러한 개정은 당사국총회 회원국의 3분의 2의 다수결에 의한 채택으로 발효한다.

3. 절차및증거규칙의 채택 후, 그 규칙에 재판소에 제기된 특정한 사태를 다룰 규정이 없는 긴급한 경우, 재판관들은 당사국총회의 차기 정기회기 또는 특별회기에서 채택개정 또는 거부될 때까지 적용될 임시규칙을 3분의 2의 다수결로 제정할 수 있다.

4. 절차및증거규칙, 그 개정 및 모든 임시규칙은 이 규정에 부합되어야 한다. 임시규칙뿐만 아니라 절차및증거규칙의 개정은 수사중이거나 기소중인 자 또는 유죄판결을 받는 자에게 불리하게 소급 적용되지 아니한다.

5. 이 규정과 절차및증거규칙이 충돌할 경우, 이 규정이 우선한다.

제52조
재판소 규칙

1. 이 규정과 절차및증거규칙에 따라 재판관들은 재판소의 일상적인 기능수행에 필요한 재판소 규칙들을 절대다수결로 채택한다.

2. 재판소 규칙을 제정하거나 개정하는데 있어서 소추관 및 사무국장과 협의한다.

3. 재판소 규칙이나 그 개정은 재판관들이 달리 결정하지 아니하는 한, 채택시에 발효한다. 재판소 규칙이나 그 개정은 채택 즉시 당사국의 의견수렴을 위하여 당사국에게 회람된다. 6개월 이내에 당사국의 과반수로부터 반대가 없는 한, 재판소 규칙이나 그 개정은 계속하여 효력을 가진다.

제 5 부   수사 및 기소

제53조
수사의 개시

1. 소추관은 자신에게 이용 가능한 정보를 평가한 후, 이 규정에 따른 절차를 진행할 합리적 근거가 없다고 판단하지 않는 한 수사를 개시하여야 한다. 수사 개시 여부를 결정함에 있어 소추관은 다음을 고려한다.

   가. 소추관에게 이용 가능한 정보가 재판소 관할범죄가 범하여졌거나 범하여지고 있다고 믿을 만한 합리적 근거를 제공하는지 여부

   나. 사건이 제17조에 따른 재판적격성이 있는지 또는 있게 될지 여부

   다. 범죄의 중대성 및 피해자의 이익을 고려하더라도, 수사가 정의에 도움이 되지 않을 것이라고 믿을 만한 상당한 이유가 있는지 여부

   소추관이 절차를 진행할 합리적 근거가 없다고 결정하고 그 결정이 오직 다호만을 근거로 한 경우, 소추관은 이를 전심재판부에 통지한다.

2. 수사 후 소추관이 다음과 같은 이유로 기소할 충분한 근거가 없다고 결정하는 경우, 소추관은 전심재판부 및 제14조에 따라 회부한 국가 또는 제13조나호에 따른 사건의 경우 안전보장이사회에 자신의 결정과 그 이유를 통지한다.

   가. 제58조에 따른 영장 또는 소환장을 청구할 법적 또는 사실적 근거가 충분하지 않은 경우

   나. 사건이 제17조에 따라 재판적격성이 없는 경우

   다. 범죄의 중대성, 피해자의 이익, 피의자의 연령 또는 쇠약 정도 및 범죄에 있어서 피의자의 역할을 포함한 모든 정황을 고려할 때, 기소가 정의에 부합하지 아니하는 경우

3. 가. 제14조에 따른 사건 회부국 또는 제13조나호에 따른 안전보장이사회의 요청이 있으면, 전심재판부는 제1항 또는 제2항에 따른 소추관의 절차종결 결정을 재검토할 수 있으며, 소추관에게 그 결정을

재고할 것을 요청할 수 있다.

나. 또한 소추관의 절차종결 결정이 오직 제1항다호 또는 제2항다호만을 근거로 한 경우, 전심재판부는 직권으로 그 결정을 재검토할 수 있다. 그러한 경우 소추관의 결정은 전심재판부의 확인을 받아야만 유효하다.

4. 소추관은 새로운 사실이나 정보를 근거로 수사 또는 기소의 개시 여부에 대한 결정을 언제든지 재고할 수 있다.

제54조

수사에 관한 소추관의 의무 및 권한

1. 소추관은,

가. 진실을 규명하기 위하여 이 규정에 따른 형사책임이 있는지 여부를 평가하는데 관계되는 모든 사실과 증거를 수사하며, 그렇게 함에 있어서 유죄 및 무죄의 정황을 동등하게 수사한다.

나. 재판소 관할범죄의 효과적인 수사 및 기소를 보장하기 위하여 적절한 조치를 취하며, 그렇게 함에 있어서 연령, 제7조제3항에 정의된 바와 같은 성별, 건강을 포함하여 피해자 및 증인의 이익과 개인적인 정황을 존중하고, 특히 성폭력, 성별 폭력 또는 아동에 대한 폭력이 관련된 경우에는 범죄의 성격을 고려한다.

다. 이 규정에 따른 개인의 권리를 충분히 존중한다.

2. 소추관은 국가의 영역에서 다음과 같이 수사를 행할 수 있다.

가. 제9부의 규정에 따라,

나. 제57조제3항라호에 따른 전심재판부의 허가를 받아

3. 소추관은,

가. 증거를 수집하고 조사할 수 있다.

나. 수사 중인 자, 피해자 및 증인의 출석을 요구하고 그들을 신문할 수 있다.

다. 국가 또는 정부간 기구나 조직의 협조를 그들 각각의 권한 및/또

　　는 임무에 따라 구할 수 있다.

라. 국가, 정부간 기구 또는 개인의 협조를 촉진하는데 필요한 약정 또는 협정을 맺을 수 있다. 단, 그러한 약정 또는 협정은 이 규정에 저촉되어서는 아니 된다.

마. 소추관이 비밀을 조건으로 그리고 오로지 새로운 증거를 산출할 목적으로 취득한 문서 또는 정보를, 정보제공자가 동의하지 아니하는 한 절차의 어떠한 단계에서도 공개하지 않기로 합의할 수 있다.

바. 정보의 비밀, 개인의 보호 또는 증거의 보전을 확보하기 위하여 필요한 조치를 취하거나 또는 필요한 조치가 취해지도록 요청할 수 있다.

제55조
수사 중 개인의 권리

1. 이 규정에 따른 수사와 관련하여 개인은,

가. 스스로 복죄하거나 자신의 유죄를 시인하도록 강요받지 아니한다.

나. 어떠한 형태의 강요, 강박 또는 위협, 고문, 또는 다른 어떠한 형태의 잔혹하거나 비인도적이거나 굴욕적인 대우나 처벌을 받지 아니한다.

다. 자신이 충분히 이해하고 말하는 언어 이외의 언어로 신문받는 경우, 무료로 유능한 통역과 공정성의 요건을 충족시키는데 필요한 번역의 도움을 받는다.

라. 자의적인 체포 또는 구금을 당하지 아니하며, 이 규정에서 정한 근거와 절차에 따른 경우를 제외하고는 자유를 박탈당하지 아니한다.

2. 개인이 재판소 관할범죄를 범하였다고 믿을 만한 근거가 있고, 그 자가 소추관 또는 이 규정 제9부에 의한 요청에 따라 국가 당국의 신문을 받게 될 경우, 그는 신문에 앞서 자신에게 고지되어야 할 다음의 권리를 가진다.

가. 신문에 앞서 그가 재판소 관할범죄를 범하였다고 믿을 만한 근거
　　가 있음을 고지받을 권리

나. 침묵이 유죄 또는 무죄를 결정함에 있어서 참작됨이 없이 진술을
　　거부할 권리

나. 자신이 선택하는 법적 조력을 받을 권리, 또는 자신이 법적 조력
　　을 받지 못하고 있다면 정의를 위하여 요구되는 경우에 자신에게
　　지정된 법적 조력을 받을 권리, 그리고 자신이 비용을 지불할 충
　　분한 수단이 없는 경우에는 이를 무료로 제공받을 권리

다. 자신이 자발적으로 변호인의 조력을 받을 권리를 포기하지 아니하
　　는 한 변호인의 참석하에 신문을 받을 권리

제56조
유일한 수사기회에 관한 전심재판부의 역할

1. 가. 소추관이 수사가 증인으로부터 증언이나 진술을 얻거나 증거를 조
　　사·수집 또는 검사하기 위한 유일한 기회를 제공하며 재판을 위
　　하여 추후에는 확보할 수 없다고 판단하는 경우, 소추관은 이를
　　전심재판부에 통지한다.

　나. 이 경우 전심재판부는 소추관의 청구가 있으면 절차의 효율성과
　　일체성을 보장하고, 특히 피의자의 권리를 보호하는데 필요한 조
　　치를 취할 수 있다.

　다. 전심재판부가 달리 명하지 않는 한, 소추관은 가호에 규정된 수사
　　와 관련하여 체포된 자 또는 소환에 응하여 출석한 자에게 자신이
　　관련된 사항에 관하여 진술할 수 있도록 관련 정보를 제공한다.

2. 제1항나호에 언급된 조치는 다음을 포함할 수 있다.

　가. 취하여야 할 절차에 관한 권고 또는 명령

　나. 절차에 대한 기록의 작성 지시

　다. 보조할 전문가의 임명

　라. 체포된 자 또는 소환에 응하여 재판소에 출석한 자를 위한 변호인

의 참여 허가 또는 그러한 체포나 출석이 아직 없었거나 변호인이 선정되지 아니한 경우에 참석하여 피의자측의 이익을 대변할 변호인의 임명

마. 증거의 수집 및 보전과 신문을 관찰하고 그에 관한 권고 또는 명령을 하도록 전심재판부의 구성원 중의 한 명 또는 필요한 경우에는 전심부 또는 1심부의 활용 가능한 다른 재판관의 지명

바. 증거를 수집하거나 보전하는데 필요한 기타의 조치들

3. 가. 소추관이 이 조에 따른 조치를 구하지는 않았으나 전심재판부가 재판에서 피고인에게 필수적이라고 여기는 증거를 보전하기 위하여 그러한 조치가 필요하다고 판단하는 경우, 전심재판부는 소추관이 그러한 조치를 요청하지 않은데 상당한 이유가 있는지 여부에 관하여 소추관과 협의한다. 협의 후 소추관이 그러한 조치를 요청하지 않은 것이 부당하다고 판단하는 경우, 전심재판부는 직권으로 그러한 조치를 취할 수 있다.

나. 이 항에 따른 전심재판부의 직권 조치 결정에 대하여 소추관은 상소할 수 있다.

상소는 신속하게 심리된다.

4. 이 조에 따라 재판을 위하여 보전되거나 수집된 증거 또는 그에 대한 기록의 증거능력은 재판시 제69조에 의해 결정되며, 1심재판부가 정하는 증명력이 부여된다.

제57조
전심재판부의 기능 및 권한

1. 이 규정에서 달리 정하지 않는 한, 전심재판부는 이 조의 규정에 따라 기능을 행사한다.

2. 가. 제15조, 제18조, 제19조, 제54조제2항, 제61조제7항 및 제72조에 따른 전심재판부의 명령 또는 결정은 그 재판부 재판관들의 과반수의 동의가 있어야 한다.

나. 그 외의 모든 경우에 절차및증거규칙에 달리 규정되어 있거나 또
는 전심재판부의 과반수에 의하여 달리 결정되지 않는 한, 전심재
판부의 단독 재판관이 이 규정에 따른 기능을 행사할 수 있다.

3. 전심재판부는 이 규정에 따른 다른 기능 외에도,

가. 소추관의 요청에 따라, 수사를 위하여 필요한 명령을 하고 영장을
발부할 수 있다.

나. 체포된 자 또는 제58조에 따른 소환에 응하여 출석한 자의 요청이
있는 경우, 제56조에 규정된 것과 같은 조치를 포함하는 명령을
하거나 또는 자신의 방어준비를 하는 자를 지원하는데 필요한 협
력을 제9부에 따라 구할 수 있다.

다. 필요한 경우, 피해자 및 증인의 보호와 그들의 사생활 보호, 증거
보전, 체포된 자 또는 소환에 응하여 출석한 자의 보호 그리고 국
가안보 정보의 보호를 제공할 수 있다.

라. 전심재판부는 가능한 경우 언제나 당해국의 의견을 고려한 후, 당
해국이 제9부에 따른 협력 요청을 이행할 권한 있는 사법당국이나
그 구성기관을 이용할 수 없음으로 인하여 협력 요청을 이행할 수
없음이 그 사건의 경우에 명백하다고 결정하는 경우, 소추관으로
하여금 제9부에 따른 당해국의 협력을 확보함이 없이 그 국가의
영역 안에서 특정한 수사조치를 취하도록 권한을 줄 수 있다.

마. 제58조에 따라 체포영장 또는 소환장이 발부된 경우, 이 규정과
절차및증거규칙에서 정한 바와 같이 증거가치 및 당해 당사자의
권리를 적절히 고려하여, 피해자의 궁극적 이익을 위하여 몰수 목
적의 보호조치를 취하도록 제93조제1항카호에 따라 당해국의 협조
를 구할 수 있다.

제58조
전심재판부의 체포영장 또는 소환장 발부

1. 전심재판부는 수사 개시 후 언제라도 소추관의 신청에 따라 소추관이

제출한 신청서 및 증거 또는 기타 정보를 검토한 후 다음이 확인되면 체포영장을 발부한다.

가. 당해인이 재판소 관할범죄를 범하였다고 믿을 만한 합리적 근거가 있으며,

나. 당해인의 체포가 다음을 위하여 필요하다고 판단되는 경우

   (1) 재판 출석을 보장하기 위한 경우

   (2) 수사 또는 재판소 절차를 방해하거나 위태롭게 하지 못하도록 보장하기 위한 경우

   (3) 적용 가능한 경우, 당해 범행의 계속 또는 그와 동일한 상황에서 발생하는 재판소의 관할권내에 속하는 관련범행의 계속을 방지하기 위한 경우

2. 소추관의 신청서는 다음을 포함한다.

가. 당해인의 성명 및 기타 관련 신원 정보

나. 당해인이 범행의 혐의를 받는 재판소 관할범죄에 대한 구체적 언급

다. 그러한 범죄를 구성하는 것으로 주장되는 사실에 대한 간결한 설명

라. 당해인이 그러한 범죄를 범하였다고 믿을 만한 합리적 근거를 형성하는 증거 및 기타 정보의 요약

마. 소추관이 당해인의 체포가 필요하다고 믿는 이유

3. 체포영장은 다음을 포함한다.

가. 당해인의 성명 및 기타 관련 신원 정보

나. 당해인의 체포사유가 되는 재판소 관할범죄에 대한 구체적 언급

다. 그러한 범죄를 구성하는 것으로 주장되는 사실에 대한 간결한 설명

4. 체포영장은 재판소가 달리 명령할 때까지 효력을 지속한다.

5. 체포영장을 근거로 재판소는 제9부에 따라 당해인의 긴급인도구속 또는 체포 및 인도를 청구할 수 있다.

6. 소추관은 전심재판부에 대하여 체포영장에 명시된 범죄를 수정하거나 그에 추가함으로써 체포영장을 수정할 것을 요청할 수 있다. 전심재판부는 당해인이 수정되거나 추가된 범죄를 범하였다고 믿을 만한 합리

적 근거가 있다고 확인되는 경우 체포영장을 그와 같이 수정한다.

7. 체포영장 신청에 대한 대안으로 소추관은 당해인에 대해 소환장을 발부하도록 요청하는 신청서를 전심재판부에 제출할 수 있다. 전심재판부는 당해인이 범행의 혐의를 받는 범죄를 범하였다고 믿을 만한 합리적 근거가 있으며 소환장이 그의 출석을 확보하는데 충분하다고 확인하는 경우, 국내법에 규정된 (구금 이외의) 자유를 제한하는 조건을 부가하거나 부가하지 않으면서 당해인이 출석하도록 소환장을 발부한다. 소환장은 다음을 포함한다.

가. 당해인의 성명 및 기타 관련 신원 정보

나. 당해인이 출석하여야 하는 구체적 일자

다. 당해인이 범행의 혐의를 받는 재판소 관할범죄에 대한 구체적 언급

라. 그러한 범죄를 구성하는 것으로 주장되는 사실에 대한 간결한 설명 소환장은 당해인에게 송달된다.

제59조
구금국에서의 체포절차

1. 긴급인도구속 또는 체포 및 인도 요청을 접수한 당사국은 즉시 자국법 및 제9부의 규정에 따라 당해인을 체포하기 위한 조치를 취한다.

2. 체포된 자는 신속히 구금국의 권한 있는 사법당국에 인치되어야 하며, 그 사법당국은 자국법에 따라 다음을 결정한다.

가. 영장이 당해인에 적용되는지 여부

나. 당해인이 적절한 절차에 따라 체포되었는지 여부

다. 당해인의 권리가 존중되었는지 여부

3. 체포된 자는 인도될 때까지 구금국의 권한 있는 당국에 임시석방을 신청할 권리를 가진다.

4. 그러한 신청에 대하여 결정함에 있어 구금국의 권한 있는 당국은 범행의 혐의를 받는 범죄의 중대성에 비추어 임시석방을 정당화하는 긴급하고 예외적인 상황이 있는지 여부 및 구금국이 그를 재판소에 인

도할 의무를 이행할 수 있도록 보장하는 필요한 안전장치가 존재하는
지 여부를 검토한다. 구금국의 권한 있는 당국은 체포영장이 제58조제1
항가호 및 나호에 따라 적절하게 발부되었는지 여부를 검토할 수 없다.

5. 여하한 임시석방 신청도 전심재판부에 통지되어야 하며, 전심재판부는
   구금국의 권한 있는 당국에 권고를 행한다. 구금국의 권한 있는 당국
   은 결정을 내리기 전에 당해인의 도주를 방지하기 위한 조치에 관한
   권고를 포함한 전심재판부의 권고를 충분히 고려한다.

6. 당해인에 대한 임시석방이 허가된 경우, 전심재판부는 임시석방의 상
   황에 대한 정기적인 보고를 요청할 수 있다.

7. 구금국의 인도명령이 내려지면 당해인은 가능한 한 신속히 재판소로
   인도되어야 한다.

제60조
재판소에서의 최초 절차

1. 당해인이 재판소로 인도되거나 또는 자발적이거나 소환에 따라 재판
   소에 출석하였을 때, 전심재판부는 그 자가 범행의 혐의를 받는 범죄에
   대하여 통지를 받았는지, 그리고 재판계속중 임시석방을 신청할 권리
   등 이 규정에 따른 자신의 권리에 관하여 통지를 받았는지 확인한다.

2. 체포영장의 적용을 받는 자는 재판계속중 임시석방을 신청할 수 있다.
   전심재판부가 제58조제1항에 규정된 조건들이 충족됨을 확인한 경우,
   그는 계속 구금된다. 그와 같이 확인되지 않는 경우, 전심재판부는 조
   건부로 또는 조건 없이 당해인을 석방한다.

3. 전심재판부는 석방 또는 구금에 관한 결정을 정기적으로 재검토하며,
   소추관 또는 당해인의 신청이 있으면 언제든지 재검토할 수 있다. 재
   검토에 따라 사정변경으로 필요하다고 인정되는 경우, 전심재판부는
   구금석방 또는 석방조건에 대한 결정을 변경할 수 있다.

4. 전심재판부는 누구도 소추관의 변명할 수 없는 지체로 인하여 재판
   전에 불합리하게 장기간 구금되지 않도록 보장한다. 그러한 지체가 발

생한 경우, 재판소는 조건부로 또는 조건 없이 당해인의 석방을 고려
한다.

5. 필요한 경우 전심재판부는 석방된 자의 출석을 확보하기 위하여 체포
영장을 발부할 수 있다.

제61조
재판전 공소사실의 확인

1. 제2항의 규정을 조건으로, 당해인의 인도 또는 자발적 재판소 출석 후
합리적인 기간 내에 전심재판부는 소추관이 재판을 구하고자 하는 공
소사실을 확인하기 위한 심리를 행한다. 심리는 소추관과 피의자 및
피의자 변호인의 출석하에 이루어진다.

2. 전심재판부는 다음의 경우 소추관의 요청에 따라 또는 직권으로 피의
자가 출석하지 않은 상태에서 소추관이 재판을 구하고자 하는 공소사
실을 확인하기 위한 심리를 할 수 있다.

   가. 당해인이 출석할 권리를 포기한 경우

   나. 당해인이 도주하였거나 소재를 알 수 없고, 그의 재판소 출석을
   확보하고 그에게 공소사실 및 그 공소사실을 확인하기 위한 심리
   의 개시를 통지하기 위해 모든 합리적인 조치를 취한 경우

   그러한 경우, 전심재판부가 정의에 합당하다고 결정하는 경우, 변호인이
당해인을 대리한다.

3. 당해인은 심리 전 합리적인 기간 내에,

   가. 소추관이 그를 재판에 회부하려는 공소사실을 기재한 문서의 사
   본을 제공받는다.

   나. 소추관이 심리에서 근거로 삼고자 하는 증거를 통지받는다.

   전심재판부는 심리 목적으로 정보의 공개에 관하여 명령을 내릴 수
있다.

4. 심리가 시작되기 전에 소추관은 수사를 계속할 수 있으며 공소사실을
수정 또는 철회할 수 있다. 당해인은 심리 전에 여하한 공소사실의 변

경 또는 철회에 대하여 합리적인 통지를 받는다. 공소사실 철회의 경우, 소추관은 전심재판부에 철회의 사유를 통지한다.

5. 심리시 소추관은 당해인이 기소대상인 범죄를 범하였다고 믿을 만한 상당한 근거를 형성하는 충분한 증거로써 각 공소사실을 증빙하여야 한다. 소추관은 서면 증거 또는 약식 증거에 의존할 수 있으며, 재판에서 증언할 것으로 예상되는 증인을 소환할 필요는 없다.

6. 심리시 당해인은,

가. 공소사실을 부인할 수 있다.

나. 소추관이 제출한 증거에 대하여 이의를 제기할 수 있다.

다. 증거를 제출할 수 있다.

7. 전심재판부는 심리를 근거로 당해인이 기소대상인 각각의 범죄를 범하였다고 믿을 만한 상당한 근거를 형성하는 충분한 증거가 있는지를 결정한다. 그 결정에 근거하여 전심재판부는,

가. 충분한 증거가 있다고 결정한 관련 공소사실을 확인하고, 확인된 공소사실에 대한 재판을 위하여 당해인을 1심재판부에 회부한다.

나. 증거가 불충분하다고 결정한 공소사실에 대하여는 확인을 거절한다.

다. 심리를 연기하고 소추관에게 다음을 고려하도록 요청한다.

    ⑴ 특정한 공소사실과 관련하여 추가 증거를 제공하거나 또는 추가 수사를 행할 것, 또는

    ⑵ 제출된 증거가 재판소의 다른 관할범죄를 구성하는 것으로 보이므로 공소사실을 수정할 것

8. 전심재판부가 공소사실의 확인을 거절하는 경우에도, 추가 증거가 보강되면 소추관이 추후 다시 확인을 요청함에는 지장이 없다.

9. 공소사실이 확인된 후 재판이 시작되기 전, 소추관은 전심재판부의 허가를 받고 또한 피의자에게 통지한 후 공소사실을 수정할 수 있다. 소추관이 공소사실을 추가하려고 하거나 보다 중한 공소사실로 대체하려고 하는 경우, 이 조에 따라 공소사실을 확인하기 위한 심리를 열어야 한다. 재판이 시작된 후에는, 소추관은 1심재판부의 허가를 얻어

공소사실을 철회할 수 있다.

10. 전심재판부에 의하여 확인되지 아니한 공소사실이나 소추관이 철회한 공소사실에 대하여 전에 발부된 영장은 효력을 상실한다.

11. 이 조에 따라 공소사실이 확인되면 소장단은 1심재판부를 구성한다. 동 재판부는 제9항 및 제64조 제4항을 조건으로 그 후의 절차에 책임을 지며, 그 절차와 관련되는 적용 가능한 전심재판부의 모든 기능을 행사할 수 있다.

제 6 부 재 판

제62조
재판 장소

달리 결정되지 않는 한, 재판 장소는 재판소의 소재지로 한다.

제63조
피고인 출석하의 재판

1. 피고인은 재판하는 동안 출석하여야 한다.

2. 재판소에 출석한 피고인이 계속하여 재판을 방해하는 경우, 1심재판부는 그를 퇴정시킬 수 있으며 필요한 경우 통신기술을 이용하여 피고인이 재판정 밖에서 재판을 관찰하고 변호인에게 지시할 수 있도록 피고인을 위하여 조치를 취한다. 그러한 조치는 다른 합리적인 대안이 부적절한 것으로 확인된 후, 오직 예외적인 상황에서 엄격히 필요한 기간 동안만 취해져야 한다.

제64조
1심 재판부의 기능과 권한

1. 이 조에 규정된 1심재판부의 기능과 권한은 이 규정과 절차및증거규

칙에 따라 행사된다.

2. 1심재판부는 재판이 공정하고 신속하게, 그리고 피고인의 권리를 충분히 존중하고 피해자와 증인의 보호에 적절히 유의하여 진행되도록 보장한다.

3. 이 규정에 따라 재판을 위해 사건이 배당되면 그 사건을 처리하도록 배정된 1심재판부는 다음을 행한다.

   가. 당사자들과 협의하여 공정하고 신속한 소송진행을 촉진하기 위하여 필요한 절차의 채택

   나. 재판에서 사용될 언어의 결정

   다. 이 규정의 기타 관련 조항에 따라, 적절한 재판준비가 가능하도록 재판이 시작되기에 충분히 앞서 전에 공개되지 않았던 문서 또는 정보의 공개 조치

4. 1심재판부는 효율적이고 공정한 운영을 위하여 필요한 경우, 예비적인 문제를 전심재판부에 회부하거나, 필요한 경우 전심부의 다른 재판관에게 회부할 수 있다.

5. 당사자들에 대한 통지 후 1심재판부는 2인 이상의 피고인들에 대한 공소사실들에 관하여 적절한 대로 병합 또는 분리를 지시할 수 있다.

6. 재판 전 또는 재판이 진행되는 동안 그 기능을 수행함에 있어, 1심재판부는 필요한 대로 다음을 행할 수 있다.

   가. 제61조제11항에 규정된 전심재판부의 기능 행사

   나. 필요한 경우 이 규정이 정하는 바에 따라 국가의 지원을 받음으로써 증인의 출석 및 증언, 그리고 문서 및 기타 증거의 제공 요구

   다. 비밀 정보의 보호 제공

   라. 재판전에 이미 수집되었거나 재판중에 당사자가 제출한 증거 외의 추가 증거의 제출 명령

   마. 피고인, 증인 및 피해자의 보호 조치

   바. 기타 관련 문제에 대한 어떠한 결정

7. 재판은 공개로 진행된다. 그러나 1심재판부는 제68조에 기술된 목적을

위하여 또는 증거로 제출될 비밀정보나 민감한 정보를 보호하기 위한 특수상황으로 인하여 특정 절차를 비공개로 진행할 것이 요구된다고 결정할 수 있다.

8. 가. 재판이 시작되면 1심재판부는 전심재판부가 확인한 공소사실을 피고인에게 낭독한다. 1심재판부는 피고인이 공소사실의 성격을 이해하고 있음을 확인한다. 재판부는 피고인에게 제65조에 따라 유죄를 인정하거나 무죄를 주장할 기회를 부여한다.

나. 재판에서 재판장은 절차가 공정하고 공평한 방식으로 진행되도록 보장하는 것을 포함하여 절차의 진행을 위한 지시를 할 수 있다. 재판장의 지시를 조건으로, 당사자는 이 규정에 정한 바에 따라 증거를 제출할 수 있다.

9. 1심재판부는 당사자의 신청에 따라 또는 직권으로, 특히 다음 권한을 가진다.

가. 증거능력 또는 증거의 관련성을 결정할 권한

나. 심리중 질서를 유지하는데 필요한 모든 조치를 취할 권한

10. 1심재판부는 절차를 정확하게 반영하는 완벽한 재판기록이 작성되고 사무국장이 이를 유지·보존할 것을 보장한다.

제65조

유죄인정에 관한 절차

1. 피고인이 제64조제8항가호에 따라 유죄를 인정하는 경우, 1심재판부는 다음을 결정한다.

가. 피고인이 유죄인정의 성격 및 결과를 이해하고 있는지 여부

나. 피고인이 변호인과의 충분한 협의를 거쳐 자발적으로 유죄를 인정한 것인지 여부

다. 유죄의 인정이 다음에 포함된 사건의 사실관계에 의하여 뒷받침되고 있는지 여부

(1) 소추관이 제기하고 피고인이 인정한 공소사실

(2) 소추관이 제출하여 공소사실을 보충하고 피고인이 인정한 자료

(3) 증인의 증언 등 소추관 또는 피고인이 제출한 기타 증거

2. 제1항에 규정된 사항들이 갖추어졌다고 인정하는 경우, 1심재판부는 피고인의 유죄인정이 추가 제출 증거와 함께 당해 범죄를 입증하는데 요구되는 필수적인 모든 사실을 형성하는 것으로 간주하고, 피고인에게 그 범죄에 대한 유죄판결을 내릴 수 있다.

3. 제1항에 규정된 사항들이 갖추어졌다고 인정하지 않는 경우, 1심재판부는 유죄인정이 이루어지지 아니한 것으로 간주하며, 재판이 이 규정에 정한 일반 재판절차에 따라 계속되도록 명령한다. 또한 사건을 다른 1심재판부로 이송할 수도 있다.

4. 1심재판부가 정의, 특히 피해자의 이익을 위하여 사건의 사실관계가 보다 완벽하게 밝혀질 필요가 있다고 판단하는 경우, 1심재판부는,

가. 소추관에게 증인의 증언을 포함한 추가 증거의 제출을 요구할 수 있다.

나. 재판이 이 규정에 정한 일반 재판절차에 따라 계속되도록 명령할 수 있으며, 이 경우 유죄인정이 이루어지지 않은 것으로 간주한다. 또한 사건을 다른 1심재판부로 이송할 수도 있다.

5. 공소사실의 변경, 유죄의 인정 또는 부과될 형량에 관한 소추관과 피고인측 사이의 어떠한 협의도 재판소를 기속하지 아니한다.

제66조
무죄의 추정

1. 모든 사람은 적용법규에 따라 재판소에서 유죄가 입증되기 전까지는 무죄로 추정된다.

2. 피고인의 유죄를 입증할 책임은 소추관에게 있다.

3. 피고인을 유죄판결하기 위하여는, 재판소가 피고인의 유죄를 합리적인 의심의 여지가 없이 확신하여야 한다.

제67조
피고인의 권리

1. 공소사실의 확인에 있어서 피고인은 이 규정에 정한 바에 따른 공개심리, 공평하게 진행되는 공정한 심리 그리고 완전히 평등하게 다음과 같은 최소한의 보장을 받을 권리를 가진다.

   가. 공소사실의 성격, 근거 및 내용에 대하여 피고인이 완전히 이해하고 말하는 언어로 신속하고 상세하게 통지받는다.

   나. 방어 준비를 위하여 적절한 시간과 편의를 받으며, 피고인이 선택한 변호인과 비공개로 자유로이 통신한다.

   다. 부당한 지체없이 재판을 받는다.

   라. 제63조제2항을 조건으로 재판에 출석하고 스스로 또는 자신이 선택하는 법적 조력을 통하여 변호하며, 피고인이 법적 조력을 받지 못하고 있다면 정의를 위하여 요구되는 경우에 재판소가 지정한 법적 조력을 받으며 자신의 비용을 지불할 충분한 수단이 없는 경우에는 이를 무료로 제공받는다는 것을 통지받고 이러한 조력을 제공받는다.

   마. 자신에게 불리한 증인을 신문하거나 또는 신문받게 하고, 자신에게 불리한 증인과 동등한 조건하에 자신에게 유리한 증인의 출석 및 신문을 확보한다. 피고인은 또한 항변을 제기하고 이 규정에 따라 증거능력이 있는 다른 증거를 제출할 권리를 가진다.

   바. 재판소의 절차나 재판소에 제출된 문서가 피고인이 완전히 이해하고 말하는 언어로 되어 있지 않은 경우, 유능한 통역자의 조력이나 그러한 번역을 무상으로 제공받는다.

   사. 증언하거나 또는 유죄를 시인하도록 강요받지 아니하며, 침묵이 유죄 또는 무죄의 결정에 참작됨이 없이 진술을 거부할 수 있다.

   아. 자신의 변호를 위하여 선서 없이 구두 또는 서면으로 진술한다.

   자. 입증책임의 전환이나 반증 책임을 부과받지 아니한다.

2. 이 규정에 정한 다른 공개에 추가하여, 소추관은 자신이 보유하거나

통제하고 있는 증거로서 피고인이 무죄임을 보여주거나 보일 수 있다고 믿는 증거, 피고인의 죄를 감경시킬 수 있는 증거, 또는 소추관측 증거의 신빙성에 영향을 미칠 수 있는 증거를 가능한 한 신속히 피고인측에 공개한다. 이 항의 적용에 관하여 의문이 있는 경우 재판소가 결정한다.

제68조
피해자 및 증인의 보호와 절차 참여

1. 재판소는 피해자와 증인의 안전, 신체적·정신적 안녕, 존엄성 및 사생활을 보호하기 위한 적절한 조치를 취한다. 그렇게 함에 있어서 연령, 제7조제3항에 정의된 바와 같은 성별, 건강 및 범죄의 성격을 포함한 모든 관련 요소를 고려하며, 범죄의 성격을 고려함에 있어서는 성폭력, 성별 폭력 또는 아동에 대한 폭력이 관련된 범죄의 경우에 유의하되, 이에 한정되는 것은 아니다. 소추관은 특히 이러한 범죄를 수사하고 기소하는 동안에 이러한 조치를 취한다. 이 조치들은 피고인의 권리와 공정하고 공평한 재판을 침해하거나 이에 저촉되어서는 아니 된다.

2. 제67조에 규정된 공개 심리의 원칙에 대한 예외로서, 재판부는 피해자와 증인 또는 피고인을 보호하기 위하여 절차의 일정 부분을 비공개로 진행하거나 전자적 또는 기타 특수한 수단에 의한 증거 제출을 허용할 수 있다. 특히 이러한 조치는 재판소가 모든 상황 특히 피해자나 증인의 의견을 고려하여 달리 명령하지 않는 한, 성폭력의 피해자 또는 아동이 피해자나 증인인 경우에 실행된다.

3. 피해자의 개인적 이해가 영향을 받는 경우, 재판소는 재판소가 적절하다고 결정하는 절차의 단계에서 피고인의 권리와 공정하고 공평한 재판을 침해하거나 이에 저촉되지 않는 방식으로 피해자의 견해와 관심이 제시될 수 있도록 허용한다. 그러한 견해와 관심은 재판소가 적절하다고 판단하는 경우 절차및증거규칙에 따라 피해자의 법적 대리인에 의하여 제시될 수 있다.

4. 피해자·증인 담당부는 제43조제6항에 규정된 적절한 보호조치, 안전조치, 상담 및 지원에 관하여 소추관 및 재판소에 조언할 수 있다.

5. 이 규정에 따른 증거 또는 정보의 공개가 증인이나 그 가족의 안전에 중대한 위험을 초래할 수 있는 경우, 소추관은 재판이 시작되기 전에 진행되는 절차에서는 그러한 증거 또는 정보를 공개하지 아니하고 대신 그 요약을 제출할 수 있다. 이러한 조치는 피고인의 권리와 공정하고 공평한 재판을 침해하거나 이와 저촉되지 않는 방식으로 실행된다.

6. 국가는 자국의 공무원 또는 고용인의 보호와 비밀 또는 민감한 정보의 보호에 관하여 필요한 조치가 취해지도록 신청할 수 있다.

제69조
증 거

1. 증언하기 전, 증인은 절차및증거규칙에 따라 자신이 제공할 증거의 진실성에 대하여 선서한다.

2. 재판에서 증인의 증언은 제68조 또는 절차및증거규칙에 열거된 조치에 정하여진 범위를 제외하고는 자신이 직접 하여야 한다. 재판소는 이 규정을 조건으로 절차및증거규칙에 따라 비디오 또는 오디오 기술에 의한 증인의 구두 또는 녹음 증언 및 문서나 녹취록의 제출을 허용할 수 있다. 이 조치들이 피고인의 권리를 침해하거나 이에 저촉되어서는 아니 된다.

3. 당사자는 제64조에 따라 사건에 관련된 증거를 제출할 수 있다. 재판소는 진실의 결정을 위하여 필요하다고 판단하는 모든 증거의 제출을 요구할 권한을 가진다.

4. 재판소는 절차및증거규칙에 따라, 특히 증거의 증명력 및 그 증거가 공정한 재판이나 증인의 증언에 대한 공정한 평가에 미칠 수 있는 모든 침해를 고려하여 증거의 관련성 또는 증거능력에 대하여 결정할 수 있다.

5. 재판소는 절차및증거규칙에 규정된 비밀유지에 관한 특권을 존중하고

준수한다.

6. 재판소는 공지의 사실에 대한 입증을 필요로 하지 않으며, 그 사실의 존재를 바로 인정할 수 있다.

7. 이 규정 또는 국제적으로 승인된 인권을 위반하여 취득된 증거는 다음의 경우 증거능력이 없다.

  가. 그 위반이 증거의 신빙성에 대하여 상당한 의심을 야기시키는 경우

  나. 그 증거의 인정이 절차의 일체성에 반하거나 또는 이를 중대하게 침해하는 경우

8. 국가가 수집한 증거의 관련성 또는 증거능력을 판단함에 있어, 재판소는 그 국가의 국내법의 적용에 관하여 판단하지 아니한다.

제70조
사법운영을 침해하는 범죄

1. 재판소는 사법운영을 침해하는 다음 범죄들이 고의적으로 범하여진 경우 이에 대하여 관할권을 가진다.

  가. 제69조제1항에 따라 진실을 말할 의무가 있는 경우의 허위 증언

  나. 허위 또는 위조된 것임을 아는 증거의 제출

  다. 증인에게 부정하게 영향을 미치거나, 증인의 출석이나 증언을 저지 또는 방해하거나, 증인의 증언에 대하여 보복하거나 또는 증거를 인멸·조작하거나 증거의 수집 방해

  라. 재판소의 직원이 자신의 임무를 수행하지 않도록 하거나 부적절하게 수행하도록 강제하거나 설득할 목적으로, 그 직원을 방해하거나 협박하거나 또는 부정하게 영향을 행사

  마. 재판소의 직원 또는 다른 직원이 수행한 임무를 이유로 한 재판소 직원에 대한 보복

  바. 재판소의 직원으로서 자신의 공적 임무와 관련하여 뇌물의 요구 또는 수령

2. 이 조의 범죄에 대한 재판소의 관할권 행사에 적용되는 원칙과 절차

는 절차및증거규칙에 규정된다. 이 조에 따른 재판소의 절차와 관련하여 재판소에 국제협력을 제공하는 조건에 관하여는 피요청국의 국내법에 따른다.

3. 유죄판결의 경우, 재판소는 절차및증거규칙에 따라 5년 이하의 징역 또는 벌금을 부과하거나 이를 병과할 수 있다.

4. 가. 각 당사국은 이 조에 규정된 사법운영을 침해하는 범죄가 자국의 영역 안에서 또는 자국민에 의하여 범하여진 경우, 자국의 수사 또는 사법절차의 일체성을 침해하는 범죄행위를 처벌하는 자국의 형법을 동 범죄행위에 확장·적용한다.

   나. 당사국은 재판소의 요청에 따라 적절하다고 판단하는 경우 언제든지 당해 사건을 소추하기 위하여 자국의 권한 있는 당국에 회부한다. 권한 있는 당국은 그 사건을 성실하게 취급하며, 그 사건을 효과적으로 처리하기에 충분한 자원을 투입한다.

제71조
재판소에서의 부정행위에 대한 제재

1. 재판소는 재판소에 출석한 자가 절차를 방해하거나 재판소의 명령을 고의적으로 거부하는 등 부정행위를 하는 경우, 법정에서 일시적 또는 영구적 퇴정, 벌금, 증거및절차규칙이 규정하는 기타 유사조치 등 구금 이외의 행정조치로 제재할 수 있다.

2. 제1항에 기술된 조치의 부과에 관한 절차는 절차및증거규칙의 규정에 따른다.

제72조
국가안보 정보의 보호

1. 이 조는 국가의 정보 또는 문서의 공개가 당해국의 판단으로 자국의 국가안보 이익을 침해할 수 있는 모든 경우에 적용된다. 이러한 경우에는 제56조제2항 및 제3항, 제61조제3항, 제64조제3항, 제67조제2항,

제68조제6항, 제87조제6항 및 제93조의 범위에 해당하는 경우뿐만 아니라 절차의 기타 어느 단계에서 발생하는 경우이건 위와 같은 공개가 쟁점이 되는 때를 포함한다.

2. 이 조는 또한 정보 또는 증거를 제출하도록 요청받은 자가 정보의 공개가 국가안보 이익을 침해할 수 있다는 이유로 이를 거절하거나 또는 그 사항을 당해 국가로 회부하고, 당해 국가도 정보의 공개가 자국의 국가안보 이익을 침해할 수 있다는 의견임을 확인한 경우에도 적용된다.

3. 이 조의 어떠한 규정도 제54조제3항마호 및 바호에 따라 적용 가능한 비밀유지의 요건이나 제73조의 적용을 침해하지 아니한다.

4. 국가가 자국의 정보 또는 문서가 절차의 어느 단계에서 공개되고 있거나 공개될 것 같다는 사실을 알고 그 공개가 자국의 국가안보 이익을 침해할 수 있다고 판단하는 경우, 당해 국가는 이 조에 따라 그 문제의 해결을 위하여 개입할 권리를 가진다.

5. 어느 국가가 정보의 공개로 자국의 국가안보 이익이 침해될 수 있다고 판단하는 경우, 그 국가는 협력적 방식에 의한 문제의 해결을 모색하기 위하여 경우에 따라 소추관, 피고인측 또는 전심재판부나 1심재판부와 협력하여 모든 합리적인 조치를 취한다. 이러한 조치는 다음을 포함할 수 있다.

　가. 요청의 변경 또는 명료화

　나. 요청된 정보 또는 증거의 관련성에 관한 재판소의 결정, 또는 그 증거가 관련성이 있더라도 피요청국 이외의 출처로부터 취득될 수 있거나 또는 이미 취득되었는지 여부에 대한 결정

　다. 다른 출처로부터 또는 다른 형태의 정보 또는 증거의 취득

　라. 요약 또는 편집본의 제공, 공개의 제한, 비공개 또는 일방적 참가절차의 활용 또는 이 규정 및 절차및증거규칙상 허용되는 기타의 보호조치 등을 포함하여 조력이 제공될 수 있는 조건에 관한 합의

6. 협력적 방식으로 문제를 해결하기 위한 모든 합리적인 조치를 취하였

고, 국가가 자국의 국가안보 이익을 침해함이 없이 정보 또는 문서를 제공하거나 공개할 수 있는 수단이나 조건이 없다고 판단하는 경우, 당해 국가는 그 이유를 구체적으로 설명하는 것 자체가 필연적으로 자국의 국가안보 이익을 침해하게 되는 경우를 제외하고는 소추관 또는 재판소에 자국의 결정의 구체적 이유를 통지한다.

7. 그 후 재판소는 증거가 피고인의 유죄 또는 무죄를 입증하는데 관련되고 필요하다고 판단하는 경우, 다음 조치를 취할 수 있다.

가. 정보 또는 문서의 공개가 제9부의 협력요청 또는 제2항에 규정된 상황에 따라 요청되었으며, 당해 국가가 제93조제4항에 규정된 거절사유를 원용한 경우,

   (1) 재판소는 제7항가호(2)에 규정된 결정을 내리기 전 그 국가의 주장을 검토하기 위한 목적으로 추가 협의를 요청할 수 있으며, 이는 적절한 경우 비공개 및 일방적 참가방식의 심리를 포함할 수 있다.

   (2) 피요청국이 당해 사건의 상황에서 제93조제4항의 거절사유를 원용함으로써 이 규정상의 의무에 따라 행동하지 않는다고 재판소가 판단하는 경우, 재판소는 판단의 이유를 명시하여 제87조제7항에 따라 그 문제를 회부할 수 있다.

   (3) 재판소는 경우에 따라 적절하게 피고인에 대한 재판에서 사실의 존재 또는 부존재에 관하여 추정할 수 있다.

나. 기타의 모든 경우,

   (1) 공개를 명령할 수 있다.

   (2) 공개를 명령하지 않는 한도에서는 피고인에 대한 재판에서 상황에 따라 적절한 대로 사실의 존재 또는 부존재에 관하여 추정할 수 있다.

제73조

제3자의 정보 또는 문서

국가, 정부간 기구 또는 국제기구가 당사국에게 비밀리에 제공하여 당사국이 보관·소유 또는 관리하고 있는 문서나 정보를 제공할 것을 재판소가 요청하는 경우, 당사국은 문서나 정보를 공개하기 위하여 원제공자의 동의를 구한다. 원제공자가 당사국인 경우, 그 국가는 정보 또는 문서의 공개에 동의하거나 또는 제72조의 규정에 따를 것을 조건으로 재판소와 공개 문제를 해결하기 위한 조치를 취한다. 원제공자가 당사국이 아니고 공개 동의를 거부하는 경우, 피요청국은 원제공자에 대한 기존의 비밀유지 의무로 인하여 문서 또는 정보를 제공할 수 없음을 재판소에 통지한다.

제74조

판결의 요건

1. 1심재판부의 모든 재판관은 재판의 각 단계 및 심의의 전 과정에 출석한다. 소장단은 1심재판부의 구성원이 계속 출석할 수 없게 된 경우, 사건별로 재판의 각 단계에 참석하여 그를 대체하도록 가능한 대로 1인 또는 그 이상의 교체재판관을 지정할 수 있다.

2. 1심재판부의 판결은 증거 및 전체 절차에 대한 평가에 근거하여야 한다. 판결은 공소사실 및 변경된 공소사실에 기재된 사실과 정황을 초과하여서는 아니 된다. 재판소는 재판에서 재판소에 제출되어 검토된 증거만을 근거로 판결할 수 있다.

3. 재판관들은 판결에 있어서 전원합의를 이루도록 노력하되, 전원합의를 이루지 못한 경우, 판결은 재판관의 과반수에 의한다.

4. 1심재판부의 심의는 비밀로 유지된다.

5. 판결은 서면으로 작성되며, 1심재판부의 증거에 대한 판단과 결론에 관한 충분하고도 이유 있는 서술을 포함한다. 1심재판부는 하나의 판결을 내린다. 전원합의를 이루지 못한 경우, 1심재판부의 판결은 다수의견과 소수의견을 포함한다. 판결 또는 그 요지는 공개된 법정에서

선고된다.

제75조
피해자에 대한 배상

1. 재판소는 원상회복, 보상 및 사회복귀를 포함하여 피해자에 대한 또는 피해자에 관한 배상의 원칙을 수립한다. 이를 근거로 재판소는 그 판결에서 피해자에 관한 또는 피해자에 대한 손해·손실 및 피해의 범위와 정도를 신청에 의하여 또는 예외적인 상황에서는 직권으로 결정할 수 있으며, 이때 재판소가 근거로 삼은 원칙을 명시한다.

2. 재판소는 원상회복, 보상 및 사회복귀 등을 포함하여 피해자에 대한 또는 피해자에 관한 적절한 배상을 명시하는 명령을 유죄판결을 받은 자에게 직접 내릴 수 있다. 적절한 경우, 재판소는 제79조에 규정된 신탁기금을 통하여 배상이 이루어지도록 명령할 수 있다.

3. 이 조에 따른 명령을 내리기 전에 재판소는 유죄판결을 받은 자, 피해자, 기타 이해관계자 또는 이해관계국으로부터의 또는 이들을 대리한 의견 제시를 요청할 수 있으며 제시된 의견들을 참작한다.

4. 이 조에 따른 권한을 행사함에 있어 재판소는, 재판소의 관할범죄에 대한 유죄판결 후에, 이 조에 따라 재판소가 내린 명령을 실행하기 위하여 제93조제1항에 따른 조치를 요구하는 것이 필요한지 여부를 결정할 수 있다.

5. 당사국은 이 조에 따른 결정을 제109조의 규정이 이 조에 적용되는 것처럼 이행한다.

6. 이 조의 어떠한 규정도 국내법 또는 국제법에 따른 피해자의 권리를 침해하는 것으로 해석되지 아니한다.

제76조
양 형

1. 유죄판결의 경우, 1심재판부는 부과할 적절한 형을 검토하며 재판과정

에서 제출된 증거 및 개진된 의견 중 양형과 관련된 것을 참작한다.

2. 제65조가 적용되는 경우를 제외하고 1심재판부는 재판이 종결되기 전, 양형과 관련된 추가 증거 또는 의견을 심리하기 위하여 절차및증거규칙에 따라 직권으로 추가 심리를 실시할 수 있으며, 소추관 또는 피고인의 요청이 있으면 반드시 실시한다.

3. 제2항이 적용되는 경우, 제75조에 따른 어떠한 의견제시도 제2항에 규정된 추가 심리 중에 개진되며, 필요한 경우 별도의 추가 심리 중에 개진된다.

4. 형은 공개적으로 그리고 가능한 한 피고인이 출석한 가운데 선고한다.

제 7 부   형   벌

제77조
적용 가능한 형벌

1. 제110조를 조건으로, 재판소는 이 규정 제5조에 규정된 범죄로 유죄판결을 받은 자에 대하여 다음의 형 중 하나를 부과할 수 있다.

　가. 최고 30년을 초과하지 아니하는 유기징역

　나. 범죄의 극도의 중대성과 유죄판결을 받은 자의 개별적 정황에 의하여 정당화될 경우에는 무기징역

2. 징역에 추가하여 재판소는 다음을 명할 수 있다.

　가. 절차및증거규칙에 규정된 기준에 따른 벌금

　나. 선의의 제3자의 권리를 침해함이 없이, 당해 범죄로부터 직접적 또는 간접적으로 발생한 수익·재산 및 자산의 몰수

제78조
형의 결정

1. 형을 결정함에 있어 재판소는 절차및증거규칙에 따라 범죄의 중대성

및 유죄판결을 받은 자의 개별적 정황 등의 요소를 고려한다.

2. 징역형을 부과함에 있어, 재판소는 재판소의 명령에 따라 전에 구금되었던 기간이 있을 경우 이를 공제한다. 재판소는 그 당해 범죄의 기초를 이루는 행위와 관련하여 구금되었던 기간도 공제할 수 있다.

3. 어떠한 자가 2개 이상의 범죄에 대하여 유죄판결을 받은 경우, 재판소는 각각의 범죄에 대한 형과 총 징역기간을 명시하는 합산형을 선고한다. 이 기간은 선고된 개별형 중 가장 중한 형보다 짧아서는 아니되며, 또한 30년의 징역 또는 제77조제1항나호에 따른 무기징역을 초과하여서는 아니 된다.

제79조

신탁기금

1. 재판소 관할범죄의 피해자와 그 가족을 위하여 당사국총회의 결정으로 신탁기금을 설립한다.

2. 재판소는 벌금 또는 몰수를 통하여 징수한 현금 및 기타 재산을 재판소의 명령에 따라 신탁기금으로 귀속되도록 명령할 수 있다.

3. 신탁기금은 당사국총회가 결정하는 기준에 따라 운영된다.

제80조

국가의 형벌 적용과 국내법에 대한 불침해

이 부의 어떠한 규정도 국가가 자국법에 규정된 형을 적용하는데 영향을 미치지 아니하며, 또한 이 부에 규정된 형을 규정하고 있지 아니한 국가의 법에 영향을 미치지 아니한다.

제 8 부 상 소 및 재 심

제81조

유·무죄 판결이나 양형에 대한 상소

1. 제74조에 따른 판결에 대하여 절차및증거규칙에 따라 다음과 같이 상소할 수 있다.

    가. 소추관은 다음 이유를 근거로 상소할 수 있다.

        (1) 절차상의 하자

        (2) 사실의 오인

        (3) 법령 위반

    나. 유죄판결을 받은 자 또는 그 자를 대신한 소추관은 다음 이유를 근거로 상소할 수 있다.

        (1) 절차상의 하자

        (2) 사실의 오인

        (3) 법령 위반

        (4) 절차 또는 판결의 공정성 또는 신뢰성에 영향을 주는 기타 여하한 근거

2. 가. 소추관 또는 유죄판결을 받은 자는 범죄와 양형 사이의 불균형을 이유로 절차및증거규칙에 따라 양형에 대하여 상소할 수 있다.

    나. 양형에 대한 상소에서 재판소가 유죄판결의 전부 또는 일부를 파기하여야 할 근거가 있다고 판단하는 경우, 재판소는 소추관 또는 유죄판결을 받은 자에게 제81조제1항가호 또는 나호에 따른 근거를 제출하도록 요청하고, 제83조에 따라 유죄판결을 내릴 수 있다.

    다. 재판소가 오직 유죄판결에 대한 상소에서 제2항가호에 따라 형을 감경할 근거가 있다고 판단하는 경우에 동일한 절차가 적용된다.

3. 가. 1심재판부가 달리 명령하지 아니하는 한, 유죄판결을 받은 자는 상소심 계류중 계속 구금된다.

    나. 유죄판결을 받은 자의 구금기간이 부과된 징역형기를 초과하는 경우, 그 자는 소추관 역시 상소하여 아래 다호의 조건이 적용되는 경우를 제외하고는 석방된다.

    다. 무죄판결시 피고인은 다음을 조건으로 즉시 석방된다.

　　　(1) 예외적인 상황에서 구체적인 도주의 위험, 기소된 범죄의 중대
　　　　　성 및 상소심의 성공 가능성을 고려하여, 1심재판부는 소추관의
　　　　　요청에 따라 상소심 계류중 그 자의 구금을 유지할 수 있다.
　　　(2) 다호(1)에 따른 1심재판부의 결정에 대하여 절차및증거규칙에
　　　　　따라 상소할 수 있다.

4. 제3항가호 및 나호의 규정을 조건으로, 판결 또는 형의 집행은 상소를
　　위하여 허용된 기간 및 상소절차 동안 정지된다.

제82조
기타 결정에 대한 상소

1. 어느 당사자도 절차및증거규칙에 따라 다음 결정에 대하여 상소할 수
　　있다.

　가. 관할권 또는 재판적격성에 관한 결정

　나. 수사중이거나 기소중인 자의 석방을 허가 또는 거부하는 결정

　다. 제56조제3항에 따른 전심재판부의 직권에 의한 결정

　라. 절차의 공정하고 신속한 진행 또는 재판의 결과에 중대한 영향을
　　　미치게 될 문제와 관련되며 상소심재판부의 신속한 결정이 절차를
　　　현저히 촉진시킬 수 있다고 전심재판부 또는 1심재판부가 판단하
　　　는 결정

2. 제57조제3항라호에 따른 전심재판부의 결정에 대하여는 전심재판부의
　　허가를 얻어 관련국 또는 소추관이 상소할 수 있다. 이 상소는 신속히
　　심리된다.

3. 상소는 상소심재판부가 요청을 받아 절차및증거규칙에 따라 그와 같
　　이 명령하지 않는 한 그 자체로 정지적 효력을 가지지 아니한다.

4. 피해자, 유죄판결을 받은 자 또는 제75조의 명령에 의하여 불리하게
　　영향을 받은 선의의 재산 소유자의 법적 대리인은 절차및증거규칙에
　　규정된 바에 따라 배상 명령에 대하여 상소할 수 있다.

제83조
상소심 절차

1. 제81조 및 이 조에 따른 절차의 목적상 상소심재판부는 1심재판부의 모든 권한을 가진다.

2. 상소심재판부가 상소된 절차가 판결 또는 양형의 신뢰성에 영향을 주는 방식으로 불공정하였다고 판단하는 경우 또는 상소된 판결 또는 양형이 사실의 오인, 법령 위반 또는 절차상의 하자에 의하여 실질적으로 영향을 받았다고 판단하는 경우, 재판부는 다음 조치를 취할 수 있다.

   가. 판결 또는 양형의 파기 또는 변경

   나. 다른 1심재판부에서의 새로운 재판의 명령

   이 목적상 상소심재판부는 원심재판부가 사실에 관한 쟁점을 판단하고 이에 따라 다시 보고하도록 원심재판부로 환송하거나, 또는 스스로 그 쟁점을 판단하기 위하여 증거를 요구할 수 있다. 유죄판결을 받은 자 또는 그를 대신하여 소추관이 판결 또는 양형에 대하여 상소한 경우에만, 그 판결 또는 양형은 유죄판결을 받은 자에게 불리하게 변경될 수 없다.

3. 양형에 대한 상소에서 상소심재판부는 형이 범죄에 비례하지 않는다고 판단하는 경우, 제7부에 따라 형을 변경할 수 있다.

4. 상소심재판부의 판결은 재판관들의 과반수로 결정되며, 공개된 법정에서 선고된다. 판결은 판결이 근거한 이유를 명시한다. 전원합의가 이루어지지 않는 경우, 상소심재판부의 판결은 다수의견과 소수의견 모두를 포함하며 재판관은 법률문제에 관하여 개별의견 또는 반대의견을 표시할 수 있다.

5. 상소심재판부는 무죄 또는 유죄판결을 받은 자가 출석하지 않더라도 판결을 선고할 수 있다.

제84조
유죄판결 또는 양형의 재심

1. 유죄판결을 받은 자, 또는 그의 사망 후에는 배우자자녀부모 또는 피고인의 사망 당시의 생존자로 피고인으로부터 청구를 제기하도록 명시적인 서면 위임을 받은 자, 또는 피고인을 대신한 소추관은 다음을 근거로 유죄 또는 형의 확정판결에 대하여 상소심재판부에 재심을 청구할 수 있다.

   가. 다음과 같은 새로운 증거가 발견된 경우

     (1) 재판 당시에는 입수할 수 없었던 증거로서 그 입수불능에 대하여 전적으로든 부분적으로든 신청 당사자에게 귀책사유가 없었고,

     (2) 재판 당시 입증되었다면 다른 판결을 가져 왔을 충분히 중요한 증거

   나. 재판에서 고려되었고 유죄판결의 근거가 된 결정적 증거가 허위, 위조 또는 변조되었음이 새로이 판명된 경우

   다. 유죄판결 또는 공소사실의 확인에 참여하였던 1인 이상의 재판관이 당해 사건에서 제46조에 따라 그들의 직의 상실을 정당화할 정도로 충분히 중대한 부정행위 또는 심각한 의무위반을 범한 경우

2. 상소심재판부는 신청이 근거 없다고 판단되는 경우 이를 기각한다. 신청이 이유 있다고 판단되는 경우, 상소심재판부는 절차및증거규칙에 규정된 방식으로 각 당사자들을 심리한 후 판결이 수정되어야 할지 여부에 대한 결정에 이르기 위하여, 적절한 대로 다음중 하나의 조치를 취할 수 있다.

   가. 원래의 1심재판부의 재소집

   나. 새로운 1심재판부의 구성

   다. 그 사건에 대한 관할권의 유지

제85조
체포 또는 유죄판결을 받은 자에 대한 보상

1. 불법 체포 또는 구금의 피해자였던 자는 강제적인 보상을 받을 권리
를 가진다.

2. 종국판결로 형사범죄의 유죄판결을 받았으나 그 후 새로운 사실 또는
새롭게 발견된 사실로 재판의 오류가 있었음이 결정적으로 밝혀짐으
로써 유죄판결이 파기된 경우, 그러한 유죄판결의 결과로 처벌을 받았
던 자는 법에 따른 보상을 받는다. 단, 알려지지 않은 사실이 적시에
공개되지 못한 것이 전적으로든 부분적으로든 자신의 귀책사유에 의
한 경우는 그러하지 아니하다.

3. 예외적인 경우로서, 중대하고 명백한 재판의 오류가 있었음을 보여주
는 결정적인 사실을 재판소가 확인한 경우, 재판소는 무죄의 종국판결
또는 그에 의한 절차의 종결에 따라 구금으로부터 석방된 자에게 절
차및증거규칙에 규정된 기준에 따른 보상을 재량으로 명할 수 있다.

제 9 부   국제적 협력과 사법공조

제86조
일반적 협력의무

당사국은 이 규정에 정한 바에 따라 재판소 관할범죄의 수사 및 기소에
있어서 재판소에 최대한 협력한다.

제87조
협력요청 : 일반규정

1. 가. 재판소는 당사국에 협력을 요청할 권한을 가진다. 요청은 외교경
로 또는 각 당사국이 비준, 수락, 승인 또는 가입시 지정한 기타
적절한 경로를 통하여 전달된다. 그 지정에 대한 당사국의 추후의

변경은 절차및증거규칙에 따라 이루어진다.

   나. 적절한 경우 가호의 규정을 침해함이 없이 요청은 국제형사경찰기구 또는 적절한 지역기구를 통하여도 전달될 수 있다.

2. 협력요청 및 이를 증빙하는 문서는 피요청국이 비준, 수락, 승인 또는 가입시 행한 선택에 따라 피요청국의 공식언어로 작성되거나, 공식언어의 번역본이 첨부되거나 또는 재판소의 실무언어 중의 하나로 작성되어야 한다. 이 선택에 대한 추후의 변경은 절차및증거규칙에 따라 이루어진다.

3. 피요청국은 공개가 협력요청의 이행에 필요한 정도 외에는 협력요청과 이를 증빙하는 문서를 비밀로 유지한다.

4. 이 부에 따라 제출된 협력요청과 관련, 재판소는 정보의 보호와 관련된 조치를 포함하여 피해자, 잠재적 증인 및 그 가족의 안전 또는 신체적·정신적 안녕을 보장하는데 필요한 조치를 취할 수 있다. 재판소는 이 부에 따라 입수된 모든 정보를 피해자, 잠재적 증인과 그 가족의 안전 및 신체적·정신적 안녕을 보호하는 방식으로 제공되고 처리되도록 요청할 수 있다.

5. 가. 재판소는 이 규정의 당사국이 아닌 국가에게 그 국가와의 특별약정, 협정 또는 기타 적절한 근거에 기초하여 이 부에 따른 조력을 제공하도록 요청할 수 있다.

   나. 재판소와 특별약정 또는 협정을 체결한 이 규정의 당사국이 아닌 국가가 그러한 약정 또는 협정에 따른 요청에 협력하지 않는 경우, 재판소는 이를 당사국총회에 또는 안전보장이사회가 그 사태를 재판소에 회부한 경우에는 안전보장이사회에 통지할 수 있다.

6. 재판소는 정부간 기구에 정보나 문서의 제공을 요청할 수 있다. 또한 재판소는 그러한 기구와 합의되는 그 기구의 권한과 임무에 따른 기타 형태의 협력과 지원을 요청할 수 있다.

7. 당사국이 이 규정에 정한 바에 반하여 재판소의 협력요청을 이행하지 않고 이로 인하여 재판소가 이 규정에 따른 기능과 권한을 행사하지

못하게 된 경우, 재판소는 그러한 취지의 결정을 하고 그 사안을 당사국총회에 회부하거나 또는 안전보장이사회가 그 사태를 재판소에 회부한 경우에는 안전보장이사회에 회부할 수 있다.

제88조
국내법상 절차의 이용가능성

당사국은 이 부에 명시된 모든 형태의 협력에 이용 가능한 절차가 국내법에 포함되도록 한다.

제89조
재판소에의 인도

1. 재판소는 어떤 자에 대한 체포 및 인도청구서를 제91조에 기재된 증빙자료와 함께 그 영역 안에서 그 자가 발견될 수 있는 국가에 송부할 수 있으며, 그 자의 체포 및 인도에 관하여 그 국가의 협력을 요청한다. 당사국은 이 부의 규정과 자국 국내법상의 절차에 따라 체포 및 인도청구를 이행한다.

2. 인도청구된 자가 제20조에 규정된 일사부재리의 원칙에 근거하여 국내법원에 이의를 제기한 경우, 피청구국은 재판적격성에 대한 관련 결정이 있었는지 여부를 확정하기 위하여 재판소와 즉시 협의한다. 그 사건이 재판적격성이 있는 경우, 피청구국은 그 요청을 이행한다. 재판적격성에 관한 결정이 계류 중인 경우, 피청구국은 재판소가 재판적격성에 대한 결정을 내릴 때까지 인도청구의 이행을 연기할 수 있다.

3. 가. 자국을 통한 통과가 인도를 방해하거나 지연시키게 될 경우를 제외하고, 당사국은 다른 국가가 재판소로 인도중인 자가 자국의 영역을 통하여 이송되는 것을 자국의 국내절차법에 따라 허가한다.

   나. 재판소의 통과요청서는 제87조에 따라 전달된다. 통과요청서는 다음을 포함한다.

   (1) 이송될 자에 대한 설명

   (2) 사건의 사실 및 그 법적 성격에 대한 간략한 서술

(3) 체포 및 인도영장

다. 이송되는 자는 통과기간동안 구금된다.

라. 항공편으로 이송되고 통과국의 영역에 착륙이 예정되지 아니한 경우, 허가를 받도록 요구되지 아니한다.

마. 통과국의 영역에서 예정되지 아니한 착륙이 이루어지는 경우, 통과국은 나호에 규정된 통과요청서를 재판소에 요구할 수 있다. 통과국은 통과요청서가 접수되고 통과가 이루어질 때까지 이송중인 자를 구금한다. 다만 이 호의 목적을 위한 구금은 96시간 내에 요청서가 접수되는 경우를 제외하고는, 예정되지 아니한 착륙으로부터 96시간을 초과하여 연장될 수 없다.

4. 인도청구된 자가 재판소가 인도를 구하는 범죄와 다른 범죄로 피청구국에서 절차가 진행 중이거나 형을 복역하고 있는 경우, 그 청구를 허가하기로 결정한 피청구국은 재판소와 협의한다.

제90조
청구의 경합

1. 제89조에 따라 재판소로부터 인도청구를 접수한 당사국이 재판소가 인도를 구하는 자의 범죄의 기초를 구성하는 것과 동일한 행위에 대하여 다른 국가로부터 범죄인인도 청구를 접수한 경우, 그 당사국은 재판소와 그 청구국에 그 사실을 통지한다.

2. 청구국이 당사국인 경우, 피청구국은 다음의 경우에 재판소의 청구에 우선권을 준다.

가. 재판소가 제18조 또는 제19조에 따라 인도가 청구된 사건에 대하여 재판적격성이 있다는 결정을 내렸고, 그 결정이 청구국이 범죄인인도 청구와 관련하여 수행한 수사 또는 기소를 고려한 경우

나. 재판소가 제1항에 따른 피청구국의 통지에 따라 가호에 기술된 결정을 내린 경우

3. 제2항가호에 따른 결정이 내려지지 아니한 경우, 피청구국은 제2항나

호에 따른 재판소의 결정이 계류 중인 동안 재량에 따라 청구국의 범죄인인도 청구의 처리를 진행할 수는 있으나, 재판소가 그 사건에 재판적격성이 없다고 결정할 때까지 범죄인인도를 하여서는 아니 된다. 재판소의 결정은 신속히 이루어져야 한다.

4. 청구국이 이 규정의 당사국이 아닌 경우, 피청구국은 자신이 청구국에 범죄인인도를 하여야 할 국제적 의무를 부담하지 않는다면, 재판소가 그 사건이 재판적격성이 있다고 결정한 경우 재판소의 인도청구에 우선권을 준다.

5. 제4항에서 재판소가 사건에 재판적격성이 있다고 결정하지 아니한 경우, 피청구국은 재량으로 청구국으로부터의 범죄인인도 청구에 대한 처리를 진행할 수 있다.

6. 피청구국이 이 규정의 당사국이 아닌 청구국에 범죄인인도를 하여야 할 기존의 국제적 의무를 부담하고 있다는 점을 제외하고는 제4항이 적용되는 경우, 피청구국은 그 자를 재판소에 인도할 것인지 또는 청구국에 인도할 것인지를 결정한다. 결정을 함에 있어서 피청구국은 다음 사항을 포함하나 이에 국한되지 않는 모든 관련 요소를 고려한다.

　가. 각 청구일자

　나. 관련되는 경우, 범죄가 청구국의 영역안에서 범하여졌는지 여부 및 피해자와 인도청구된 자의 국적을 포함한 청구국의 이해관계

　다. 재판소와 청구국간의 추후 인도 가능성

7. 재판소로부터 인도청구를 받은 당사국이 다른 국가로부터 재판소가 인도를 구하는 범죄를 구성하는 행위 이외의 행위로 동일한 자에 대한 범죄인인도 청구를 받는 경우,

　가. 피청구국이 청구국에 범죄인인도를 하여야 할 기존의 국제적 의무를 부담하지 않는 경우, 재판소의 청구에 우선권을 준다.

　나. 피청구국이 청구국에 범죄인인도를 하여야 할 기존의 국제적 의무를 부담하고 있는 경우, 재판소에 인도할 것인지 또는 청구국에 범죄인인도를 할 것인지를 결정한다. 그 결정을 함에 있어서 피청

구국은 제6항에 열거된 사항을 포함하나 이에 국한되지 않는 모든 관련 요소를 고려하되, 관련 행위의 상대적 성격과 중대성을 특별히 고려한다.

8. 이 조에 따른 통지로 재판소가 사건이 재판적격성이 없다는 결정을 내리고 그 후 청구국에 대한 범죄인인도가 거절된 경우, 피청구국은 그 결정을 재판소에 통지한다.

제91조

체포 및 인도청구의 내용

1. 체포 및 인도의 청구는 서면으로 한다. 긴급한 경우, 청구는 문자기록을 전달할 수 있는 어떠한 매체에 의하여도 이루어질 수 있으나 제87조제1항가호에 규정된 경로를 통하여 확인되어야 한다.

2. 전심재판부가 제58조에 따라 체포영장을 발부한 자의 체포 및 인도청구의 경우, 그 청구는 다음을 포함하거나 또는 이에 의하여 증빙되어야 한다.

　가. 인도청구된 자의 신원 확인에 충분하게 기술된 정보 및 인도청구된 자의 개연적 소재지에 관한 정보

　나. 체포영장의 사본

　다. 피청구국에서의 인도절차상의 요건을 충족시키는데 필요한 문서, 진술 또는 정보. 다만 그 요건은 피청구국과 다른 국가간의 조약 또는 약정에 따른 범죄인인도 청구에 적용할 수 있는 것보다 부담이 더 커서는 아니 되며, 가능한 경우 재판소의 특성을 고려하여 부담이 덜 되어야 한다.

3. 이미 유죄판결을 받은 자에 대한 체포 및 인도청구의 경우, 청구는 다음을 포함하거나 또는 이에 의하여 증빙되어야 한다.

　가. 인도청구된 자에 대한 체포영장 사본

　나. 유죄판결문 사본

　다. 인도청구된 자가 유죄판결문에서 언급된 자임을 증명하는 정보

라. 인도청구된 자가 형을 선고받은 경우, 부과된 선고형량문의 사본과 징역형인 경우에는 이미 복역한 기간과 잔여형기에 대한 서술

4. 재판소의 청구가 있으면 당사국은 일반적 또는 특정한 사안에 대하여 제2항다호에 따라 적용될 수 있는 자국 국내법상의 요건에 관하여 재판소와 협의한다. 협의 중에 당사국은 자국 국내법상의 특별한 요건에 관하여 재판소에 조언한다.

제92조
긴급인도구속

1. 긴급한 경우, 재판소는 인도청구서 및 제91조에 명시된 청구증빙서류가 제출되기 전에 피청구자의 긴급인도구속을 청구할 수 있다.

2. 긴급인도구속에 대한 청구는 문자기록을 전달할 수 있는 어떠한 매체에 의하여도 이루어질 수 있으며 다음을 포함한다.

   가. 긴급인도구속이 청구된 자의 신원확인에 충분하게 기술된 정보 및 그 자의 개연적 소재지에 관한 정보

   나. 가능한 경우 범죄의 일시 및 장소를 포함하여 긴급인도구속이 청구된 자의 청구가 요청된 범죄와 그 범죄를 구성하는 것으로 주장되는 사실에 대한 간결한 서술

   다. 긴급인도구속이 청구된 자에 대한 체포영장 또는 유죄판결문의 존재에 관한 서술

   라. 긴급인도구속이 청구된 자에 대한 인도청구가 뒤따를 것이라는 서술

3. 피청구국이 절차및증거규칙에 명시된 시한 내에 인도청구서 및 제91조에 명시된 청구증빙서류를 접수받지 못하는 경우, 긴급인도구속된 자는 석방될 수 있다. 그러나 피청구국의 국내법상 허용되는 경우, 그 자는 이 기간의 만료 전에 인도에 동의할 수 있다. 이 경우 피청구국은 가능한 한 신속히 그 자를 재판소에 인도하기 위하여 절차를 취한다.

4. 긴급인도구속이 청구된 자가 제3항에 따라 구금으로부터 석방되었다

는 사실은 인도청구서와 청구증빙서류가 뒤늦게 전달되더라도 그 자에 대한 추후의 체포와 인도를 저해하지 아니한다.

제93조
기타 형태의 협력

1. 당사국은 이 부의 규정과 국내법상의 절차에 따라 수사 또는 기소와 관련하여 다음 지원을 제공하도록 하는 재판소의 요청을 이행한다.

   가. 사람의 신원과 소재지 또는 물건의 소재지

   나. 선서된 증언을 포함한 증거의 수집과 재판소에 필요한 감정인의 의견 및 보고서를 포함한 증거의 제출

   다. 수사 또는 기소 중인 자의 신문

   라. 재판서류를 포함한 서류의 송달

   마. 증인 또는 감정인으로서의 자발적 재판소 출석에 대한 편의 제공

   바. 제7항에 규정된 자의 일시적 이송

   사. 매장장소의 발굴과 조사를 포함하여 장소나 현장의 조사

   아. 수색 및 압수의 집행

   자. 공적 기록 및 공문서를 포함한 기록과 서류의 제공

   차. 피해자 또는 증인의 보호 및 증거의 보전

   카. 선의의 제3자의 권리를 침해함이 없이, 궁극적으로 몰수를 위한 수익·재산·자산 및 범행도구의 확인, 추적 및 동결 또는 압수

   타. 재판소 관할범죄의 수사와 기소를 용이하게 하기 위한 것으로서 피요청국의 법에 금지되지 아니한 기타 형태의 지원

2. 재판소는 재판소에 출석하는 증인 또는 감정인이 피요청국을 떠나기 전에 행한 작위 또는 부작위에 관하여 재판소에 의하여 기소되거나 구금되거나 또는 어떠한 개인적 자유를 제한받지 않는다는 점을 보증할 권한을 가진다.

3. 제1항에 따라 제출된 요청에 기술된 특별한 지원조치의 이행이 피요청국에서 일반적으로 적용되는 기존의 근본적 법원칙상 금지되는 경

우, 피요청국은 그 문제를 해결하기 위하여 신속히 재판소와 협의한다. 협의시 그 지원이 다른 방식으로 또는 조건부로 제공될 수 있는지를 검토한다. 협의 후에도 그 문제가 해결될 수 없는 경우, 재판소는 필요한 만큼 그 요청을 수정한다.

4. 당사국은 요청이 당사국의 국가안보와 관련된 문서의 제출 또는 증거의 공개와 관련되는 경우에만 제72조에 따라 요청의 전부 또는 일부를 거절할 수 있다.

5. 제1항타호에 따른 지원요청을 거절하기 전, 피요청국은 지원이 특정한 조건부로 제공될 수 있는지 또는 지원이 추후에 또는 대체적인 방식으로 제공될 수 있는지를 검토한다. 단, 재판소 또는 소추관이 조건부 지원을 수락하는 경우, 재판소 또는 소추관은 그 조건을 준수한다.

6. 지원요청이 거절된 경우, 피요청국은 신속히 재판소 또는 소추관에게 그 이유를 통지한다.

7. 가. 재판소는 신원확인을 목적으로 또는 증언이나 기타 지원을 얻기 위하여 구금중인 자의 일시적 이송을 요청할 수 있다. 그 자는 다음 조건이 충족되는 경우 이송될 수 있다.

 (1) 그 자가 내용을 알고 자유로이 이송에 대하여 동의하고,

 (2) 피요청국과 재판소가 합의하는 조건에 따라 피요청국이 이송에 동의한 경우

 나. 이송되는 자는 이송 중 구금된다. 이송의 목적이 달성된 경우, 재판소는 그 자를 지체없이 피요청국으로 송환한다.

8. 가. 재판소는 요청에 기재된 수사 및 절차에 필요한 경우를 제외하고는 문서 및 정보의 비밀을 보장한다.

 나. 피요청국은 필요한 경우 문서 또는 정보를 비공개를 조건으로 소추관에게 전달할 수 있다. 이 경우 소추관은 오직 새로운 증거를 산출할 목적으로만 그것을 사용할 수 있다.

 다. 피요청국은 스스로 또는 소추관의 요청에 따라 추후 그러한 문서나 정보의 공개에 동의할 수 있다. 이 경우 그것은 제5부 및 제6

부의 규정과 절차및증거규칙에 따라 증거로 사용될 수 있다.

9. 가. (1) 당사국이 인도청구나 범죄인인도 청구가 아닌 다른 경합되는 요청을 재판소와 자신의 국제적 의무에 따라 다른 국가로부터 받는 경우, 당사국은 재판소 및 다른 국가와 협의하여 필요한 경우 그 중 하나의 요청을 연기시키거나 또는 그 요청에 조건을 첨부함으로써 두 요청 모두를 충족시키도록 노력한다.

(2) 그렇게 할 수 없는 경우, 경합되는 요청은 제90조에 규정된 원칙에 따라 해결한다.

나. 그러나 재판소의 요청이 국제협정에 의하여 제3국 또는 국제기구의 통제하에 있는 정보·재산 또는 사람과 관계된 경우, 피요청국은 재판소에 이를 통지하며 재판소는 그 제3국 또는 국제기구에 요청을 행한다.

10. 가. 재판소는 요청이 있는 경우, 재판소 관할범죄를 구성하는 행위 또는 요청국의 국내법상 중대한 범죄를 구성하는 행위에 대하여 수사 또는 재판을 수행하는 당사국에 협력하거나 지원을 제공할 수 있다.

나. (1) 가호에 따라 수행하는 지원은 특히 다음을 포함한다.

(가) 재판소가 수행하는 수사 또는 재판 과정에서 얻은 진술, 문서 또는 다른 형태의 증거의 송부

(나) 재판소의 명령으로 구금된 자에 대한 신문

(2) 나호(1)(가)에 따른 지원의 경우,

(가) 문서 또는 다른 형태의 증거가 국가의 지원으로 획득된 경우, 송부는 그 국가의 동의를 필요로 한다.

(나) 진술, 문서 또는 다른 형태의 증거가 증인 또는 감정인에 의하여 제공된 경우, 송부는 제68조의 규정에 따른다.

다. 재판소는 규정 비당사국으로부터의 이 항에 따른 지원요청을 이 항에 열거된 조건으로 허가할 수 있다.

제94조
진행 중인 수사 또는 기소와 관련된 요청의 이행 연기

1. 요청의 즉각적인 이행이 요청과 관련된 사건 이외의 다른 사건에 대하여 진행중인 수사나 기소를 방해하게 될 경우, 피요청국은 재판소와 합의한 기간동안 요청의 이행을 연기할 수 있다. 그러나 연기는 피요청국이 관련 수사나 기소를 완료하는데 필요한 기간보다 더 길어서는 아니된다. 연기 결정을 내리기 전, 피요청국은 지원이 일정한 조건부로 즉시 제공될 수 있는지 여부를 고려한다.

2. 제1항에 따라 연기결정이 내려진 경우, 소추관은 제93조제1항차호에 따라 증거를 보전하기 위한 조치를 구할 수 있다.

제95조
재판적격성에 대한 이의제기와 관련된 요청의 이행 연기

재판소가 제18조 또는 제19조에 따라 재판적격성에 대한 이의제기를 심의중인 경우, 소추관이 제18조 또는 제19조에 따라 그러한 증거의 수집을 계속할 수 있다고 재판소가 명시적으로 명령하지 않는 한, 피요청국은 재판소의 결정이 계류중인 동안 이 부에 따른 요청의 이행을 연기할 수 있다.

제96조
제93조에 따른 기타 형태의 지원요청의 내용

1. 제93조에 규정된 기타 형태의 지원 요청은 서면으로 한다. 긴급한 경우, 요청은 문자기록을 전달할 수 있는 어떠한 매체에 의하여도 이루어질 수 있으나 제87조제1항가호에 규정된 경로를 통하여 확인되어야 한다.

2. 요청은 해당하는 대로 다음을 포함하거나 또는 이에 의하여 증빙되어야 한다.

가. 요청의 법적 근거 및 이유를 포함하여 요청의 목적과 요청되는 지

원에 대한 간결한 서술

나. 요청되는 지원이 제공되기 위하여 발견되거나 확인되어야 할 사람이나 장소의 소재 또는 신원에 대한 가능한 상세한 정보

다. 요청의 기초를 이루는 필수적인 사실에 대한 간결한 서술

라. 추후의 절차 또는 요건의 이유와 상세

마. 요청을 이행하기 위하여 피요청국의 법률에 따라 요구되는 정보

바. 요청되는 지원을 제공하는데 관련된 기타 정보

3. 재판소의 요청이 있는 경우 당사국은 일반적 또는 특정한 문제에 대하여, 제2항마호에 따라 적용될 수 있는 자국 국내법상의 특별한 요건에 관하여 재판소와 협의한다. 협의 중에 당사국은 자국 국내법상 특별한 요건에 관하여 재판소에 조언한다.

4. 이 조의 규정은 적용 가능한 경우 재판소에 대한 지원요청에 관하여 적용된다.

제97조
협 의

당사국이 이 부에 따라 받은 요청에 관하여 요청의 이행을 방해하거나 저지시킬 수 있는 문제점을 확인하는 경우, 당사국은 그 사안을 해결하기 위하여 지체없이 재판소와 협의한다. 그러한 문제점은 특히 다음을 포함할 수 있다.

가. 요청을 이행하기에 불충분한 정보

나. 인도청구의 경우, 최선의 노력에도 불구하고 인도청구된 자의 소재를 파악할 수 없거나 또는 수행된 수사 결과 피청구국내에 있는 자는 영장에서 거명된 자가 명백히 아닌 것으로 판정된 사실

다. 현재 형태의 요청 이행은 피요청국이 다른 국가에 대하여 부담하는 기존의 조약상 의무를 위반하도록 요구한다는 사실

제98조
면제의 포기 및 인도 동의에 관한 협력

1. 재판소가 먼저 제3국으로부터 면제의 포기를 위한 협력을 얻을 수 없는 한, 재판소는 피요청국이 제3국의 사람 또는 재산에 대하여 국가면제 또는 외교면제에 관한 국제법상의 의무에 부합되지 않게 행동하도록 하는 인도청구 또는 지원요청을 진행시켜서는 아니 된다.

2. 재판소가 먼저 파견국으로부터 인도동의를 주기 위한 협력을 얻을 수 없는 한, 재판소는 피청구국이 파견국의 사람을 재판소에 인도하기 위하여는 파견국의 동의를 요하는 국제협정상의 의무에 부합되지 않게 행동하도록 하는 인도청구를 진행시켜서는 아니 된다.

제99조
제93조와 제96조에 따른 요청의 이행

1. 지원 요청은 피요청국 법상의 관련절차에 따라, 그리고 피요청국에서 금지되지 않는 한, 요청서에 약술된 절차에 따르거나 또는 요청서에 명시된 자가 이행과정에 출석하고 협력하도록 허용하는 것을 포함하여 요청서에 명시된 방식으로 이행한다.

2. 긴급한 요청의 경우, 그에 응하여 제공되는 문서 또는 증거는 재판소의 요청이 있으면 신속히 전달한다.

3. 피요청국의 회신은 그 국가의 언어와 양식으로 작성·송부한다.

4. 이 부의 다른 규정을 침해함이 없이, 요청의 이행에 필수적이라면 피요청국 당국의 입회없이 수사를 수행하는 것을 포함하여, 특정인과의 자발적인 면담 또는 그 자로부터의 증거 수집 및 공개된 장소 또는 기타 공공장소의 변형없는 조사 등 강제조치 없이 이행될 수 있는 요청을 성공적으로 이행하는데 필요한 경우, 소추관은 그러한 요청을 다음과 같이 국가의 영역에서 직접 이행할 수 있다.

   가. 피요청국이 그 영역 안에서 범죄가 범하여졌다는 혐의를 받는 국가이고 또한 제18조 또는 제19조에 따라 재판적격성이 있다고

결정된 경우, 소추관은 피요청국과 가능한 모든 협의를 거쳐 요청을 직접 이행할 수 있다.

나. 기타의 경우, 소추관은 피요청국과 협의를 거쳐 피요청국이 제기한 모든 합리적 조건이나 우려에 따를 것을 조건으로 요청을 이행할 수 있다. 피요청국이 이 호에 따른 요청의 이행에 대한 문제를 확인하는 경우, 피요청국은 그 문제를 해결하기 위하여 지체없이 재판소와 협의한다.

5. 재판소에 의하여 심리되거나 조사받는 자가 제72조에 따라 국방 또는 국가안보와 관련된 비밀정보의 공개를 방지하기 위한 제한규정을 원용하도록 허용하는 규정은 이 조에 따른 지원 요청의 이행에도 적용된다.

제100조
비 용

1. 피요청국의 영역에서 요청을 이행하기 위한 일상적 비용은 재판소가 부담하는 다음 비용을 제외하고는 피요청국이 부담한다.

가. 증인 및 감정인의 여행 및 안전, 또는 구금중인 자의 제93조에 따른 이송과 관련된 비용

나. 번역비, 통역비 및 복사비

다. 재판관, 소추관, 부소추관, 사무국장, 사무차장 및 재판소의 다른 기관 직원의 여비와 수당

라. 재판소가 요청한 감정인의 견해나 보고서의 비용

마. 구금국이 재판소로 인도하는 자의 이송 관련 비용

바. 협의에 따라, 요청의 이행으로부터 발생할 수 있는 특별 비용

2. 제1항의 규정은 적절한 대로 당사국의 재판소에 대한 요청에 적용된다. 그 경우 재판소는 일상적인 이행비용을 부담한다.

제101조
특정성의 원칙

1. 이 규정에 따라 재판소에 인도된 자는 인도되게 된 범죄의 기초를 이루는 행위 또는 행위의 과정이 아닌, 인도 전에 범한 행위에 대하여 절차가 취해지거나 처벌 또는 구금되지 아니한다.

2. 재판소는 재판소에 인도를 행한 국가에 대해 제1항의 요건을 포기하도록 요청할 수 있으며, 필요한 경우 제91조에 따라 추가 정보를 제공할 수 있다. 당사국은 위 요건에 관하여 재판소에 포기할 권한을 가지며, 그렇게 하도록 노력한다.

제102조
용어의 사용

이 규정의 목적상,

   가. "인도"라 함은 이 규정에 따라 국가가 어떠한 사람을 재판소에 넘겨주는 것을 말한다.

   나. "범죄인인도"라 함은 조약, 협약 또는 국내법에 규정된 바에 따라 어떠한 사람을 한 국가에서 다른 국가로 넘겨주는 것을 말한다.

제10부   집   행

제103조
징역형 집행에서 국가의 역할

1. 가. 징역형은 재판소가 재판소에 대하여 수형자 인수 의사를 표시한 국가의 명단 중에서 지정된 국가에서 집행된다.

   나. 수형자 인수 의사를 표시할 때, 국가는 재판소가 동의하고 이 부에 부합되는 인수조건을 첨부할 수 있다.

   다. 특정 사건에서 지정된 국가는 재판소의 지정을 수락하는지 여부를 신속히 재판소에 통지한다.

2. 가. 집행국은 제1항에 따라 합의된 조건의 시행을 포함하여 징역형의 조건 또는 정도에 현저히 영향을 줄 수 있는 모든 상황을 재판소에 통지한다.

　　재판소는 그러한 알려지거나 예측 가능한 상황을 최소한 45일 전에 통지받는다. 그 기간 동안 집행국은 제110조에 따른 의무를 저해할 수 있는 어떠한 조치도 취하지 아니한다.

　나. 재판소가 가호에 규정된 상황에 합의할 수 없는 경우, 재판소는 이를 집행국에 통보하고 제104조제1항에 따라 처리한다.

3. 재판소는 제1항에 따른 지정의 재량을 행사함에 있어서 다음을 고려한다.

　가. 절차및증거규칙에 규정된 바와 같이, 형평한 분배의 원칙에 따라 당사국들이 징역형의 집행 책임을 분담한다는 원칙

　나. 수형자의 처우에 관하여 광범위하게 수락된 국제조약상의 기준 적용

　다. 수형자의 의견

　라. 수형자의 국적

　마. 범죄 및 수형자의 정황 또는 형의 효율적 집행에 관한 집행국의 지정에 적절한 기타 요소

4. 제1항에 따라 지정된 국가가 없는 경우, 징역형은 제3조제2항에 기술된 본부협정에 규정된 조건에 따라 소재지국이 제공하는 수형시설에서 집행된다. 이 경우 징역형의 집행에서 발생하는 비용은 재판소가 부담한다.

제104조

집행국 지정의 변경

1. 재판소는 언제든지 수형자를 다른 국가의 교도소로 이송할 것을 결정할 수 있다.

2. 수형자는 언제든지 집행국으로부터의 이송을 재판소에 신청할 수 있다.

제105조
형의 집행

1. 징역형은 제103조제1항나호에 따라 국가가 명시한 조건의 적용을 받고 당사국을 기속하며, 당사국은 어떠한 경우에도 이를 변경하지 아니한다.
2. 재판소만이 상소 및 재심의 신청에 대하여 결정할 권리를 가진다. 집행국은 수형자의 이러한 신청을 방해하지 아니한다.

제106조
형의 집행과 징역의 조건에 대한 감독

1. 징역형의 집행은 재판소의 감독에 따르며, 수형자의 처우에 관하여 광범위하게 수락된 국제조약상의 기준과 부합하여야 한다.
2. 징역의 조건은 집행국의 법에 의하여 규율되며 수형자의 처우에 관하여 광범위하게 수락된 국제조약상의 기준에 부합하여야 한다. 어떠한 경우에도 그러한 조건들이 집행국에서 유사한 범죄로 유죄판결을 받은 수형자에게 적용되는 조건들보다 유리하거나 불리하여서는 아니된다.
3. 수형자와 재판소간의 통신은 방해받지 않으며, 비밀이 유지되어야 한다.

제107조
형 집행 만료자의 이송

1. 형 집행 만료 후 집행국의 국민이 아닌 자는 집행국이 그를 자국에 체류하도록 허가하지 않는 한, 그를 접수할 의무가 있는 국가 또는 이송될 자의 희망을 고려하여 그를 접수하기로 합의한 다른 국가로 집행국의 법률에 따라 이송될 수 있다.
2. 어느 국가도 제1항에 따라 다른 국가로 이송하는데 발생하는 비용을

부담하지 않는 경우, 그 비용은 재판소가 부담한다.

3. 제108조의 규정을 조건으로, 집행국은 재판 또는 형 집행을 위하여 범죄인인도 또는 인도를 청구한 국가로 그 자를 자국법에 따라 범죄인 인도를 하거나 또는 달리 인도할 수 있다.

제108조
다른 범죄의 기소 또는 처벌의 제한

1. 집행국의 구금하에 있는 수형자는, 재판소가 집행국의 요청을 받아 기소처벌 또는 범죄인인도를 행하는 것을 허가하지 않는 한, 그 자가 집행국으로 이송되기 전에 행한 어떠한 행위에 대하여도 기소처벌되거나 또는 제3국으로 범죄인인도 되지 아니한다.

2. 재판소는 수형자의 의견을 들은 후 그 문제를 결정한다.

3. 수형자가 재판소가 부과한 형을 완전히 복역한 후 집행국의 영역에서 자발적으로 30일을 초과하여 머무르거나 또는 집행국에서 출국한 후 그 국가의 영역으로 다시 돌아온 경우, 제1항은 적용되지 아니한다.

제109조
벌금 및 몰수조치의 집행

1. 당사국은 선의의 제3자의 권리를 침해함이 없이 그리고 자국의 국내법 절차에 따라, 재판소가 제7부에 따라 명령한 벌금 또는 몰수 명령을 집행한다.

2. 당사국이 몰수명령을 집행할 수 없는 경우, 당사국은 선의의 제3자의 권리를 침해함이 없이, 재판소가 몰수를 명한 수익재산 또는 자산의 가액을 회수하기 위한 조치를 취한다.

3. 당사국이 재판소의 판결을 집행한 결과로 취득한 재산 또는 부동산의 매매 수익 또는 적절한 경우 기타 재산의 매매 수익은 재판소로 이전된다.

제110조
감형에 대한 재판소의 재검토

1. 집행국은 재판소가 선고한 형기가 만료되기 전에는 당해인을 석방하지 아니한다.

2. 재판소만이 감형을 결정할 권한을 가지며, 당해인을 심문한 후 그 문제를 결정한다.

3. 형의 3분의 2 또는 무기징역의 경우 25년을 복역한 경우, 재판소는 감형여부를 결정하기 위하여 형을 재검토한다. 그 전에는 재검토가 이루어져서는 아니된다.

4. 제3항에 따른 재검토에 있어서, 재판소는 1개 이상의 다음 요소가 존재한다고 판단할 경우 형을 감경할 수 있다.

   가. 재판소의 수사 및 기소에 있어서 초기부터 지속적으로 협력하려는 의사

   나. 다른 사건에 있어서의 재판소의 판결 및 명령의 집행을 가능하게 하는 그 자의 자발적인 조력과 특히 피해자의 이익을 위하여 사용될 수 있는 벌금, 몰수 또는 배상 명령의 대상이 되는 자산을 찾는 것을 지원하는 자발적 조력

   다. 절차및증거규칙에 규정된 바와 같이, 감형을 정당화하기에 충분한 명백하고 중요한 사정변경을 형성하는 기타 요소

5. 재판소가 제3항에 따른 최초의 검토에서 감형이 적절하지 않다고 결정하는 경우, 재판소는 그 후 절차및증거규칙에 규정된 기간마다 그리고 그에 규정된 기준을 적용하여 감형 문제를 검토한다.

제111조
도 주

유죄판결을 받은 자가 구금에서 탈출하여 집행국으로부터 도주한 경우, 집행국은 재판소와 협의를 거쳐 기존의 양자 또는 다자간 약정에 따라 그 자가 소재한 국가에 인도를 청구하거나 또는 제9부에 따라 재판소가 당해

인의 인도를 구하도록 요청할 수 있다. 재판소는 그 자가 형을 복역하고 있던 국가 또는 재판소가 지정한 다른 국가로 그 자의 이송을 명할 수 있다.

제11부 당사국총회

제112조
당사국총회

1. 이 규정의 당사국총회가 이에 설치된다. 각 당사국은 총회에서 교체대표와 자문을 동반할 수 있는 1인의 대표를 가진다. 이 규정 또는 최종의정서에 서명한 기타 국가는 총회에서 옵저버가 될 수 있다.

2. 당사국총회는,

　가. 적절한 대로, 준비위원회의 권고를 심의하고 채택한다.

　나. 재판소의 행정에 관하여 소장단, 소추관 및 사무국장의 운영을 감독한다.

　다. 제3항에 따라 설치된 이사회의 보고서와 활동을 심의하고, 이에 관하여 적절한 조치를 취한다.

　라. 재판소 예산을 심의하고 결정한다.

　마. 제36조에 따라 재판관 수의 변경 여부를 결정한다.

　바. 제87조제5항과 제7항에 따라 협력불응과 관련된 모든 문제를 심의한다.

　사. 이 규정 또는 절차및증거규칙과 부합하는 다른 모든 기능을 수행한다.

3. 가. 총회는 총회에서 3년 임기로 선출된 1인의 의장, 2인의 부의장 및 18인의 위원으로 구성되는 이사회를 둔다.

　나. 이사회는 특히 공평한 지역적 배분과 세계의 주요한 법체계의 적절한 대표성을 고려한 대의적 성격을 가진다.

　다. 이사회는 최소한 1년에 1회 이상, 필요할 때마다 회합한다. 이사회는 총회가 책임을 이행하는데 조력한다.

4. 총회는 재판소의 효율성과 경제성을 제고하기 위하여, 재판소의 감사·평가 및 조사를 위한 독립적인 감독장치를 포함하여 필요한 보조기관을 둘 수 있다.

5. 재판소장, 소추관 및 사무국장 또는 그 대리인들은 적절한 대로 총회 및 이사회의 회의에 참석할 수 있다.

6. 총회는 재판소 소재지 또는 국제연합 본부에서 1년에 1회 회합하며, 필요한 경우 특별회기를 가진다. 이 규정에 달리 정한 경우를 제외하고, 특별회기는 이사회가 스스로 발의하거나 당사국 3분의 1의 요청에 따라 소집된다.

7. 각 당사국은 1표의 투표권을 가진다. 총회와 이사회는 컨센서스로 결정에 도달하기 위하여 모든 노력을 다하여야 한다. 컨센서스에 도달할 수 없는 경우, 이 규정에 달리 정한 경우를 제외하고 다음과 같이 결정한다.

   가. 실질문제에 대한 결정은 당사국의 절대과반수를 투표정족수로 하여, 출석하여 투표한 당사국의 3분의 2의 다수결로 승인되어야 한다.

   나. 절차문제에 대한 결정은 출석하여 투표한 당사국들의 단순다수결로 행한다.

8. 재판소 비용에 대한 재정적 분담금의 지불을 연체한 당사국은 연체금액이 연체 이전의 만 2년 동안 부담해야 할 분담금액과 같거나 이를 초과하는 경우, 총회 및 이사회에서 투표권을 가지지 못한다. 그럼에도 불구하고 총회는 연체가 그 당사국이 통제할 수 없는 사정에 기인한다고 판단하는 경우, 그 당사국의 총회 및 이사회에서의 투표를 허용할 수 있다.

9. 총회는 그 자체의 절차규칙을 채택한다.

10. 총회의 공식언어 및 실무언어는 국제연합 총회의 언어로 한다.

제12부 재 정

제113조
재정규칙

달리 특별히 규정된 경우를 제외하고, 재판소와 이사회 및 보조기관을 포함하는 당사국총회의 회의와 관련된 모든 재정적 문제는 이 규정과 당사국총회에서 채택된 재정규칙에 의하여 규율된다.

제114조
비용의 지출

재판소와 이사회 및 보조기관을 포함한 당사국총회의 비용은 재판소의 기금에서 지출된다.

제115조
재판소 및 당사국총회의 기금

재판소와 이사회 및 보조기관을 포함한 당사국총회의 비용은 당사국총회가 결정한 예산에 규정된 바에 따라 다음 수입원에 의하여 충당된다.

　　가. 당사국이 납부한 산정된 분담금
　　나. 특히 안전보장이사회에 의한 회부로 인하여 발생된 비용에 관하여는 국제연합 총회의 승인을 조건으로 국제연합이 제공한 기금

제116조
자발적 기여금

제115조를 침해함이 없이, 재판소는 당사국총회가 채택한 관련 기준에 따라 정부·국제기구·개인·기업 및 기타 단체로부터의 자발적 기여금을 추가기금으로 받아 사용할 수 있다.

제117조

분담금의 산정

당사국의 분담금은 국제연합이 정규예산을 위하여 채택한 산정기준을 기초로 하고, 그 산정기준의 기초가 된 원칙에 따라 조정되어 합의된 산정기준에 따라 산정된다.

제118조

연례감사

재판소의 연례 재정보고서를 포함하여 재판소의 기록, 회계장부 및 회계계정은 매년 독립된 감사관에 의하여 감사를 받는다.

제13부 최종조항

제119조

분쟁의 해결

1. 재판소의 사법적 기능에 관한 모든 분쟁은 재판소의 결정에 의하여 해결된다.

2. 이 규정의 해석과 적용에 관하여 분쟁 개시 후 3개월 내에 교섭을 통하여 해결되지 아니하는 2개국 이상의 당사국간의 기타 모든 분쟁은 당사국총회에 회부된다. 총회는 스스로 그 분쟁을 해결하려고 노력하거나 또는 국제사법재판소규정에 따라 동 재판소에 회부를 포함하는 추가적 분쟁해결수단에 관하여 권고할 수 있다.

제120조

유 보

이 규정에 대하여 어떠한 유보도 할 수 없다.

제121조

개 정

1. 이 규정의 발효로부터 7년 후 당사국은 이 규정의 개정을 제안할 수 있다. 제안된 모든 개정안은 국제연합 사무총장에게 제출되며, 국제연합 사무총장은 이를 신속히 모든 당사국에 회람한다.

2. 통보일로부터 최소한 3개월 이후의 차기회의에서 당사국총회는 참석하여 투표한 당사국의 과반수로 그 제안을 다룰 것인지 여부를 결정한다. 총회는 그 제안을 직접 다루거나, 관련 쟁점상 필요한 경우 검토회의를 소집할 수 있다.

3. 당사국총회의 회의 또는 검토회의에서 컨센서스에 도달할 수 없는 경우, 개정안의 채택은 당사국의 3분의 2의 다수결을 요한다.

4. 제5항에 규정된 경우를 제외하고, 개정은 당사국의 8분의 7의 비준서 또는 수락서가 국제연합 사무총장에게 기탁된 때로부터 1년 후에 모든 당사국에 대하여 발효한다.

5. 이 규정 제5조, 제6조, 제7조 및 제8조에 대한 개정은 그 개정을 수락한 당사국에 대하여 비준서 또는 수락서가 기탁된 지 1년 후에 발효한다. 개정을 수락하지 아니한 당사국의 국민에 의하여 또는 그 국가의 영역에서 개정으로 포함된 범죄가 범해진 경우, 재판소는 그 범죄에 대하여 관할권을 행사하지 아니한다.

6. 제4항에 따라 개정이 당사국의 8분의 7에 의하여 수락된 경우, 그 개정을 수락하지 아니한 모든 당사국은 제127조제1항에도 불구하고 그러나 제127조제2항을 조건으로, 개정의 발효 후 1년 이내에 통보함으로써, 이 규정에서 탈퇴할 수 있으며 탈퇴는 통보 즉시 효력을 발생한다.

7. 국제연합 사무총장은 당사국총회의 회의 또는 검토회의에서 채택된 모든 개정을 전 당사국에 회람한다.

제122조
제도적 성격의 규정에 대한 개정

1. 오로지 제도적 성격만을 지닌 이 규정의 조항, 즉 제35조, 제36조제8항과 제9항, 제37조, 제38조, 제39조제1항(처음 2문), 제2항과 제4항, 제42조제4항 내지 제9항, 제43조제2항과 제3항, 제44조, 제46조, 제47조 및 제49조의 개정은 제121조제1항에도 불구하고 모든 당사국이 언제든지 제안할 수 있다. 제안된 개정안은 국제연합 사무총장이나 당사국총회가 지정한 자에게 제출되며, 이들은 이를 모든 당사국과 당사국총회에 참석한 다른 자들에게 신속히 회람한다.

2. 컨센서스에 도달할 수 없는 이 조에 따른 개정은 당사국총회 또는 검토회의에서 당사국의 3분의 2의 다수결로 채택된다. 그러한 개정은 당사국총회 또는 경우에 따라서는 검토회의에서 채택된 지 6개월 후 모든 당사국에 대하여 발효한다.

제123조
규정의 재검토

1. 이 규정이 발효한 지 7년 후, 국제연합 사무총장은 이 규정에 대한 개정을 심의하기 위한 재검토회의를 소집한다. 그러한 재검토는 제5조에 포함된 범죄목록을 포함할 수 있으나 이에 국한되지 아니한다. 재검토회의는 당사국총회에 참석하는 자에게 동일한 조건하에 개방된다.

2. 그 후 언제라도 국제연합 사무총장은 당사국의 요청에 따라 제1항에 규정된 목적을 위하여 당사국 과반수의 승인으로 재검토회의를 소집한다.

3. 제121조제3항 내지 제7항의 규정은 재검토회의에서 심의된 이 규정에 대한 개정의 채택 및 발효에 적용된다.

제124조
경과규정

제12조제1항 및 제2항에도 불구하고, 국가는 이 규정의 당사국이 될 때 이 규정이 당해 국가에 대하여 발효한 후 7년 동안, 자국민에 의하여 또는 자국 영역에서 범해진 것으로 혐의를 받는 제8조에 규정된 범죄의 범주에 관하여 재판소의 관할권을 수락하지 아니한다고 선언할 수 있다. 이 조에 따른 선언은 언제든지 철회될 수 있다. 이 조의 규정은 제123조제1항에 따라 소집되는 재검토회의에서 재검토된다.

제125조
서명·비준·수락·승인 또는 가입

1. 이 규정은 1998년 7월 17일 로마에 있는 국제연합 식량농업기구 본부에서 모든 국가에 대하여 서명을 위하여 개방된다. 그 이후 1998년 10월 17일까지 로마의 이탈리아 외무부에서 서명을 위하여 개방된다. 그날 이후 이 규정은 2000년 12월 31일까지 뉴욕에 있는 국제연합 본부에서 서명을 위하여 개방된다.

2. 이 규정은 서명국의 비준, 수락 또는 승인을 받아야 한다. 비준서, 수락서 또는 승인서는 국제연합 사무총장에게 기탁된다.

3. 이 규정은 모든 국가의 가입을 위하여 개방된다. 가입서는 국제연합 사무총장에게 기탁된다.

제126조
발 효

1. 이 규정은 60번째의 비준서, 수락서, 승인서 또는 가입서가 국제연합 사무총장에게 기탁된 날로부터 60일이 경과한 다음 달의 첫째 날에 발효한다.

2. 60번째의 비준서, 수락서, 승인서 또는 가입서가 기탁된 후 이 규정을 비준 수락승인 또는 가입하는 각 국가에 대하여, 이 규정은 그러한 국

가가 비준서, 수락서, 승인서 또는 가입서를 기탁한 후 60일이 경과한 다음 달의 첫째 날에 발효한다.

제127조
탈 퇴

1. 당사국은 국제연합 사무총장에 대한 서면통보에 의하여 이 규정에서 탈퇴할 수 있다. 탈퇴는 통보서에 보다 늦은 날짜가 명시되지 않는 한, 통보서 접수일로부터 1년 후에 효력을 발생한다.

2. 국가는 탈퇴를 이유로 이미 발생한 모든 재정적 의무를 포함하여 그 국가가 이 규정의 당사자이었던 동안 이 규정에 따라 발생한 의무로부터 면제되지 아니한다. 국가의 탈퇴는 탈퇴국이 협력할 의무가 있었던 탈퇴 발효일 전에 개시된 범죄수사 및 절차와 관련된 재판소와의 여하한 협력에도 영향을 미치지 아니하며, 또한 탈퇴 발효일 전에 재판소가 이미 심의중에 있던 사안의 계속적인 심의를 어떠한 방식으로도 저해하지 아니한다.

제128조
정 본

아랍어·중국어·영어·프랑스어·러시아어 및 스페인어본이 동등하게 정본인 이 규정의 원본은 국제연합 사무총장에게 기탁되며, 국제연합 사무총장은 그 인증등본을 모든 국가에 송부한다.

이상의 증거로, 아래 서명자들은 그들 각자의 정부로부터 정당하게 권한을 위임받아 이 규정에 서명하였다. 1998년 7월 17일 로마에서 작성되었다.

부 록(Annex) 2

ROME STATUTE OF THE INTERNATIONAL CRIMINAL COURT

The States Parties to this Statute,

Conscious that all peoples are united by common bonds, their cultures pieced together in a shared heritage, and concerned that this delicate mosaic may be shattered at any time,

Mindful that during this century millions of children, women and men have been victims of unimaginable atrocities that deeply shock the conscience of humanity,

Recognizing that such grave crimes threaten the peace, security and well-being of the world,

Affirming that the most serious crimes of concern to the international community as a whole must not go unpunished and that their effective prosecution must be ensured by taking measures at the national level and by enhancing international cooperation,

Determined to put an end to impunity for the perpetrators of these crimes and thus to contribute to the prevention of such crimes,

Recalling that it is the duty of every State to exercise its criminal jurisdiction over those responsible for international crimes,

Reaffirming the Purposes and Principles of the Charter of the United Nations, and in particular that all States shall refrain from the threat or use of force against the territorial integrity or political independence of any State, or in any other manner inconsistent with the Purposes of the United Nations,

Emphasizing in this connection that nothing in this Statute shall be taken as authorizing any State Party to intervene in an armed conflict or in the internal affairs of any State,

Determined to these ends and for the sake of present and future generations, to establish an independent permanent International Criminal Court in relationship with the United Nations system, with jurisdiction over the most serious crimes of concern to the international community as a whole,

Emphasizing that the International Criminal Court established under this Statute shall be complementary to national criminal jurisdictions,

Resolved to guarantee lasting respect for and the enforcement of international justice,

Have agreed as follows

PART 1. ESTABLISHMENT OF THE COURT

Article 1

The Court

An International Criminal Court ("the Court") is hereby established. It shall be a permanent institution and shall have the power to exercise its jurisdiction over persons for the most serious crimes of international concern, as referred to in this Statute, and shall be complementary to national criminal jurisdictions. The jurisdiction and functioning of the Court shall be governed by the provisions of this Statute.

Article 2

Relationship of the Court with the United Nations

The Court shall be brought into relationship with the United Nations through an agreement to be approved by the Assembly of States Parties to this Statute and thereafter concluded by the President of the Court on its behalf.

Article 3

Seat of the Court

1. The seat of the Court shall be established at The Hague in the Netherlands ("the host State").

2. The Court shall enter into a headquarters agreement with the host State, to be approved by the Assembly of States Parties and thereafter concluded by the President of the Court on its behalf.

3. The Court may sit elsewhere, whenever it considers it desirable, as provided in this Statute.

Article 4

Legal status and powers of the Court

1. The Court shall have international legal personality. It shall also have such legal capacity as may be necessary for the exercise of its functions and the fulfilment of its purposes.

2. The Court may exercise its functions and powers, as provided in this Statute, on the territory of any State Party and, by special agreement, on the territory of any other State.

PART 2. JURISDICTION, ADMISSIBILITY AND APPLICABLE LAW

Article 5

Crimes within the jurisdiction of the Court

1. The jurisdiction of the Court shall be limited to the most serious crimes of concern to the international community as a whole. The Court has jurisdiction in accordance with this Statute with respect to the following crimes:

   (a) The crime of genocide;

   (b) Crimes against humanity;

   (c) War crimes;

   (d) The crime of aggression.

2. The Court shall exercise jurisdiction over the crime of aggression once a provision is adopted in accordance with articles 121 and 123 defining the crime and setting out the conditions under which the Court shall exercise jurisdiction with respect to this crime. Such a provision shall be consistent with the relevant provisions of the Charter of the United Nations.

Article 6

Genocide

For the purpose of this Statute, "genocide" means any of the following acts committed with intent to destroy, in whole or in part, a national, ethnical, racial or religious group, as such:

   (a) Killing members of the group;

   (b) Causing serious bodily or mental harm to members of the group;

   (c) Deliberately inflicting on the group conditions of life calculated to bring about its physical destruction in whole or in part;

(d) Imposing measures intended to prevent births within the group;

(e) Forcibly transferring children of the group to another group.

Article 7

Crimes against humanity

1. For the purpose of this Statute, "crime against humanity" means any of the following acts when committed as part of a widespread or systematic attack directed against any civilian population, with knowledge of the attack:

(a) Murder;

(b) Extermination;

(c) Enslavement;

(d) Deportation or forcible transfer of population;

(e) Imprisonment or other severe deprivation of physical liberty in violation of fundamental rules of international law;

(f) Torture;

(g) Rape, sexual slavery, enforced prostitution, forced pregnancy, enforced sterilization, or any other form of sexual violence of comparable gravity;

(h) Persecution against any identifiable group or collectivity on political, racial, national, ethnic, cultural, religious, gender as defined in paragraph 3, or other grounds that are universally recognized as impermissible under international law, in connection with any act referred to in this paragraph or any crime within the jurisdiction of the Court;

(i) Enforced disappearance of persons;

(j) The crime of apartheid;

(k) Other inhumane acts of a similar character intentionally causing great suffering, or serious injury to body or to mental or physical health.

2. For the purpose of paragraph 1:

(a) "Attack directed against any civilian population" means a course of conduct involving the multiple commission of acts referred to in paragraph 1 against any civilian population, pursuant to or in furtherance of a State or organizational policy to commit such attack;

(b) "Extermination" includes the intentional infliction of conditions of life, inter alia the deprivation of access to food and medicine, calculated to bring about the destruction of part of a population;

(c) "Enslavement" means the exercise of any or all of the powers attaching to the right of ownership over a person and includes the exercise of such power in the course of trafficking in persons, in particular women and children;

(d) "Deportation or forcible transfer of population" means forced displacement of the persons concerned by expulsion or other coercive acts from the area in which they are lawfully present, without grounds permitted under international law;

(e) "Torture" means the intentional infliction of severe pain or suffering, whether physical or mental, upon a person in the custody or under the control of the accused; except that torture shall not include pain or suffering arising only from, inherent in or incidental to, lawful sanctions;

(f) "Forced pregnancy" means the unlawful confinement of a woman forcibly made pregnant, with the intent of affecting the ethnic composition of any population or carrying out other grave violations of international law. This definition shall not in any way be interpreted as affecting national laws relating to pregnancy;

(g) "Persecution" means the intentional and severe deprivation of fundamental rights contrary to international law by reason of the identity of the group or collectivity;

(h) "The crime of apartheid" means inhumane acts of a character similar to those referred to in paragraph 1, committed in the context of an institutionalized regime of systematic oppression and domination by one racial group over any other racial group or groups and committed with the intention of maintaining that regime;

(i) "Enforced disappearance of persons" means the arrest, detention or abduction of persons by, or with the authorization, support or acquiescence of, a State or a political organization, followed by a refusal to acknowledge that deprivation of freedom or to give information on the fate or whereabouts of those persons, with the intention of removing them from the protection of the law for a prolonged period of time.

3. For the purpose of this Statute, it is understood that the term "gender" refers to the two sexes, male and female, within the context of society. The term "gender" does not indicate any meaning different from the above.

Article 8

War crimes

1. The Court shall have jurisdiction in respect of war crimes in particular when committed as part of a plan or policy or as part of a large-scale commission of such crimes. 2. For the purpose of this Statute, "war crimes" means:

(a) Grave breaches of the Geneva Conventions of 12 August 1949, namely, any of the following acts against persons or property protected under the provisions of the relevant Geneva Convention:

(i) Wilful killing;

(ii) Torture or inhuman treatment, including biological experiments;

(iii) Wilfully causing great suffering, or serious injury to body or health;

(iv) Extensive destruction and appropriation of property, not justified by military necessity and carried out unlawfully and wantonly;

(v) Compelling a prisoner of war or other protected person to serve in the forces of a hostile Power;

(vi) Wilfully depriving a prisoner of war or other protected person of the rights of fair and regular trial;

(vii) Unlawful deportation or transfer or unlawful confinement;

(viii) Taking of hostages.

(b) Other serious violations of the laws and customs applicable in international armed conflict, within the established framework of international law, namely, any of the following acts:

(i) Intentionally directing attacks against the civilian population as such or against individual civilians not taking direct part in hostilities;

(ii) Intentionally directing attacks against civilian objects, that is, objects which are not military objectives;

(iii) Intentionally directing attacks against personnel, installations, material, units or vehicles involved in a humanitarian assistance or peacekeeping mission in accordance with the Charter of the United Nations, as long as they are entitled to the protection given to civilians or civilian objects under the international law of armed conflict;

(iv) Intentionally launching an attack in the knowledge that such attack will cause incidental loss of life or injury to civilians or damage to civilian objects or widespread, long-term and severe damage to the natural environment which would be clearly excessive in relation to the concrete and direct overall military advantage anticipated;

(v) Attacking or bombarding, by whatever means, towns, villages, dwellings or buildings which are undefended and which are not military objectives;

(vi) Killing or wounding a combatant who, having laid down his arms or having no longer means of defence, has surrendered at discretion;

(vii) Making improper use of a flag of truce, of the flag or of the military insignia and uniform of the enemy or of the United Nations, as well as of the distinctive emblems of the Geneva Conventions, resulting in death or serious personal injury;

(viii) The transfer, directly or indirectly, by the Occupying Power of parts of its own civilian population into the territory it occupies, or the deportation or transfer of all or parts of the population of the occupied territory within or outside this territory;

(ix) Intentionally directing attacks against buildings dedicated to religion, education, art, science or charitable purposes, historic monuments, hospitals and places where the sick and wounded are collected, provided they are not military objectives;

(x) Subjecting persons who are in the power of an adverse party to physical mutilation or to medical or scientific experiments of any kind which are neither justified by the medical, dental or hospital treatment of the person concerned nor carried out in his or her interest, and which cause death to or seriously endanger the health of such person or persons;

(xi) Killing or wounding treacherously individuals belonging to the hostile nation or army;

(xii) Declaring that no quarter will be given;

(xiii) Destroying or seizing the enemy's property unless such destruction or seizure be imperatively demanded by the necessities of war;

(xiv) Declaring abolished, suspended or inadmissible in a court of law the rights and actions of the nationals of the hostile party;

(xv) Compelling the nationals of the hostile party to take part in the operations of war directed against their own country, even if they were in the belligerent's service before the commencement of the war;

(xvi) Pillaging a town or place, even when taken by assault;

(xvii) Employing poison or poisoned weapons;

(xviii) Employing asphyxiating, poisonous or other gases, and all analogous liquids, materials or devices;

(xix) Employing bullets which expand or flatten easily in the human body, such as bullets with a hard envelope which does not entirely cover the core or is pierced with incisions;

(xx) Employing weapons, projectiles and material and methods of warfare which are of a nature to cause superfluous injury or unnecessary suffering or which are inherently indiscriminate in violation of the international law of armed conflict, provided that such weapons, projectiles and material and methods of warfare are the subject of a comprehensive prohibition and are included in an annex to this Statute, by an amendment in accordance with the relevant provisions set forth in articles 121 and 123;

(xxi) Committing outrages upon personal dignity, in particular humiliating and degrading treatment;

(xxii) Committing rape, sexual slavery, enforced prostitution, forced pregnancy, as defined in article 7, paragraph 2 (f), enforced sterilization, or any other form of sexual violence also constituting a grave breach of the Geneva Conventions;

(xxiii) Utilizing the presence of a civilian or other protected person to render certain points, areas or military forces immune from military operations;

(xxiv) Intentionally directing attacks against buildings, material, medical units and transport, and personnel using the distinctive emblems of the Geneva Conventions in conformity with international law;

(xxv) Intentionally using starvation of civilians as a method of warfare by depriving them of objects indispensable to their survival, including wilfully impeding relief supplies as provided for under the Geneva Conventions;

(xxvi) Conscripting or enlisting children under the age of fifteen years into the national armed forces or using them to participate actively in hostilities.

(c) In the case of an armed conflict not of an international character, serious violations of article 3 common to the four Geneva Conventions of 12 August 1949, namely, any of the following acts committed against persons taking no active part in the hostilities, including members of armed forces who have laid down their arms and those placed hors de combat by sickness, wounds, detention or any other cause:

(i) Violence to life and person, in particular murder of all kinds, mutilation, cruel treatment and torture;

(ii) Committing outrages upon personal dignity, in particular humiliating and degrading treatment;

(iii) Taking of hostages;

(iv) The passing of sentences and the carrying out of executions without previous judgement pronounced by a regularly constituted court, affording all judicial guarantees which are generally recognized as indispensable.

(d) Paragraph 2 (c) applies to armed conflicts not of an international character and thus does not apply to situations of internal disturbances and tensions, such as riots, isolated and sporadic acts of violence or other acts of a similar nature.

(e) Other serious violations of the laws and customs applicable in armed conflicts not of an international character, within the established framework of international law, namely, any of the following acts:

(i) Intentionally directing attacks against the civilian population as such or against individual civilians not taking direct part in hostilities;

(ii) Intentionally directing attacks against buildings, material, medical units and transport, and personnel using the distinctive emblems of the Geneva Conventions in conformity with international law;

(iii) Intentionally directing attacks against personnel, installations, material, units or vehicles involved in a humanitarian assistance or peacekeeping mission in accordance with the Charter of the United Nations, as long as they are entitled to the protection given to civilians or civilian objects under the international law of armed conflict;

(iv) Intentionally directing attacks against buildings dedicated to religion, education, art, science or charitable purposes, historic monuments, hospitals and places where the sick and wounded are collected, provided they are not military objectives;

(v) Pillaging a town or place, even when taken by assault;

(vi) Committing rape, sexual slavery, enforced prostitution, forced pregnancy, as defined in article 7, paragraph 2 (f), enforced sterilization, and any other form of sexual violence also constituting a serious violation of article 3 common to the four Geneva Conventions;

(vii) Conscripting or enlisting children under the age of fifteen years into armed forces or groups or using them to participate actively in hostilities;

(viii) Ordering the displacement of the civilian population for reasons related to the conflict, unless the security of the civilians involved or imperative military reasons so demand;

(ix) Killing or wounding treacherously a combatant adversary;

(x) Declaring that no quarter will be given;

(xi) Subjecting persons who are in the power of another party to the conflict to physical mutilation or to medical or scientific experiments of any kind which are neither justified by the medical, dental or hospital treatment of the person concerned nor carried out in his or her interest, and which cause death to or seriously endanger the health of such person or persons;

(xii) Destroying or seizing the property of an adversary unless such destruction or seizure be imperatively demanded by the necessities of the conflict;

(f) Paragraph 2 (e) applies to armed conflicts not of an international character and thus does not apply to situations of internal disturbances and tensions, such as riots, isolated and sporadic acts of violence or other acts of a similar nature. It applies to armed conflicts that take place in the territory of a State when there is protracted armed conflict between governmental authorities and organized armed groups or between such groups.

3. Nothing in paragraph 2 (c) and (e) shall affect the responsibility of a Government to maintain or re-establish law and order in the State or to defend the unity and territorial integrity of the State, by all legitimate means.

Article 9

Elements of Crimes

1. Elements of Crimes shall assist the Court in the interpretation and application of articles 6, 7 and 8. They shall be adopted by a two-thirds majority of the members of the Assembly of States Parties.

2. Amendments to the Elements of Crimes may be proposed by:

(a) Any State Party;

(b) The judges acting by an absolute majority;

(c) The Prosecutor.

Such amendments shall be adopted by a two-thirds majority of the members of the Assembly of States Parties. 3. The Elements of Crimes and amendments thereto shall be consistent with this Statute.

Article 10

Nothing in this Part shall be interpreted as limiting or prejudicing in any way existing or developing rules of international law for purposes other than this Statute.

Article 11

Jurisdiction ratione temporis

1. The Court has jurisdiction only with respect to crimes committed after the entry into force of this Statute.

2. If a State becomes a Party to this Statute after its entry into force, the Court may exercise its jurisdiction only with respect to crimes committed after the entry into force of this Statute for that State, unless that State has made a declaration under article 12, paragraph 3.

Article 12

Preconditions to the exercise of jurisdiction

1. A State which becomes a Party to this Statute thereby accepts the jurisdiction of the Court with respect to the crimes referred to in article 5.

2. In the case of article 13, paragraph (a) or (c), the Court may exercise its jurisdiction if one or more of the following States are Parties to this Statute or have accepted the jurisdiction of the Court in accordance with paragraph 3:

(a) The State on the territory of which the conduct in question occurred or, if the crime was committed on board a vessel or aircraft, the State of registration of that vessel or aircraft;

(b) The State of which the person accused of the crime is a national.

3. If the acceptance of a State which is not a Party to this Statute is required under paragraph 2, that State may, by declaration lodged with the Registrar, accept the exercise of jurisdiction by the Court with respect to the crime in question. The accepting State shall cooperate with the Court without any delay or exception in accordance with Part 9.

Article 13

Exercise of jurisdiction

The Court may exercise its jurisdiction with respect to a crime referred to in article 5 in accordance with the provisions of this Statute if:

(a) A situation in which one or more of such crimes appears to have been committed is referred to the Prosecutor by a State Party in accordance with article 14;

(b) A situation in which one or more of such crimes appears to have been committed is referred to the Prosecutor by the Security Council acting under Chapter VII of the Charter of the United Nations; or

(c) The Prosecutor has initiated an investigation in respect of such a crime in accordance with article 15.

Article 14

Referral of a situation by a State Party

1. A State Party may refer to the Prosecutor a situation in which one or more crimes within the jurisdiction of the Court appear to have been committed requesting the Prosecutor to investigate the situation for the purpose of

determining whether one or more specific persons should be charged with the commission of such crimes.

2. As far as possible, a referral shall specify the relevant circumstances and be accompanied by such supporting documentation as is available to the State referring the situation.

Article 15

Prosecutor

1. The Prosecutor may initiate investigations proprio motu on the basis of information on crimes within the jurisdiction of the Court.

2. The Prosecutor shall analyse the seriousness of the information received. For this purpose, he or she may seek additional information from States, organs of the United Nations, intergovernmental or non-governmental organizations, or other reliable sources that he or she deems appropriate, and may receive written or oral testimony at the seat of the Court.

3. If the Prosecutor concludes that there is a reasonable basis to proceed with an investigation, he or she shall submit to the Pre-Trial Chamber a request for authorization of an investigation, together with any supporting material collected. Victims may make representations to the Pre-Trial Chamber, in accordance with the Rules of Procedure and Evidence.

4. If the Pre-Trial Chamber, upon examination of the request and the supporting material, considers that there is a reasonable basis to proceed with an investigation, and that the case appears to fall within the jurisdiction of the Court, it shall authorize the commencement of the investigation, without prejudice to subsequent determinations by the Court with regard to the jurisdiction and admissibility of a case.

5. The refusal of the Pre-Trial Chamber to authorize the investigation shall not preclude the presentation of a subsequent request by the Prosecutor based

on new facts or evidence regarding the same situation.

6. If, after the preliminary examination referred to in paragraphs 1 and 2, the Prosecutor concludes that the information provided does not constitute a reasonable basis for an investigation, he or she shall inform those who provided the information. This shall not preclude the Prosecutor from considering further information submitted to him or her regarding the same situation in the light of new facts or evidence.

Article 16

Deferral of investigation or prosecution

No investigation or prosecution may be commenced or proceeded with under this Statute for a period of 12 months after the Security Council, in a resolution adopted under Chapter VII of the Charter of the United Nations, has requested the Court to that effect; that request may be renewed by the Council under the same conditions.

Article 17

Issues of admissibility

1. Having regard to paragraph 10 of the Preamble and article 1, the Court shall determine that a case is inadmissible where:

    (a) The case is being investigated or prosecuted by a State which has jurisdiction over it, unless the State is unwilling or unable genuinely to carry out the investigation or prosecution;

    (b) The case has been investigated by a State which has jurisdiction over it and the State has decided not to prosecute the person concerned, unless the decision resulted from the unwillingness or inability of the State genuinely to prosecute;

    (c) The person concerned has already been tried for conduct which is the subject of the complaint, and a trial by the Court is not permitted under article 20, paragraph 3;

(d) The case is not of sufficient gravity to justify further action by the Court.

2. In order to determine unwillingness in a particular case, the Court shall consider, having regard to the principles of due process recognized by international law, whether one or more of the following exist, as applicable:

(a) The proceedings were or are being undertaken or the national decision was made for the purpose of shielding the person concerned from criminal responsibility for crimes within the jurisdiction of the Court referred to in article 5;

(b) There has been an unjustified delay in the proceedings which in the circumstances is inconsistent with an intent to bring the person concerned to justice;

(c) The proceedings were not or are not being conducted independently or impartially, and they were or are being conducted in a manner which, in the circumstances, is inconsistent with an intent to bring the person concerned to justice.

3. In order to determine inability in a particular case, the Court shall consider whether, due to a total or substantial collapse or unavailability of its national judicial system, the State is unable to obtain the accused or the necessary evidence and testimony or otherwise unable to carry out its proceedings.

Article 18
Preliminary rulings regarding admissibility

1. When a situation has been referred to the Court pursuant to article 13 (a) and the Prosecutor has determined that there would be a reasonable basis to commence an investigation, or the Prosecutor initiates an investigation

pursuant to articles 13 (c) and 15, the Prosecutor shall notify all States Parties and those States which, taking into account the information available, would normally exercise jurisdiction over the crimes concerned. The Prosecutor may notify such States on a confidential basis and, where the Prosecutor believes it necessary to protect persons, prevent destruction of evidence or prevent the absconding of persons, may limit the scope of the information provided to States.

2. Within one month of receipt of that notification, a State may inform the Court that it is investigating or has investigated its nationals or others within its jurisdiction with respect to criminal acts which may constitute crimes referred to in article 5 and which relate to the information provided in the notification to States. At the request of that State, the Prosecutor shall defer to the State's investigation of those persons unless the Pre-Trial Chamber, on the application of the Prosecutor, decides to authorize the investigation.

3. The Prosecutor's deferral to a State's investigation shall be open to review by the Prosecutor six months after the date of deferral or at any time when there has been a significant change of circumstances based on the State's unwillingness or inability genuinely to carry out the investigation.

4. The State concerned or the Prosecutor may appeal to the Appeals Chamber against a ruling of the Pre-Trial Chamber, in accordance with article 82. The appeal may be heard on an expedited basis.

5. When the Prosecutor has deferred an investigation in accordance with paragraph 2, the Prosecutor may request that the State concerned periodically inform the Prosecutor of the progress of its investigations and any subsequent prosecutions. States Parties shall respond to such requests without undue delay.

6. Pending a ruling by the Pre-Trial Chamber, or at any time when the

Prosecutor has deferred an investigation under this article, the Prosecutor may, on an exceptional basis, seek authority from the Pre-Trial Chamber to pursue necessary investigative steps for the purpose of preserving evidence where there is a unique opportunity to obtain important evidence or there is a significant risk that such evidence may not be subsequently available.

7. A State which has challenged a ruling of the Pre-Trial Chamber under this article may challenge the admissibility of a case under article 19 on the grounds of additional significant facts or significant change of circumstances.

Article 19
Challenges to the jurisdiction of the Court or the admissibility of a case

1. The Court shall satisfy itself that it has jurisdiction in any case brought before it. The Court may, on its own motion, determine the admissibility of a case in accordance with article 17.

2. Challenges to the admissibility of a case on the grounds referred to in article 17 or challenges to the jurisdiction of the Court may be made by:

    (a) An accused or a person for whom a warrant of arrest or a summons to appear has been issued under article 58;

    (b) A State which has jurisdiction over a case, on the ground that it is investigating or prosecuting the case or has investigated or prosecuted; or

    (c) A State from which acceptance of jurisdiction is required under article 12.

3. The Prosecutor may seek a ruling from the Court regarding a question of jurisdiction or admissibility. In proceedings with respect to jurisdiction or admissibility, those who have referred the situation under article 13, as well as victims, may also submit observations to the Court.

4. The admissibility of a case or the jurisdiction of the Court may be challenged only once by any person or State referred to in paragraph 2.

The challenge shall take place prior to or at the commencement of the trial. In exceptional circumstances, the Court may grant leave for a challenge to be brought more than once or at a time later than the commencement of the trial. Challenges to the admissibility of a case, at the commencement of a trial, or subsequently with the leave of the Court, may be based only on article 17, paragraph 1 (c).

5. A State referred to in paragraph 2 (b) and (c) shall make a challenge at the earliest opportunity.

6. Prior to the confirmation of the charges, challenges to the admissibility of a case or challenges to the jurisdiction of the Court shall be referred to the Pre-Trial Chamber. After confirmation of the charges, they shall be referred to the Trial Chamber. Decisions with respect to jurisdiction or admissibility may be appealed to the Appeals Chamber in accordance with article 82.

7. If a challenge is made by a State referred to in paragraph 2 (b) or (c), the Prosecutor shall suspend the investigation until such time as the Court makes a determination in accordance with article 17.

8. Pending a ruling by the Court, the Prosecutor may seek authority from the Court:

   (a) To pursue necessary investigative steps of the kind referred to in article 18, paragraph 6;

   (b) To take a statement or testimony from a witness or complete the collection and examination of evidence which had begun prior to the making of the challenge; and

   (c) In cooperation with the relevant States, to prevent the absconding of persons in respect of whom the Prosecutor has already requested a warrant of arrest under article 58.

9. The making of a challenge shall not affect the validity of any act performed by the Prosecutor or any order or warrant issued by the Court prior to the

making of the challenge.

10. If the Court has decided that a case is inadmissible under article 17, the Prosecutor may submit a request for a review of the decision when he or she is fully satisfied that new facts have arisen which negate the basis on which the case had previously been found inadmissible under article 17.

11. If the Prosecutor, having regard to the matters referred to in article 17, defers an investigation, the Prosecutor may request that the relevant State make available to the Prosecutor information on the proceedings. That information shall, at the request of the State concerned, be confidential. If the Prosecutor thereafter decides to proceed with an investigation, he or she shall notify the State to which deferral of the proceedings has taken place.

Article 20

Ne bis in idem

1. Except as provided in this Statute, no person shall be tried before the Court with respect to conduct which formed the basis of crimes for which the person has been convicted or acquitted by the Court.

2. No person shall be tried by another court for a crime referred to in article 5 for which that person has already been convicted or acquitted by the Court.

3. No person who has been tried by another court for conduct also proscribed under article 6, 7 or 8 shall be tried by the Court with respect to the same conduct unless the proceedings in the other court:

(a) Were for the purpose of shielding the person concerned from criminal responsibility for crimes within the jurisdiction of the Court; or

(b) Otherwise were not conducted independently or impartially in accordance with the norms of due process recognized by international law and were conducted in a manner which, in the circumstances, was inconsistent with an intent to bring the person concerned to justice.

Article 21

Applicable law

1. The Court shall apply:

   (a) In the first place, this Statute, Elements of Crimes and its Rules of Procedure and Evidence;

   (b) In the second place, where appropriate, applicable treaties and the principles and rules of international law, including the established principles of the international law of armed conflict;

   (c) Failing that, general principles of law derived by the Court from national laws of legal systems of the world including, as appropriate, the national laws of States that would normally exercise jurisdiction over the crime, provided that those principles are not inconsistent with this Statute and with international law and internationally recognized norms and standards.

2. The Court may apply principles and rules of law as interpreted in its previous decisions.

3. The application and interpretation of law pursuant to this article must be consistent with internationally recognized human rights, and be without any adverse distinction founded on grounds such as gender as defined in article 7, paragraph 3, age, race, colour, language, religion or belief, political or other opinion, national, ethnic or social origin, wealth, birth or other status.

PART 3. GENERAL PRINCIPLES OF CRIMINAL LAW

Article 22

Nullum crimen sine lege

1. A person shall not be criminally responsible under this Statute unless the conduct in question constitutes, at the time it takes place, a crime within the jurisdiction of the Court.

2. The definition of a crime shall be strictly construed and shall not be extended by analogy. In case of ambiguity, the definition shall be interpreted in favour of the person being investigated, prosecuted or convicted.

3. This article shall not affect the characterization of any conduct as criminal under international law independently of this Statute.

Article 23

Nulla poena sine lege

A person convicted by the Court may be punished only in accordance with this Statute.

Article 24

Non-retroactivity ratione personae

1. No person shall be criminally responsible under this Statute for conduct prior to the entry into force of the Statute.

2. In the event of a change in the law applicable to a given case prior to a final judgement, the law more favourable to the person being investigated, prosecuted or convicted shall apply.

Article 25

Individual criminal responsibility

1. The Court shall have jurisdiction over natural persons pursuant to this Statute.

2. A person who commits a crime within the jurisdiction of the Court shall be individually responsible and liable for punishment in accordance with this Statute.

3. In accordance with this Statute, a person shall be criminally responsible and liable for punishment for a crime within the jurisdiction of the Court if that person:

   (a) Commits such a crime, whether as an individual, jointly with another or through another person, regardless of whether that other person is criminally responsible;

   (b) Orders, solicits or induces the commission of such a crime which in fact occurs or is attempted;

   (c) For the purpose of facilitating the commission of such a crime, aids, abets or otherwise assists in its commission or its attempted commission, including providing the means for its commission;

   (d) In any other way contributes to the commission or attempted commission of such a crime by a group of persons acting with a common purpose. Such contribution shall be intentional and shall either:

   (i) Be made with the aim of furthering the criminal activity or criminal purpose of the group, where such activity or purpose involves the commission of a crime within the jurisdiction of the Court; or

   (ii) Be made in the knowledge of the intention of the group to commit the crime;

   (e) In respect of the crime of genocide, directly and publicly incites others to commit genocide;

(f) Attempts to commit such a crime by taking action that commences its execution by means of a substantial step, but the crime does not occur because of circumstances independent of the person's intentions. However, a person who abandons the effort to commit the crime or otherwise prevents the completion of the crime shall not be liable for punishment under this Statute for the attempt to commit that crime if that person completely and voluntarily gave up the criminal purpose.

4. No provision in this Statute relating to individual criminal responsibility shall affect the responsibility of States under international law.

Article 26

Exclusion of jurisdiction over persons under eighteen

The Court shall have no jurisdiction over any person who was under the age of 18 at the time of the alleged commission of a crime.

Article 27

Irrelevance of official capacity

1. This Statute shall apply equally to all persons without any distinction based on official capacity. In particular, official capacity as a Head of State or Government, a member of a Government or parliament, an elected representative or a government official shall in no case exempt a person from criminal responsibility under this Statute, nor shall it, in and of itself, constitute a ground for reduction of sentence.

2. Immunities or special procedural rules which may attach to the official capacity of a person, whether under national or international law, shall not bar the Court from exercising its jurisdiction over such a person.

Article 28

Responsibility of commanders and other superiors

In addition to other grounds of criminal responsibility under this Statute for crimes within the jurisdiction of the Court:

(a) A military commander or person effectively acting as a military commander shall be criminally responsible for crimes within the jurisdiction of the Court committed by forces under his or her effective command and control, or effective authority and control as the case may be, as a result of his or her failure to exercise control properly over such forces, where:

 (i) That military commander or person either knew or, owing to the circumstances at the time, should have known that the forces were committing or about to commit such crimes; and

 (ii) That military commander or person failed to take all necessary and reasonable measures within his or her power to prevent or repress their commission or to submit the matter to the competent authorities for investigation and prosecution.

(b) With respect to superior and subordinate relationships not described in paragraph (a), a superior shall be criminally responsible for crimes within the jurisdiction of the Court committed by subordinates under his or her effective authority and control, as a result of his or her failure to exercise control properly over such subordinates, where:

 (i) The superior either knew, or consciously disregarded information which clearly indicated, that the subordinates were committing or about to commit such crimes;

 (ii) The crimes concerned activities that were within the effective responsibility and control of the superior; and

 (iii) The superior failed to take all necessary and reasonable measures within his or her power to prevent or repress their commission or to submit the matter to the competent authorities for investigation and prosecution.

Article 29

Non-applicability of statute of limitations

The crimes within the jurisdiction of the Court shall not be subject to any statute of limitations.

Article 30

Mental element

1. Unless otherwise provided, a person shall be criminally responsible and liable for punishment for a crime within the jurisdiction of the Court only if the material elements are committed with intent and knowledge.

2. For the purposes of this article, a person has intent where:

    (a) In relation to conduct, that person means to engage in the conduct;

    (b) In relation to a consequence, that person means to cause that consequence or is aware that it will occur in the ordinary course of events.

3. For the purposes of this article, "knowledge" means awareness that a circumstance exists or a consequence will occur in the ordinary course of events. "Know" and "knowingly" shall be construed accordingly.

Article 31

Grounds for excluding criminal responsibility

1. In addition to other grounds for excluding criminal responsibility provided for in this Statute, a person shall not be criminally responsible if, at the time of that person's conduct:

(a) The person suffers from a mental disease or defect that destroys that person's capacity to appreciate the unlawfulness or nature of his or her conduct, or capacity to control his or her conduct to conform to the requirements of law;

(b) The person is in a state of intoxication that destroys that person's capacity to appreciate the unlawfulness or nature of his or her conduct, or capacity to control his or her conduct to conform to the requirements of law, unless the person has become voluntarily intoxicated under such circumstances that the person knew, or disregarded the risk, that, as a result of the intoxication, he or she was likely to engage in conduct constituting a crime within the jurisdiction of the Court;

(c) The person acts reasonably to defend himself or herself or another person or, in the case of war crimes, property which is essential for the survival of the person or another person or property which is essential for accomplishing a military mission, against an imminent and unlawful use of force in a manner proportionate to the degree of danger to the person or the other person or property protected. The fact that the person was involved in a defensive operation conducted by forces shall not in itself constitute a ground for excluding criminal responsibility under this subparagraph;

(d) The conduct which is alleged to constitute a crime within the jurisdiction of the Court has been caused by duress resulting from a threat of imminent death or of continuing or imminent serious bodily harm against that person or another person, and the person acts necessarily and reasonably to avoid this threat, provided that the person does not intend to cause a greater harm than the one sought to be avoided. Such a threat may either be:

(i) Made by other persons; or

(ii) Constituted by other circumstances beyond that person's control.

2. The Court shall determine the applicability of the grounds for excluding criminal responsibility provided for in this Statute to the case before it.

3. At trial, the Court may consider a ground for excluding criminal responsibility other than those referred to in paragraph 1 where such a ground is derived from applicable law as set forth in article 21. The procedures relating to the consideration of such a ground shall be provided for in the Rules of Procedure and Evidence.

Article 32

Mistake of fact or mistake of law

1. A mistake of fact shall be a ground for excluding criminal responsibility only if it negates the mental element required by the crime.

2. A mistake of law as to whether a particular type of conduct is a crime within the jurisdiction of the Court shall not be a ground for excluding criminal responsibility. A mistake of law may, however, be a ground for excluding criminal responsibility if it negates the mental element required by such a crime, or as provided for in article 33.

Article 33

Superior orders and prescription of law

1. The fact that a crime within the jurisdiction of the Court has been committed by a person pursuant to an order of a Government or of a superior, whether military or civilian, shall not relieve that person of criminal responsibility unless:

(a) The person was under a legal obligation to obey orders of the Government or the superior in question;

(b) The person did not know that the order was unlawful; and

(c) The order was not manifestly unlawful.

2. For the purposes of this article, orders to commit genocide or crimes against humanity are manifestly unlawful.

PART 4. COMPOSITION AND ADMINISTRATION OF THE COURT

Article 34

Organs of the Court

The Court shall be composed of the following organs:

(a) The Presidency;

(b) An Appeals Division, a Trial Division and a Pre-Trial Division;

(c) The Office of the Prosecutor;

(d) The Registry.

Article 35

Service of judges

1. All judges shall be elected as full-time members of the Court and shall be available to serve on that basis from the commencement of their terms of office.

2. The judges composing the Presidency shall serve on a full-time basis as soon as they are elected.

3. The Presidency may, on the basis of the workload of the Court and in consultation with its members, decide from time to time to what extent the remaining judges shall be required to serve on a full-time basis. Any such arrangement shall be without prejudice to the provisions of article 40.

4. The financial arrangements for judges not required to serve on a full-time basis shall be made in accordance with article 49.

Article 36

Qualifications, nomination and election of judges

1. Subject to the provisions of paragraph 2, there shall be 18 judges of the Court.

2. (a) The Presidency, acting on behalf of the Court, may propose an increase in the number of judges specified in paragraph 1, indicating the reasons why this is considered necessary and appropriate. The Registrar shall promptly circulate any such proposal to all States Parties.

   (b) Any such proposal shall then be considered at a meeting of the Assembly of States Parties to be convened in accordance with article 112. The proposal shall be considered adopted if approved at the meeting by a vote of two thirds of the members of the Assembly of States Parties and shall enter into force at such time as decided by the Assembly of States Parties.

   (c) (i) Once a proposal for an increase in the number of judges has been adopted under subparagraph (b), the election of the additional judges shall take place at the next session of the Assembly of States Parties in accordance with paragraphs 3 to 8, and article 37, paragraph 2;

   (ii) Once a proposal for an increase in the number of judges has been adopted and brought into effect under subparagraphs (b) and (c) (i), it shall be open to the Presidency at any time thereafter, if the workload of the Court justifies it, to propose a reduction in the number of judges, provided that the number of judges shall not be reduced below that specified in paragraph 1. The proposal shall be dealt with in accordance with the procedure laid down in subparagraphs (a) and (b). In the event that the proposal is adopted, the number of judges shall be progressively decreased as the terms of office of serving judges expire, until the necessary number has been reached.

3. (a) The judges shall be chosen from among persons of high moral character, impartiality and integrity who possess the qualifications required in their respective States for appointment to the highest judicial offices.

(b) Every candidate for election to the Court shall:

(i) Have established competence in criminal law and procedure, and the necessary relevant experience, whether as judge, prosecutor, advocate or in other similar capacity, in criminal proceedings; or

(ii) Have established competence in relevant areas of international law such as international humanitarian law and the law of human rights, and extensive experience in a professional legal capacity which is of relevance to the judicial work of the Court;

(c) Every candidate for election to the Court shall have an excellent knowledge of and be fluent in at least one of the working languages of the Court.

4. (a) Nominations of candidates for election to the Court may be made by any State Party to this Statute, and shall be made either:

(i) By the procedure for the nomination of candidates for appointment to the highest judicial offices in the State in question; or

(ii) By the procedure provided for the nomination of candidates for the International Court of Justice in the Statute of that Court.

Nominations shall be accompanied by a statement in the necessary detail specifying how the candidate fulfils the requirements of paragraph 3.

(b) Each State Party may put forward one candidate for any given election who need not necessarily be a national of that State Party but shall in any case be a national of a State Party.

(c) The Assembly of States Parties may decide to establish, if appropriate, an Advisory Committee on nominations. In that event, the Committee's composition and mandate shall be established by the Assembly of States Parties.

5. For the purposes of the election, there shall be two lists of candidates:

List A containing the names of candidates with the qualifications specified in paragraph 3 (b) (i); and

List B containing the names of candidates with the qualifications specified in paragraph 3 (b) (ii).

A candidate with sufficient qualifications for both lists may choose on which list to appear. At the first election to the Court, at least nine judges shall be elected from list A and at least five judges from list B. Subsequent elections shall be so organized as to maintain the equivalent proportion on the Court of judges qualified on the two lists.

6. (a) The judges shall be elected by secret ballot at a meeting of the Assembly of States Parties convened for that purpose under article 112. Subject to paragraph 7, the persons elected to the Court shall be the 18 candidates who obtain the highest number of votes and a two-thirds majority of the States Parties present and voting.

(b) In the event that a sufficient number of judges is not elected on the first ballot, successive ballots shall be held in accordance with the procedures laid down in subparagraph (a) until the remaining places have been filled.

7. No two judges may be nationals of the same State. A person who, for the purposes of membership of the Court, could be regarded as a national of more than one State shall be deemed to be a national of the State in which that person ordinarily exercises civil and political rights.

8. (a) The States Parties shall, in the selection of judges, take into account the need, within the membership of the Court, for:

   (i) The representation of the principal legal systems of the world;

   (ii) Equitable geographical representation; and

   (iii) A fair representation of female and male judges.

   (b) States Parties shall also take into account the need to include judges with legal expertise on specific issues, including, but not limited to, violence against women or children.

9. (a) Subject to subparagraph (b), judges shall hold office for a term of nine years and, subject to subparagraph (c) and to article 37, paragraph 2, shall not be eligible for re-election.

   (b) At the first election, one third of the judges elected shall be selected by lot to serve for a term of three years; one third of the judges elected shall be selected by lot to serve for a term of six years; and the remainder shall serve for a term of nine years.

   (c) A judge who is selected to serve for a term of three years under subparagraph (b) shall be eligible for re-election for a full term.

10. Notwithstanding paragraph 9, a judge assigned to a Trial or Appeals Chamber in accordance with article 39 shall continue in office to complete any trial or appeal the hearing of which has already commenced before that Chamber.

Article 37

Judicial vacancies

1. In the event of a vacancy, an election shall be held in accordance with article 36 to fill the vacancy.

2. A judge elected to fill a vacancy shall serve for the remainder of the predecessor's term and, if that period is three years or less, shall be eligible

for re-election for a full term under article 36.

Article 38

The Presidency

1. The President and the First and Second Vice-Presidents shall be elected by an absolute majority of the judges. They shall each serve for a term of three years or until the end of their respective terms of office as judges, whichever expires earlier. They shall be eligible for re-election once.

2. The First Vice-President shall act in place of the President in the event that the President is unavailable or disqualified. The Second Vice-President shall act in place of the President in the event that both the President and the First Vice-President are unavailable or disqualified.

3. The President, together with the First and Second Vice-Presidents, shall constitute the Presidency, which shall be responsible for:

   (a) The proper administration of the Court, with the exception of the Office of the Prosecutor; and

   (b) The other functions conferred upon it in accordance with this Statute.

4. In discharging its responsibility under paragraph 3 (a), the Presidency shall coordinate with and seek the concurrence of the Prosecutor on all matters of mutual concern.

Article 39

Chambers

1. As soon as possible after the election of the judges, the Court shall organize itself into the divisions specified in article 34, paragraph (b). The Appeals Division shall be composed of the President and four other judges, the Trial Division of not less than six judges and the Pre-Trial Division of not less than six judges. The assignment of judges to divisions shall be

based on the nature of the functions to be performed by each division and the qualifications and experience of the judges elected to the Court, in such a way that each division shall contain an appropriate combination of expertise in criminal law and procedure and in international law. The Trial and Pre-Trial Divisions shall be composed predominantly of judges with criminal trial experience.

2. (a) The judicial functions of the Court shall be carried out in each division by Chambers.

(b) (i) The Appeals Chamber shall be composed of all the judges of the Appeals Division;

(ii) The functions of the Trial Chamber shall be carried out by three judges of the Trial Division;

(iii) The functions of the Pre-Trial Chamber shall be carried out either by three judges of the Pre-Trial Division or by a single judge of that division in accordance with this Statute and the Rules of Procedure and Evidence;

(c) Nothing in this paragraph shall preclude the simultaneous constitution of more than one Trial Chamber or Pre-Trial Chamber when the efficient management of the Court's workload so requires.

3. (a) Judges assigned to the Trial and Pre-Trial Divisions shall serve in those divisions for a period of three years, and thereafter until the completion of any case the hearing of which has already commenced in the division concerned.

(b) Judges assigned to the Appeals Division shall serve in that division for their entire term of office.

4. Judges assigned to the Appeals Division shall serve only in that division. Nothing in this article shall, however, preclude the temporary attachment of judges from the Trial Division to the Pre-Trial Division or vice versa, if the

Presidency considers that the efficient management of the Court's workload so requires, provided that under no circumstances shall a judge who has participated in the pre-trial phase of a case be eligible to sit on the Trial Chamber hearing that case.

Article 40

Independence of the judges

1. The judges shall be independent in the performance of their functions.

2. Judges shall not engage in any activity which is likely to interfere with their judicial functions or to affect confidence in their independence.

3. Judges required to serve on a full-time basis at the seat of the Court shall not engage in any other occupation of a professional nature.

4. Any question regarding the application of paragraphs 2 and 3 shall be decided by an absolute majority of the judges. Where any such question concerns an individual judge, that judge shall not take part in the decision.

Article 41

Excusing and disqualification of judges

1. The Presidency may, at the request of a judge, excuse that judge from the exercise of a function under this Statute, in accordance with the Rules of Procedure and Evidence.

2. (a) A judge shall not participate in any case in which his or her impartiality might reasonably be doubted on any ground. A judge shall be disqualified from a case in accordance with this paragraph if, inter alia, that judge has previously been involved in any capacity in that case before the Court or in a related criminal case at the national level involving the person being investigated or prosecuted. A judge shall also be disqualified on such other grounds as may be provided for in the

Rules of Procedure and Evidence.

(b) The Prosecutor or the person being investigated or prosecuted may request the disqualification of a judge under this paragraph.

(c) Any question as to the disqualification of a judge shall be decided by an absolute majority of the judges. The challenged judge shall be entitled to present his or her comments on the matter, but shall not take part in the decision.

Article 42
The Office of the Prosecutor

1. The Office of the Prosecutor shall act independently as a separate organ of the Court. It shall be responsible for receiving referrals and any substantiated information on crimes within the jurisdiction of the Court, for examining them and for conducting investigations and prosecutions before the Court. A member of the Office shall not seek or act on instructions from any external source.

2. The Office shall be headed by the Prosecutor. The Prosecutor shall have full authority over the management and administration of the Office, including the staff, facilities and other resources thereof. The Prosecutor shall be assisted by one or more Deputy Prosecutors, who shall be entitled to carry out any of the acts required of the Prosecutor under this Statute. The Prosecutor and the Deputy Prosecutors shall be of different nationalities. They shall serve on a full-time basis.

3. The Prosecutor and the Deputy Prosecutors shall be persons of high moral character, be highly competent in and have extensive practical experience in the prosecution or trial of criminal cases. They shall have an excellent knowledge of and be fluent in at least one of the working languages of the Court.

4. The Prosecutor shall be elected by secret ballot by an absolute majority of the members of the Assembly of States Parties. The Deputy Prosecutors shall be elected in the same way from a list of candidates provided by the Prosecutor. The Prosecutor shall nominate three candidates for each position of Deputy Prosecutor to be filled. Unless a shorter term is decided upon at the time of their election, the Prosecutor and the Deputy Prosecutors shall hold office for a term of nine years and shall not be eligible for re-election.

5. Neither the Prosecutor nor a Deputy Prosecutor shall engage in any activity which is likely to interfere with his or her prosecutorial functions or to affect confidence in his or her independence. They shall not engage in any other occupation of a professional nature.

6. The Presidency may excuse the Prosecutor or a Deputy Prosecutor, at his or her request, from acting in a particular case.

7. Neither the Prosecutor nor a Deputy Prosecutor shall participate in any matter in which their impartiality might reasonably be doubted on any ground. They shall be disqualified from a case in accordance with this paragraph if, inter alia, they have previously been involved in any capacity in that case before the Court or in a related criminal case at the national level involving the person being investigated or prosecuted.

8. Any question as to the disqualification of the Prosecutor or a Deputy Prosecutor shall be decided by the Appeals Chamber.

    (a) The person being investigated or prosecuted may at any time request the disqualification of the Prosecutor or a Deputy Prosecutor on the grounds set out in this article;

    (b) The Prosecutor or the Deputy Prosecutor, as appropriate, shall be entitled to present his or her comments on the matter;

9. The Prosecutor shall appoint advisers with legal expertise on specific issues, including, but not limited to, sexual and gender violence and violence

against children.

Article 43

The Registry

1. The Registry shall be responsible for the non-judicial aspects of the administration and servicing of the Court, without prejudice to the functions and powers of the Prosecutor in accordance with article 42.

2. The Registry shall be headed by the Registrar, who shall be the principal administrative officer of the Court. The Registrar shall exercise his or her functions under the authority of the President of the Court.

3. The Registrar and the Deputy Registrar shall be persons of high moral character, be highly competent and have an excellent knowledge of and be fluent in at least one of the working languages of the Court.

4. The judges shall elect the Registrar by an absolute majority by secret ballot, taking into account any recommendation by the Assembly of States Parties. If the need arises and upon the recommendation of the Registrar, the judges shall elect, in the same manner, a Deputy Registrar.

5. The Registrar shall hold office for a term of five years, shall be eligible for re-election once and shall serve on a full-time basis. The Deputy Registrar shall hold office for a term of five years or such shorter term as may be decided upon by an absolute majority of the judges, and may be elected on the basis that the Deputy Registrar shall be called upon to serve as required.

6. The Registrar shall set up a Victims and Witnesses Unit within the Registry. This Unit shall provide, in consultation with the Office of the Prosecutor, protective measures and security arrangements, counselling and other appropriate assistance for witnesses, victims who appear before the Court, and others who are at risk on account of testimony given by such

witnesses. The Unit shall include staff with expertise in trauma, including trauma related to crimes of sexual violence.

Article 44

Staff

1. The Prosecutor and the Registrar shall appoint such qualified staff as may be required to their respective offices. In the case of the Prosecutor, this shall include the appointment of investigators.

2. In the employment of staff, the Prosecutor and the Registrar shall ensure the highest standards of efficiency, competency and integrity, and shall have regard, mutatis mutandis, to the criteria set forth in article 36, paragraph 8.

3. The Registrar, with the agreement of the Presidency and the Prosecutor, shall propose Staff Regulations which include the terms and conditions upon which the staff of the Court shall be appointed, remunerated and dismissed. The Staff Regulations shall be approved by the Assembly of States Parties.

4. The Court may, in exceptional circumstances, employ the expertise of gratis personnel offered by States Parties, intergovernmental organizations or non-governmental organizations to assist with the work of any of the organs of the Court. The Prosecutor may accept any such offer on behalf of the Office of the Prosecutor. Such gratis personnel shall be employed in accordance with guidelines to be established by the Assembly of States Parties.

Article 45

Solemn undertaking

Before taking up their respective duties under this Statute, the judges, the Prosecutor, the Deputy Prosecutors, the Registrar and the Deputy Registrar shall each make a solemn undertaking in open court to exercise his or her respective functions impartially and conscientiously.

Article 46
Removal from office

1. A judge, the Prosecutor, a Deputy Prosecutor, the Registrar or the Deputy Registrar shall be removed from office if a decision to this effect is made in accordance with paragraph 2, in cases where that person:

    (a) Is found to have committed serious misconduct or a serious breach of his or her duties under this Statute, as provided for in the Rules of Procedure and Evidence; or

    (b) Is unable to exercise the functions required by this Statute.

2. A decision as to the removal from office of a judge, the Prosecutor or a Deputy Prosecutor under paragraph 1 shall be made by the Assembly of States Parties, by secret ballot:

    (a) In the case of a judge, by a two-thirds majority of the States Parties upon a recommendation adopted by a two-thirds majority of the other judges;

    (b) In the case of the Prosecutor, by an absolute majority of the States Parties;

    (c) In the case of a Deputy Prosecutor, by an absolute majority of the States Parties upon the recommendation of the Prosecutor.

3. A decision as to the removal from office of the Registrar or Deputy Registrar shall be made by an absolute majority of the judges.

4. A judge, Prosecutor, Deputy Prosecutor, Registrar or Deputy Registrar whose conduct or ability to exercise the functions of the office as required by this Statute is challenged under this article shall have full opportunity to present and receive evidence and to make submissions in accordance with the Rules of Procedure and Evidence. The person in question shall not otherwise

participate in the consideration of the matter.

Article 47

Disciplinary measures

A judge, Prosecutor, Deputy Prosecutor, Registrar or Deputy Registrar who has committed misconduct of a less serious nature than that set out in article 46, paragraph 1, shall be subject to disciplinary measures, in accordance with the Rules of Procedure and Evidence.

Article 48

Privileges and immunities

1. The Court shall enjoy in the territory of each State Party such privileges and immunities as are necessary for the fulfilment of its purposes.

2. The judges, the Prosecutor, the Deputy Prosecutors and the Registrar shall, when engaged on or with respect to the business of the Court, enjoy the same privileges and immunities as are accorded to heads of diplomatic missions and shall, after the expiry of their terms of office, continue to be accorded immunity from legal process of every kind in respect of words spoken or written and acts performed by them in their official capacity.

3. The Deputy Registrar, the staff of the Office of the Prosecutor and the staff of the Registry shall enjoy the privileges and immunities and facilities necessary for the performance of their functions, in accordance with the agreement on the privileges and immunities of the Court.

4. Counsel, experts, witnesses or any other person required to be present at the seat of the Court shall be accorded such treatment as is necessary for the proper functioning of the Court, in accordance with the agreement on the privileges and immunities of the Court.

5. The privileges and immunities of:

(a) A judge or the Prosecutor may be waived by an absolute majority of the judges;

(b) The Registrar may be waived by the Presidency;

(c) The Deputy Prosecutors and staff of the Office of the Prosecutor may be waived by the Prosecutor;

(d) The Deputy Registrar and staff of the Registry may be waived by the Registrar.

Article 49

Salaries, allowances and expenses

The judges, the Prosecutor, the Deputy Prosecutors, the Registrar and the Deputy Registrar shall receive such salaries, allowances and expenses as may be decided upon by the Assembly of States Parties. These salaries and allowances shall not be reduced during their terms of office.

Article 50

Official and working languages

1. The official languages of the Court shall be Arabic, Chinese, English, French, Russian and Spanish. The judgements of the Court, as well as other decisions resolving fundamental issues before the Court, shall be published in the official languages. The Presidency shall, in accordance with the criteria established by the Rules of Procedure and Evidence, determine which decisions may be considered as resolving fundamental issues for the purposes of this paragraph.

2. The working languages of the Court shall be English and French. The Rules of Procedure and Evidence shall determine the cases in which other official languages may be used as working languages.

3. At the request of any party to a proceeding or a State allowed to intervene

in a proceeding, the Court shall authorize a language other than English or French to be used by such a party or State, provided that the Court considers such authorization to be adequately justified.

Article 51

Rules of Procedure and Evidence

1. The Rules of Procedure and Evidence shall enter into force upon adoption by a two-thirds majority of the members of the Assembly of States Parties.

2. Amendments to the Rules of Procedure and Evidence may be proposed by:

(a) Any State Party;

(b) The judges acting by an absolute majority; or

(c) The Prosecutor.

Such amendments shall enter into force upon adoption by a two-thirds majority of the members of the Assembly of States Parties.

3. After the adoption of the Rules of Procedure and Evidence, in urgent cases where the Rules do not provide for a specific situation before the Court, the judges may, by a two-thirds majority, draw up provisional Rules to be applied until adopted, amended or rejected at the next ordinary or special session of the Assembly of States Parties.

4. The Rules of Procedure and Evidence, amendments thereto and any provisional Rule shall be consistent with this Statute. Amendments to the Rules of Procedure and Evidence as well as provisional Rules shall not be applied retroactively to the detriment of the person who is being investigated or prosecuted or who has been convicted.

5. In the event of conflict between the Statute and the Rules of Procedure and Evidence, the Statute shall prevail.

Article 52

Regulations of the Court

1. The judges shall, in accordance with this Statute and the Rules of Procedure and Evidence, adopt, by an absolute majority, the Regulations of the Court necessary for its routine functioning.

2. The Prosecutor and the Registrar shall be consulted in the elaboration of the Regulations and any amendments thereto.

3. The Regulations and any amendments thereto shall take effect upon adoption unless otherwise decided by the judges. Immediately upon adoption, they shall be circulated to States Parties for comments. If within six months there are no objections from a majority of States Parties, they shall remain in force.

PART 5. INVESTIGATION AND PROSECUTION

Article 53

Initiation of an investigation

1. The Prosecutor shall, having evaluated the information made available to him or her, initiate an investigation unless he or she determines that there is no reasonable basis to proceed under this Statute. In deciding whether to initiate an investigation, the Prosecutor shall consider whether:

   (a) The information available to the Prosecutor provides a reasonable basis to believe that a crime within the jurisdiction of the Court has been or is being committed;

   (b) The case is or would be admissible under article 17; and

   (c) Taking into account the gravity of the crime and the interests of victims, there are nonetheless substantial reasons to believe that an investigation would not serve the interests of justice.

If the Prosecutor determines that there is no reasonable basis to proceed and his or her determination is based solely on subparagraph (c) above, he or she shall inform the Pre-Trial Chamber.

2. If, upon investigation, the Prosecutor concludes that there is not a sufficient basis for a prosecution because:

(a) There is not a sufficient legal or factual basis to seek a warrant or summons under article 58;

(b) The case is inadmissible under article 17; or

(c) A prosecution is not in the interests of justice, taking into account all the circumstances, including the gravity of the crime, the interests of victims and the age or infirmity of the alleged perpetrator, and his or her role in the alleged crime;

the Prosecutor shall inform the Pre-Trial Chamber and the State making a referral under article 14 or the Security Council in a case under article 13, paragraph (b), of his or her conclusion and the reasons for the conclusion.

3. (a) At the request of the State making a referral under article 14 or the Security Council under article 13, paragraph (b), the Pre-Trial Chamber may review a decision of the Prosecutor under paragraph 1 or 2 not to proceed and may request the Prosecutor to reconsider that decision.

(b) In addition, the Pre-Trial Chamber may, on its own initiative, review a decision of the Prosecutor not to proceed if it is based solely on paragraph 1 (c) or 2 (c). In such a case, the decision of the Prosecutor shall be effective only if confirmed by the Pre-Trial Chamber.

4. The Prosecutor may, at any time, reconsider a decision whether to initiate an investigation or prosecution based on new facts or information.

Article 54

Duties and powers of the Prosecutor with respect to investigations

1. The Prosecutor shall:

   (a) In order to establish the truth, extend the investigation to cover all facts and evidence relevant to an assessment of whether there is criminal responsibility under this Statute, and, in doing so, investigate incriminating and exonerating circumstances equally;

   (b) Take appropriate measures to ensure the effective investigation and prosecution of crimes within the jurisdiction of the Court, and in doing so, respect the interests and personal circumstances of victims and witnesses, including age, gender as defined in article 7, paragraph 3, and health, and take into account the nature of the crime, in particular where it involves sexual violence, gender violence or violence against children; and

   (c) Fully respect the rights of persons arising under this Statute.

2. The Prosecutor may conduct investigations on the territory of a State:

   (a) In accordance with the provisions of Part 9; or

   (b) As authorized by the Pre-Trial Chamber under article 57, paragraph 3 (d).

3. The Prosecutor may:

   (a) Collect and examine evidence;

   (b) Request the presence of and question persons being investigated, victims and witnesses;

   (c) Seek the cooperation of any State or intergovernmental organization or arrangement in accordance with its respective competence and/or mandate;

   (d) Enter into such arrangements or agreements, not inconsistent with this

Statute, as may be necessary to facilitate the cooperation of a State, intergovernmental organization or person;

(e) Agree not to disclose, at any stage of the proceedings, documents or information that the Prosecutor obtains on the condition of confidentiality and solely for the purpose of generating new evidence, unless the provider of the information consents; and

(f) Take necessary measures, or request that necessary measures be taken, to ensure the confidentiality of information, the protection of any person or the preservation of evidence.

Article 55

Rights of persons during an investigation

1. In respect of an investigation under this Statute, a person:

(a) Shall not be compelled to incriminate himself or herself or to confess guilt;

(b) Shall not be subjected to any form of coercion, duress or threat, to torture or to any other form of cruel, inhuman or degrading treatment or punishment;

(c) Shall, if questioned in a language other than a language the person fully understands and speaks, have, free of any cost, the assistance of a competent interpreter and such translations as are necessary to meet the requirements of fairness; and

(d) Shall not be subjected to arbitrary arrest or detention, and shall not be deprived of his or her liberty except on such grounds and in accordance with such procedures as are established in this Statute.

2. Where there are grounds to believe that a person has committed a crime within the jurisdiction of the Court and that person is about to be questioned either by the Prosecutor, or by national authorities pursuant to a

request made under Part 9, that person shall also have the following rights of which he or she shall be informed prior to being questioned:

(a) To be informed, prior to being questioned, that there are grounds to believe that he or she has committed a crime within the jurisdiction of the Court;

(b) To remain silent, without such silence being a consideration in the determination of guilt or innocence;

(c) To have legal assistance of the person's choosing, or, if the person does not have legal assistance, to have legal assistance assigned to him or her, in any case where the interests of justice so require, and without payment by the person in any such case if the person does not have sufficient means to pay for it; and

(d) To be questioned in the presence of counsel unless the person has voluntarily waived his or her right to counsel.

Article 56

Role of the Pre-Trial Chamber in relation to a unique investigative opportunity

1. (a) Where the Prosecutor considers an investigation to present a unique opportunity to take testimony or a statement from a witness or to examine, collect or test evidence, which may not be available subsequently for the purposes of a trial, the Prosecutor shall so inform the Pre-Trial Chamber.

(b) In that case, the Pre-Trial Chamber may, upon request of the Prosecutor, take such measures as may be necessary to ensure the efficiency and integrity of the proceedings and, in particular, to protect the rights of the defence.

(c) Unless the Pre-Trial Chamber orders otherwise, the Prosecutor shall provide the relevant information to the person who has been arrested or appeared in response to a summons in connection with the investigation referred to in subparagraph (a), in order that he or she may be heard on the matter.

2. The measures referred to in paragraph 1 (b) may include:

(a) Making recommendations or orders regarding procedures to be followed;

(b) Directing that a record be made of the proceedings;

(c) Appointing an expert to assist;

(d) Authorizing counsel for a person who has been arrested, or appeared before the Court in response to a summons, to participate, or where there has not yet been such an arrest or appearance or counsel has not been designated, appointing another counsel to attend and represent the interests of the defence;

(e) Naming one of its members or, if necessary, another available judge of the Pre-Trial or Trial Division to observe and make recommendations or orders regarding the collection and preservation of evidence and the questioning of persons;

(f) Taking such other action as may be necessary to collect or preserve evidence.

3. (a) Where the Prosecutor has not sought measures pursuant to this article but the Pre-Trial Chamber considers that such measures are required to preserve evidence that it deems would be essential for the defence at trial, it shall consult with the Prosecutor as to whether there is good reason for the Prosecutor's failure to request the measures. If upon consultation, the Pre-Trial Chamber concludes that the Prosecutor's failure to request such measures is unjustified, the Pre-Trial Chamber may take such measures on its own initiative.

(b) A decision of the Pre-Trial Chamber to act on its own initiative under this paragraph may be appealed by the Prosecutor. The appeal shall be heard on an expedited basis.

4. The admissibility of evidence preserved or collected for trial pursuant to this article, or the record thereof, shall be governed at trial by article 69, and given such weight as determined by the Trial Chamber.

Article 57

Functions and powers of the Pre-Trial Chamber

1. Unless otherwise provided in this Statute, the Pre-Trial Chamber shall exercise its functions in accordance with the provisions of this article.

2. (a) Orders or rulings of the Pre-Trial Chamber issued under articles 15, 18, 19, 54, paragraph 2, 61, paragraph 7, and 72 must be concurred in by a majority of its judges.

   (b) In all other cases, a single judge of the Pre-Trial Chamber may exercise the functions provided for in this Statute, unless otherwise provided for in the Rules of Procedure and Evidence or by a majority of the Pre-Trial Chamber.

3. In addition to its other functions under this Statute, the Pre-Trial Chamber may:

   (a) At the request of the Prosecutor, issue such orders and warrants as may be required for the purposes of an investigation;

   (b) Upon the request of a person who has been arrested or has appeared pursuant to a summons under article 58, issue such orders, including measures such as those described in article 56, or seek such cooperation pursuant to Part 9 as may be necessary to assist the person in the preparation of his or her defence;

   (c) Where necessary, provide for the protection and privacy of victims and witnesses, the preservation of evidence, the protection of persons who have been arrested or appeared in response to a summons, and the protection of national security information;

(d) Authorize the Prosecutor to take specific investigative steps within the territory of a State Party without having secured the cooperation of that State under Part 9 if, whenever possible having regard to the views of the State concerned, the Pre-Trial Chamber has determined in that case that the State is clearly unable to execute a request for cooperation due to the unavailability of any authority or any component of its judicial system competent to execute the request for cooperation under Part 9.

(e) Where a warrant of arrest or a summons has been issued under article 58, and having due regard to the strength of the evidence and the rights of the parties concerned, as provided for in this Statute and the Rules of Procedure and Evidence, seek the cooperation of States pursuant to article 93, paragraph 1 (k), to take protective measures for the purpose of forfeiture, in particular for the ultimate benefit of victims.

Article 58

Issuance by the Pre-Trial Chamber of a warrant of arrest or a summons to appear

1. At any time after the initiation of an investigation, the Pre-Trial Chamber shall, on the application of the Prosecutor, issue a warrant of arrest of a person if, having examined the application and the evidence or other information submitted by the Prosecutor, it is satisfied that:

(a) There are reasonable grounds to believe that the person has committed a crime within the jurisdiction of the Court; and

(b) The arrest of the person appears necessary:

(i) To ensure the person's appearance at trial,

      (ii) To ensure that the person does not obstruct or endanger the investigation or the court proceedings, or

      (iii) Where applicable, to prevent the person from continuing with the commission of that crime or a related crime which is within the jurisdiction of the Court and which arises out of the same circumstances.

2. The application of the Prosecutor shall contain:

    (a) The name of the person and any other relevant identifying information;

    (b) A specific reference to the crimes within the jurisdiction of the Court which the person is alleged to have committed;

    (c) A concise statement of the facts which are alleged to constitute those crimes;

    (d) A summary of the evidence and any other information which establish reasonable grounds to believe that the person committed those crimes; and

    (e) The reason why the Prosecutor believes that the arrest of the person is necessary.

3. The warrant of arrest shall contain:

    (a) The name of the person and any other relevant identifying information;

    (b) A specific reference to the crimes within the jurisdiction of the Court for which the person's arrest is sought; and

    (c) A concise statement of the facts which are alleged to constitute those crimes.

4. The warrant of arrest shall remain in effect until otherwise ordered by the Court.

5. On the basis of the warrant of arrest, the Court may request the provisional arrest or the arrest and surrender of the person under Part 9.

6. The Prosecutor may request the Pre-Trial Chamber to amend the warrant of

arrest by modifying or adding to the crimes specified therein. The Pre-Trial Chamber shall so amend the warrant if it is satisfied that there are reasonable grounds to believe that the person committed the modified or additional crimes.

7. As an alternative to seeking a warrant of arrest, the Prosecutor may submit an application requesting that the Pre-Trial Chamber issue a summons for the person to appear. If the Pre-Trial Chamber is satisfied that there are reasonable grounds to believe that the person committed the crime alleged and that a summons is sufficient to ensure the person's appearance, it shall issue the summons, with or without conditions restricting liberty (other than detention) if provided for by national law, for the person to appear. The summons shall contain:

(a) The name of the person and any other relevant identifying information;

(b) The specified date on which the person is to appear;

(c) A specific reference to the crimes within the jurisdiction of the Court which the person is alleged to have committed; and

(d) A concise statement of the facts which are alleged to constitute the crime.

The summons shall be served on the person.

Article 59

Arrest proceedings in the custodial State

1. A State Party which has received a request for provisional arrest or for arrest and surrender shall immediately take steps to arrest the person in question in accordance with its laws and the provisions of Part 9.

2. A person arrested shall be brought promptly before the competent judicial authority in the custodial State which shall determine, in accordance with the law of that State, that:

(a) The warrant applies to that person;

(b) The person has been arrested in accordance with the proper process; and

(c) The person's rights have been respected.

3. The person arrested shall have the right to apply to the competent authority in the custodial State for interim release pending surrender.

4. In reaching a decision on any such application, the competent authority in the custodial State shall consider whether, given the gravity of the alleged crimes, there are urgent and exceptional circumstances to justify interim release and whether necessary safeguards exist to ensure that the custodial State can fulfil its duty to surrender the person to the Court. It shall not be open to the competent authority of the custodial State to consider whether the warrant of arrest was properly issued in accordance with article 58, paragraph 1 (a) and (b).

5. The Pre-Trial Chamber shall be notified of any request for interim release and shall make recommendations to the competent authority in the custodial State. The competent authority in the custodial State shall give full consideration to such recommendations, including any recommendations on measures to prevent the escape of the person, before rendering its decision.

6. If the person is granted interim release, the Pre-Trial Chamber may request periodic reports on the status of the interim release.

7. Once ordered to be surrendered by the custodial State, the person shall be delivered to the Court as soon as possible.

Article 60

Initial proceedings before the Court

1. Upon the surrender of the person to the Court, or the person's appearance before the Court voluntarily or pursuant to a summons, the Pre-Trial

Chamber shall satisfy itself that the person has been informed of the crimes which he or she is alleged to have committed, and of his or her rights under this Statute, including the right to apply for interim release pending trial.

2. A person subject to a warrant of arrest may apply for interim release pending trial. If the Pre-Trial Chamber is satisfied that the conditions set forth in article 58, paragraph 1, are met, the person shall continue to be detained. If it is not so satisfied, the Pre-Trial Chamber shall release the person, with or without conditions.

3. The Pre-Trial Chamber shall periodically review its ruling on the release or detention of the person, and may do so at any time on the request of the Prosecutor or the person. Upon such review, it may modify its ruling as to detention, release or conditions of release, if it is satisfied that changed circumstances so require.

4. The Pre-Trial Chamber shall ensure that a person is not detained for an unreasonable period prior to trial due to inexcusable delay by the Prosecutor. If such delay occurs, the Court shall consider releasing the person, with or without conditions.

5. If necessary, the Pre-Trial Chamber may issue a warrant of arrest to secure the presence of a person who has been released.

Article 61

Confirmation of the charges before trial

1. Subject to the provisions of paragraph 2, within a reasonable time after the person's surrender or voluntary appearance before the Court, the Pre-Trial Chamber shall hold a hearing to confirm the charges on which the Prosecutor intends to seek trial. The hearing shall be held in the presence of the Prosecutor and the person charged, as well as his or her counsel.

2. The Pre-Trial Chamber may, upon request of the Prosecutor or on its own motion, hold a hearing in the absence of the person charged to confirm the charges on which the Prosecutor intends to seek trial when the person has:

(a) Waived his or her right to be present; or

(b) Fled or cannot be found and all reasonable steps have been taken to secure his or her appearance before the Court and to inform the person of the charges and that a hearing to confirm those charges will be held.

In that case, the person shall be represented by counsel where the Pre-Trial Chamber determines that it is in the interests of justice.

3. Within a reasonable time before the hearing, the person shall:

(a) Be provided with a copy of the document containing the charges on which the Prosecutor intends to bring the person to trial; and

(b) Be informed of the evidence on which the Prosecutor intends to rely at the hearing.

The Pre-Trial Chamber may issue orders regarding the disclosure of information for the purposes of the hearing.

4. Before the hearing, the Prosecutor may continue the investigation and may amend or withdraw any charges. The person shall be given reasonable notice before the hearing of any amendment to or withdrawal of charges. In case of a withdrawal of charges, the Prosecutor shall notify the Pre-Trial Chamber of the reasons for the withdrawal.

5. At the hearing, the Prosecutor shall support each charge with sufficient evidence to establish substantial grounds to believe that the person committed the crime charged. The Prosecutor may rely on documentary or summary evidence and need not call the witnesses expected to testify at the trial.

6. At the hearing, the person may:

(a) Object to the charges;

(b) Challenge the evidence presented by the Prosecutor; and

(c) Present evidence.

7. The Pre-Trial Chamber shall, on the basis of the hearing, determine whether there is sufficient evidence to establish substantial grounds to believe that the person committed each of the crimes charged. Based on its determination, the Pre-Trial Chamber shall:

(a) Confirm those charges in relation to which it has determined that there is sufficient evidence, and commit the person to a Trial Chamber for trial on the charges as confirmed;

(b) Decline to confirm those charges in relation to which it has determined that there is insufficient evidence;

(c) Adjourn the hearing and request the Prosecutor to consider:

(i) Providing further evidence or conducting further investigation with respect to a particular charge; or

(ii) Amending a charge because the evidence submitted appears to establish a different crime within the jurisdiction of the Court.

8. Where the Pre-Trial Chamber declines to confirm a charge, the Prosecutor shall not be precluded from subsequently requesting its confirmation if the request is supported by additional evidence.

9. After the charges are confirmed and before the trial has begun, the Prosecutor may, with the permission of the Pre-Trial Chamber and after notice to the accused, amend the charges. If the Prosecutor seeks to add additional charges or to substitute more serious charges, a hearing under this article to confirm those charges must be held. After commencement of the trial, the Prosecutor may, with the permission of the Trial Chamber, withdraw the charges.

10. Any warrant previously issued shall cease to have effect with respect to any charges which have not been confirmed by the Pre-Trial Chamber or which

have been withdrawn by the Prosecutor.

11. Once the charges have been confirmed in accordance with this article, the Presidency shall constitute a Trial Chamber which, subject to paragraph 9 and to article 64, paragraph 4, shall be responsible for the conduct of subsequent proceedings and may exercise any function of the Pre-Trial Chamber that is relevant and capable of application in those proceedings.

PART 6. THE TRIAL

Article 62

Place of trial

Unless otherwise decided, the place of the trial shall be the seat of the Court.

Article 63

Trial in the presence of the accused

1. The accused shall be present during the trial.

2. If the accused, being present before the Court, continues to disrupt the trial, the Trial Chamber may remove the accused and shall make provision for him or her to observe the trial and instruct counsel from outside the courtroom, through the use of communications technology, if required. Such measures shall be taken only in exceptional circumstances after other reasonable alternatives have proved inadequate, and only for such duration as is strictly required.

Article 64

Functions and powers of the Trial Chamber

1. The functions and powers of the Trial Chamber set out in this article shall

be exercised in accordance with this Statute and the Rules of Procedure and Evidence.

2. The Trial Chamber shall ensure that a trial is fair and expeditious and is conducted with full respect for the rights of the accused and due regard for the protection of victims and witnesses.

3. Upon assignment of a case for trial in accordance with this Statute, the Trial Chamber assigned to deal with the case shall:

   (a) Confer with the parties and adopt such procedures as are necessary to facilitate the fair and expeditious conduct of the proceedings;

   (b) Determine the language or languages to be used at trial; and

   (c) Subject to any other relevant provisions of this Statute, provide for disclosure of documents or information not previously disclosed, sufficiently in advance of the commencement of the trial to enable adequate preparation for trial.

4. The Trial Chamber may, if necessary for its effective and fair functioning, refer preliminary issues to the Pre-Trial Chamber or, if necessary, to another available judge of the Pre-Trial Division.

5. Upon notice to the parties, the Trial Chamber may, as appropriate, direct that there be joinder or severance in respect of charges against more than one accused.

6. In performing its functions prior to trial or during the course of a trial, the Trial Chamber may, as necessary:

   (a) Exercise any functions of the Pre-Trial Chamber referred to in article 61, paragraph 11;

   (b) Require the attendance and testimony of witnesses and production of documents and other evidence by obtaining, if necessary, the assistance of States as provided in this Statute;

   (c) Provide for the protection of confidential information;

(d) Order the production of evidence in addition to that already collected prior to the trial or presented during the trial by the parties;

(e) Provide for the protection of the accused, witnesses and victims; and

(f) Rule on any other relevant matters.

7. The trial shall be held in public. The Trial Chamber may, however, determine that special circumstances require that certain proceedings be in closed session for the purposes set forth in article 68, or to protect confidential or sensitive information to be given in evidence.

8. (a) At the commencement of the trial, the Trial Chamber shall have read to the accused the charges previously confirmed by the Pre-Trial Chamber. The Trial Chamber shall satisfy itself that the accused understands the nature of the charges. It shall afford him or her the opportunity to make an admission of guilt in accordance with article 65 or to plead not guilty.

(b) At the trial, the presiding judge may give directions for the conduct of proceedings, including to ensure that they are conducted in a fair and impartial manner. Subject to any directions of the presiding judge, the parties may submit evidence in accordance with the provisions of this Statute.

9. The Trial Chamber shall have, inter alia, the power on application of a party or on its own motion to:

(a) Rule on the admissibility or relevance of evidence; and

(b) Take all necessary steps to maintain order in the course of a hearing.

10. The Trial Chamber shall ensure that a complete record of the trial, which accurately reflects the proceedings, is made and that it is maintained and preserved by the Registrar.

Article 65

Proceedings on an admission of guilt

1. Where the accused makes an admission of guilt pursuant to article 64, paragraph 8 (a), the Trial Chamber shall determine whether:

   (a) The accused understands the nature and consequences of the admission of guilt;

   (b) The admission is voluntarily made by the accused after sufficient consultation with defence counsel; and

   (c) The admission of guilt is supported by the facts of the case that are contained in:

      (i) The charges brought by the Prosecutor and admitted by the accused;

      (ii) Any materials presented by the Prosecutor which supplement the charges and which the accused accepts; and

      (iii) Any other evidence, such as the testimony of witnesses, presented by the Prosecutor or the accused.

2. Where the Trial Chamber is satisfied that the matters referred to in paragraph 1 are established, it shall consider the admission of guilt, together with any additional evidence presented, as establishing all the essential facts that are required to prove the crime to which the admission of guilt relates, and may convict the accused of that crime.

3. Where the Trial Chamber is not satisfied that the matters referred to in paragraph 1 are established, it shall consider the admission of guilt as not having been made, in which case it shall order that the trial be continued under the ordinary trial procedures provided by this Statute and may remit the case to another Trial Chamber.

4. Where the Trial Chamber is of the opinion that a more complete presentation of the facts of the case is required in the interests of justice, in particular the interests of the victims, the Trial Chamber may:

(a) Request the Prosecutor to present additional evidence, including the testimony of witnesses; or

(b) Order that the trial be continued under the ordinary trial procedures provided by this Statute, in which case it shall consider the admission of guilt as not having been made and may remit the case to another Trial Chamber.

5. Any discussions between the Prosecutor and the defence regarding modification of the charges, the admission of guilt or the penalty to be imposed shall not be binding on the Court.

Article 66

Presumption of innocence

1. Everyone shall be presumed innocent until proved guilty before the Court in accordance with the applicable law.

2. The onus is on the Prosecutor to prove the guilt of the accused.

3. In order to convict the accused, the Court must be convinced of the guilt of the accused beyond reasonable doubt.

Article 67

Rights of the accused

1. In the determination of any charge, the accused shall be entitled to a public hearing, having regard to the provisions of this Statute, to a fair hearing conducted impartially, and to the following minimum guarantees, in full equality:

(a) To be informed promptly and in detail of the nature, cause and content of the charge, in a language which the accused fully understands and speaks;

(b) To have adequate time and facilities for the preparation of the defence and to communicate freely with counsel of the accused's choosing in confidence;

(c) To be tried without undue delay;

(d) Subject to article 63, paragraph 2, to be present at the trial, to conduct the defence in person or through legal assistance of the accused's choosing, to be informed, if the accused does not have legal assistance, of this right and to have legal assistance assigned by the Court in any case where the interests of justice so require, and without payment if the accused lacks sufficient means to pay for it;

(e) To examine, or have examined, the witnesses against him or her and to obtain the attendance and examination of witnesses on his or her behalf under the same conditions as witnesses against him or her. The accused shall also be entitled to raise defences and to present other evidence admissible under this Statute;

(f) To have, free of any cost, the assistance of a competent interpreter and such translations as are necessary to meet the requirements of fairness, if any of the proceedings of or documents presented to the Court are not in a language which the accused fully understands and speaks;

(g) Not to be compelled to testify or to confess guilt and to remain silent, without such silence being a consideration in the determination of guilt or innocence;

(h) To make an unsworn oral or written statement in his or her defence; and

(i) Not to have imposed on him or her any reversal of the burden of proof or any onus of rebuttal.

2. In addition to any other disclosure provided for in this Statute, the Prosecutor shall, as soon as practicable, disclose to the defence evidence in the Prosecutor's possession or control which he or she believes shows or tends to show the innocence of the accused, or to mitigate the guilt of the

accused, or which may affect the credibility of prosecution evidence. In case of doubt as to the application of this paragraph, the Court shall decide.

Article 68
Protection of the victims and witnesses and their participation in the proceedings

1. The Court shall take appropriate measures to protect the safety, physical and psychological well-being, dignity and privacy of victims and witnesses. In so doing, the Court shall have regard to all relevant factors, including age, gender as defined in article 7, paragraph 3, and health, and the nature of the crime, in particular, but not limited to, where the crime involves sexual or gender violence or violence against children. The Prosecutor shall take such measures particularly during the investigation and prosecution of such crimes. These measures shall not be prejudicial to or inconsistent with the rights of the accused and a fair and impartial trial.

2. As an exception to the principle of public hearings provided for in article 67, the Chambers of the Court may, to protect victims and witnesses or an accused, conduct any part of the proceedings in camera or allow the presentation of evidence by electronic or other special means. In particular, such measures shall be implemented in the case of a victim of sexual violence or a child who is a victim or a witness, unless otherwise ordered by the Court, having regard to all the circumstances, particularly the views of the victim or witness.

3. Where the personal interests of the victims are affected, the Court shall permit their views and concerns to be presented and considered at stages of the proceedings determined to be appropriate by the Court and in a manner which is not prejudicial to or inconsistent with the rights of the accused and a fair and impartial trial. Such views and concerns may be presented by

the legal representatives of the victims where the Court considers it appropriate, in accordance with the Rules of Procedure and Evidence.

4. The Victims and Witnesses Unit may advise the Prosecutor and the Court on appropriate protective measures, security arrangements, counselling and assistance as referred to in article 43, paragraph 6.

5. Where the disclosure of evidence or information pursuant to this Statute may lead to the grave endangerment of the security of a witness or his or her family, the Prosecutor may, for the purposes of any proceedings conducted prior to the commencement of the trial, withhold such evidence or information and instead submit a summary thereof. Such measures shall be exercised in a manner which is not prejudicial to or inconsistent with the rights of the accused and a fair and impartial trial.

6. A State may make an application for necessary measures to be taken in respect of the protection of its servants or agents and the protection of confidential or sensitive information.

Article 69
Evidence

1. Before testifying, each witness shall, in accordance with the Rules of Procedure and Evidence, give an undertaking as to the truthfulness of the evidence to be given by that witness.

2. The testimony of a witness at trial shall be given in person, except to the extent provided by the measures set forth in article 68 or in the Rules of Procedure and Evidence. The Court may also permit the giving of viva voce (oral) or recorded testimony of a witness by means of video or audio technology, as well as the introduction of documents or written transcripts, subject to this Statute and in accordance with the Rules of Procedure and Evidence. These measures shall not be prejudicial to or inconsistent with the

rights of the accused.

3. The parties may submit evidence relevant to the case, in accordance with article 64. The Court shall have the authority to request the submission of all evidence that it considers necessary for the determination of the truth.

4. The Court may rule on the relevance or admissibility of any evidence, taking into account, inter alia, the probative value of the evidence and any prejudice that such evidence may cause to a fair trial or to a fair evaluation of the testimony of a witness, in accordance with the Rules of Procedure and Evidence.

5. The Court shall respect and observe privileges on confidentiality as provided for in the Rules of Procedure and Evidence.

6. The Court shall not require proof of facts of common knowledge but may take judicial notice of them.

7. Evidence obtained by means of a violation of this Statute or internationally recognized human rights shall not be admissible if:

(a) The violation casts substantial doubt on the reliability of the evidence; or

(b) The admission of the evidence would be antithetical to and would seriously damage the integrity of the proceedings.

8. When deciding on the relevance or admissibility of evidence collected by a State, the Court shall not rule on the application of the State's national law.

Article 70

Offences against the administration of justice

1. The Court shall have jurisdiction over the following offences against its administration of justice when committed intentionally:

(a) Giving false testimony when under an obligation pursuant to article 69, paragraph 1, to tell the truth;

(b) Presenting evidence that the party knows is false or forged;

(c)   Corruptly influencing a witness, obstructing or interfering with the attendance or testimony of a witness, retaliating against a witness for giving testimony or destroying, tampering with or interfering with the collection of evidence;

(d) Impeding, intimidating or corruptly influencing an official of the Court for the purpose of forcing or persuading the official not to perform, or to perform improperly, his or her duties;

(e) Retaliating against an official of the Court on account of duties performed by that or another official;

(f) Soliciting or accepting a bribe as an official of the Court in connection with his or her official duties.

2. The principles and procedures governing the Court's exercise of jurisdiction over offences under this article shall be those provided for in the Rules of Procedure and Evidence. The conditions for providing international cooperation to the Court with respect to its proceedings under this article shall be governed by the domestic laws of the requested State.

3. In the event of conviction, the Court may impose a term of imprisonment not exceeding five years, or a fine in accordance with the Rules of Procedure and Evidence, or both.

4. (a) Each State Party shall extend its criminal laws penalizing offences against the integrity of its own investigative or judicial process to offences against the administration of justice referred to in this article, committed on its territory, or by one of its nationals;

(b) Upon request by the Court, whenever it deems it proper, the State Party shall submit the case to its competent authorities for the purpose of prosecution. Those authorities shall treat such cases with diligence and devote sufficient resources to enable them to be conducted effectively.

Article 71

Sanctions for misconduct before the Court

1. The Court may sanction persons present before it who commit misconduct, including disruption of its proceedings or deliberate refusal to comply with its directions, by administrative measures other than imprisonment, such as temporary or permanent removal from the courtroom, a fine or other similar measures provided for in the Rules of Procedure and Evidence.

2. The procedures governing the imposition of the measures set forth in paragraph 1 shall be those provided for in the Rules of Procedure and Evidence.

Article 72

Protection of national security information

1. This article applies in any case where the disclosure of the information or documents of a State would, in the opinion of that State, prejudice its national security interests. Such cases include those falling within the scope of article 56, paragraphs 2 and 3, article 61, paragraph 3, article 64, paragraph 3, article 67, paragraph 2, article 68, paragraph 6, article 87, paragraph 6 and article 93, as well as cases arising at any other stage of the proceedings where such disclosure may be at issue.

2. This article shall also apply when a person who has been requested to give information or evidence has refused to do so or has referred the matter to the State on the ground that disclosure would prejudice the national security interests of a State and the State concerned confirms that it is of the opinion that disclosure would prejudice its national security interests.

3. Nothing in this article shall prejudice the requirements of confidentiality applicable under article 54, paragraph 3 (e) and (f), or the application of article 73.

4. If a State learns that information or documents of the State are being, or are likely to be, disclosed at any stage of the proceedings, and it is of the opinion that disclosure would prejudice its national security interests, that State shall have the right to intervene in order to obtain resolution of the issue in accordance with this article.

5. If, in the opinion of a State, disclosure of information would prejudice its national security interests, all reasonable steps will be taken by the State, acting in conjunction with the Prosecutor, the defence or the Pre-Trial Chamber or Trial Chamber, as the case may be, to seek to resolve the matter by cooperative means. Such steps may include:

   (a) Modification or clarification of the request;

   (b) A determination by the Court regarding the relevance of the information or evidence sought, or a determination as to whether the evidence, though relevant, could be or has been obtained from a source other than the requested State;

   (c) Obtaining the information or evidence from a different source or in a different form; or

   (d) Agreement on conditions under which the assistance could be provided including, among other things, providing summaries or redactions, limitations on disclosure, use of in camera or ex parte proceedings, or other protective measures permissible under the Statute and the Rules of Procedure and Evidence.

6. Once all reasonable steps have been taken to resolve the matter through cooperative means, and if the State considers that there are no means or conditions under which the information or documents could be provided or disclosed without prejudice to its national security interests, it shall so notify the Prosecutor or the Court of the specific reasons for its decision, unless a specific description of the reasons would itself necessarily result in such

prejudice to the State's national security interests.

7. Thereafter, if the Court determines that the evidence is relevant and necessary for the establishment of the guilt or innocence of the accused, the Court may undertake the following actions:

(a) Where disclosure of the information or document is sought pursuant to a request for cooperation under Part 9 or the circumstances described in paragraph 2, and the State has invoked the ground for refusal referred to in article 93, paragraph 4:

　(i) The Court may, before making any conclusion referred to in subparagraph 7 (a) (ii), request further consultations for the purpose of considering the State's representations, which may include, as appropriate, hearings in camera and ex parte;

　(ii) If the Court concludes that, by invoking the ground for refusal under article 93, paragraph 4, in the circumstances of the case, the requested State is not acting in accordance with its obligations under this Statute, the Court may refer the matter in accordance with article 87, paragraph 7, specifying the reasons for its conclusion; and

　(iii) The Court may make such inference in the trial of the accused as to the existence or non-existence of a fact, as may be appropriate in the circumstances; or

(b) In all other circumstances:

　(i) Order disclosure; or

　(ii) To the extent it does not order disclosure, make such inference in the trial of the accused as to the existence or non-existence of a fact, as may be appropriate in the circumstances.

Article 73

Third-party information or documents

If a State Party is requested by the Court to provide a document or information in its custody, possession or control, which was disclosed to it in confidence by a State, intergovernmental organization or international organization, it shall seek the consent of the originator to disclose that document or information. If the originator is a State Party, it shall either consent to disclosure of the information or document or undertake to resolve the issue of disclosure with the Court, subject to the provisions of article 72. If the originator is not a State Party and refuses to consent to disclosure, the requested State shall inform the Court that it is unable to provide the document or information because of a pre-existing obligation of confidentiality to the originator.

Article 74

Requirements for the decision

1. All the judges of the Trial Chamber shall be present at each stage of the trial and throughout their deliberations. The Presidency may, on a case-by-case basis, designate, as available, one or more alternate judges to be present at each stage of the trial and to replace a member of the Trial Chamber if that member is unable to continue attending.

2. The Trial Chamber's decision shall be based on its evaluation of the evidence and the entire proceedings. The decision shall not exceed the facts and circumstances described in the charges and any amendments to the charges. The Court may base its decision only on evidence submitted and discussed before it at the trial.

3. The judges shall attempt to achieve unanimity in their decision, failing which the decision shall be taken by a majority of the judges.

4. The deliberations of the Trial Chamber shall remain secret.

5. The decision shall be in writing and shall contain a full and reasoned statement of the Trial Chamber's findings on the evidence and conclusions. The Trial Chamber shall issue one decision. When there is no unanimity, the Trial Chamber's decision shall contain the views of the majority and the minority. The decision or a summary thereof shall be delivered in open court.

Article 75

Reparations to victims

1. The Court shall establish principles relating to reparations to, or in respect of, victims, including restitution, compensation and rehabilitation. On this basis, in its decision the Court may, either upon request or on its own motion in exceptional circumstances, determine the scope and extent of any damage, loss and injury to, or in respect of, victims and will state the principles on which it is acting.

2. The Court may make an order directly against a convicted person specifying appropriate reparations to, or in respect of, victims, including restitution, compensation and rehabilitation.

   Where appropriate, the Court may order that the award for reparations be made through the Trust Fund provided for in article 79.

3. Before making an order under this article, the Court may invite and shall take account of representations from or on behalf of the convicted person, victims, other interested persons or interested States.

4. In exercising its power under this article, the Court may, after a person is convicted of a crime within the jurisdiction of the Court, determine whether, in order to give effect to an order which it may make under this article, it is necessary to seek measures under article 93, paragraph 1.

5. A State Party shall give effect to a decision under this article as if the

provisions of article 109 were applicable to this article.

6. Nothing in this article shall be interpreted as prejudicing the rights of victims under national or international law.

Article 76

Sentencing

1. In the event of a conviction, the Trial Chamber shall consider the appropriate sentence to be imposed and shall take into account the evidence presented and submissions made during the trial that are relevant to the sentence.

2. Except where article 65 applies and before the completion of the trial, the Trial Chamber may on its own motion and shall, at the request of the Prosecutor or the accused, hold a further hearing to hear any additional evidence or submissions relevant to the sentence, in accordance with the Rules of Procedure and Evidence.

3. Where paragraph 2 applies, any representations under article 75 shall be heard during the further hearing referred to in paragraph 2 and, if necessary, during any additional hearing.

4. The sentence shall be pronounced in public and, wherever possible, in the presence of the accused.

PART 7. PENALTIES

Article 77

Applicable penalties

1. Subject to article 110, the Court may impose one of the following penalties on a person convicted of a crime referred to in article 5 of this Statute:

(a) Imprisonment for a specified number of years, which may not exceed a maximum of 30 years; or

(b) A term of life imprisonment when justified by the extreme gravity of the crime and the individual circumstances of the convicted person.

2. In addition to imprisonment, the Court may order:

(a) A fine under the criteria provided for in the Rules of Procedure and Evidence;

(b) A forfeiture of proceeds, property and assets derived directly or indirectly from that crime, without prejudice to the rights of bona fide third parties.

Article 78

Determination of the sentence

1. In determining the sentence, the Court shall, in accordance with the Rules of Procedure and Evidence, take into account such factors as the gravity of the crime and the individual circumstances of the convicted person.

2. In imposing a sentence of imprisonment, the Court shall deduct the time, if any, previously spent in detention in accordance with an order of the Court. The Court may deduct any time otherwise spent in detention in connection with conduct underlying the crime.

3. When a person has been convicted of more than one crime, the Court shall pronounce a sentence for each crime and a joint sentence specifying the total period of imprisonment. This period shall be no less than the highest individual sentence pronounced and shall not exceed 30 years imprisonment or a sentence of life imprisonment in conformity with article 77, paragraph 1 (b).

Article 79

Trust Fund

1. A Trust Fund shall be established by decision of the Assembly of States Parties for the benefit of victims of crimes within the jurisdiction of the Court, and of the families of such victims.

2. The Court may order money and other property collected through fines or forfeiture to be transferred, by order of the Court, to the Trust Fund.

3. The Trust Fund shall be managed according to criteria to be determined by the Assembly of States Parties.

Article 80

Non-prejudice to national application of penalties and national laws

Nothing in this Part affects the application by States of penalties prescribed by their national law, nor the law of States which do not provide for penalties prescribed in this Part.

PART 8. APPEAL AND REVISION

Article 81

Appeal against decision of acquittal or conviction or against sentence

1. A decision under article 74 may be appealed in accordance with the Rules of Procedure and Evidence as follows:

(a) The Prosecutor may make an appeal on any of the following grounds:

(i) Procedural error,

(ii) Error of fact, or

(iii) Error of law;

(b) The convicted person, or the Prosecutor on that person's behalf, may make an appeal on any of the following grounds:

(i) Procedural error,

(ii) Error of fact,

(iii) Error of law, or

(iv) Any other ground that affects the fairness or reliability of the proceedings or decision.

2. (a) A sentence may be appealed, in accordance with the Rules of Procedure and Evidence, by the Prosecutor or the convicted person on the ground of disproportion between the crime and the sentence;

(b) If on an appeal against sentence the Court considers that there are grounds on which the conviction might be set aside, wholly or in part, it may invite the Prosecutor and the convicted person to submit grounds under article 81, paragraph 1 (a) or (b), and may render a decision on conviction in accordance with article 83;

(c) The same procedure applies when the Court, on an appeal against conviction only, considers that there are grounds to reduce the sentence under paragraph 2 (a).

3. (a) Unless the Trial Chamber orders otherwise, a convicted person shall remain in custody pending an appeal;

(b) When a convicted person's time in custody exceeds the sentence of imprisonment imposed, that person shall be released, except that if the Prosecutor is also appealing, the release may be subject to the conditions under subparagraph (c) below;

(c) In case of an acquittal, the accused shall be released immediately, subject to the following:

(i) Under exceptional circumstances, and having regard, inter alia, to the concrete risk of flight, the seriousness of the offence charged and the probability of success on appeal, the Trial Chamber, at the request of the Prosecutor, may maintain the detention of the person pending appeal;

(ii) A decision by the Trial Chamber under subparagraph (c) (i) may be appealed in accordance with the Rules of Procedure and Evidence.

4. Subject to the provisions of paragraph 3 (a) and (b), execution of the decision or sentence shall be suspended during the period allowed for appeal and for the duration of the appeal proceedings.

Article 82
Appeal against other decisions

1. Either party may appeal any of the following decisions in accordance with the Rules of Procedure and Evidence:

(a) A decision with respect to jurisdiction or admissibility;

(b) A decision granting or denying release of the person being investigated or prosecuted;

(c) A decision of the Pre-Trial Chamber to act on its own initiative under article 56, paragraph 3;

(d) A decision that involves an issue that would significantly affect the fair and expeditious conduct of the proceedings or the outcome of the trial, and for which, in the opinion of the Pre-Trial or Trial Chamber, an immediate resolution by the Appeals Chamber may materially advance the proceedings.

2. A decision of the Pre-Trial Chamber under article 57, paragraph 3 (d), may be appealed against by the State concerned or by the Prosecutor, with the leave of the Pre-Trial Chamber. The appeal shall be heard on an expedited basis.

3. An appeal shall not of itself have suspensive effect unless the Appeals Chamber so orders, upon request, in accordance with the Rules of Procedure and Evidence.

4. A legal representative of the victims, the convicted person or a bona fide owner of property adversely affected by an order under article 75 may appeal against the order for reparations, as provided in the Rules of Procedure and Evidence.

Article 83
Proceedings on appeal

1. For the purposes of proceedings under article 81 and this article, the Appeals Chamber shall have all the powers of the Trial Chamber.

2. If the Appeals Chamber finds that the proceedings appealed from were unfair in a way that affected the reliability of the decision or sentence, or that the decision or sentence appealed from was materially affected by error of fact or law or procedural error, it may:

(a) Reverse or amend the decision or sentence; or

(b) Order a new trial before a different Trial Chamber.

For these purposes, the Appeals Chamber may remand a factual issue to the original Trial Chamber for it to determine the issue and to report back accordingly, or may itself call evidence to determine the issue. When the decision or sentence has been appealed only by the person convicted, or the Prosecutor on that person's behalf, it cannot be amended to his or her detriment.

3. If in an appeal against sentence the Appeals Chamber finds that the sentence is disproportionate to the crime, it may vary the sentence in accordance with Part 7.

4. The judgement of the Appeals Chamber shall be taken by a majority of the

judges and shall be delivered in open court. The judgement shall state the reasons on which it is based. When there is no unanimity, the judgement of the Appeals Chamber shall contain the views of the majority and the minority, but a judge may deliver a separate or dissenting opinion on a question of law.

5. The Appeals Chamber may deliver its judgement in the absence of the person acquitted or convicted.

Article 84
Revision of conviction or sentence

1. The convicted person or, after death, spouses, children, parents or one person alive at the time of the accused's death who has been given express written instructions from the accused to bring such a claim, or the Prosecutor on the person's behalf, may apply to the Appeals Chamber to revise the final judgement of conviction or sentence on the grounds that:

(a) New evidence has been discovered that:

    (i) Was not available at the time of trial, and such unavailability was not wholly or partially attributable to the party making application; and

    (ii) Is sufficiently important that had it been proved at trial it would have been likely to have resulted in a different verdict;

(b) It has been newly discovered that decisive evidence, taken into account at trial and upon which the conviction depends, was false, forged or falsified;

(c) One or more of the judges who participated in conviction or confirmation of the charges has committed, in that case, an act of serious misconduct or serious breach of duty of sufficient gravity to justify the removal of that judge or those judges from office under article 46.

2. The Appeals Chamber shall reject the application if it considers it to be unfounded. If it determines that the application is meritorious, it may, as appropriate:

(a) Reconvene the original Trial Chamber;

(b) Constitute a new Trial Chamber; or

(c) Retain jurisdiction over the matter,

with a view to, after hearing the parties in the manner set forth in the Rules of Procedure and Evidence, arriving at a determination on whether the judgement should be revised.

Article 85
Compensation to an arrested or convicted person

1. Anyone who has been the victim of unlawful arrest or detention shall have an enforceable right to compensation.

2. When a person has by a final decision been convicted of a criminal offence, and when subsequently his or her conviction has been reversed on the ground that a new or newly discovered fact shows conclusively that there has been a miscarriage of justice, the person who has suffered punishment as a result of such conviction shall be compensated according to law, unless it is proved that the non-disclosure of the unknown fact in time is wholly or partly attributable to him or her.

3. In exceptional circumstances, where the Court finds conclusive facts showing that there has been a grave and manifest miscarriage of justice, it may in its discretion award compensation, according to the criteria provided in the Rules of Procedure and Evidence, to a person who has been released from detention following a final decision of acquittal or a termination of the proceedings for that reason.

PART 9. INTERNATIONAL COOPERATION AND JUDICIAL ASSISTANCE

Article 86

General obligation to cooperate

States Parties shall, in accordance with the provisions of this Statute, cooperate fully with the Court in its investigation and prosecution of crimes within the jurisdiction of the Court.

Article 87

Requests for cooperation: general provisions

1. (a) The Court shall have the authority to make requests to States Parties for cooperation. The requests shall be transmitted through the diplomatic channel or any other appropriate channel as may be designated by each State Party upon ratification, acceptance, approval or accession.
   Subsequent changes to the designation shall be made by each State Party in accordance with the Rules of Procedure and Evidence.

   (b) When appropriate, without prejudice to the provisions of subparagraph (a), requests may also be transmitted through the International Criminal Police Organization or any appropriate regional organization.

2. Requests for cooperation and any documents supporting the request shall either be in or be accompanied by a translation into an official language of the requested State or one of the working languages of the Court, in accordance with the choice made by that State upon ratification, acceptance, approval or accession.
   Subsequent changes to this choice shall be made in accordance with the Rules of Procedure and Evidence.

3. The requested State shall keep confidential a request for cooperation and any documents supporting the request, except to the extent that the disclosure is necessary for execution of the request.

4. In relation to any request for assistance presented under this Part, the Court may take such measures, including measures related to the protection of information, as may be necessary to ensure the safety or physical or psychological well-being of any victims, potential witnesses and their families. The Court may request that any information that is made available under this Part shall be provided and handled in a manner that protects the safety and physical or psychological well-being of any victims, potential witnesses and their families.

5. (a) The Court may invite any State not party to this Statute to provide assistance under this Part on the basis of an ad hoc arrangement, an agreement with such State or any other appropriate basis.

   (b) Where a State not party to this Statute, which has entered into an ad hoc arrangement or an agreement with the Court, fails to cooperate with requests pursuant to any such arrangement or agreement, the Court may so inform the Assembly of States Parties or, where the Security Council referred the matter to the Court, the Security Council.

6. The Court may ask any intergovernmental organization to provide information or documents. The Court may also ask for other forms of cooperation and assistance which may be agreed upon with such an organization and which are in accordance with its competence or mandate.

7. Where a State Party fails to comply with a request to cooperate by the Court contrary to the provisions of this Statute, thereby preventing the Court from exercising its functions and powers under this Statute, the Court may make a finding to that effect and refer the matter to the Assembly of States Parties or, where the Security Council referred the matter to the

Court, to the Security Council.

Article 88

Availability of procedures under national law

States Parties shall ensure that there are procedures available under their national law for all of the forms of cooperation which are specified under this Part.

Article 89

Surrender of persons to the Court

1. The Court may transmit a request for the arrest and surrender of a person, together with the material supporting the request outlined in article 91, to any State on the territory of which that person may be found and shall request the cooperation of that State in the arrest and surrender of such a person. States Parties shall, in accordance with the provisions of this Part and the procedure under their national law, comply with requests for arrest and surrender.

2. Where the person sought for surrender brings a challenge before a national court on the basis of the principle of ne bis in idem as provided in article 20, the requested State shall immediately consult with the Court to determine if there has been a relevant ruling on admissibility. If the case is admissible, the requested State shall proceed with the execution of the request. If an admissibility ruling is pending, the requested State may postpone the execution of the request for surrender of the person until the Court makes a determination on admissibility.

3. (a) A State Party shall authorize, in accordance with its national procedural law, transportation through its territory of a person being surrendered to the Court by another State, except where transit through that State

would impede or delay the surrender.

(b) A request by the Court for transit shall be transmitted in accordance with article 87. The request for transit shall contain:

(i) A description of the person being transported;

(ii) A brief statement of the facts of the case and their legal characterization; and

(iii) The warrant for arrest and surrender;

(c) A person being transported shall be detained in custody during the period of transit;

(d) No authorization is required if the person is transported by air and no landing is scheduled on the territory of the transit State;

(e) If an unscheduled landing occurs on the territory of the transit State, that State may require a request for transit from the Court as provided for in subparagraph (b). The transit State shall detain the person being transported until the request for transit is received and the transit is effected, provided that detention for purposes of this subparagraph may not be extended beyond 96 hours from the unscheduled landing unless the request is received within that time.

4. If the person sought is being proceeded against or is serving a sentence in the requested State for a crime different from that for which surrender to the Court is sought, the requested State, after making its decision to grant the request, shall consult with the Court.

Article 90
Competing requests

1. A State Party which receives a request from the Court for the surrender of a person under article 89 shall, if it also receives a request from any other State for the extradition of the same person for the same conduct which

forms the basis of the crime for which the Court seeks the person's surrender, notify the Court and the requesting State of that fact.

2. Where the requesting State is a State Party, the requested State shall give priority to the request from the Court if:

   (a) The Court has, pursuant to article 18 or 19, made a determination that the case in respect of which surrender is sought is admissible and that determination takes into account the investigation or prosecution conducted by the requesting State in respect of its request for extradition; or

   (b) The Court makes the determination described in subparagraph (a) pursuant to the requested State's notification under paragraph 1.

3. Where a determination under paragraph 2 (a) has not been made, the requested State may, at its discretion, pending the determination of the Court under paragraph 2 (b), proceed to deal with the request for extradition from the requesting State but shall not extradite the person until the Court has determined that the case is inadmissible. The Court's determination shall be made on an expedited basis.

4. If the requesting State is a State not Party to this Statute the requested State, if it is not under an international obligation to extradite the person to the requesting State, shall give priority to the request for surrender from the Court, if the Court has determined that the case is admissible.

5. Where a case under paragraph 4 has not been determined to be admissible by the Court, the requested State may, at its discretion, proceed to deal with the request for extradition from the requesting State.

6. In cases where paragraph 4 applies except that the requested State is under an existing international obligation to extradite the person to the requesting State not Party to this Statute, the requested State shall determine whether to surrender the person to the Court or extradite the person to the

requesting State. In making its decision, the requested State shall consider all the relevant factors, including but not limited to:

(a) The respective dates of the requests;

(b) The interests of the requesting State including, where relevant, whether the crime was committed in its territory and the nationality of the victims and of the person sought; and

(c) The possibility of subsequent surrender between the Court and the requesting State.

7. Where a State Party which receives a request from the Court for the surrender of a person also receives a request from any State for the extradition of the same person for conduct other than that which constitutes the crime for which the Court seeks the person's surrender:

(a) The requested State shall, if it is not under an existing international obligation to extradite the person to the requesting State, give priority to the request from the Court;

(b) The requested State shall, if it is under an existing international obligation to extradite the person to the requesting State, determine whether to surrender the person to the Court or to extradite the person to the requesting State. In making its decision, the requested State shall consider all the relevant factors, including but not limited to those set out in paragraph 6, but shall give special consideration to the relative nature and gravity of the conduct in question.

8. Where pursuant to a notification under this article, the Court has determined a case to be inadmissible, and subsequently extradition to the requesting State is refused, the requested State shall notify the Court of this decision.

Article 91

Contents of request for arrest and surrender

1. A request for arrest and surrender shall be made in writing. In urgent cases, a request may be made by any medium capable of delivering a written record, provided that the request shall be confirmed through the channel provided for in article 87, paragraph 1 (a).

2. In the case of a request for the arrest and surrender of a person for whom a warrant of arrest has been issued by the Pre-Trial Chamber under article 58, the request shall contain or be supported by:

   (a) Information describing the person sought, sufficient to identify the person, and information as to that person's probable location;

   (b) A copy of the warrant of arrest; and

   (c) Such documents, statements or information as may be necessary to meet the requirements for the surrender process in the requested State, except that those requirements should not be more burdensome than those applicable to requests for extradition pursuant to treaties or arrangements between the requested State and other States and should, if possible, be less burdensome, taking into account the distinct nature of the Court.

3. In the case of a request for the arrest and surrender of a person already convicted, the request shall contain or be supported by:

   (a) A copy of any warrant of arrest for that person;

   (b) A copy of the judgement of conviction;

   (c) Information to demonstrate that the person sought is the one referred to in the judgement of conviction; and

   (d) If the person sought has been sentenced, a copy of the sentence imposed and, in the case of a sentence for imprisonment, a statement of any time already served and the time remaining to be served.

4. Upon the request of the Court, a State Party shall consult with the Court, either generally or with respect to a specific matter, regarding any requirements under its national law that may apply under paragraph 2 (c). During the consultations, the State Party shall advise the Court of the specific requirements of its national law.

Article 92
Provisional arrest

1. In urgent cases, the Court may request the provisional arrest of the person sought, pending presentation of the request for surrender and the documents supporting the request as specified in article 91.

2. The request for provisional arrest shall be made by any medium capable of delivering a written record and shall contain:

   (a) Information describing the person sought, sufficient to identify the person, and information as to that person's probable location;

   (b) A concise statement of the crimes for which the person's arrest is sought and of the facts which are alleged to constitute those crimes, including, where possible, the date and location of the crime;

   (c) A statement of the existence of a warrant of arrest or a judgement of conviction against the person sought; and

   (d) A statement that a request for surrender of the person sought will follow.

3. A person who is provisionally arrested may be released from custody if the requested State has not received the request for surrender and the documents supporting the request as specified in article 91 within the time limits specified in the Rules of Procedure and Evidence. However, the person may consent to surrender before the expiration of this period if permitted by the law of the requested State. In such a case, the requested

State shall proceed to surrender the person to the Court as soon as possible.

4. The fact that the person sought has been released from custody pursuant to paragraph 3 shall not prejudice the subsequent arrest and surrender of that person if the request for surrender and the documents supporting the request are delivered at a later date.

Article 93

Other forms of cooperation

1. States Parties shall, in accordance with the provisions of this Part and under procedures of national law, comply with requests by the Court to provide the following assistance in relation to investigations or prosecutions:

    (a) The identification and whereabouts of persons or the location of items;

    (b) The taking of evidence, including testimony under oath, and the production of evidence, including expert opinions and reports necessary to the Court;

    (c) The questioning of any person being investigated or prosecuted;

    (d) The service of documents, including judicial documents;

    (e) Facilitating the voluntary appearance of persons as witnesses or experts before the Court;

    (f) The temporary transfer of persons as provided in paragraph 7;

    (g) The examination of places or sites, including the exhumation and examination of grave sites;

    (h) The execution of searches and seizures;

    (i) The provision of records and documents, including official records and documents;

    (j) The protection of victims and witnesses and the preservation of evidence;

    (k) The identification, tracing and freezing or seizure of proceeds, property and assets and instrumentalities of crimes for the purpose of eventual forfeiture, without prejudice to the rights of bona fide third parties; and

(l) Any other type of assistance which is not prohibited by the law of the requested State, with a view to facilitating the investigation and prosecution of crimes within the jurisdiction of the Court.

2. The Court shall have the authority to provide an assurance to a witness or an expert appearing before the Court that he or she will not be prosecuted, detained or subjected to any restriction of personal freedom by the Court in respect of any act or omission that preceded the departure of that person from the requested State.

3. Where execution of a particular measure of assistance detailed in a request presented under paragraph 1, is prohibited in the requested State on the basis of an existing fundamental legal principle of general application, the requested State shall promptly consult with the Court to try to resolve the matter. In the consultations, consideration should be given to whether the assistance can be rendered in another manner or subject to conditions. If after consultations the matter cannot be resolved, the Court shall modify the request as necessary.

4. In accordance with article 72, a State Party may deny a request for assistance, in whole or in part, only if the request concerns the production of any documents or disclosure of evidence which relates to its national security.

5. Before denying a request for assistance under paragraph 1 (l), the requested State shall consider whether the assistance can be provided subject to specified conditions, or whether the assistance can be provided at a later date or in an alternative manner, provided that if the Court or the Prosecutor accepts the assistance subject to conditions, the Court or the Prosecutor shall abide by them.

6. If a request for assistance is denied, the requested State Party shall promptly inform the Court or the Prosecutor of the reasons for such denial.

7. (a) The Court may request the temporary transfer of a person in custody for purposes of identification or for obtaining testimony or other assistance. The person may be transferred if the following conditions are fulfilled:

    (i) The person freely gives his or her informed consent to the transfer; and

    (ii) The requested State agrees to the transfer, subject to such conditions as that State and the Court may agree.

  (b) The person being transferred shall remain in custody. When the purposes of the transfer have been fulfilled, the Court shall return the person without delay to the requested State.

8. (a) The Court shall ensure the confidentiality of documents and information, except as required for the investigation and proceedings described in the request.

  (b) The requested State may, when necessary, transmit documents or information to the Prosecutor on a confidential basis. The Prosecutor may then use them solely for the purpose of generating new evidence.

  (c) The requested State may, on its own motion or at the request of the Prosecutor, subsequently consent to the disclosure of such documents or information. They may then be used as evidence pursuant to the provisions of Parts 5 and 6 and in accordance with the Rules of Procedure and Evidence.

9. (a) (i) In the event that a State Party receives competing requests, other than for surrender or extradition, from the Court and from another State pursuant to an international obligation, the State Party shall endeavour, in consultation with the Court and the other State, to

meet both requests, if necessary by postponing or attaching conditions to one or the other request.

(ii) Failing that, competing requests shall be resolved in accordance with the principles established in article 90.

(b) Where, however, the request from the Court concerns information, property or persons which are subject to the control of a third State or an international organization by virtue of an international agreement, the requested States shall so inform the Court and the Court shall direct its request to the third State or international organization.

10. (a) The Court may, upon request, cooperate with and provide assistance to a State Party conducting an investigation into or trial in respect of conduct which constitutes a crime within the jurisdiction of the Court or which constitutes a serious crime under the national law of the requesting State.

(b) (i) The assistance provided under subparagraph (a) shall include, inter alia:

a. The transmission of statements, documents or other types of evidence obtained in the course of an investigation or a trial conducted by the Court; and

b. The questioning of any person detained by order of the Court;

(ii) In the case of assistance under subparagraph (b) (i) a:

a. If the documents or other types of evidence have been obtained with the assistance of a State, such transmission shall require the consent of that State;

b. If the statements, documents or other types of evidence have been provided by a witness or expert, such transmission shall be subject to the provisions of article 68.

(c) The Court may, under the conditions set out in this paragraph, grant a request for assistance under this paragraph from a State which is not a Party to this Statute.

Article 94

Postponement of execution of a request in respect of ongoing investigation or prosecution

1. If the immediate execution of a request would interfere with an ongoing investigation or prosecution of a case different from that to which the request relates, the requested State may postpone the execution of the request for a period of time agreed upon with the Court. However, the postponement shall be no longer than is necessary to complete the relevant investigation or prosecution in the requested State. Before making a decision to postpone, the requested State should consider whether the assistance may be immediately provided subject to certain conditions.

2. If a decision to postpone is taken pursuant to paragraph 1, the Prosecutor may, however, seek measures to preserve evidence, pursuant to article 93, paragraph 1 (j).

Article 95

Postponement of execution of a request in respect of an admissibility challenge

Where there is an admissibility challenge under consideration by the Court pursuant to article 18 or 19, the requested State may postpone the execution of a request under this Part pending a determination by the Court, unless the Court has specifically ordered that the Prosecutor may pursue the collection of such evidence pursuant to article 18 or 19.

Article 96

Contents of request for other forms of assistance under article 93

1. A request for other forms of assistance referred to in article 93 shall be made in writing. In urgent cases, a request may be made by any medium capable of delivering a written record, provided that the request shall be confirmed through the channel provided for in article 87, paragraph 1 (a).

2. The request shall, as applicable, contain or be supported by the following:

    (a) A concise statement of the purpose of the request and the assistance sought, including the legal basis and the grounds for the request;

    (b) As much detailed information as possible about the location or identification of any person or place that must be found or identified in order for the assistance sought to be provided;

    (c) A concise statement of the essential facts underlying the request;

    (d) The reasons for and details of any procedure or requirement to be followed;

    (e) Such information as may be required under the law of the requested State in order to execute the request; and

    (f) Any other information relevant in order for the assistance sought to be provided.

3. Upon the request of the Court, a State Party shall consult with the Court, either generally or with respect to a specific matter, regarding any requirements under its national law that may apply under paragraph 2 (e). During the consultations, the State Party shall advise the Court of the specific requirements of its national law.

4. The provisions of this article shall, where applicable, also apply in respect of a request for assistance made to the Court.

Article 97

Consultations

Where a State Party receives a request under this Part in relation to which it identifies problems which may impede or prevent the execution of the request, that State shall consult with the Court without delay in order to resolve the matter. Such problems may include, inter alia:

(a) Insufficient information to execute the request;

(b) In the case of a request for surrender, the fact that despite best efforts, the person sought cannot be located or that the investigation conducted has determined that the person in the requested State is clearly not the person named in the warrant; or

(c) The fact that execution of the request in its current form would require the requested State to breach a pre-existing treaty obligation undertaken with respect to another State.

Article 98

Cooperation with respect to waiver of immunity and consent to surrender

1. The Court may not proceed with a request for surrender or assistance which would require the requested State to act inconsistently with its obligations under international law with respect to the State or diplomatic immunity of a person or property of a third State, unless the Court can first obtain the cooperation of that third State for the waiver of the immunity.

2. The Court may not proceed with a request for surrender which would require the requested State to act inconsistently with its obligations under international agreements pursuant to which the consent of a sending State is required to surrender a person of that State to the Court, unless the Court

can first obtain the cooperation of the sending State for the giving of consent for the surrender.

Article 99
Execution of requests under articles 93 and 96

1. Requests for assistance shall be executed in accordance with the relevant procedure under the law of the requested State and, unless prohibited by such law, in the manner specified in the request, including following any procedure outlined therein or permitting persons specified in the request to be present at and assist in the execution process.

2. In the case of an urgent request, the documents or evidence produced in response shall, at the request of the Court, be sent urgently.

3. Replies from the requested State shall be transmitted in their original language and form.

4. Without prejudice to other articles in this Part, where it is necessary for the successful execution of a request which can be executed without any compulsory measures, including specifically the interview of or taking evidence from a person on a voluntary basis, including doing so without the presence of the authorities of the requested State Party if it is essential for the request to be executed, and the examination without modification of a public site or other public place, the Prosecutor may execute such request directly on the territory of a State as follows:

   (a) When the State Party requested is a State on the territory of which the crime is alleged to have been committed, and there has been a determination of admissibility pursuant to article 18 or 19, the Prosecutor may directly execute such request following all possible consultations with the requested State Party;

   (b) In other cases, the Prosecutor may execute such request following consultations with the requested State Party and subject to any reasonable conditions or concerns raised by that State Party. Where the requested State Party identifies problems with the execution of a request pursuant to this subparagraph it shall, without delay, consult with the Court to resolve the matter.

5. Provisions allowing a person heard or examined by the Court under article 72 to invoke restrictions designed to prevent disclosure of confidential information connected with national security shall also apply to the execution of requests for assistance under this article.

Article 100

Costs

1. The ordinary costs for execution of requests in the territory of the requested State shall be borne by that State, except for the following, which shall be borne by the Court:

    (a) Costs associated with the travel and security of witnesses and experts or the transfer under article 93 of persons in custody;

    (b) Costs of translation, interpretation and transcription;

    (c) Travel and subsistence costs of the judges, the Prosecutor, the Deputy Prosecutors, the Registrar, the Deputy Registrar and staff of any organ of the Court;

    (d) Costs of any expert opinion or report requested by the Court;

    (e) Costs associated with the transport of a person being surrendered to the Court by a custodial State; and

    (f) Following consultations, any extraordinary costs that may result from the execution of a request.

2. The provisions of paragraph 1 shall, as appropriate, apply to requests from States Parties to the Court. In that case, the Court shall bear the ordinary

costs of execution.

Article 101

Rule of speciality

1. A person surrendered to the Court under this Statute shall not be proceeded against, punished or detained for any conduct committed prior to surrender, other than the conduct or course of conduct which forms the basis of the crimes for which that person has been surrendered.

2. The Court may request a waiver of the requirements of paragraph 1 from the State which surrendered the person to the Court and, if necessary, the Court shall provide additional information in accordance with article 91. States Parties shall have the authority to provide a waiver to the Court and should endeavour to do so.

Article 102

Use of terms

For the purposes of this Statute:

(a) "surrender" means the delivering up of a person by a State to the Court, pursuant to this Statute.

(b) "extradition" means the delivering up of a person by one State to another as provided by treaty, convention or national legislation.

PART 10. ENFORCEMENT

Article 103

Role of States in enforcement of sentences of imprisonment

1. (a) A sentence of imprisonment shall be served in a State designated by the

Court from a list of States which have indicated to the Court their willingness to accept sentenced persons.

(b) At the time of declaring its willingness to accept sentenced persons, a State may attach conditions to its acceptance as agreed by the Court and in accordance with this Part.

(c) A State designated in a particular case shall promptly inform the Court whether it accepts the Court's designation.

2. (a) The State of enforcement shall notify the Court of any circumstances, including the exercise of any conditions agreed under paragraph 1, which could materially affect the terms or extent of the imprisonment. The Court shall be given at least 45 days' notice of any such known or foreseeable circumstances. During this period, the State of enforcement shall take no action that might prejudice its obligations under article 110.

(b) Where the Court cannot agree to the circumstances referred to in subparagraph (a), it shall notify the State of enforcement and proceed in accordance with article 104, paragraph 1.

3. In exercising its discretion to make a designation under paragraph 1, the Court shall take into account the following:

(a) The principle that States Parties should share the responsibility for enforcing sentences of imprisonment, in accordance with principles of equitable distribution, as provided in the Rules of Procedure and Evidence;

(b) The application of widely accepted international treaty standards governing the treatment of prisoners;

(c) The views of the sentenced person;

(d) The nationality of the sentenced person;

(e) Such other factors regarding the circumstances of the crime or the person sentenced, or the effective enforcement of the sentence, as may be appropriate in designating the State of enforcement.

4. If no State is designated under paragraph 1, the sentence of imprisonment shall be served in a prison facility made available by the host State, in accordance with the conditions set out in the headquarters agreement referred to in article 3, paragraph 2. In such a case, the costs arising out of the enforcement of a sentence of imprisonment shall be borne by the Court.

Article 104

Change in designation of State of enforcement

1. The Court may, at any time, decide to transfer a sentenced person to a prison of another State.

2. A sentenced person may, at any time, apply to the Court to be transferred from the State of enforcement.

Article 105

Enforcement of the sentence

1. Subject to conditions which a State may have specified in accordance with article 103, paragraph 1 (b), the sentence of imprisonment shall be binding on the States Parties, which shall in no case modify it.

2. The Court alone shall have the right to decide any application for appeal and revision. The State of enforcement shall not impede the making of any such application by a sentenced person.

Article 106

Supervision of enforcement of sentences and conditions of imprisonment

1. The enforcement of a sentence of imprisonment shall be subject to the

supervision of the Court and shall be consistent with widely accepted international treaty standards governing treatment of prisoners.

2. The conditions of imprisonment shall be governed by the law of the State of enforcement and shall be consistent with widely accepted international treaty standards governing treatment of prisoners; in no case shall such conditions be more or less favourable than those available to prisoners convicted of similar offences in the State of enforcement.

3. Communications between a sentenced person and the Court shall be unimpeded and confidential.

Article 107

Transfer of the person upon completion of sentence

1. Following completion of the sentence, a person who is not a national of the State of enforcement may, in accordance with the law of the State of enforcement, be transferred to a State which is obliged to receive him or her, or to another State which agrees to receive him or her, taking into account any wishes of the person to be transferred to that State, unless the State of enforcement authorizes the person to remain in its territory.

2. If no State bears the costs arising out of transferring the person to another State pursuant to paragraph 1, such costs shall be borne by the Court.

3. Subject to the provisions of article 108, the State of enforcement may also, in accordance with its national law, extradite or otherwise surrender the person to a State which has requested the extradition or surrender of the person for purposes of trial or enforcement of a sentence.

Article 108

Limitation on the prosecution or punishment of other offences

1. A sentenced person in the custody of the State of enforcement shall not be

subject to prosecution or punishment or to extradition to a third State for any conduct engaged in prior to that person's delivery to the State of enforcement, unless such prosecution, punishment or extradition has been approved by the Court at the request of the State of enforcement.

2. The Court shall decide the matter after having heard the views of the sentenced person.

3. Paragraph 1 shall cease to apply if the sentenced person remains voluntarily for more than 30 days in the territory of the State of enforcement after having served the full sentence imposed by the Court, or returns to the territory of that State after having left it.

Article 109

Enforcement of fines and forfeiture measures

1. States Parties shall give effect to fines or forfeitures ordered by the Court under Part 7, without prejudice to the rights of bona fide third parties, and in accordance with the procedure of their national law.

2. If a State Party is unable to give effect to an order for forfeiture, it shall take measures to recover the value of the proceeds, property or assets ordered by the Court to be forfeited, without prejudice to the rights of bona fide third parties.

3. Property, or the proceeds of the sale of real property or, where appropriate, the sale of other property, which is obtained by a State Party as a result of its enforcement of a judgement of the Court shall be transferred to the Court.

Article 110

Review by the Court concerning reduction of sentence

1. The State of enforcement shall not release the person before expiry of the

sentence pronounced by the Court.

2. The Court alone shall have the right to decide any reduction of sentence, and shall rule on the matter after having heard the person.

3. When the person has served two thirds of the sentence, or 25 years in the case of life imprisonment, the Court shall review the sentence to determine whether it should be reduced. Such a review shall not be conducted before that time.

4. In its review under paragraph 3, the Court may reduce the sentence if it finds that one or more of the following factors are present:

   (a) The early and continuing willingness of the person to cooperate with the Court in its investigations and prosecutions;

   (b) The voluntary assistance of the person in enabling the enforcement of the judgements and orders of the Court in other cases, and in particular providing assistance in locating assets subject to orders of fine, forfeiture or reparation which may be used for the benefit of victims; or

   (c) Other factors establishing a clear and significant change of circumstances sufficient to justify the reduction of sentence, as provided in the Rules of Procedure and Evidence.

5. If the Court determines in its initial review under paragraph 3 that it is not appropriate to reduce the sentence, it shall thereafter review the question of reduction of sentence at such intervals and applying such criteria as provided for in the Rules of Procedure and Evidence.

Article 111

Escape

If a convicted person escapes from custody and flees the State of enforcement, that State may, after consultation with the Court, request the person's surrender from the State in which the person is located pursuant to existing bilateral or multilateral arrangements, or may request that the Court seek the person's surrender, in accordance with Part 9. It may direct that the person be delivered to the State in which he or she was serving the sentence or to another State designated by the Court.

PART 11. ASSEMBLY OF STATES PARTIES

Article 112

Assembly of States Parties

1. An Assembly of States Parties to this Statute is hereby established. Each State Party shall have one representative in the Assembly who may be accompanied by alternates and advisers. Other States which have signed this Statute or the Final Act may be observers in the Assembly.

2. The Assembly shall:

   (a) Consider and adopt, as appropriate, recommendations of the Preparatory Commission;

   (b) Provide management oversight to the Presidency, the Prosecutor and the Registrar regarding the administration of the Court;

   (c) Consider the reports and activities of the Bureau established under paragraph 3 and take appropriate action in regard thereto;

   (d) Consider and decide the budget for the Court;

   (e) Decide whether to alter, in accordance with article 36, the number of judges;

   (f) Consider pursuant to article 87, paragraphs 5 and 7, any question relating to non-cooperation;

   (g) Perform any other function consistent with this Statute or the Rules of

Procedure and Evidence.

3. (a) The Assembly shall have a Bureau consisting of a President, two Vice-Presidents and 18 members elected by the Assembly for three-year terms.

   (b) The Bureau shall have a representative character, taking into account, in particular, equitable geographical distribution and the adequate representation of the principal legal systems of the world.

   (c) The Bureau shall meet as often as necessary, but at least once a year. It shall assist the Assembly in the discharge of its responsibilities.

4. The Assembly may establish such subsidiary bodies as may be necessary, including an independent oversight mechanism for inspection, evaluation and investigation of the Court, in order to enhance its efficiency and economy.

5. The President of the Court, the Prosecutor and the Registrar or their representatives may participate, as appropriate, in meetings of the Assembly and of the Bureau.

6. The Assembly shall meet at the seat of the Court or at the Headquarters of the United Nations once a year and, when circumstances so require, hold special sessions. Except as otherwise specified in this Statute, special sessions shall be convened by the Bureau on its own initiative or at the request of one third of the States Parties.

7. Each State Party shall have one vote. Every effort shall be made to reach decisions by consensus in the Assembly and in the Bureau. If consensus cannot be reached, except as otherwise provided in the Statute:

   (a) Decisions on matters of substance must be approved by a two-thirds majority of those present and voting provided that an absolute majority of States Parties constitutes the quorum for voting;

   (b) Decisions on matters of procedure shall be taken by a simple majority of States Parties present and voting.

8. A State Party which is in arrears in the payment of its financial

contributions towards the costs of the Court shall have no vote in the Assembly and in the Bureau if the amount of its arrears equals or exceeds the amount of the contributions due from it for the preceding two full years. The Assembly may, nevertheless, permit such a State Party to vote in the Assembly and in the Bureau if it is satisfied that the failure to pay is due to conditions beyond the control of the State Party.

9. The Assembly shall adopt its own rules of procedure.

10. The official and working languages of the Assembly shall be those of the General Assembly of the United Nations.

PART 12. FINANCING

Article 113

Financial Regulations

Except as otherwise specifically provided, all financial matters related to the Court and the meetings of the Assembly of States Parties, including its Bureau and subsidiary bodies, shall be governed by this Statute and the Financial Regulations and Rules adopted by the Assembly of States Parties.

Article 114

Payment of expenses

Expenses of the Court and the Assembly of States Parties, including its Bureau and subsidiary bodies, shall be paid from the funds of the Court.

Article 115

Funds of the Court and of the Assembly of States Parties

The expenses of the Court and the Assembly of States Parties, including its

Bureau and subsidiary bodies, as provided for in the budget decided by the Assembly of States Parties, shall be provided by the following sources:

(a) Assessed contributions made by States Parties;

(b) Funds provided by the United Nations, subject to the approval of the General Assembly, in particular in relation to the expenses incurred due to referrals by the Security Council.

Article 116

Voluntary contributions

Without prejudice to article 115, the Court may receive and utilize, as additional funds, voluntary contributions from Governments, international organizations, individuals, corporations and other entities, in accordance with relevant criteria adopted by the Assembly of States Parties.

Article 117

Assessment of contributions

The contributions of States Parties shall be assessed in accordance with an agreed scale of assessment, based on the scale adopted by the United Nations for its regular budget and adjusted in accordance with the principles on which that scale is based.

Article 118

Annual audit

The records, books and accounts of the Court, including its annual financial statements, shall be audited annually by an independent auditor.

PART 13. FINAL CLAUSES

Article 119

Settlement of disputes

1. Any dispute concerning the judicial functions of the Court shall be settled by the decision of the Court.

2. Any other dispute between two or more States Parties relating to the interpretation or application of this Statute which is not settled through negotiations within three months of their commencement shall be referred to the Assembly of States Parties. The Assembly may itself seek to settle the dispute or may make recommendations on further means of settlement of the dispute, including referral to the International Court of Justice in conformity with the Statute of that Court.

Article 120

Reservations

No reservations may be made to this Statute.

Article 121

Amendments

1. After the expiry of seven years from the entry into force of this Statute, any State Party may propose amendments thereto. The text of any proposed amendment shall be submitted to the Secretary-General of the United Nations, who shall promptly circulate it to all States Parties.

2. No sooner than three months from the date of notification, the Assembly of States Parties, at its next meeting, shall, by a majority of those present and voting, decide whether to take up the proposal. The Assembly may deal

with the proposal directly or convene a Review Conference if the issue involved so warrants.

3. The adoption of an amendment at a meeting of the Assembly of States Parties or at a Review Conference on which consensus cannot be reached shall require a two-thirds majority of States Parties.

4. Except as provided in paragraph 5, an amendment shall enter into force for all States Parties one year after instruments of ratification or acceptance have been deposited with the Secretary-General of the United Nations by seven-eighths of them.

5. Any amendment to articles 5, 6, 7 and 8 of this Statute shall enter into force for those States Parties which have accepted the amendment one year after the deposit of their instruments of ratification or acceptance. In respect of a State Party which has not accepted the amendment, the Court shall not exercise its jurisdiction regarding a crime covered by the amendment when committed by that State Party's nationals or on its territory.

6. If an amendment has been accepted by seven-eighths of States Parties in accordance with paragraph 4, any State Party which has not accepted the amendment may withdraw from this Statute with immediate effect, notwithstanding article 127, paragraph 1, but subject to article 127, paragraph 2, by giving notice no later than one year after the entry into force of such amendment.

7. The Secretary-General of the United Nations shall circulate to all States Parties any amendment adopted at a meeting of the Assembly of States Parties or at a Review Conference.

Article 122

Amendments to provisions of an institutional nature

1. Amendments to provisions of this Statute which are of an exclusively

institutional nature, namely, article 35, article 36, paragraphs 8 and 9, article 37, article 38, article 39, paragraphs 1 (first two sentences), 2 and 4, article 42, paragraphs 4 to 9, article 43, paragraphs 2 and 3, and articles 44, 46, 47 and 49, may be proposed at any time, notwithstanding article 121, paragraph 1, by any State Party. The text of any proposed amendment shall be submitted to the Secretary-General of the United Nations or such other person designated by the Assembly of States Parties who shall promptly circulate it to all States Parties and to others participating in the Assembly.

2. Amendments under this article on which consensus cannot be reached shall be adopted by the Assembly of States Parties or by a Review Conference, by a two-thirds majority of States Parties. Such amendments shall enter into force for all States Parties six months after their adoption by the Assembly or, as the case may be, by the Conference.

Article 123
Review of the Statute

1. Seven years after the entry into force of this Statute the Secretary-General of the United Nations shall convene a Review Conference to consider any amendments to this Statute. Such review may include, but is not limited to, the list of crimes contained in article 5. The Conference shall be open to those participating in the Assembly of States Parties and on the same conditions.

2. At any time thereafter, at the request of a State Party and for the purposes set out in paragraph 1, the Secretary-General of the United Nations shall, upon approval by a majority of States Parties, convene a Review Conference.

3. The provisions of article 121, paragraphs 3 to 7, shall apply to the adoption and entry into force of any amendment to the Statute considered at a

Review Conference.

Article 124

Transitional Provision

Notwithstanding article 12, paragraphs 1 and 2, a State, on becoming a party to this Statute, may declare that, for a period of seven years after the entry into force of this Statute for the State concerned, it does not accept the jurisdiction of the Court with respect to the category of crimes referred to in article 8 when a crime is alleged to have been committed by its nationals or on its territory. A declaration under this article may be withdrawn at any time. The provisions of this article shall be reviewed at the Review Conference convened in accordance with article 123, paragraph 1.

Article 125

Signature, ratification, acceptance, approval or accession

1. This Statute shall be open for signature by all States in Rome, at the headquarters of the Food and Agriculture Organization of the United Nations, on 17 July 1998. Thereafter, it shall remain open for signature in Rome at the Ministry of Foreign Affairs of Italy until 17 October 1998. After that date, the Statute shall remain open for signature in New York, at United Nations Headquarters, until 31 December 2000.

2. This Statute is subject to ratification, acceptance or approval by signatory States. Instruments of ratification, acceptance or approval shall be deposited with the Secretary-General of the United Nations.

3. This Statute shall be open to accession by all States. Instruments of accession shall be deposited with the Secretary-General of the United Nations.

Article 126

Entry into force

1. This Statute shall enter into force on the first day of the month after the 60th day following the date of the deposit of the 60th instrument of ratification, acceptance, approval or accession with the Secretary-General of the United Nations.

2. For each State ratifying, accepting, approving or acceding to this Statute after the deposit of the 60th instrument of ratification, acceptance, approval or accession, the Statute shall enter into force on the first day of the month after the 60th day following the deposit by such State of its instrument of ratification, acceptance, approval or accession.

Article 127

Withdrawal

1. A State Party may, by written notification addressed to the Secretary-General of the United Nations, withdraw from this Statute. The withdrawal shall take effect one year after the date of receipt of the notification, unless the notification specifies a later date.

2. A State shall not be discharged, by reason of its withdrawal, from the obligations arising from this Statute while it was a Party to the Statute, including any financial obligations which may have accrued. Its withdrawal shall not affect any cooperation with the Court in connection with criminal investigations and proceedings in relation to which the withdrawing State had a duty to cooperate and which were commenced prior to the date on which the withdrawal became effective, nor shall it prejudice in any way the continued consideration of any matter which was already under consideration by the Court prior to the date on which the withdrawal became effective.

Article 128

Authentic texts

The original of this Statute, of which the Arabic, Chinese, English, French, Russian and Spanish texts are equally authentic, shall be deposited with the Secretary-General of the United Nations, who shall send certified copies thereof to all States. IN WITNESS WHEREOF, the undersigned, being duly authorized thereto by their respective Governments, have signed this Statute. DONE at Rome, this 17th day of July 1998.

부 록(Annex) 3

침략범죄·전쟁범죄 개정 조항

1. 침략범죄개정(Resolution RC/Res.6)[1]

Adopted at the 13th plenary meeting, on 11 June 2010, by consensus

RC/Res.6

The crime of aggression

The Review Conference,

Recalling paragraph 1 of article 12 of the Rome Statute,

Recalling paragraph 2 of article 5 of the Rome Statute,

Recalling also paragraph 7 of resolution F, adopted by the United Nations Diplomatic Conference of Plenipotentiaries on the Establishment of an International Criminal Court on 17 July 1998,

Recalling further resolution ICC-ASP/1/Res.1 on the continuity of work in respect of the crime of aggression, and *expressing its* appreciation to the Special Working Group on the Crime of Aggression for having elaborated proposals on a provision on the crime of aggression,

Taking note of resolution ICC-ASP/8/Res.6, by which the Assembly of States

---

1) See Depositary Notification C.N.651.2010 Treaties-8, dated 29 November 2010, available at http://treaties.un.org.

Parties for warded proposals on a provision on the crime of aggression to the Review Conference forits consideration,

Resolved to activate the Court's jurisdiction over the crime of aggression as early aspossible,

1. *Decides* to adopt, in accordance with article 5, paragraph 2, of the Rome Statute of the
   International Criminal Court (hereinafter: the Statute) the amendments to the Statutecontained in annex I of the present resolution, which are subject to ratification or acceptance and shall enter into force in accordance with article 121, paragraph 5; and *notes* that any State Party may lodge a declaration referred to in article 15 *bis* prior to ratification or acceptance;

2. *Also decides* to adopt the amendments to the Elements of Crimes contained in annex II of the present resolution;

3. *Also decides* to adopt the understandings regarding the interpretation of the abovementioned amendments contained in annex III of the present resolution;

4. *Further decides* to review the amendments on the crime of aggression seven years after the beginning of the Court's exercise of jurisdiction;

5. *Calls upon* all States Parties to ratify or accept the amendments contained in annex I.

Annex Ⅰ

Amendments to the Rome Statute of the International Criminal Courton the crime of aggression

1. Article 5, paragraph 2, of the Statute is deleted.

2. The following text is inserted after article 8 of the Statute:

Article 8 *bis*

Crime of aggression

1. For the purpose of this Statute, crime of aggression means the planning, preparation, initiation or execution, by a person in a position effectively to exercise control over or to direct the political or military action of a State, of an act of aggression which, by its character, gravity and scale, constitutes a manifest violation of the Charter of the United Nations.

2. For the purpose of paragraph 1, act of aggression means the use of armed force by a State against the sovereignty, territorial integrity or political independence of another State, or in any other manner inconsistent with the Charter of the United Nations. Any of the following acts, regardless of a declaration of war, shall, in accordance with United Nations General Assembly resolution 3314 (XXIX) of 14 December 1974, qualify as an act of aggression:

   (a) The invasion or attack by the armed forces of a State of the territory of another
   State, or any military occupation, however temporary, resulting from such invasion or attack, or any annexation by the use of force of the territory of another State or part thereof;

   (b) Bombardment by the armed forces of a State against the territory of another

State or the use of any weapons by a State against the territory of another State;

(c) The blockade of the ports or coasts of a State by the armed forces of another

State;

(d) An attack by the armed forces of a State on the land, sea or air forces, or marine and air fleets of another State;

(e) The use of armed forces of one State which are within the territory of another

State with the agreement of the receiving State, in contravention of the conditions provided for in the agreement or any extension of their presence in such territory beyond the termination of the agreement;

(f) The action of a State in allowing its territory, which it has placed at the disposal of another State, to be used by that other State for perpetrating an act of aggression against a third State;

(g) The sending by or on behalf of a State of armed bands, groups, irregulars or mercenaries, which carry out acts of armed force against another State of such gravity as to amount to the acts listed above, or its substantial involvement therein.

3. The following text is inserted after article 15 of the Statute:

Article 15 *bis*

Exercise of jurisdiction over the crime of aggression

(State referral, *proprio motu*)

1. The Court may exercise jurisdiction over the crime of aggression in accordance with article 13, paragraphs (a) and (c), subject to the provisions

of this article.

2. The Court may exercise jurisdiction only with respect to crimes of aggression committed one year after the ratification or acceptance of the amendments by thirty States Parties.

3. The Court shall exercise jurisdiction over the crime of aggression in accordance with this article, subject to a decision to be taken after 1 January 2017 by the same majority of States Parties as is required for the adoption of an amendment to the Statute.

4. The Court may, in accordance with article 12, exercise jurisdiction over a crime of aggression, arising from an act of aggression committed by a State Party, unless that State Party has previously declared that it does not accept such jurisdiction by lodging a declaration with the Registrar. The withdrawal of such a declaration may be effected at any time and shall be considered by the State Party within three years.

5. In respect of a State that is not a party to this Statute, the Court shall not exercise its jurisdiction over the crime of aggression when committed by that State's nationals or on its territory.

6. Where the Prosecutor concludes that there is a reasonable basis to proceed with an investigation in respect of a crime of aggression, he or she shall first ascertain whether the Security Council has made a determination of an act of aggression committed by the State concerned. The Prosecutor shall notify the Secretary-General of the United Nations of the situation before the Court, including any relevant information and documents.

7. Where the Security Council has made such a determination, the Prosecutor may proceed with the investigation in respect of a crime of aggression.

8. Where no such determination is made within six months after the date of notification, the Prosecutor may proceed with the investigation in respect of a crime of aggression, provided that the Pre-Trial Division has authorized

the commencement of the investigation in respect of a crime of aggression in accordance with the procedure contained in article 15, and the Security Council has not decided otherwise in accordance with article 16.

9. A determination of an act of aggression by an organ outside the Court shall be without prejudice to the Court's own findings under this Statute.

10. This article is without prejudice to the provisions relating to the exercise of jurisdiction with respect to other crimes referred to in article 5.

4. The following text is inserted after article 15 *bis* of the Statute:

Article 15 *ter*
Exercise of jurisdiction over the crime of aggression
(Security Council referral)

1. The Court may exercise jurisdiction over the crime of aggression in accordance with article 13, paragraph (b), subject to the provisions of this article.

2. The Court may exercise jurisdiction only with respect to crimes of aggression committed one year after the ratification or acceptance of the amendments by thirty States Parties.

3. The Court shall exercise jurisdiction over the crime of aggression in accordance with this article, subject to a decision to be taken after 1 January 2017 by the same majority of States Parties as is required for the adoption of an amendment to the Statute.

4. A determination of an act of aggression by an organ outside the Court shall be without prejudice to the Court's own findings under this Statute.

5. This article is without prejudice to the provisions relating to the exercise of jurisdiction with respect to other crimes referred to in article 5.

5. The following text is inserted after article 25, paragraph 3, of the Statute:

> *3 bis.* In respect of the crime of aggression, the provisions of this article shall apply only to persons in a position effectively to exercise control over or to direct the political or military action of a State.

6. The first sentence of article 9, paragraph 1, of the Statute is replaced by the following sentence:

> 1. Elements of Crimes shall assist the Court in the interpretation and application of articles 6, 7, 8 and 8 *bis.*

7. The chapeau of article 20, paragraph 3, of the Statute is replaced by the following paragraph; the rest of the paragraph remains unchanged:

> 3. No person who has been tried by another court for conduct also proscribed under article 6, 7, 8 or 8 *bis* shall be tried by the Court with respect to the same conduct unless the proceedings in the other court.

Annex II
Amendments to the Elements of Crimes

Article 8 *bis*

Crime of aggression

Introduction

1. It is understood that any of the acts referred to in article 8 *bis*, paragraph 2, qualify as an act of aggression.

2. There is no requirement to prove that the perpetrator has made a legal evaluation as to whether the use of armed force was inconsistent with the Charter of the United Nations.

3. The term manifest is an objective qualification.

4. There is no requirement to prove that the perpetrator has made a legal evaluation as to the manifest nature of the violation of the Charter of the United Nations.

Elements

1. The perpetrator planned, prepared, initiated or executed an act of aggression.

2. The perpetrator was a person 1 in a position effectively to exercise control over or to direct the political or military action of the State which committed the act of aggression.[2]

3. The act of aggression   the use of armed force by a State against the sovereignty, territorial integrity or political independence of another State, or in any other manner inconsistent with the Charter of the United Nations

---

[2] With respect to an act of aggression, more than one person may be in a position that meets these criteria.

was committed.

4. The perpetrator was aware of the factual circumstances that established that such a use of armed force was inconsistent with the Charter of the United Nations.

5. The act of aggression, by its character, gravity and scale, constituted a manifest violation of the Charter of the United Nations.

6. The perpetrator was aware of the factual circumstances that established such a manifest violation of the Charter of the United Nations.

Annex III
Understandings regarding the amendments to the Rome Statute of the International Criminal Court on the crime of aggression

Referrals by the Security Council

1. It is understood that the Court may exercise jurisdiction on the basis of a Security Council referral in accordance with article 13, paragraph (b), of the Statute only with respect to crimes of aggression committed after a decision in accordance with article 15 *ter*, paragraph 3, is taken, and one year after the ratification or acceptance of the amendments by thirty States Parties, whichever is later.

2. It is understood that the Court shall exercise jurisdiction over the crime of aggression on the basis of a Security Council referral in accordance with article 13, paragraph (b), of the Statute irrespective of whether the State concerned has accepted the Court's jurisdiction in this regard.

Jurisdiction *ratione temporis*

3. It is understood that in case of article 13, paragraph (a) or (c), the Court may exercise its jurisdiction only with respect to crimes of aggression committed after a decision in accordance with article 15 *bis*, paragraph 3, is taken, and one year after the ratification or acceptance of the amendments by thirty States Parties, whichever is later.

Domestic jurisdiction over the crime of aggression

4. It is understood that the amendments that address the definition of the act of aggression and the crime of aggression do so for the purpose of this Statute only. The amendments shall, in accordance with article 10 of the Rome Statute, not be interpreted as limiting or prejudicing in any way existing or developing rules of international law for purposes other than this Statute.

5. It is understood that the amendments shall not be interpreted as creating the right or obligation to exercise domestic jurisdiction with respect to an act of aggression committed by another State.

Other understandings

6. It is understood that aggression is the most serious and dangerous form of the illegal use of force; and that a determination whether an act of aggression has been committed requires consideration of all the circumstances of each particular case, including the gravity of the acts concerned and their consequences, in accordance with the Charter of the United Nations.

7. It is understood that in establishing whether an act of aggression constitutes

a manifest violation of the Charter of the United Nations, the three components of character, gravity and scale must be sufficient to justify a manifest determination. No one component can be significant enough to satisfy the manifest standard by itself.

2. 침략의 정의(UN GA Resolution 3314(XXIX) of 14 December 1974)

The General Assembly,

Having considered the report of the Special Committee on the Question of Defining Aggression, established pursuant to its resolution 2330(XXII) of 18 December 1967, covering the work of its seventh session held from 11 March to 12 April 1974, including the draft Definition of Aggression adopted by the Special Committee by consensus and recommended for adoption by the General Assembly,[3]

Deeply convinced that the adoption of the Definition of Aggression would contribute to the strengthening of international peace and security,

1. *Approves* the Definition of Aggression, the text of which is annexed to the present resolution;

2. *Expresses its appreciation* to the Special Committee on the Question of Defining Aggression for its work which resulted in the elaboration of the Definition of Aggression;

3. *Calls upon* all States to refrain from all acts of aggression and other uses of force contrary to the Charter of the United Nations and the Declaration on Principles of International Law concerning Friendly Relations and

---

[3] Official Records of the General Assembly, Twenty-ninth Session, Supplement No. 19 (A/9619 and Corr. 1).

Cooperation among States in accordance with the Charter of the United Nations;[4)]

4. *Calls the attention* of the Security Council to the Definition of Aggression, as set out below, and recommends that it should, as appropriate, take account of that Definition as guidance in determining, in accordance with the Charter, the existence of an act of aggression.

2319th plenary meeting
14 December 1974

Annex

Definition of Aggression

The General Assembly,

Basing itself on the fact that one of the fundamental purposes of the United Nations is to maintain international peace and security and to take effective collective measures for the prevention and removal of threats to the peace, and for the suppression of acts of aggression or other breaches of the peace,

Recalling that the Security Council, in accordance with Article 39 of the Charter of the United Nations, shall determine the existence of any threat to the peace, breach of the peace or act of aggression and shall make recommendations, or decide what measures shall be taken in accordance with Articles 41 and 42, to maintain or restore international peace and security,

Recalling also the duty of States under the Charter to settle their international disputes by peaceful means in order not to endanger international peace, security and justice,

---

4) Resolution 2625 (XXV), annex.

Bearing in mind that nothing in this Definition shall be interpreted as in any way affecting the scope of the provisions of the Charter with respect to the functions and powers of the organs of the United Nations,

Considering also that, since aggression is the most serious and dangerous form of the illegal use of force, being fraught, in the conditions created by the existence of all types of weapons of mass destruction, with the possible threat of a world conflict and all its catastrophic consequences, aggression should be defined at the present stage,

Reaffirming the duty of States not to use armed force to deprive peoples of their right to self-determination, freedom and independence, or to disrupt territorial Integrity,

Reaffirming also that the territory of a State shall not be violated by being the object, even temporarily, of military occupation or of other measures of force taken by another State in contravention of the Charter, and that it shall not be the object of acquisition by another State resulting from such measures or the threat thereof,

Reaffirming also the provisions of the Declaration on Principles of International Law concerning Friendly Relations and Cooperation among States in accordance with the Charter of the United Nations,

Convinced that the adoption of a definition of aggression ought to have the effect of deterring a potential aggressor, would simplify the determination of acts of aggression and the implementation of measures to suppress them and would also facilitate the protection of the rights and lawful interests of, and the rendering of assistance to, the victim,

Believing that, although the question whether an act of aggression has been committed must be considered in the light of all the circumstances of each particular case, it is nevertheless desirable to formulate basic principles as guidance for such determination,

Adopts the following Definition of Aggression:[5)]

Article 1

Aggression is the use of armed force by a State against the sovereignty, territorial integrity or political independence of another State, or in any other manner inconsistent with the Charter of the United Nations, as set out in this Definition.

Explanatory note: In this Definition the term State:

(a) Is used without prejudice to questions of recognition or to whether a State is a member of the United Nations;

(b) Includes the concept of a group of States where appropriate.

Article 2

The first use of armed force by a State in contravention of the Charter shall constitute prima facie evidence of an act of aggression although the Security Council may, in conformity with the Charter, conclude that a determination that an act of aggression has been committed would not be justified in the light of other relevant circumstances, including the fact that the acts concerned or their consequences are not of sufficient gravity.

---

5) Explanatory notes on articles 3 and 5 are to be found in paragraph 20 of the Report of the Special Committee on the Question of Defining Aggression (Official Records of the General Assembly, Twenty-ninth Session, Supplement No. 19 (A/9619 and Corr. 1). Statements on the Definition are contained in paragraphs 9 and 10 of the report of the Sixth Committee (A/9890).

Article 3

Any of the following acts, regardless of a declaration of war, shall, subject to and in accordance with the provisions of article 2, qualify as an act of aggression:

(a) The invasion or attack by the armed forces of a State of the territory of another

State, or any military occupation, however temporary, resulting from such invasion or attack, or any annexation by the use of force of the territory of another State or part thereof,

(b) Bombardment by the armed forces of a State against the territory of another

State or the use of any weapons by a State against the territory of another State;

(c) The blockade of the ports or coasts of a State by the armed forces of another

State;

(d) An attack by the armed forces of a State on the land, sea or air forces, or marine and air fleets of another State;

(e) The use of armed forces of one State which are within the territory of another

State with the agreement of the receiving State, in contravention of the conditions provided for in the agreement or any extension of their presence in such territory beyond the termination of the agreement;

(f) The action of a State in allowing its territory, which it has placed at the disposal of another State, to be used by that other State for perpetrating an act of aggression against a third State;

(g) The sending by or on behalf of a State of armed bands, groups, irregulars or mercenaries, which carry out acts of armed force against another State of such gravity as to amount to the acts listed above, or its substantial involvement therein.

Article 4

The acts enumerated above are not exhaustive and the Security Council may determine that other acts constitute aggression under the provisions of the Charter.

Article 5

1. No consideration of whatever nature, whether political, economic, military or otherwise, may serve as a justification for aggression.
2. A war of aggression is a crime against international peace. Aggression gives rise to international responsibility.
3. No territorial acquisition or special advantage resulting from aggression is or shall be recognized as lawful.

Article 6

Nothing in this Definition shall be construed as in any way enlarging or diminishing the scope of the Charter, including its provisions concerning cases in which the use of force is lawful.

Article 7

Nothing in this Definition, and in particular article 3, could in any way prejudice the right to self-determination, freedom and independence, as derived from the Charter, of peoples forcibly deprived of that right and referred to in the Declaration on Principles of International

Law concerning Friendly Relations and Cooperation among States in accordance with the Charter of the United Nations, particularly peoples under colonial and racist regimes or other forms of alien domination: nor the right of these peoples to struggle to that end and to seek and receive support, in accordance with the principles of the Charter and in conformity with the above-mentioned Declaration.

Article 8

In their interpretation and application the above provisions are interrelated and each provision should be construed in the context of the other provisions.

3. 전쟁범죄 개정 조항

RC/Res.5[6)]

Amendments to article 8 of the Rome Statute

The Review Conference,

Noting article 123, paragraph 1, of the Rome Statute of the International

---

6) See Depositary Notification C.N.651.2010 Treaties-6, dated 29 November 2010, available at http://treaties.un.org.

Criminal Court which requests the Secretary-General of the United Nations to convene a Review Conference to consider any amendments to the Statute seven years after its entry into force,

Noting article 121, paragraph 5, of the Statute which states that any amendment to articles

5, 6, 7 and 8 of the Statute shall enter into force for those States Parties which have accepted the amendment one year after the deposit of their instruments of ratification or acceptance and that in respect of a State Party which has not accepted the amendment, the Court shall not exercise its jurisdiction regarding the crime covered by the amendment when committed by that State Party's nationals or on its territory, and confirming its understanding that in respect to this amendment the same principle that applies in respect of a State Party which has not accepted the amendment applies also in respect of States that are not parties to the Statute,

Confirming that, in light of the provision of article 40, paragraph 5, of the Vienna Convention on the Law of Treaties, States that subsequently become States Parties to the Statute will be allowed to decide whether to accept the amendment contained in this resolution at the time of ratification, acceptance or approval of, or accession to the Statute,

Noting article 9 of the Statute on the Elements of Crimes which states that such Elements shall assist the Court in the interpretation and application of the provisions of the crimes within its jurisdiction,

Taking due account of the fact that the crimes of employing poison or poisoned weapons; of employing asphyxiating, poisonous or other gases, and all analogous liquids, materials or devices; and of employing bullets which expand or flatten easily in the human body, such as bullets with a hard envelope which does not entirely cover the core or is pierced with incisions, already fall within the jurisdiction of the Court under article 8, paragraph 2

(b), as serious violations of the laws and customs applicable in international armed conflict,

Noting the relevant elements of the crimes within the Elements of Crimes already adopted by the Assembly of States Parties on 9 September 2000,

Considering that the abovementioned relevant elements of the crimes can also help in their interpretation and application in armed conflict not of an international character, in that inter alia they specify that the conduct took place in the context of and was associated with an armed conflict, which consequently confirm the exclusion from the Court's jurisdiction of law enforcement situations,

Considering that the crimes referred to in article 8, paragraph 2 (e) (xiii) (employing poison or poisoned weapons) and in article 8, paragraph 2 (e) (xiv) (asphyxiating, poisonous or other gases, and all analogous liquids, materials and devices) are serious violations of the laws and customs applicable in armed conflict not of an international character, as reflected in customary international law,

Considering that the crime referred to in article 8, paragraph 2 (e) (xv) (employing bullets which expand or flatten easily in the human body), is also a serious violation of the laws and customs applicable in armed conflict not of an international character, and understanding that the crime is committed only if the perpetrator employs the bullets to uselessly aggravate suffering or the wounding effect upon the target of such bullets, as reflected in customary international law,

1. *Decides* to adopt the amendment to article 8, paragraph 2 (e), of the Rome Statute of the International Criminal Court contained in annex I to the

present resolution, which is subject to ratification or acceptance and shall enter into force in accordance with article 121, paragraph 5, of the Statute;

2. *Decides* to adopt the relevant elements to be added to the Elements of Crimes, as contained in annex II to the present resolution.

Annex I
Amendment to article 8

Add to article 8, paragraph 2 (e), the following:

(xiii) Employing poison or poisoned weapons;

(xiv) Employing asphyxiating, poisonous or other gases, and all analogous liquids, materials or devices;

(xv) Employing bullets which expand or flatten easily in the human body, such as bullets with a hard envelope which does not entirely cover the core or is pierced with incisions.

Annex II
Elements of Crimes

Add the following elements to the Elements of Crimes:

Article 8 (2)(e)(xiii)

War crime of employing poison or poisoned weapons

Elements

1. The perpetrator employed a substance or a weapon that releases a substance as a result of its employment.

2. The substance was such that it causes death or serious damage to health in the ordinary course of events, through its toxic properties.

3. The conduct took place in the context of and was associated with an armed conflict not of an international character.

4. The perpetrator was aware of factual circumstances that established the existence of an armed conflict.

Article 8 (2)(e)(xiv)

War crime of employing prohibited gases, liquids, materials or devices

Elements

1. The perpetrator employed a gas or other analogous substance or device.

2. The gas, substance or device was such that it causes death or serious damage to health in the ordinary course of events, through its asphyxiating or toxic properties.7)

---

7) Nothing in this element shall be interpreted as limiting or prejudicing in any way existing or developing rules of international law with respect to the development, production, stockpiling and use

3. The conduct took place in the context of and was associated with an armed conflict not of an international character.

4. The perpetrator was aware of factual circumstances that established the existence of an armed conflict.

Article 8 (2)(e)(xv)

War crime of employing prohibited bullets

Elements

1. The perpetrator employed certain bullets.

2. The bullets were such that their use violates the international law of armed conflict because they expand or flatten easily in the human body.

3. The perpetrator was aware that the nature of the bullets was such that their employment would uselessly aggravate suffering or the wounding effect.

4. The conduct took place in the context of and was associated with an armed conflict not of an international character.

5. The perpetrator was aware of factual circumstances that established the existence of an armed conflict.

---

of chemical weapons.

부 록(Annex) 4

국제형사재판소 관할 범죄의 처벌 등에 관한 법률

[시행 2011.4.12] [법률 제10577호, 2011.4.12, 일부개정]

제 1 장 총   칙

제1조(목적) 이 법은 인간의 존엄과 가치를 존중하고 국제사회의 정의를 실현하기 위하여 「국제형사재판소에 관한 로마규정」에 따른 국제형사재판소의 관할 범죄를 처벌하고 대한민국과 국제형사재판소 간의 협력에 관한 절차를 정함을 목적으로 한다.

제2조(정의) 이 법에서 사용하는 용어의 뜻은 다음과 같다.

1. "집단살해죄등"이란 제8조부터 제14조까지의 죄를 말한다.

2. "국제형사재판소"란 1998년 7월 17일 이탈리아 로마에서 개최된 국제연합 전권외교회의에서 채택되어 2002년 7월 1일 발효된 「국제형사재판소에 관한 로마규정」(이하 "국제형사재판소규정"이라 한다)에 따라 설립된 재판소를 말한다.

3. "제네바협약"이란 「육전에 있어서의 군대의 부상자 및 병자의 상태 개선에 관한 1949년 8월 12일자 제네바협약」(제1협약), 「해상에 있어서의 군대의 부상자, 병자 및 조난자의 상태 개선에 관한 1949년 8월 12일자 제네바협약」(제2협약), 「포로의 대우에 관한 1949년 8월 12일자 제네바협약」(제3협약) 및 「전시에 있어서의 민간인의 보호에 관한 1949년 8월 12일자 제네바협약」(제4협약)을 말한다.

4. "외국인"이란 대한민국의 국적을 가지지 아니한 사람을 말한다.

5. "노예화"란 사람에 대한 소유권에 부속되는 모든 권한의 행사를 말하

며, 사람 특히 여성과 아동을 거래하는 과정에서 그러한 권한을 행사
하는 것을 포함한다.

6. "강제임신"이란 주민의 민족적 구성에 영향을 미치거나 다른 중대한
국제법 위반을 실행할 의도로 강제로 임신시키거나 강제로 임신하게
된 여성을 정당한 사유 없이 불법적으로 감금하여 그 임신 상태를 유
지하도록 하는 것을 말한다.

7. "인도(人道)에 관한 국제법규에 따라 보호되는 사람"이란 다음 각 목
의 어느 하나에 해당하는 사람을 말한다.

　　가. 국제적 무력충돌의 경우에 제네바협약 및 「1949년 8월 12일자 제
　　　네바협약에 대한 추가 및 국제적 무력충돌의 희생자 보호에 관한
　　　의정서」(제1의정서)에 따라 보호되는 부상자, 병자, 조난자, 포로
　　　또는 민간인

　　나. 비국제적 무력충돌의 경우에 부상자, 병자, 조난자 또는 적대행위
　　　에 직접 참여하지 아니한 사람으로서 무력충돌 당사자의 지배하에
　　　있는 사람

　　다. 국제적 무력충돌 또는 비국제적 무력충돌의 경우에 항복하거나 전
　　　투 능력을 잃은 적대 당사자 군대의 구성원이나 전투원

[전문개정 2011.4.12]

제3조(적용범위) ① 이 법은 대한민국 영역 안에서 이 법으로 정한 죄를
범한 내국인과 외국인에게 적용한다.

② 이 법은 대한민국 영역 밖에서 이 법으로 정한 죄를 범한 내국인에게
적용한다.

③ 이 법은 대한민국 영역 밖에 있는 대한민국의 선박 또는 항공기 안에
서 이 법으로 정한 죄를 범한 외국인에게 적용한다.

④ 이 법은 대한민국 영역 밖에서 대한민국 또는 대한민국 국민에 대하
여 이 법으로 정한 죄를 범한 외국인에게 적용한다.

⑤ 이 법은 대한민국 영역 밖에서 집단살해죄등을 범하고 대한민국영역
안에 있는 외국인에게 적용한다.

제4조(상급자의 명령에 따른 행위) ① 정부 또는 상급자의 명령에 복종할 법적 의무가 있는 사람이 그 명령에 따른 자기의 행위가 불법임을 알지 못하고 집단살해죄등을 범한 경우에는 명령이 명백한 불법이 아니고 그 오인(誤認)에 정당한 이유가 있을 때에만 처벌하지 아니한다.

② 제1항의 경우에 제8조 또는 제9조의 죄를 범하도록 하는 명령은 명백히 불법인 것으로 본다.

[전문개정 2011.4.12]

제5조(지휘관과 그 밖의 상급자의 책임) 군대의 지휘관(지휘관의 권한을 사실상 행사하는 사람을 포함한다. 이하 같다) 또는 단체·기관의 상급자(상급자의 권한을 사실상 행사하는 사람을 포함한다. 이하 같다)가 실효적인 지휘와 통제하에 있는 부하 또는 하급자가 집단살해죄등을 범하고 있거나 범하려는 것을 알고도 이를 방지하기 위하여 필요한 상당한 조치를 하지 아니하였을 때에는 그 집단살해죄등을 범한 사람을 처벌하는 외에 그 지휘관 또는 상급자도 각 해당 조문에서 정한 형으로 처벌한다.

[전문개정 2011.4.12]

제6조(시효의 적용 배제) 집단살해죄등에 대하여는 「형사소송법」 제249조부터 제253조까지 및 「군사법원법」 제291조부터 제295조까지의 규정에 따른 공소시효와 「형법」 제77조부터 제80조까지의 규정에 따른 형의 시효에 관한 규정을 적용하지 아니한다.

[전문개정 2011.4.12]

제7조(면소의 판결) 집단살해죄등의 피고사건에 관하여 이미 국제형사재판소에서 유죄 또는 무죄의 확정판결이 있은 경우에는 판결로써 면소(免訴)를 선고하여야 한다.

[전문개정 2011.4.12]

제 2 장 국제형사재판소 관할 범죄의 처벌

제8조(집단살해죄) ① 국민적·인종적·민족적 또는 종교적 집단 자체를

전부 또는 일부 파괴할 목적으로 그 집단의 구성원을 살해한 사람은 사형, 무기 또는 7년 이상의 징역에 처한다.

② 제1항과 같은 목적으로 다음 각 호의 어느 하나에 해당하는 행위를 한 사람은 무기 또는 5년 이상의 징역에 처한다.

1. 제1항의 집단의 구성원에 대하여 중대한 신체적 또는 정신적 위해(危害)를 끼치는 행위

2. 신체의 파괴를 불러일으키기 위하여 계획된 생활조건을 제1항의 집단에 고의적으로 부과하는 행위

3. 제1항의 집단 내 출생을 방지하기 위한 조치를 부과하는 행위

4. 제1항의 집단의 아동을 강제로 다른 집단으로 이주하도록 하는 행위

③ 제2항 각 호의 어느 하나에 해당하는 행위를 하여 사람을 사망에 이르게 한 사람은 제1항에서 정한 형에 처한다.

④ 제1항 또는 제2항의 죄를 선동한 사람은 5년 이상의 유기징역에 처한다.

⑤ 제1항 또는 제2항에 규정된 죄의 미수범은 처벌한다.

[전문개정 2011.4.12]

제9조(인도에 반한 죄) ① 민간인 주민을 공격하려는 국가 또는 단체·기관의 정책과 관련하여 민간인 주민에 대한 광범위하거나 체계적인 공격으로 사람을 살해한 사람은 사형, 무기 또는 7년 이상의 징역에 처한다.

② 민간인 주민을 공격하려는 국가 또는 단체·기관의 정책과 관련하여 민간인 주민에 대한 광범위하거나 체계적인 공격으로 다음 각 호의 어느 하나에 해당하는 행위를 한 사람은 무기 또는 5년 이상의 징역에 처한다.

1. 식량과 의약품에 대한 주민의 접근을 박탈하는 등 일부 주민의 말살을 불러올 생활조건을 고의적으로 부과하는 행위

2. 사람을 노예화하는 행위

3. 국제법규를 위반하여 강제로 주민을 그 적법한 주거지에서 추방하거나 이주하도록 하는 행위

4. 국제법규를 위반하여 사람을 감금하거나 그 밖의 방법으로 신체적 자

유를 박탈하는 행위

5. 자기의 구금 또는 통제하에 있는 사람에게 정당한 이유 없이 중대한 신체적 또는 정신적 고통을 주어 고문하는 행위

6. 강간, 성적 노예화, 강제매춘, 강제임신, 강제불임 또는 이와 유사한 중대한 성적 폭력 행위

7. 정치적·인종적·국민적·민족적·문화적·종교적 사유, 성별 또는 그 밖의 국제법규에 따라 인정되지 아니하는 사유로 집단 또는 집합체 구성원의 기본적 인권을 박탈하거나 제한하는 행위

8. 사람을 장기간 법의 보호로부터 배제시킬 목적으로 국가 또는 정치단체의 허가·지원 또는 묵인하에 이루어지는 다음 각 목의 어느 하나에 해당하는 행위

　가. 사람을 체포·감금·약취 또는 유인(이하 "체포등"이라 한다)한 후 그 사람에 대한 체포등의 사실, 인적 사항, 생존 여부 및 소재지 등에 대한 정보 제공을 거부하거나 거짓 정보를 제공하는 행위

　나. 가목에 규정된 정보를 제공할 의무가 있는 사람이 정보 제공을 거부하거나 거짓 정보를 제공하는 행위

9. 제1호부터 제8호까지의 행위 외의 방법으로 사람의 신체와 정신에 중대한 고통이나 손상을 주는 행위

③ 인종집단의 구성원으로서 다른 인종집단을 조직적으로 억압하고 지배하는 체제를 유지할 목적으로 제1항 또는 제2항에 따른 행위를 한 사람은 각 항에서 정한 형으로 처벌한다.

④ 제2항 각 호의 어느 하나에 해당하는 행위 또는 제3항의 행위(제2항 각 호의 어느 하나에 해당하는 행위로 한정한다)를 하여 사람을 사망에 이르게 한 사람은 제1항에서 정한 형에 처한다.

⑤ 제1항부터 제3항까지에 규정된 죄의 미수범은 처벌한다.

[전문개정 2011.4.12]

제10조(사람에 대한 전쟁범죄)　① 국제적 무력충돌 또는 비국제적 무력충돌(폭동이나 국지적이고 산발적인 폭력행위와 같은 국내적 소요나 긴장

상태는 제외한다. 이하 같다)과 관련하여 인도에 관한 국제법규에 따라 보호되는 사람을 살해한 사람은 사형, 무기 또는 7년 이상의 징역에 처한다.

② 국제적 무력충돌 또는 비국제적 무력충돌과 관련하여 다음 각 호의 어느 하나에 해당하는 행위를 한 사람은 무기 또는 5년 이상의 징역에 처한다.

1. 인도에 관한 국제법규에 따라 보호되는 사람을 인질로 잡는 행위
2. 인도에 관한 국제법규에 따라 보호되는 사람에게 고문이나 신체의 절단 등으로 신체 또는 건강에 중대한 고통이나 손상을 주는 행위
3. 인도에 관한 국제법규에 따라 보호되는 사람을 강간, 강제매춘, 성적 노예화, 강제임신 또는 강제불임의 대상으로 삼는 행위

③ 국제적 무력충돌 또는 비국제적 무력충돌과 관련하여 다음 각 호의 어느 하나에 해당하는 행위를 한 사람은 3년 이상의 유기징역에 처한다.

1. 인도에 관한 국제법규에 따라 보호되는 사람을 국제법규를 위반하여 주거지로부터 추방하거나 이송하는 행위
2. 공정한 정식재판에 의하지 아니하고 인도에 관한 국제법규에 따라 보호되는 사람에게 형을 부과하거나 집행하는 행위
3. 치료의 목적 등 정당한 사유 없이 인도에 관한 국제법규에 따라 보호되는 사람을 그의 자발적이고 명시적인 사전 동의 없이 생명·신체에 중대한 위해를 끼칠 수 있는 의학적·과학적 실험의 대상으로 삼는 행위
4. 조건 없이 항복하거나 전투능력을 잃은 군대의 구성원이나 전투원에게 상해(傷害)를 입히는 행위
5. 15세 미만인 사람을 군대 또는 무장집단에 징집 또는 모병의 방법으로 참여하도록 하거나 적대행위에 참여하도록 하는 행위

④ 국제적 무력충돌 또는 비국제적 무력충돌과 관련하여 인도에 관한 국제법규에 따라 보호되는 사람을 중대하게 모욕하거나 품위를 떨어뜨리는 처우를 한 사람은 1년 이상의 유기징역에 처한다.

⑤ 국제적 무력충돌과 관련하여 다음 각 호의 어느 하나에 해당하는 행위를 한 사람은 3년 이상의 유기징역에 처한다.

1. 정당한 사유 없이 인도에 관한 국제법규에 따라 보호되는 사람을 감금하는 행위

2. 자국의 주민 일부를 점령지역으로 이주시키는 행위

3. 인도에 관한 국제법규에 따라 보호되는 사람으로 하여금 강제로 적국의 군대에 복무하도록 하는 행위

4. 적국의 국민을 강제로 자신의 국가에 대한 전쟁 수행에 참여하도록 하는 행위

⑥ 제2항·제3항 또는 제5항의 죄를 범하여 사람을 사망에 이르게 한 사람은 사형, 무기 또는 7년 이상의 징역에 처한다.

⑦ 제1항부터 제5항까지에 규정된 죄의 미수범은 처벌한다.

[전문개정 2011.4.12]

제11조(재산 및 권리에 대한 전쟁범죄) ① 국제적 무력충돌 또는 비국제적 무력충돌과 관련하여 적국 또는 적대 당사자의 재산을 약탈하거나 무력충돌의 필요상 불가피하지 아니한데도 적국 또는 적대 당사자의 재산을 국제법규를 위반하여 광범위하게 파괴·징발하거나 압수한 사람은 무기 또는 3년 이상의 징역에 처한다.

② 국제적 무력충돌과 관련하여 국제법규를 위반하여 적국의 국민 전부 또는 다수의 권리나 소송행위가 법정에서 폐지·정지되거나 허용되지 아니한다고 선언한 사람은 3년 이상의 유기징역에 처한다.

③ 제1항 또는 제2항에 규정된 죄의 미수범은 처벌한다.

[전문개정 2011.4.12]

제12조(인도적 활동이나 식별표장 등에 관한 전쟁범죄) ① 국제적 무력충돌 또는 비국제적 무력충돌과 관련하여 다음 각 호의 어느 하나에 해당하는 행위를 한 사람은 3년 이상의 유기징역에 처한다.

1. 국제연합헌장에 따른 인도적 원조나 평화유지임무와 관련된 요원·시설·자재·부대 또는 차량이 무력충돌에 관한 국제법에 따라 민간인 또

4. 국제형사재판소 관할 범죄의 처벌 등에 관한 법률 509

는 민간 대상물에 부여되는 보호를 받을 자격이 있는데도 그들을 고의적으로 공격하는 행위

2. 제네바협약에 규정된 식별표장(識別表裝)을 정당하게 사용하는 건물, 장비, 의무부대, 의무부대의 수송수단 또는 요원을 공격하는 행위

② 국제적 무력충돌 또는 비국제적 무력충돌과 관련하여 제네바협약에 규정된 식별표장·휴전기(休戰旗), 적이나 국제연합의 깃발·군사표지 또는 제복을 부정한 방법으로 사용하여 사람을 사망에 이르게 하거나 사람의 신체에 중대한 손상을 입힌 사람은 다음의 구분에 따라 처벌한다.

1. 사람을 사망에 이르게 한 사람은 사형, 무기 또는 7년 이상의 징역에 처한다.

2. 사람의 신체에 중대한 손상을 입힌 사람은 무기 또는 5년 이상의 징역에 처한다.

③ 제1항 또는 제2항에 규정된 죄의 미수범은 처벌한다.

[전문개정 2011.4.12]

제13조(금지된 방법에 의한 전쟁범죄) ① 국제적 무력충돌 또는 비국제적 무력충돌과 관련하여 다음 각 호의 어느 하나에 해당하는 행위를 한 사람은 무기 또는 3년 이상의 징역에 처한다.

1. 민간인 주민을 공격의 대상으로 삼거나 적대행위에 직접 참여하지 아니한 민간인 주민을 공격의 대상으로 삼는 행위

2. 군사목표물이 아닌 민간 대상물로서 종교·교육·예술·과학 또는 자선 목적의 건물, 역사적 기념물, 병원, 병자 및 부상자를 수용하는 장소, 무방비 상태의 마을·거주지·건물 또는 위험한 물리력을 포함하고 있는 댐 등 시설물을 공격하는 행위

3. 군사작전상 필요에 비하여 지나치게 민간인의 신체·생명 또는 민간 대상물에 중대한 위해를 끼치는 것이 명백한 공격 행위

4. 특정한 대상에 대한 군사작전을 막을 목적으로 인도에 관한 국제법규에 따라 보호되는 사람을 방어수단으로 이용하는 행위

5. 인도에 관한 국제법규를 위반하여 민간인들의 생존에 필수적인 물품

을 박탈하거나 그 물품의 공급을 방해함으로써 기아(飢餓)를 전투수단
으로 사용하는 행위

6. 군대의 지휘관으로서 예외 없이 적군을 살해할 것을 협박하거나 지시
하는 행위

7. 국제법상 금지되는 배신행위로 적군 또는 상대방 전투원을 살해하거
나 상해를 입히는 행위

② 제1항제1호부터 제6호까지의 죄를 범하여 인도에 관한 국제법규에 따
라 보호되는 사람을 사망 또는 상해에 이르게 한 사람은 다음의 구분에
따라 처벌한다.

1. 사망에 이르게 한 사람은 사형, 무기 또는 7년 이상의 징역에 처한다.

2. 중대한 상해에 이르게 한 사람은 무기 또는 5년 이상의 징역에 처한다.

③ 국제적 무력충돌 또는 비국제적 무력충돌과 관련하여 자연환경에 군
사작전상 필요한 것보다 지나치게 광범위하고 장기간의 중대한 훼손을 가
하는 것이 명백한 공격 행위를 한 사람은 3년 이상의 유기징역에 처한다.

④ 제1항 또는 제3항에 규정된 죄의 미수범은 처벌한다.

[전문개정 2011.4.12]

제14조(금지된 무기를 사용한 전쟁범죄) ① 국제적 무력충돌 또는 비국제
적 무력충돌과 관련하여 다음 각 호의 어느 하나에 해당하는 무기를 사
용한 사람은 무기 또는 5년 이상의 징역에 처한다.

1. 독물(毒物) 또는 유독무기(有毒武器)

2. 생물무기 또는 화학무기

3. 인체 내에서 쉽게 팽창하거나 펼쳐지는 총탄

② 제1항의 죄를 범하여 사람의 생명·신체 또는 재산을 침해한 사람은
사형, 무기 또는 7년 이상의 징역에 처한다.

③ 제1항에 규정된 죄의 미수범은 처벌한다.

[전문개정 2011.4.12]

제15조(지휘관 등의 직무태만죄) ① 군대의 지휘관 또는 단체·기관의 상
급자로서 직무를 게을리하거나 유기(遺棄)하여 실효적인 지휘와 통제하

에 있는 부하가 집단살해죄등을 범하는 것을 방지하거나 제지하지 못한 사람은 7년 이하의 징역에 처한다.

② 과실로 제1항의 행위에 이른 사람은 5년 이하의 징역에 처한다.

③ 군대의 지휘관 또는 단체·기관의 상급자로서 집단살해죄등을 범한 실효적인 지휘와 통제하에 있는 부하 또는 하급자를 수사기관에 알리지 아니한 사람은 5년 이하의 징역에 처한다.

[전문개정 2011.4.12]

제16조(사법방해죄) ① 국제형사재판소에서 수사 또는 재판 중인 사건과 관련하여 다음 각 호의 어느 하나에 해당하는 사람은 5년 이하의 징역 또는 1천500만원 이하의 벌금에 처하거나 이를 병과(倂科)할 수 있다.

1. 거짓 증거를 제출한 사람

2. 폭행 또는 협박으로 참고인 또는 증인의 출석·진술 또는 증거의 수집·제출을 방해한 사람

3. 참고인 또는 증인의 출석·진술 또는 증거의 수집·제출을 방해하기 위하여 그에게 금품이나 그 밖의 재산상 이익을 약속·제공하거나 제공의 의사를 표시한 사람

4. 제3호의 금품이나 그 밖의 재산상 이익을 수수(收受)·요구하거나 약속한 참고인 또는 증인

② 제1항은 국제형사재판소의 청구 또는 요청에 의하여 대한민국 내에서 진행되는 절차에 대하여도 적용된다.

③ 제1항의 사건과 관련하여 「형법」 제152조, 제154조 또는 제155조제1항부터 제3항까지의 규정이나 「특정범죄 가중처벌 등에 관한 법률」 제5조의9에 따른 행위를 한 사람은 각 해당 규정에서 정한 형으로 처벌한다. 이 경우 「형법」 제155조제4항은 적용하지 아니한다.

④ 제1항의 사건과 관련하여 국제형사재판소 직원에게 「형법」 제136조, 제137조 또는 제144조에 따른 행위를 한 사람은 각 해당 규정에서 정한 형으로 처벌한다. 이 경우 국제형사재판소 직원은 각 해당 규정에 따른 공무원으로 본다.

⑤ 제1항의 사건과 관련하여 국제형사재판소 직원에게 「형법」 제133조의 행위를 한 사람은 같은 조에서 정한 형으로 처벌한다. 이 경우 국제형사재판소 직원은 해당 조문에 따른 공무원으로 본다.

⑥ 이 조에서 "국제형사재판소 직원"이란 재판관, 소추관, 부소추관, 사무국장 및 사무차장을 포함하여 국제형사재판소규정에 따라 국제형사재판소의 사무를 담당하는 사람을 말한다.

[전문개정 2011.4.12]

제17조(친고죄·반의사불벌죄의 배제) 집단살해죄등은 고소가 없거나 피해자의 명시적 의사에 반하여도 공소를 제기할 수 있다.

[전문개정 2011.4.12]

제18조(국제형사재판소규정 범죄구성요건의 고려) 제8조부터 제14조까지의 적용과 관련하여 필요할 때에는 국제형사재판소규정 제9조에 따라 2002년 9월 9일 국제형사재판소규정 당사국총회에서 채택된 범죄구성요건을 고려할 수 있다.

[전문개정 2011.4.12]

제 3 장   국제형사재판소와의 협력

제19조(「범죄인 인도법」의 준용) ① 대한민국과 국제형사재판소 간의 범죄인 인도에 관하여는 「범죄인 인도법」을 준용한다. 다만, 국제형사재판소규정에 「범죄인 인도법」과 다른 규정이 있는 경우에는 그 규정에 따른다.

② 제1항의 경우 「범죄인 인도법」 중 "청구국"은 "국제형사재판소"로, "인도조약"은 "국제형사재판소규정"으로 본다.

[전문개정 2011.4.12]

제20조(「국제형사사법 공조법」의 준용) ① 국제형사재판소의 형사사건 수사 또는 재판과 관련하여 국제형사재판소의 요청에 따라 실시하는 공조 및 국제형사재판소에 대하여 요청하는 공조에 관하여는 「국제형사사법 공조법」을 준용한다. 다만, 국제형사재판소규정에 「국제형사사법 공조법」

과 다른 규정이 있는 경우에는 그 규정에 따른다.

② 제1항의 경우 「국제형사사법 공조법」 중 "외국"은 "국제형사재판소"
로, "공조조약"은 "국제형사재판소규정"으로 본다.

[전문개정 2011.4.12]

부칙 〈제10577호, 2011.4.12〉

이 법은 공포한 날부터 시행한다.

부 록(Annex) 5

국제형사재판소에 계류 중인 사태 및 사건

I. 예비조사(Preliminary Examination) 단계[1]

2013년 연말을 기준으로 ICC 소추부는 총 10,470건의 통보(communication)를 받았다. 지금까지 공개적으로 진행된 예비조사는 총 19건이며, 이중에서 수사로 진행하지 않은 사태는 3건 — 이라크, 팔레스타인, 베네수엘라 — 이 있다. 현재 우리나라의 천안함·연평도 사건을 포함한 총 8건의 사태에 대한 예비조사를 진행 중이다. 2014년 2월 7일, 파토우 벤수다(Fatou Bensouda) 소추관은 2012년 9월 이후 발생한 중앙아프리카공화국 사태에 대하여 새로운 예비조사에 착수했음을 밝혔다.[2]

현재 소추부는 아프가니스탄, 온두라스, 대한민국, 코모로, 중앙아프리카공화국의 경우에는 관할권(subject-matter jurisdiction) 문제를, 그리고 콜롬비아, 조지아(그루지아), 기니, 나이지리아의 경우에는 재판적격성(admissibility)을 검토 중에 있다.

한 가지 특이한 점으로는 가자지구로 구호물품을 싣고 가던 선박에 대한 이스라엘군의 공격에 대한 코모로(the Union of Comoros)의 사태 회부를 들 수 있다. 코모로 정부는 문제의 공격을 받은 선박 중 한 척이 자국에 등록되어 있으므로 로마규정 제12조(2)(a)항에 따라 당사국에 등록된 선박에서 발생한 범죄에 대해 ICC가 관할권을 가짐을 근거로 2013년 5월 15일 소추부에 수사 개시를 요청하였다. 곧 이어 소장단은 7월 5일 제1 전심재판

---

1) 자세한 내용은 아래 사이트 참조: http://icc-cpi.int/en_menus/icc/structure%20of%20the%20court/
office%20of%20the%20prosecutor/comm%20and%20ref/Pages/communications%20and%20referrals.aspx
2) ICC Weekly Update #199, ICC-PIDS-WU-199/14, p. 5-6.

부에 해당 사태를 배당했다.3) 비록 소장단은 결정문에서 이에 대한 정식 수사 개시 여부는 소추부의 판단에 달려있다고 밝혔지만, 정식 수사 개시 즈음에 전담 재판부가 지정되었던 기존 재판소 관행에 비추어 볼 때 상당히 예외적인 경우라 할 수 있다.

Ⅱ. 수사(Investigation) 단계4)

현재 예비조사를 마친 후, 수사 단계에 있는 건으로는 말리 사태(Situation in Mali)가 유일하다.5) 2012년 7월 13일, 말리 정부는 2012년 1월 이후 자국 영토 내에서 발생한 정부군과 반군 간의 무력충돌 사태를 ICC에 회부하였다. 이에 소추부는 예비조사를 진행한 후, 2013년 1월 16일에 말리 사태에 대하여 정식으로 수사를 개시하였다.

소추관은 말리 사태가 살인, 신체절단, 고문, 보호대상에 대한 고의적 공격, 즉결처형, 약탈, 강간 등 재판소 관할범죄인 전쟁범죄가 범하여졌다고 믿을 만한 합리적인 근거가 있다고 판단하였고,6) 재판적격성에 있어서도 현재 말리 국내외에서 해당 사태에 대해 책임을 져야할 사람들에 대한 수사나 재판이 진행 중이지 않으므로 보충성 요건을 충족하고, 본 사태의 규모(scale), 성질(nature), 범행 방식(manner of commission) 그리고 영향(impact)을 고려할 때 중대성 요건 역시 충족한다고 보았다.7)

말리 사태가 수사로 전환됨에 따라 소장단은 본 사태를 제2 전심재판부에 배당하였다.8)

---

3) ICC, Presidency, Decision Assigning the Situation on Registered Vessels of the Union of the Comoros, the Hellenic Republic and the Kingdom of Cambodia to Pre-Trial Chamber I, 5 July 2013, ICC-01/13-1.

4) 보다 자세한 내용은 아래 사이트 참조: http://icc-cpi.int/en_menus/icc/structure%20of%20the%20court/office%20of%20the%20prosecutor/investigations/Pages/investigationsnew.aspx.

5) 소추부에서 발표한 "Article 53(1) Report on the Situation in Mali" 참조. 해당 보고서는 아래 사이트에서 다운로드 가능: http://icc-cpi.int/en_menus/icc/situations%20and%20cases/situations/icc0112/Documents/SASMaliArticle53_1PublicReportENG16Jan2013.pdf (최종확인: 2014. 2. 13)

6) ICC, The Office of the Prosecutor, Article 53(1) Report on the Situation in Mali, 16 January 2013. para. 7.

7) Id., paras 136-170.

8) ICC, Presidency, Decision Assigning the Situation on the Republic of Mali to the Pre-Trial Chamber

Ⅲ. 재판 단계[9]

1. 콩고(Situation in the Democratic Republic of the Congo)

콩고에서는 1990년대부터 현재에 이르기까지 내전으로 인해 수백만 명의 민간인 사상자가 발생하였다. 이에 콩고 정부는 2004년 4월 19일 국제형사재판소에 자국의 사태를 회부하였고, 2004년 6월 23일 재판소 설립 이래 최초의 수사가 개시되었다. 현재 총 5개 사건이 계류 중인 콩고 사태는 체포영장이 발부된 5명 중 루방가(Lubanga), 엔타간다(Ntaganda), 카탕가(Ktanga)는 재판소가 신병을 확보하여 구속 수감 중이고, 엠바루시마나(Mbarushimana)는 공소사실 확인 청구가 기각되어 석방되었으며, 무다쿠무라(Mudacumura)는 여전히 수배 중이다.

The Prosecutor v. Thomas Lubanga Dyilo(ICC-01/04-01/06)

2006년 2월 10일 제1전심재판부는 반군단체 콩고애국전선(Force patriotique pour la libération du Congo, FPCL)의 지도자인 루방가(Lubanga)에 대한 체포영장을 발부하였다. 2006년 3월 16일 재판소로 이송된 그에 대한 공소사실확인 심리가 같은 해 11월 진행되었으며, 2007년 1월 29일 동 재판부는 기소사항 확인 결정을 내렸다.[10]

루방가 사건은 국제형사재판소 설립 이래 최초의 재판이라는 점에서 세간의 주목을 받으며 2009년 1월 26일 심리가 시작되었다. 2012년 3월 14일 제1 1심재판부(The first trial chamber)는 피고인의 로마규정 제8조(2)(e)(vii) 하의 15세 미만의 아동을 징집·모병하여 이들을 적대행위에 적극 참여하도록 이용한 혐의에 대해 유죄 판결을 내렸으며,[11] 같은 해 7월 10일 피고

II, ICC-01/12-1, 19 July 2012.

9) 보다 자세한 내용은 아래 사이트 참조: http://icc-cpi.int/en_menus/icc/situations%20and%20cases/cases/Pages/cases%20index.aspx.

10) ICC, Pre-Trial Chamber I, Decision on the confirmation of charges, 29 January 2007, ICC-01/04-01/06-803-tEN.

11) ICC, Trial Chamber I, Judgment pursuant to Article 74 of the Statute, 14 March 2012,

인에게 징역 14년 형을 선고하였다.[12] 또한, 피고인이 유죄로 판명됨에 따라 동 재판부는 2012년 8월에는 피해자 배상에 대한 원칙 및 그 절차에 대한 결정을 선고했다. 현재 본안, 형량, 피해자 배상 등의 판결 및 결정에 대한 항소심이 진행 중이다.

The Prosecutor v. Germain Katanga and Mathieu Ngudjolo Chui(ICC-01/04-01/07)

2007년 7월 2일 제1전심재판부는 반군지도자인 카탕가(Katanga)와 엔구졸로(Ngudjolo) 두 사람에 대한 체포영장 발부했으며, 이들은 같은 해 10월 17일 재판소로 이송되었다. 이듬해 6월 27일부터 7월 18일까지 공소사실확인 심리를 진행한 재판부는 2008년 9월 26일 살인, 성적 노예화 및 강간 등 3건의 인도에 반한 죄와 15세 미만의 아동을 적대행위에 적극 참여하도록 이용, 민간인 주민 자체 또는 적대행위에 직접 참여하지 아니하는 민간인 개인에 대한 고의적 공격, 고의적 살해, 약탈 등 7건의 전쟁범죄 혐의에 대한 공소사실확인 결정을 내렸다. 2009년 11월 25일 1심 재판이 시작되었고, 2012년 5월 최종변론이 종료되었으나, 같은 해 11월 사건을 담당하는 제2 1심재판부(The second trial chamber)가 사건 분리를 결정함에 따라, 동 사건은 The Prosecutor v. Germain Katanga(ICC-01/04-01/07)와 The Prosecutor v. Mathieu Ngudjolo Chui(ICC-01/04-02/12)로 나뉘어졌다.[13]

2012년 12월 18일, 동 재판부는 마티외 엔구졸로 추이(Mathieu Ngudjolo Chui)에 대한 전쟁범죄 및 인도에 반한 죄 혐의에 대해 무죄판결을 내렸으며,[14] 그는 사흘 후 석방되었다. 소추부는 해당 판결에 불복하여 항소를 제기하였고, 현재 항소심이 진행 중이다. 또 다른 피고인 카탕가(Katanga)에 대한 판결 선고는 2014년 3월 7일로 예정되어 있다.[15]

ICC-01/04-01/06-2842.

12) ICC, Trial Chamber I, Decision establishing the principles and procedures to be applied to reparations, 7 August 2012, ICC-01/04-01/06-2904.

13) ICC, Trial Chamber II, Decision on the implementation of regulation 55 of the Regulations of the Court and severing the charges against the accused persons, 21 November 2012, ICC-01/04-01/07-3319-tENG/FRA.

14) ICC, Trial Chamber II, Judgment pursuant to article 74 of the Statute, 18 December 2012, ICC-01/04-02/12-3.

15) 2014년 2월 4일 보도자료 기준.

The Prosecutor v. Bosco Ntaganda(ICC-01/04-02/06)

15세 미만의 아동을 징집·모병하여, 이들을 적대행위에 적극 참여하도록 이용한 혐의 및 살인, 민간인 주민에 대한 공격, 강간 및 성적 노예화, 약탈 등 다수의 전쟁범죄 혐의와 살인, 박해 등 3건의 인도에 반한 죄 혐의를 지고 있는 콩고애국전선(FPLC)의 전 수뇌부 엔타간다(Ntaganda)에 대한 체포영장은 2006년 8월 22일과 2012년 7월 13일 두 번에 걸쳐 발부되었다. 계속 수배 중이었던 엔타간다는 2013년 3월 르완다 주재 미국대사관에 자수하여, 그 해 3월 22일 재판소로 신병이 인도되었다. 이는 재판소 설립 이래 수배자가 자수한 첫 사건으로, 공소사실확인 심리는 2014년 2월 10일부터 14일까지 진행되었다.[16)]

The Prosecutor v. Callixte Mbarushimana(ICC-01/04-01/10)

2010년 9월 28일 제1 전심재판부는 르완다해방민주세력(FDLR-FCA, FDLR)의 사무총장(Executive Secretary)으로 알려진 엠바루시마나(Mbarushimana)에 대한 체포영장을 발부했다. 그는 살인, 고문, 강간, 박해 등 5건의 인도에 반한 죄와 민간인 주민에 대한 공격, 신체절단, 비인도적 대우, 약탈 등 8건의 전쟁범죄 혐의를 받고 있었다. 엠바루시마나(Mbarushimana)는 2010년 10월 프랑스 당국에 의해 체포되어, 2011년 1월 25일 재판소 소재지인 헤이그로 이송되었다. 같은 해 9월 공소사실확인 심리가 진행되었으나, 석 달 후인 12월 16일 동 재판부는 다수의견으로 공소사실을 기각하고, 피의자 엠바루시마나를 즉시 석방할 것을 명령했다.[17)]

---

16) ICC, Pre-Trial Chamber II, Decision on the Schedule for the Confirmation of Charges Hearing, 4 February 2014, ICC-01/04-02/06-245.

17) ICC, Pre-Trial Chamber I, Decision on the confirmation of charges, 16 December 2011, ICC-01/04-01/10-465-Red.

The Prosecutor v. Sylvestre Mudacumura(ICC-01/04-01/12)

2012년 7월 13일 제2 전심재판부는 르완다해방민주세력(Forces Démocratiques pour la Libération du Rwanda)의 최고사령관(Supreme Commander)으로 추정되고 있는 무다쿠무라(Mudacumura)에 대한 체포영장을 발부하였다. 민간인에 대한 공격, 살인, 신체절단, 잔혹한 대우, 강간, 고문, 재산 파괴, 약탈, 인간의 존엄성에 대한 유린행위 등 9건의 전쟁범죄 혐의를 받고 있는 그는 현재 수배 중이다.

2. 우간다(Situation in Uganda)

2003년 12월 우간다 대통령은 자국 내 신의 저항군(Lord's Resistance Army, LRA) 관련 문제를 국제형사재판소에 회부하기로 결심하고, 2004년 1월 29일 소추관 루이스 모레노 오캄포(Luis Moreno-Ocampo)와의 공동기자회견을 통해 자국의 사태를 정식으로 재판소에 회부했으며, 이에 소추부는 예비조사를 거친 후, 2004년 7월 우간다 사태에 대한 수사를 개시했다.

The Prosecutor v. Joseph Kony, Vincent Otti, Okot Odhiambo and Dominic Ongwen(ICC-02/04-01/05)

2005년 7월 8일 제2 전심재판부는 신의저항군(LRA) 수뇌부인 코니(Kony), 오티(Otti), 오디암보(Odhiambo), 온구웬(Ongwen), 루큐야(Lukwiya)에 대한 체포영장을 발부하였다. 용의자 중 한명인 Lukwiya는 2006년 사망한 것으로 확인됨에 따라 동 사건에서 제외되었으며, 나머지 네 명은 여전히 수배 중이다.

2012년 대대적인 인터넷 캠페인 "Kony 2012"를 통해 세간의 주목을 받은 조셉 코니(Joseph Kony)의 경우, 살인, 노예화, 성적 노예화, 강간, 중대한 고통이나 심각한 피해를 야기하는 비인도적 행위 등 12건의 인도에 반한 죄와 살인, 민간인에 대한 잔혹한 대우, 민간주민에 대한 고의적 공격, 약탈, 강간, 아동의 강제 징집 등 21건의 전쟁범죄 혐의를 받고 있다.[18]

---

18) ICC, Pre-Trial Chamber II, Warrant of Arrest for Joseph Kony issued on 8th July 2005 as amended on 27th September 2005, 27 September 2005, ICC-02/05-01/05-53.

3. 중앙아프리카공화국(Situation in the Central African Republic)

정부군과 반군간의 무력충돌로 고심하던 중앙아프리카공화국 정부는 2005년 1월 7일 자국의 사태를 국제형사재판소에 회부하였다. 예비조사를 거친 소추부는 2007년 5월 22일 해당 사태에 대한 공식적인 수사 개시를 선언하면서, 실패한 쿠데타 이후 발생한 민간인에 대한 공격 및 성폭력에 수사의 초점을 두고 있다고 밝혔다.[19] 현재 총 2건의 사건이 계류 중이다.

The Prosecutor v. Jean-Pierre Bemba Gombo(ICC-01/05-01/08)

2008년 5월23일 제3 전심재판부는 콩고해방운동(Mouvement de libération du Congo)의 수장이자 총사령관으로 알려진 벰바(Bemba)에 대한 체포영장을 발부했고, 영장발부 바로 다음 날인 2008년 5월 24일 그는 벨기에 당국에 의해 체포되었다.[20] 제2 전심재판부의 관장 하에 공소사실확인 심리가 2009년 1월 진행되었으며, 2009년 6월 15일 동 재판부는 공소사실 확인 결정을 내렸다. 벰바(Bemba)에 대한 정식 재판은 2010년 11월 22일 시작되었으며 제3 1심재판부가 사건을 배정받았다. 그는 현재 살인 강간 등 3건의 인도에 반한 죄와 2건의 전쟁범죄 혐의를 받고 있다.

The Prosecutor v. Jean-Pierre Bemba Gombo, Aimé Kilolo Musamba, Jean-Jacques Mangenda Kabongo, Fidèle Babala Wandu and Narcisse Arido(ICC-01/05-01/13)

2013년 11월 20일, 로마규정 제70조에 규정된 재판소의 사법운영을 침해한 혐의로 위의 5명에 대한 체포영장이 발부되었다. 11월 25일 피델레 바바라 완두(Fidèle Babala Wandu)와 아이메 키로로 무삼바(Aimé Kilolo Musamba)가 헤이그로 이송되어, 현재 벰바(Bemba)와 함께 재판소 구금시설에 수용되어 있다. 장 자크 만젠다 카봉고(Jean-Jacques Mangenda Kabongo)와 나르시세 아리

---

19) ICC, The Office of the Prosecutor, Background information on the Situation in the Central African Republic, 22 May 2007, ICC-OTP-BN-20070522-220-A_EN.

20) ICC, Pre-Trial Chamber III, WARRANT OF ARREST FOR JEAN-PIERREE BEMBA COMBO REPLACING THE WARRANT OF ARREST ISSUED ON 23 MAY 2008, 10 June 2008, 01/05-01/08-15-tENG.

도(Narcisse Arido)는 각각 네덜란드와 프랑스에 구금되어 있으나, 해당 국가의 국내절차를 거쳐 재판소로 이송될 예정이다.

이들 5명은 The Prosecutor v. Jean-Pierre Bemba Gombo 사건과 관련하여 허위 또는 위조된 것임을 아는 증거를 제출한 혐의와 거짓 증언을 하도록 증인에게 부정한 영향을 미친 혐의를 받고 있다.[21]

4. 다르푸르(Situation in Darfur, Sudan)

2005년 3월 31일 UN 안전보장이사회는 결의를 통해 2002년 7월 이후 수단 다르푸르 지역에서 발생한 유혈사태를 국제형사재판소에 회부하였다.[22] 소추부는 2006년 6월 6일 수사를 개시하였고, 현재 총 5개의 사건 계류 중이다. 다르푸르 사태는 재판소 설립 이래 처음으로 안전보장이사회에 의해 비당사국 영토 내에서 발생한 사태가 회부된 경우이며, 현직 국가원수를 대상으로 체포영장이 발부된 최초의 사례이다.

원래는 다르푸르 사태에 가장 책임있다고 여겨지는 5명을 대상으로 체포영장이 발부되었으나, 그 중 반군 사령관인 살레 모하메드 제르보 자무스(Saleh Mohammed Jerbo Jamus)가 2013년 4월 사망하였고, 나머지 4명은 여전히 수배 중이다.

The Prosecutor v. Ahmad Muhammad Harun ("Ahmad Harun") and Ali Muhammad Ali Abd-Al-Rahman("Ali Kushayb")(ICC-02/05-01/07)

제1 전심재판부는 2007년 4월 27일 전직 수단 내무부 장관이었던 아마드 하룬(Ahmad Harun)과 수단 정부의 지원을 받는 민병대(Janjaweed) 수장인 알리 쿠샤이브(Ali Kushayb)에 대한 체포영장을 발부했다.

두 사람은 살인, 박해, 강제이주, 강간, 기타 비인도적 행위, 민간인 주민에 대한 공격, 약탈 등 총 40건이 넘는 인도에 반한 죄 및 전쟁범죄 혐의를 받고 있다.[23]

---

21) ICC, Pre-Trial Chamber II, Warrant of arrest for Jean-Pierre BEMBA GOMBO, Aimé KILOLO MUSAMBA, Jean-Jacques MANGENDA KABONGO, Fidèle BABALA WANDU and Narcisse ARIDO20 November 2013, ICC-01/05-01/13-1-Red2-tENG.

22) S/RES/1593(2005).

The Prosecutor v. Omar Hassan Ahmad Al Bashir(ICC-02/05-01/09)

2009년 3월 4일 제1 전심재판부는 현직 수단대통령인 알 바시르(Al Bashir)에 대한 첫 번째 체포영장을 발부했다. 해당 영장 신청 당시 소추부는 혐의 내용에 집단살해죄를 포함시키려 했으나, 재판부는 증거불충분을 이유로 해당 혐의를 기각했다.24) 이후 증거를 보강한 소추부는 다시 기존의 혐의사실에 집단살해죄 혐의를 포함한 체포영장을 신청하였고, 2010년 7월 12일 동 재판부에 의해 집단살해죄 혐의가 추가된 두 번째 체포영장이 발부되었다.25)

이에 따라 현재 Al Bashir는 살인, 절멸, 강제이주, 고문 등 5건의 인도에 반한 죄와 민간인 주민 자체 또는 적대행위에 직접 참여하지 않는 민간인 개인에 대한 고의적 공격을 비롯한 2건의 전쟁범죄 혐의에 덧붙여 집단 구성원의 살해, 집단 구성원에 대한 중대한 신체적 또는 정신적 위해의 야기 그리고 육체적 파괴를 초래할 목적으로 계산된 생활조건을 집단에게 고의적 부과라는 3건의 집단살해죄 혐의를 받고 있다.

The Prosecutor v. Bahar Idriss Abu Garda(ICC-02/05-02/09)

2009년 5월 7일 제1 전심재판부는 반군인 연합저항전선(United Resistance Front)의 지도부인 아부 가르다(Abu Garda)에 대해 소환장(summons to appear)을 발부하였다. 이듬해인 2009년 5월 18일 그는 자발적으로 재판소에 출두하였고, 같은 해 10월 공소사실확인심리가 진행되었다.

살인을 통한 생명에 대한 폭행, 평화유지임무와 관련된 요원, 시설, 자재, 부대 또는 차량에 대한 고의적 공격, 약탈 등 3건의 전쟁범죄 혐의를 받고 있었던 그에 대해 2010년 2월 8일 제1 전심재판부는 공소사실 기각

---

23) ICC, Pre-Trial Chamber I, Warrant of Arrest Ahamd Harun, 27 April 2007, ICC-02/05-01/07-2; Warrant of Arrest for Ali Kushayb, 27 April 2007, ICC-02/05-01/07-3.

24) ICC, Pre-Trial Chamber I, Warrant of Arrest for Omar Hassan Ahmad Al Bashir, 4 March 2009, ICC-02/05-01/09-1.

25) ICC, Pre-Trial Chamber I, Second Warrant of Arrest for Omar Hassan Ahmad Al Bashir, 12 July 2010, ICC-02/05-01/09-95.

결정을 내렸으나, 동 재판부는 소추관이 증거 보강을 통해 당해 공소사실을 다시 확인 받을 수 있는 여지를 남겨두었다.[26]

The Prosecutor v. Abdallah Banda Abakaer Nourain and Saleh Mohammed Jerbo Jamus(ICC-02/05-03/09)

다르푸르 지역 반군 지도부인 반다(Banda)와 제르보(Jerbo)도 제1 전심재판부가 발부한 소환장에 응해, 2010년 6월 17일 자발적으로 재판소에 출두했다.

평화유지임무와 관련된 요원, 시설, 자재, 부대 또는 차량에 대한 고의적 공격, 약탈 등 총 3건의 전쟁범죄혐의를 받고 있던 두 사람에 대한 공소사실확인 심리가 2010년 12월 8일 열렸고, 이듬 해 2011년 3월 7일 동 재판부는 공소사실을 확정했다.

1심 공판이 준비되어 가던 중, 2013년 10월 4일 공동 피고인 Saleh Mohammed Jerbo Jamus가 2013년 4월 19일 사망하였다는 증거가 제출됨에 따라 해당 사건을 배당받은 제4 1심재판부는 그에 대한 공소를 기각하였으며,[27] 피고인 Banda에 대한 1심 공판은 2014년 5월 5일 시작 예정이다. 따라서 현재 사건 명칭은 The Prosecutor v. Abdallah Banda Abakaer Nourain (ICC-02/05-03/09)이다.

The Prosecutor v. Abdel Raheem Muhammad Hussein(ICC-02/05-01/12)

현직 국방부 장관이자 전직 다르푸르 주재 수단대통령 특별대표부 대표였던 후세인(Hussein)에 대한 체포영장은 2012년 3월 1일 발부되었다. 그는 박해, 강제이주, 신체적 자유의 심각한 박탈, 비인도적 행위 등 7건의 인도에 반한 죄 혐의와 살인, 민간인 주민에 대한 공격, 강간, 약탈 등 6건의 전쟁범죄 혐의를 받고 있다.[28]

---

26) ICC, Pre-Trial Chamber I, Decision on the Confirmation of Charges, 8 February 2010, ICC-02/05-02/09-243-Red.
27) ICC, Trial Chamber IV, Decision terminating the proceedings against Mr Jerbo, 4 October 2013, ICC-02/05-03/09-512-Red.
28) ICC, Pre-Trial Chamber I, Warrant of Arrest for Abdel Raheem Muhammad Hussein, 1 March 2012, ICC-02/05-01/12-2.

5. 케냐(Situation on the Republic of Kenya)

2007년 케냐 대선 직후 발생한 폭력사태에 대해 소추관은 로마규정 제
15조에 따라 독자적으로(proprio motu) 수사 개시를 결정하였고, 2010년 3월
31일, 제2 전심재판부는 이러한 수사개시 요청을 받아들였다.[29] 문제의
2007-2008년 폭력사태 당시 서로 대립했던 두 피고인 우후루 무가이 케냐타
(Uhuru Muigai Kenyatta)와 윌리암 사모에이 루토(William Samoei Ruto)가 연정을
구성하여 2013년 대선에서 승리함으로써, 케냐 사태 역시 현직 대통령 및
부통령이 피고인으로 포함되어 있다.

The Prosecutor v. William Samoei Ruto and Joshua Arap Sang(ICC-01/09-01/11)

제2 전심재판부는 2011년 3월 8일 당시 고등교육 및 과학기술부 장관이
었던 루토(Ruto)와 라디오 방송국 대표인 상(Sang)에 대하여 소환장을 발부했
다. 소환에 응해 자발적으로 재판소에 출두한 두 사람은 2011년 9월 공소사
실 확인 심리를 받았으며, 동 재판부는 2012년 1월 23일 이들에 대한 공소
사실 확인 결정을 내렸다.[30]

2013년 9월 10일 1심 공판이 시작되었으며, 현재 두 사람은 2007-2008년
케냐 대선 직후 발생한 폭력사태와 관련한 살인, 추방 및 강제이주, 박해
총 3건의 인도에 반한 죄 혐의를 받고 있다.

The Prosecutor v. Uhuru Muigai Kenyatta(ICC-01/09-02/11)

2011년 3월 8일 제2 전심재판부는 당시 내각 비서(Secretary to the Cabinet)
였던 란시스 키리미 무타우라(Rancis Kirimi Muthaura)와 부총리였던 케냐타
(Uhuru Muigai Kenyatta) 그리고 경찰청장이었던 모하메드 후세인 알리(Mohammed
Hussein Ali)에 대하여 소환장을 발부했다.[31] 세 사람은 자발적으로 재판소에

---

29) ICC, Pre-Trial Chamber II, Decision Pursuant to Article 15 of the Rome Statute on the
Authorization of an Investigation into the Situation in the Republic of Kenya, 31 March 2010,
ICC-01/09-19.

30) ICC, Pre-Trial Chamber II, Decision on the Confirmation of Charges Pursuant to Article 61(7)(a)
and (b) of the Rome Statute, 23 January 2012, ICC-01/09-01/11-373.

출두하였고, 이들에 대한 공소확인 심리가 2011년 10월에 진행되었다. 2012 년 1월 23일 동 재판부는 Ali를 제외한 나머지 두 사람에 대한 공소사실 확인 판결을 내렸다.[32]

사건이 제5 1심재판부로 배정되어 1심이 준비되던 중, 2013년 3월 18일 소추관이 무타우라(Francis Kirimi Muthaura)에 대한 기소를 철회함에 따라, 현재 본 사건의 피고인은 현직 케냐 대통령인 케냐타(Kenyatta) 한 사람이다.

살인, 추방 또는 강제이주, 박해 등 5건의 인도에 반한 죄 혐의를 받고 있는 그에 대한 1심 공판은 2014년 2월 5일로 예정되어 있었으나, 소추관의 요청에 의해 잠정 연기되었다.

The Prosecutor v. Walter Osapiri Barasa(ICC-01/09-02/13)

제2 전심재판부는 2013년 8월 2일 월터 오사피리 바라사(Walter Osapiri Barasa)에 대한 체포영장을 발부했다. 재판소 최초로 사법방해죄로 인한 체포 영장이 발부된 사건으로, 바라사(Barasa)는 소추관측 증인들에게 부정하게 영향을 미치려 한 다수의 혐의를 받고 있다.[33]

6. 리비아(Situation on Libya)

장기간 리비아를 독재해온 카다피 정권이 '아랍의 봄(Arap Spring)'의 일환으로 발생한 시민들의 민주화 시위를 무자비하게 탄압하자, 2011년 2월 26일 UN 안전보장이사회는 만장일치로 리비아 사태를 재판소에 회부했다.[34] 곧 이어 3월 3일, 소추관은 정식 수사 개시를 발표했으며, 2011년 6월 27일 제1 전심재판부는 살인, 박해 등의 인도에 반한 죄 혐의로 무아마르 모하메드 아부 미냐르 가다피(Muammar Mohammed Abu Minyar Gaddafi), 사이프 알

---

31) ICC, Pre-Trial Chamber II, Decision on the Prosecutor's Application for Summonses to Appear for Francis Kirimi Muthaura, Uhuru Muigai Kenyatta and Mohammed Hussein Ali, 8 March 2011, ICC-01/09-02/11-01.

32) ICC, Pre-Trial Chamber II, Decision on the Confirmation of Charges Pursuant to Article 61(7)(a) and (b) of the Rome Statute, 23 January 2012, ICC-01/09-02/11-382-Red.

33) ICC, Pre-Trial Chamber II, Warrant of arrest for Walter Osapiri Barasa, 2 August 2013, ICC-01/09-01/13-1-Red2.

34) UN, Security Council, Resolution 1970, 26 February 2011, S/RES/1970 (2011).

이슬람 가다피(Saif Al-Islam Gaddafi) 그리고 압둘라 알 세누시(Abdullah Al-Senussi)에 대한 체포영장을 발부했다.[35]

전 리비아 국가수반이었던 무아마르 가다피(Muammar Gaddafi) 사건은 그가 사망함에 따라 2011년 11월 22일자로 종료되었다.[36]

The Prosecutor v. Saif Al-Islam Gaddafi and Abdullah Al-Senussi(ICC-01/11-01/11)

2013년 5월 31일, 제1 전심재판부는 사이프 가다피(Saif Gaddafi) 사건에 대한 재판적격성(admissibility)이 결여되었다는 리비아 정부의 주장을 기각하였으나,[37] 리비아 정부가 항소함에 따라 현재 상소심재판부가 해당 결정을 검토하고 있다. 반면, 동 재판부는 Al-Senussi의 경우 현재 리비아 당국에 의해 수사 가 진행 중이고, 리비아 정부가 진정으로 수사를 진행할 의사 및 능력이 있다고 판단하여 그에 대한 재판적격성이 결여되었다는 결정을 내렸다.[38]

7. 코트디부아르(Situation on Côte d'Ivoire)

2011년 10월 3일 제3 전심재판부는 2010년 11월 28일 대통령 선거 이후 코트디부아르에서 발생한 재판소 관할 범죄에 대한 소추관의 독자적인 (proprio motu) 수사 개시 요청을 승인하였다.[39] 당시 로마규정 당사국은 아니었으나 2003년 4월 18일 로마규정 제12조제3항에 따른 재판소 관할권 수락 선언을 한 바 있던 코트디부아르는 2010년 12월 14일 서한을 통해 국제형사재판소 관할권 수락을 재확인하였으며, 2013년 2월 15일 로마규정을 비

---

35) ICC, Pre-Trial Chamber I, Warrant of Arrest for Muammar Mohammed Abu Minyar Gaddafi, 27 June 2011, ICC-01/11-01/11-2; Warrant of Arrest for Saif Al-Islam Gaddafi, 27 June 2011, ICC-01/11-01/11-3;Warrant of Arrest for Abdullah Al-Senussi, 27 June 2011, ICC-01/11-01/11-4.

36) ICC, Pre-Trial Chamber I, Decision to Terminate the Case Against Muammar Mohammed Abu Minyar Gaddafi, 22 November 2011, ICC-01/11-01/11-28.

37) ICC, Pre-Trial Chamber I, Public redacted-Decision on the admissibility of the case against Saif Al-Islam Gaddafi, 31 May 2013, ICC-01/11-01/11-344-Red.

38) ICC, Pre-Trial Chamber I, Decision on the admissibility of the case against Abdullah Al-Senussi, 11 October 2013, ICC-01/11-01/11-466-Red.

39) ICC, Pre-Trial Chamber III, Decision Pursuant to Article 15 of the Rome Statute on the Authorisation of an Investigation into the Situation in the Republic of Côte d'Ivoire, 3 October 2011, ICC-02/11-14-Corr.

준했다.

The Prosecutor v. Laurent Gbagbo(ICC-20/11-01/11)

2011년 11월 23일 제3 전심재판부는 전(前) 코트디부아르 대통령인 로랑 그바그보(Laurent Gbagbo)에 대한 체포영장을 발부했다.40) 같은 해 11월 30일 코트디부아르 당국에 의해 재판소로 신병이 인도된 그바그보(Gbagbo)에 대한 2013년 2월 공소사실확인심리가 제1 전심재판부에 의해 2013년 2월 19일부터 28일까지 진행되었으나, 6월 3일 동 재판부는 심리를 중단한 후, 소추관에게 피고인의 공소사실에 대한 추가 증거를 제출하거나 수사를 더 진행할 것을 명령했다.41) 현재 그는 살인, 강간 및 기타 성폭력, 박해 등 총 4건의 인도에 반한 죄를 범한 혐의를 받고 있다.

The Prosecutor v. Simone Gbagbo(ICC-02/11-01/12)

2012년 2월 29일 제3 전심재판부는 Laurent Gbagbo의 부인이자 전(前) 코트디부아르 영부인인 시몬 그바그보(Simone Gbagbo)에 대한 체포영장을 발부했다.42) 남편과 동일한 혐의를 받고 있는 그녀는 재판소 설립 이래 최초로 체포영장이 공개된 여성 피의자이다.

The Prosecutor v. Charles Blé Goudé(ICC-02/11-02/11)

제1 전심재판부는 지난 2011년 12월 21일 비공개로 발부되었던 블레 구데(Blé Goudé)에 대한 체포영장을 2013년 9월 30일 공개했다.43) Gbagbo 전 대통령의 측근으로 알려진 그 역시 살인, 강간 및 기타 성폭력, 박해 등 총 4건의 인도에 반한 죄를 범한 혐의를 받고 있으며, 현재 수배 중이다.

---

40) ICC, Pre-Trial Chamber III, Warrant Of Arrest For Laurent Koudou Gbagbo, 21 November 2011, ICC-02/11-01/11-1.

41) ICC, Pre-Trial Chamber I, Decision adjourning the hearing on the confirmation of charges pursuant to article 61(7)(c)(i) of the Rome Statute, 3 June 2013, ICC-02/11-01/11-432.

42) ICC, Pre-Trial Chamber III, Warrant of Arrest for Simon Gbagbo, 29 February2012, ICC-02/11-01/12-1.

43) ICC, Pre-Trial Chamber I, Decision reclassifying the warrant of arrest against Charles Blé Goudé and other documents, 30 September 2013, ICC-02/11-02/11-30; Pre-Trial Chamber III, Warrant Of Arrest For Charles Blé Goudé, 21 December 2011, ICC-02/11-02/11-1.

찾아보기

ㅇ

[저자 약력]

김 영 석

서울대학교 법과대학 졸업(법학사)

서울대학교 대학원 법학과 졸업(법학석사, 국제법)

미국 일리노이대학 법학전문대학원(University of Illinois at Urbana-Champaign College of Law)
법학석사(LL.M) 및 법학박사(J.S.D, 국제법) 취득

제25회 외무고등고시 합격, 외무부 조약과, 재외국민과, 인시과 등 근무

서울대학교 대학원 법학과 강사, 아주대학교 법학부 조교수 역임

이화여자대학교 법과대학 조교수, 부교수 역임

외무고시, 행정고시, 사법시험 등 출제위원 역임

미국 일리노이대학, 포담(Fordham)대학, 이탈리아 밀라노(Milano)대학
법학과 방문교수 역임

현재 이화여자대학교 법학전문대학원 정교수
해양투기금지에 관한 런던의정서 준수그룹 위원
서울국제법연구원 연구이사, 대한국제법학회 이사, 감사
국방부 정책자문위원, 대한적십자사 인도법 자문위원,
세계국제법협회(ILA) 한국본부 국제이사
Asia-Pacific Yearbook of International Humanitarian Law의
편집위원(editorial board member)

〈저서 및 역서〉

국제법의 역사, 한길사(아르투어 누스바움 저, 김영석 역, 2013)

국제인도법, 박영사(2012)

국제법, 박영사(2010)

The Law of the International Criminal Court, William S. Hein Co.(New York, Buffalo, USA)(2007)

세계질서의 기초(Francis A. Boyle 지음, 김영석 옮김)(2004. 2 개정판 발행)

The International Criminal Court, Wisdom House Publication(England)(2003년)

그 외 논문 다수

국제형사재판소법강의 [개정판]

2003년 1월 10일 초판 발행
2014년 2월 20일 개정판 인쇄
2014년 2월 28일 개정판 1쇄발행

저 자 김   영   석

발행인 배   효   선

처   도서
     출판   法 文 社

주 소 413-120 경기도 파주시 회동길 37-29
등 록 1957년 12월 12일/제2-76호(윤)
전 화 (031)955-6500~6 FAX (031)955-6525
E-mail (영업) bms@bobmunsa.co.kr
        (편집) edit66@bobmunsa.co.kr
홈페이지 http://www.bobmunsa.co.kr
조 판 (주) 성 지 이 디 피

정가 33,000원   ISBN 978-89-18-08953-9